中国农垦农场志丛

广 西
金光农场志

中国农垦农场志丛编纂委员会 组编
广西金光农场志编纂委员会 主编

中国农业出版社
北 京

图书在版编目（CIP）数据

广西金光农场志/中国农垦农场志丛编纂委员会组
编；广西金光农场志编纂委员会主编． —北京：中国
农业出版社，2021.12
 （中国农垦农场志丛）
 ISBN 978-7-109-28668-9

Ⅰ．①广…　Ⅱ．①中…②广…　Ⅲ．①国营农场—概
况—广西　Ⅳ.①F324.1

中国版本图书馆CIP数据核字(2021)第159941号

出 版 人：陈邦勋
出版策划：刘爱芳
丛书统筹：王庆宁
审 稿 组：干锦春　薛　波
编 辑 组：闫保荣　王庆宁　黄　曦　李　梅　吕　睿　刘昊阳　赵世元
设 计 组：姜　欣　杜　然　关晓迪
工 艺 组：王　凯　王　宏　吴丽婷
发行宣传：毛志强　郑　静　曹建丽
技术支持：王芳芳　赵晓红　潘　樾　张　瑶

广西金光农场志
Guangxi Jinguang Nongchangzhi

中国农业出版社出版
地址：北京市朝阳区麦子店街18号楼
邮编：100125
责任编辑：王庆宁　　文字编辑：毛志强　王贺春　赵世元　肖　钰
责任校对：吴丽婷　　责任印制：王　宏
印刷：北京通州皇家印刷厂
版次：2021年12月第1版
印次：2021年12月北京第1次印刷
发行：新华书店北京发行所
开本：889mm×1194mm　1/16
印张：27.5　插页：18
字数：538千字
定价：218.00元

EVERYTHING GROWING ®
生方
长物

ISBN 978-7-109-28668-9

9 787109 286689 >

一、金光农场地图、卫星地图

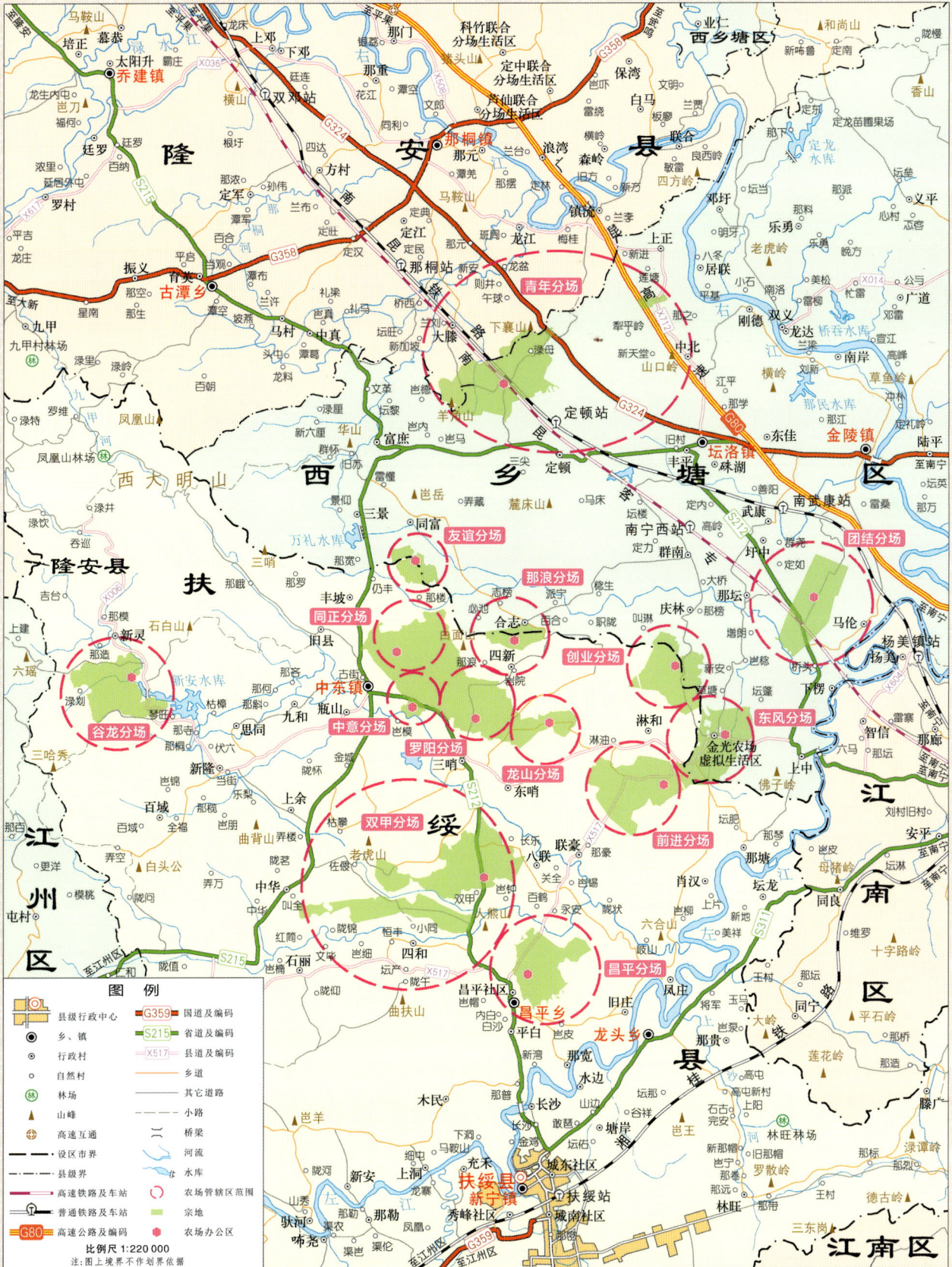

图例

县级行政中心		**G359** 国道及编码	
乡、镇		**S215** 省道及编码	
行政村		**X517** 县道及编码	
自然村		乡道	
林场		其它道路	
山峰		小路	
高速互通		桥梁	
设区市界		河流	
县级界		水库	
高速铁路及车站		农场管辖区范围	
普通铁路及车站		宗地	
G80 高速公路及编码		农场办公区	

比例尺 1:220 000
注：图上境界不作划界依据

金光农场地图

隆安县　扶绥　绥　江南区　西乡塘区　江州区　隆安　西大明山

乔建镇　那桐镇　古潭乡　中东镇　坛洛镇　金陵镇　昌平乡　龙头乡　扶绥县 新宁镇

青年分场　友谊分场　那浪分场　同正分场　创业分场　团结分场　中意分场　罗阳分场　龙山分场　东风分场　谷龙分场　双甲分场　前进分场　昌平分场　金光农场虚拟生活区

科竹联合分场生活区　芦仙联合分场生活区　定中联合分场生活区

— 3 —

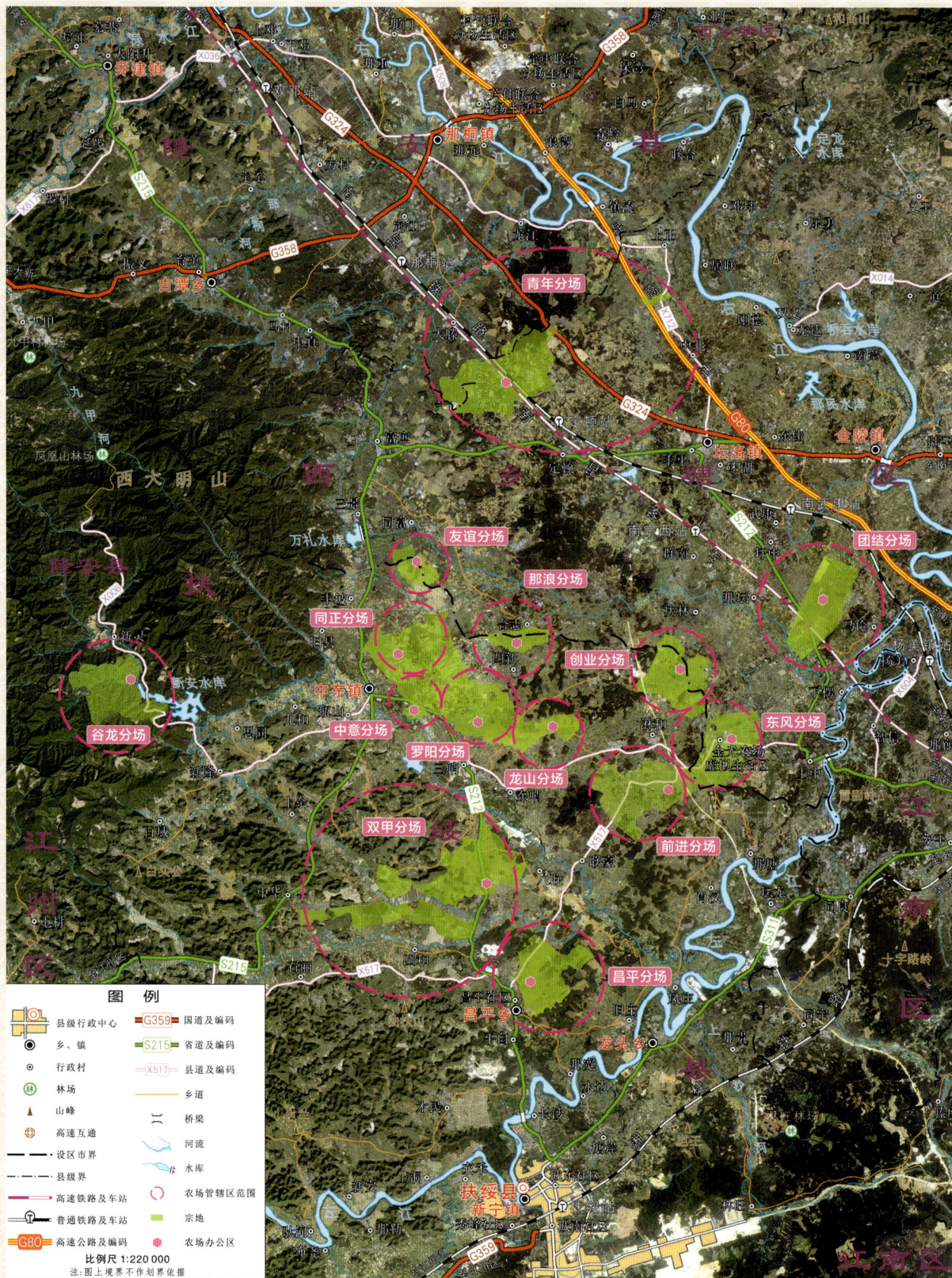

西大明山

那建镇
那桐镇
古潭乡
青年分场
金陵镇
坛洛镇
团结分场
西　乡　塘　区
隆安县
万礼水库
友谊分场
那浪分场
同正分场
创业分场
新安水库
中东镇
谷龙分场
中意分场
东风分场
罗阳分场
龙山分场
双甲分场
前进分场
江州区
江南区
昌平分场
昌平乡
龙头乡
扶绥县
新宁镇
十字路岭

图　例

符号	说明	符号	说明
	县级行政中心	G359	国道及编码
	乡、镇	S215	省道及编码
	行政村	X517	县道及编码
林	林场		乡道
	山峰		桥梁
	高速互通		河流
	设区市界		水库
	县级界		农场管辖区范围
	高速铁路及车站		宗地
	普通铁路及车站		农场办公区
G80	高速公路及编码		

比例尺 1:220 000

注:图上境界不作划界依据

金光农场卫星地图

— 4 —

金光农场建设规划——总体规划（2014—2030 年）

金光农场建设规划——总体规划

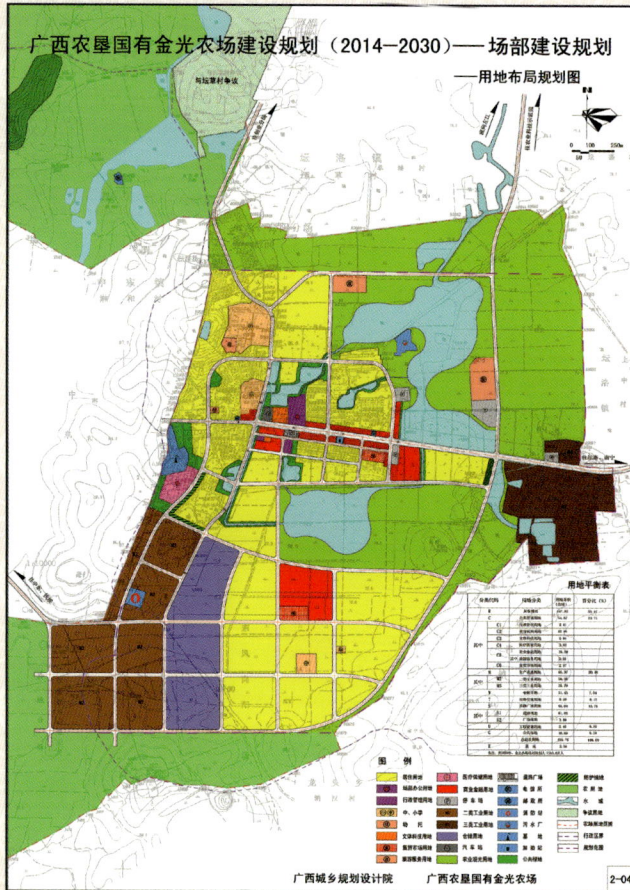

广西农垦国有金光农场建设规划（2014—2030）——场部建设规划
用地布局规划图

金光农场建设规划（2014—2030 年）
——场部建设规划（用地布局规划图）

广西农垦金光农业公园 示范园组团总平面规划

金光农业公园、示范园组团总平面规划

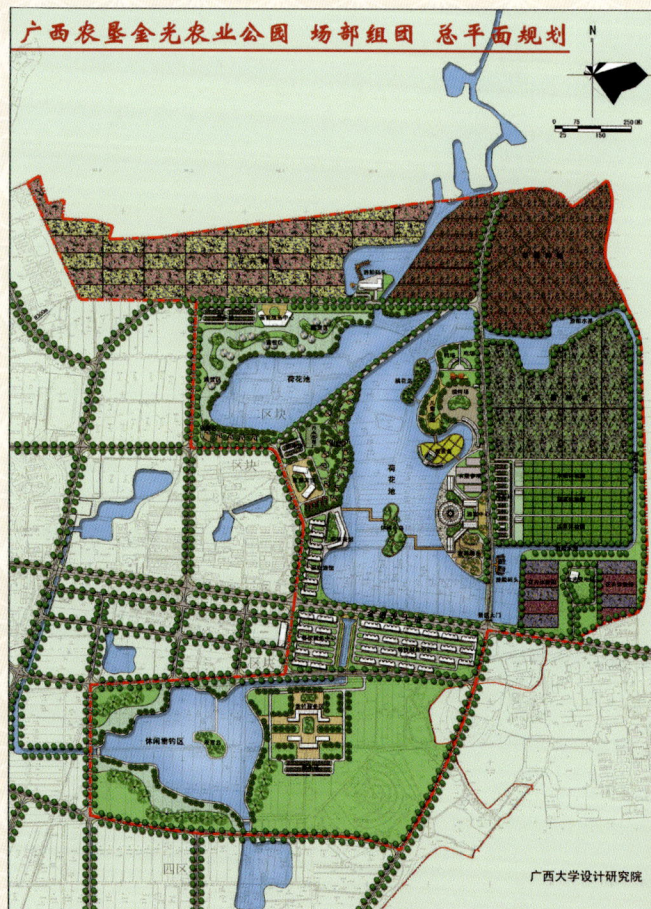

广西农垦金光农业公园 场部组团 总平面规划

金光农业公园场部组团总平面规划

青年垦荒队队员犁地

青年志愿垦荒队队员搭盖茅草房

青年志愿垦荒队队员在未开垦的荒地上留影

青年志愿垦荒队队员担塘泥

1958 年，兴建金光糖厂

1959 年 9 月，金光农场第一代女拖拉机手和农场首台东方红拖拉机作业合影

1959 年 9 月，金光农场第一批女拖拉机手"七姐妹"和农场第一台东方红拖拉机合影 ■

1959 年，金光农场共青团干部合影 ■

1959 年，农场女篮冠军队合影 ■

1960 年国庆，农场业余文工团参加南宁分区汇演归来 ■

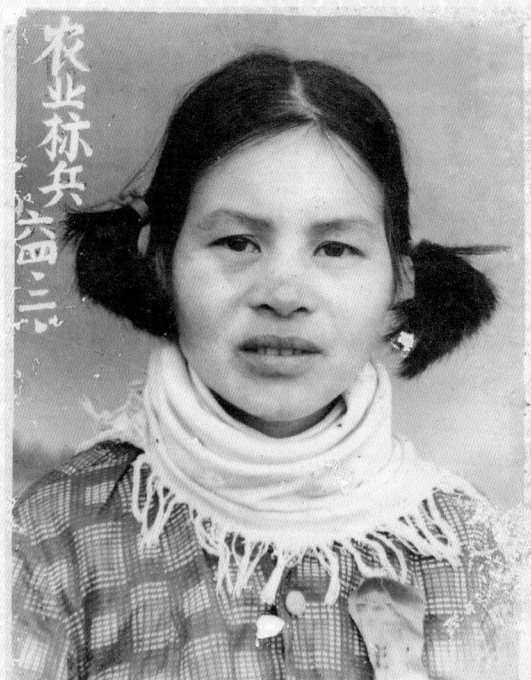

1964 年，金光农场程彩连获"农业标兵"称号 ■

1965 年 9 月，农场 65 名机耕队机手汇聚 ■
农场庆祝建场十周年

1965 年，东风分场职工收水稻 ■

1966 年，广西东南金矿首批知青上山下乡开赴金光前合影

1969 年，农场昌平毛泽东思想宣传队

1976 年 2 月，农场复退军人代表参加全区烈军属、革命残疾、复退转军人代表大会

1976 年，罗阳分场女职工学习场景

1977 年，出席南宁地区工会第一次代表会议金光邕宁代表团合影

1978 年，出席全区工会"积代会"南宁地区代表合影（后排左五为农场代表邓阿明）

1989 年，调研同正分场荒地计划开荒区

1990 年 2 月 15 日，劳士良（右二）在谷龙分场现场定场界林权

1990 年元旦，金光旧街市场

广西省青年志愿垦荒队建队40周年纪念 1996.1.4

1996 年 1 月，广西省青年志愿垦荒队建队 40 周年纪念合影

2000 年 3 月，梧州、南宁知青代表 36 人聚会农场，庆祝到金光农场工作 45 周年

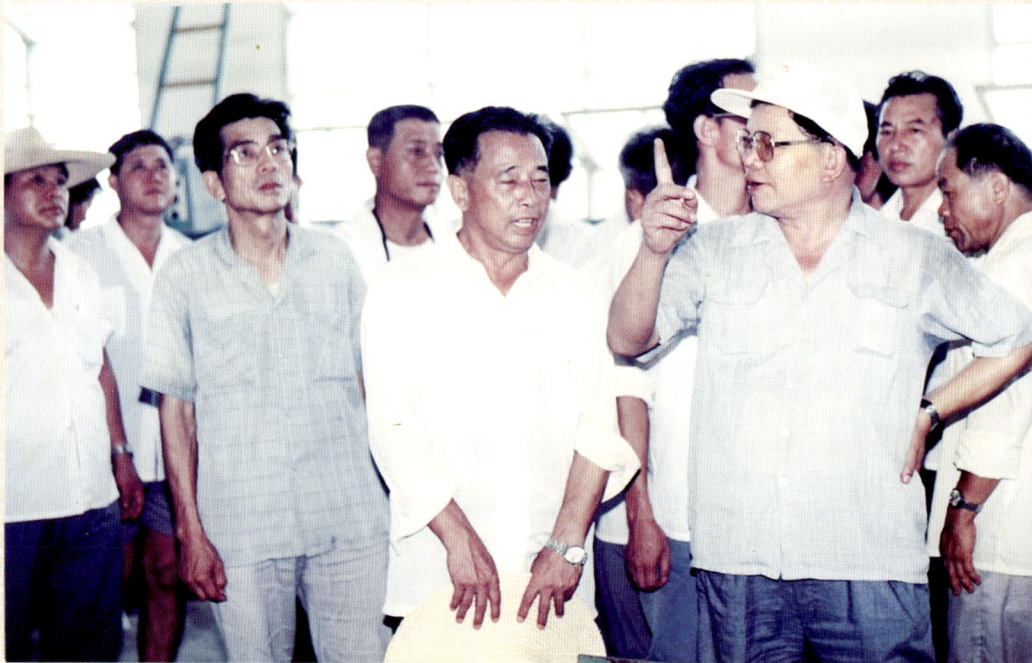

自治区农垦局局长黄道业（前排右一）到农场调研

1999 年 6 月 17 日，自治区农垦局局长童玉川（前排中）到农场示范园区调研

2004 年 1 月 15 日，自治区农垦局局长蒋济雄（前排中）来金光奶牛场调研，场长黄党源（后排右一）陪同

2004 年 7 月 2 日，自治区党委书记曹伯纯（左一）在自治区农垦局局长蒋济雄（左二）陪同下到金光农场视察，场长黄党源（前排右一）介绍农场生产经营情况

2004 年 11 月 13 日，自治区主席陆兵（右一）、自治区农垦局局长蒋济雄（左二）在场长黄党源（左一）、党委书记何维克（左三）陪同下调研农场优质良种甘蔗基地

2006 年 6 月 8 日，自治区农垦局局长刘志勇（右二）到农场调研，场长黄党源（右一）和党委书记何维克（左一）陪同

2012 年 3 月 1 日，农业部副部长高鸿宾（右二）在自治区农垦局局长刘刚（右一）陪同下到农场视察，场长陈强（左二）陪同

2013 年 7 月 9 日，农业部部长韩长赋（前排右二）、自治区党委副书记危朝安（左二）到农场视察甘蔗良种良法高产示范基地，场长陈强（右一）汇报甘蔗良种良法高产示范基地建设情况

2014 年 2 月 16 日，自治区农垦局局长刘刚（前排右二）、副局长杨海空（前排右一）到农场调研"一优两高"糖料蔗基地建设情况，场长陈强（前排左一）汇报基地建设情况

2017 年 10 月 31 日，自治区农垦局局长甘承会（前排中）到农场调研，场长陈强（前排左一）等农场领导及金光制糖公司领导陪同

2019 年 7 月 17 日，农垦集团党委副书记、总经理谭良良（前排右二）深入金光片区企业开展"不忘初心、牢记使命"主题教育调研，公司党委书记、董事长李添文（前排右一）及党委副书记、总经理何少波（后排右二）陪同

2020 年 2 月 19 日，自治区副主席方春明（前排右三）在农垦集团党委书记、董事长甘承会（前排左五）的陪同下，到农场检查指导工作，公司党委书记、董事长李添文（前排左三）陪同

2020 年 4 月 9 日，自治区党委副书记孙大伟（右四）在农垦集团党委书记、董事长甘承会（右三）、农垦集团党委副书记、总经理谭良良（右一）陪同下到农场调研，公司党委书记、董事长李添文（前排左一），党委副书记、总经理陈志成（右六）陪同

五、学习交流——科技合作

2003 年 3 月 15 日，澳大利亚专家到农场调研澳洲坚果生产基地，副场长黄忠泊（后排左一）、陆建光（后排右一）陪同

2004 年 10 月 23 日，非洲代表团到金光制糖公司调研

2012 年 7 月 11 日，美国约翰迪尔公司到农场调研甘蔗生产收割机情况，场长陈强（右二）陪同

2012 年 11 月 19 日，中央电视台财经频道《第一时间》栏目组记者一行到农场采访，图为记者就甘蔗机械化收割情况现场采访场长陈强（左一）

2015 年 3 月 31 日，广西农垦"双高"糖料蔗基地建设暨甘蔗春种春管现场会在金光农场召开，场长陈强向与会者介绍春种春管情况

2017 年 2 月 24 日，世界睡莲之父黄国振（左三）在金光农场农业公园种下第一棵睡莲，场长陈强（左二）等领导陪同

2018 年 2 月 2 日，广西职业技术学院党委书记李卫东
（左四）到金光调研，场长陈强（左二）陪同

2018 年 3 月 12 日，金光农场与福建农林大学国家甘蔗工程技术研究中心
签署战略合作协议

2018 年 9 月 25 日，世界睡莲之父黄国振（左二）、澳大利亚世界荷花睡莲专家
格兰特·米切尔（右二）到访农场，农场公司筹备组副组长黄永华（左一）等陪同

2019 年 1 月 21 日，金光农场公司和广西农业科学院举行"科技成果服务基地"挂牌仪式

2019 年 3 月 18 日，广西金光生态循环农业示范园暨广西蚯蚓产业
科技园开园仪式在金光农场公司举行，双方代表在仪式上签约

2020 年 4 月 1 日，中国农业科学院甘蔗研究中心主任李杨瑞（左二）到金光农场
公司调研，公司党委书记、董事长李添文（中），副总经理李廷化（左一）陪同

2020年5月26日，"广西农垦集团1—4月经济运行分析会"在金光农场召开，公司党委书记、董事长李添文作经验交流发言

2020年5月27日，内蒙古通辽市科尔沁左翼中旗政府考察组到金光农场调研，公司党委书记、董事长李添文与考察组负责人签订了《粮食购销战略合作协议》

2020年9月29日，农业农村部糖料蔗专家组一行到金光农场公司调研，公司党委书记、董事长李添文（左五），副总经理李廷化（左三）陪同

大马力机车犁地

大马力机车耙地

大马力机车蔗地开行

甘蔗种植机种植甘蔗

宿根蔗机械盖膜

甘蔗平茬机田间作业

凯斯 7000 大型甘蔗联合收割机收割甘蔗 ▪

机械化装蔗 ▪

大型拖拉机车蔗地碎叶还田 ▪

日榨原料蔗 8000 吨的金光制糖有限公司厂区外景

超轻型飞机甘蔗田间喷施增糖增产剂试验

无人机甘蔗田间喷药防虫作业

原料蔗生产基地的甘蔗长势良好

香蕉生产基地

澳洲坚果生产基地

七、优势产业——拉动经济

番木瓜生产基地

2004 年，农业科技示范园生产的重达 60 千克的特大南瓜

"金光一号"火龙果生产基地

2020 年，建设的"金光一号"沃柑龙山生产示范基地

原农业科技示范园温室大棚

2003 年，金光畜牧有限公司年出栏 6 万头生猪养殖基地

2004 年，金光乳业有限公司引进养殖的澳大利亚奶牛

2017 年，农场年出栏生猪 1.5 万头以上的龙山猪场

2012 年，金光农场召开纪念中国共产党建党 91 周年先进表彰大会

2016 年 6 月，金光农场荣获"广西农垦 2014—2015 年度先进基层党组织"荣誉称号

2019 年 7 月 1 日，金光农场公司党委召开纪念中国共产党
成立 98 周年大会暨先进表彰大会

2019 年 5 月，农场党委获得广西农垦基层党建示范点荣誉，
广西农垦集团党委副书记翁科（前排右四）代表集团党委授牌

2011 年 7 月，农场机关党支部组织党员到龙州红八军纪念馆参观学习

2019 年 6 月 23 日，农场公司党委组织党员到桂林兴安参观湘江战役纪念馆，
开展"不忘初心　牢记使命"主题教育活动

2020 年 4 月 28 日，农场举行"决胜小康，
奋斗有我"主题演讲比赛

新党员入党宣誓仪式

九、职工文娱活动

2010年2月，广西农垦"送文艺、科技、法律下农场"活动启动仪式暨首场文艺演出在农场举行

2011年10月，金光农场、金光制糖有限公司大合唱《农垦之歌》被自治区农垦局授予"广西农垦建垦60周年文艺汇演特别奖"

2012年9月，迎接党的十八大——广西农垦金秋慰问演出在农场举行

2020 年 9 月 30 日，首届房车露营嘉年华活动启动仪式在金光农业公园举行

职工文体活动中心

职工气排球比赛

娱乐设施

老有所乐

"舞出人生"

广西金光农场志编纂委员会人员讨论研究场志编修工作

2006 年，农场小城镇建设形成规模 ■

职工住宅小区 ■

职工商住楼 ■

十、农场小城镇建设

小城镇建设一瞥

人工观景湖——金湖

中国农垦农场志丛编纂委员会

主 任

张桃林

副主任

左常升　邓庆海　李尚兰　陈邦勋　彭剑良　程景民　王润雷

成 员（按垦区排序）

马　辉　张庆东　张保强　薛志省　赵永华　李德海　麦　朝

王守聪　许如庆　胡兆辉　孙飞翔　王良贵　李岱一　赖金生

于永德　陈金剑　李胜强　唐道明　支光南　张安明　张志坚

陈孟坤　田李文　步　涛　余　繁　林　木　王　韬　魏国斌

巩爱岐　段志强　聂　新　高　宁　周云江　朱云生　常　芳

中国农垦农场志丛编纂委员会办公室

主 任

王润雷

副主任

陈忠毅　刘爱芳　武新宇　明　星

成 员

胡从九　李红梅　刘琢琬　闫保荣　王庆宁

中国农垦农场志

2020年广西金光农场志编纂委员会

主 任

李添文 何少波

副主任

陈志成 黄小来

编 委

李剑钊 黄志强 李廷化 陈 枫 苏万里 韦文成 罗荣美
劳丽娟 谭建能 李炳杨 黄海生 潘开先 林宏自 黄超忠

编写人员

主 编

林宏自 黄超忠

编 辑

杨建颖 陆 恬 吴宇顺 卢书径

校 对

黄超忠 林宏自 杨建颖 陆 恬 吴宇顺 卢书径

为本志提供资料及图片的有关部门和单位

广西金光农场有关部门和单位：

办公室 党群工作部 纪检监察部 财务部 经营管理部 企划发展部
农业事业部 青年分场 团结分场 东风分场 创业分场 前进分场
罗阳分场 同正分场 中意分场 双甲分场 昌平分场 友谊分场
那浪分场 龙山分场 南宁金佳园置业有限公司
南宁金农源农业投资有限公司 广西南宁壮禾肥业有限公司
农机服务队

其他有关单位及人员：

崇左市扶绥县档案馆（局） 南宁市西乡塘区坛洛镇社会劳动保障服务中心
南宁市西乡塘区坛洛镇金光社区 广西南宁金光淀粉有限公司
广西南宁金光建筑工程有限公司
黄碧银 孙 贵 李丽娜

中国农垦农场志

2014年广西金光农场志编纂委员会

主　任

陈　强

副主任

黄小来

编　委

韦红桥	黄忠泊	陆建光	王国佳	王祖斌	李廷化	黄志新
梁能辉	黄高英	郑建强	罗荣美	农志民	李剑钊	凌立平
林振邕	陈　枫	申瑞球	李　明	韦金凡	黄超忠	郑书斌
李政勇	蒋振南	宋树德	韦家周	方东元	麻华飞	宋海锋

编写人员

主　编

黄超忠　罗荣美

校　对

黄超忠　罗荣美

摄　影

黄晓明

为本志提供早期历史照片的人员名单

刘石仙	梦秀平	韩素珍	程彩连	蒙大套	王凤英	覃晓云	邓翠佳
黄极英	韦月兰	张学忠	甘宁波	黄玉心	黄石岗	朱袭福

为本志提供资料的有关部门和单位

广西农垦国有金光农场有关部门和单位

行政办公室　党委办公室　生产经营部　财务部　开发建设部　土地司法部
工会　计生办公室　后勤服务中心　社区管委会　农业试验站　农机服务队
加油站　广西南宁壮禾肥业有限公司　青年分场　科技示范园　东风分场
创业分场　前进分场　罗阳分场　同正分场　中意分场　双甲分场
昌平分场　友谊分场　那浪分场　龙山分场　谷龙分场

其他有关单位

广西农垦糖业集团金光制糖有限公司（办公室　财务部　生产部　农务部
质管部　供销部）

广西永新畜牧集团金光有限公司

广西南宁金光淀粉有限公司

广西农垦金光乳业有限公司

广西南宁金光建筑工程有限公司

广西南宁金光劳动服务有限公司

坛蓬村

草塘村

广西日报社

2004年广西金光农场志编纂委员会

顾　问

黄昌成

主　任

黄党源　何维克

副主任

王国佳

编　委

黄元安　覃定春　黄忠泊　徐　坤　金宣勇　林山美　韦良才

编写人员

王国佳　林山美　韦良才　刘康评　黄超忠

主　编

王国佳

副主编

林山美

责任编辑

林山美

编　辑

黄超忠

校　对

林山美　黄超忠

摄　影

裘履极　陈继光　黄小来　刘康评　吴声瑞　李剑钊

工作人员

黄艳丽　潘翠玲

为本志提供资料的主要人员

张承滨	冯绍华	劳士良	郑丁辉	金福赞	张耀廷	张冬生	傅长庆
李全喜	郑久发	欧瑞欢	黄兴鉴	庞正生	覃启杰	梁克志	黄如英
林大昭	余世荣	韦年丰	陆锦祥	吴准雄	罗祖松	周焕营	周学光
李富山	黎伯勇	韦艳芳	李仍姿	李子秀	陈德新	陈 东	陈钦泳
林文珍	黄振堂	庞斯礼	黄志新	吉镇平	梁树建	黄小来	罗荣美
吴月珍	潘翠玲	林新能	蒙大套	刘治德	王力刚	陈辉林	兰荣辉
陈 洪	陈振文	文万清	吴其德	黄 亦	杨木生	唐宗茂	李柱德
梁庆章	罗建军	吴道新	黄彬隆	白荣森	卢志介	陈逢添	许留海
卢桂森	彭乃新	彭立忠	卢喜慧	梁能辉	李永忠	吕火培	李吾宗
杨才鉴	隆学林	赖起富	滕世律	覃善福	李玉明	林志权	黄文清
王 林	贺 雯	李达民	黄奉范	宋树德	覃俭太	李善宁	黄保明
汤汝营	李剑钊	莫 兰	邓汉理	黄金表			

为本志提供资料的单位

金光农场档案室

广西壮族自治区农垦局档案室

广西壮族自治区档案馆（局）

南宁地区档案馆（局）

邕宁区档案馆（局）

扶绥县档案馆（局）

银行驻金光营业所

南宁市邮电局驻金光邮政所

南宁市征收税务局征收三分局驻金光征收处

中国农垦农场志

总 序

中国农垦农场志丛自 2017 年开始酝酿，历经几度春秋寒暑，终于在建党 100 周年之际，陆续面世。在此，谨向所有为修此志作出贡献、付出心血的同志表示诚挚的敬意和由衷的感谢！

中国共产党领导开创的农垦事业，为中华人民共和国的诞生和发展立下汗马功劳。八十余年来，农垦事业的发展与共和国的命运紧密相连，在使命履行中，农场成长为国有农业经济的骨干和代表，成为国家在关键时刻抓得住、用得上的重要力量。

如果将农垦比作大厦，那么农场就是砖瓦，是基本单位。在全国 31 个省（自治区、直辖市，港澳台除外），分布着 1800 多个农垦农场。这些星罗棋布的农场如一颗颗玉珠，明暗随农垦的历史进程而起伏；当其融汇在一起，则又映射出农垦事业波澜壮阔的历史画卷，绽放着"艰苦奋斗、勇于开拓"的精神光芒。

（一）

"农垦"概念源于历史悠久的"屯田"。早在秦汉时期就有了移民垦荒，至汉武帝时创立军屯，用于保障军粮供应。之后，历代沿袭屯田这一做法，充实国库，供养军队。

中国共产党借鉴历代屯田经验，发动群众垦荒造田。1933 年 2 月，中华苏维埃共和国临时中央政府颁布《开垦荒地荒田办法》，规定"县区土地部、乡政府要马上调查统计本地所有荒田荒地，切实计划、发动群众去开荒"。到抗日战争时期，中国共产党大规模地发动军人进行农垦实践，肩负起支援抗战的特殊使命，农垦事业正式登上了历史舞台。

20 世纪 30 年代末至 40 年代初，抗日战争进入相持阶段，在日军扫荡和国民党军事包围、经济封锁等多重压力下，陕甘宁边区生活日益困难。"我们曾经弄到几乎没有衣穿，没有油吃，没有纸、没有菜，战士没有鞋袜，工作人员在冬天没有被盖。"毛泽东同志曾这样讲道。

面对艰难处境，中共中央决定开展"自己动手，丰衣足食"的生产自救。1939 年 2 月 2 日，毛泽东同志在延安生产动员大会上发出"自己动手"的号召。1940 年 2 月 10 日，中共中央、中央军委发出《关于开展生产运动的指示》，要求各部队"一面战斗、一面生产、一面学习"。于是，陕甘宁边区掀起了一场轰轰烈烈的大生产运动。

这个时期，抗日根据地的第一个农场——光华农场诞生了。1939 年冬，根据中共中央的决定，光华农场在延安筹办，生产牛奶、蔬菜等食物。同时，进行农业科学实验、技术推广，示范带动周边群众。这不同于古代屯田，开创了农垦示范带动的历史先河。

在大生产运动中，还有一面"旗帜"高高飘扬，让人肃然起敬，它就是举世闻名的南泥湾大生产运动。

1940 年 6—7 月，为了解陕甘宁边区自然状况、促进边区建设事业发展，在中共中央财政经济部的支持下，边区政府建设厅的农林科学家乐天宇等一行 6 人，历时 47 天，全面考察了边区的森林自然状况，并完成了《陕甘宁边区森林考察团报告书》，报告建议垦殖南泥洼（即南泥湾）。之后，朱德总司令亲自前往南泥洼考察，谋划南泥洼的开发建设。

1941 年春天，受中共中央的委托，王震将军率领三五九旅进驻南泥湾。那时，南泥湾俗称"烂泥湾","方圆百里山连山",战士们"只见梢林不见天",身边做伴的是满山窜的狼豹黄羊。在这种艰苦处境中,战士们攻坚克难,一手拿枪,一手拿镐,练兵开荒两不误,把"烂泥湾"变成了陕北的"好江南"。从1941年到1944年,仅仅几年时间,三五九旅的粮食产量由0.12万石猛增到3.7万石,上缴公粮1万石,达到了耕一余一。与此同时,工业、商业、运输业、畜牧业和建筑业也得到了迅速发展。

南泥湾大生产运动,作为中国共产党第一次大规模的军垦,被视为农垦事业的开端,南泥湾也成为农垦事业和农垦精神的发祥地。

进入解放战争时期,建立巩固的东北根据地成为中共中央全方位战略的重要组成部分。毛泽东同志在1945年12月28日为中共中央起草的《建立巩固的东北根据地》中,明确指出"我党现时在东北的任务,是建立根据地,是在东满、北满、西满建立巩固的军事政治的根据地",要求"除集中行动负有重大作战任务的野战兵团外,一切部队和机关,必须在战斗和工作之暇从事生产"。

紧接着,1947年,公营农场兴起的大幕拉开了。

这一年春天,中共中央东北局财经委员会召开会议,主持财经工作的陈云、李富春同志在分析时势后指出:东北行政委员会和各省都要"试办公营农场,进行机械化农业实验,以迎接解放后的农村建设"。

这一年夏天,在松江省政府的指导下,松江省省营第一农场(今宁安农场)创建。省政府主任秘书李在人为场长,他带领着一支18人的队伍,在今尚志市一面坡太平沟开犁生产,一身泥、一身汗地拉开了"北大荒第一犁"。

这一年冬天,原辽北军区司令部作训科科长周亚光带领人马,冒着严寒风雪,到通北县赵光区实地踏查,以日伪开拓团训练学校旧址为基础,建成了我国第一个公营机械化农场——通北机械农场。

之后,花园、永安、平阳等一批公营农场纷纷在战火的硝烟中诞生。与此同时,一部分身残志坚的荣誉军人和被解放的国民党军人,向东北荒原宣战,艰苦拓荒、艰辛创业,创建了一批荣军农场和解放团农场。

再将视线转向华北。这一时期，在河北省衡水湖的前身"千顷洼"所在地，华北人民政府农业部利用一批来自联合国善后救济总署的农业机械，建成了华北解放区第一个机械化公营农场——冀衡农场。

除了机械化农场，在那个主要靠人力耕种的年代，一些拖拉机站和机务人员培训班诞生在东北、华北大地上，推广农业机械化技术，成为新中国农机事业人才培养的"摇篮"。新中国的第一位女拖拉机手梁军正是优秀代表之一。

（二）

中华人民共和国成立后农垦事业步入了发展的"快车道"。

1949 年 10 月 1 日，新中国成立了，百废待兴。新的历史阶段提出了新课题、新任务：恢复和发展生产，医治战争创伤，安置转业官兵，巩固国防，稳定新生的人民政权。

这没有硝烟的"新战场"，更需要垦荒生产的支持。

1949 年 12 月 5 日，中央人民政府人民革命军事委员会发布《关于 1950 年军队参加生产建设工作的指示》，号召全军"除继续作战和服勤务者而外，应当负担一部分生产任务，使我人民解放军不仅是一支国防军，而且是一支生产军"。

1952 年 2 月 1 日，毛泽东主席发布《人民革命军事委员会命令》："你们现在可以把战斗的武器保存起来，拿起生产建设的武器。"批准中国人民解放军 31 个师转为建设师，其中有 15 个师参加农业生产建设。

垦荒战鼓已擂响，刚跨进和平年代的解放军官兵们，又背起行囊，扑向荒原，将"作战地图变成生产地图"，把"炮兵的瞄准仪变成建设者的水平仪"，让"战马变成耕马"，在戈壁荒漠、三江平原、南国边疆安营扎寨，攻坚克难，辛苦耕耘，创造了农垦事业的一个又一个奇迹。

1. 将戈壁荒漠变成绿洲

1950 年 1 月，王震将军向驻疆部队发布开展大生产运动的命令，动员 11 万余名官兵就地屯垦，创建军垦农场。

垦荒之战有多难，这些有着南泥湾精神的农垦战士就有多拼。

没有房子住，就搭草棚子、住地窝子；粮食不够吃，就用盐水煮麦粒；没有拖拉机和畜力，就多人拉犁开荒种地……

然而，戈壁滩缺水，缺"农业的命根子"，这是痛中之痛！

没有水，战士们就自己修渠，自伐木料，自制筐担，自搓绳索，自开块石。修渠中涌现了很多动人故事，据原新疆兵团农二师师长王德昌回忆，1951 年冬天，一名来自湖南的女战士，面对磨断的绳子，情急之下，割下心爱的辫子，接上绳子背起了石头。

在战士们全力以赴的努力下，十八团渠、红星渠、和平渠、八一胜利渠等一条条大地的"新动脉"，奔涌在戈壁滩上。

1954 年 10 月，经中共中央批准，新疆生产建设兵团成立，陶峙岳被任命为司令员，新疆维吾尔自治区党委书记王恩茂兼任第一政委，张仲瀚任第二政委。努力开荒生产的驻疆屯垦官兵终于有了正式的新身份，工作中心由武装斗争转为经济建设，新疆地区的屯垦进入了新的阶段。

之后，新疆生产建设兵团重点开发了北疆的准噶尔盆地、南疆的塔里木河流域及伊犁、博乐、塔城等边远地区。战士们鼓足干劲，兴修水利、垦荒造田、种粮种棉、修路架桥，一座座城市拔地而起，荒漠变绿洲。

2. 将荒原沼泽变成粮仓

在新疆屯垦热火朝天之时，北大荒也进入了波澜壮阔的开发阶段，三江平原成为"主战场"。

1954 年 8 月，中共中央农村工作部同意并批转了农业部党组《关于开发东北荒地的农建二师移垦东北问题的报告》，同时上报中央军委批准。9 月，第一批集体转业的"移民大军"——农建二师由山东开赴北大荒。这支 8000 多人的齐鲁官兵队伍以荒原为家，创建了二九〇、二九一和十一农场。

同年，王震将军视察黑龙江汤原后，萌发了开发北大荒的设想。领命的是第五师副师长余友清，他打头阵，率一支先遣队到密山、虎林一带踏查荒原，于1955年元旦，在虎林县（今虎林市）西岗创建了铁道兵第一个农场，以部队番号命名为"八五〇部农场"。

1955年，经中共中央同意，铁道兵9个师近两万人挺进北大荒，在密山、虎林、饶河一带开荒建场，拉开了向三江平原发起总攻的序幕，在八五〇部农场周围建起了一批八字头的农场。

1958年1月，中央军委发出《关于动员十万干部转业复员参加生产建设的指示》，要求全军复员转业官兵去开发北大荒。命令一下，十万转业官兵及家属，浩浩荡荡进军三江平原，支边青年、知识青年也前赴后继地进攻这片古老的荒原。

垦荒大军不惧苦、不畏难，鏖战多年，荒原变良田。1964年盛夏，国家副主席董必武来到北大荒视察，面对麦香千里即兴赋诗："斩棘披荆忆老兵，大荒已变大粮屯。"

3. 将荒郊野岭变成胶园

如果说农垦大军在戈壁滩、北大荒打赢了漂亮的要粮要棉战役，那么，在南国边疆，则打赢了一场在世界看来不可能胜利的翻身仗。

1950年，朝鲜战争爆发后，帝国主义对我国实行经济封锁，重要战略物资天然橡胶被禁运，我国国防和经济建设面临严重威胁。

当时世界公认天然橡胶的种植地域不能超过北纬17°，我国被国际上许多专家划为"植胶禁区"。

但命运应该掌握在自己手中，中共中央作出"一定要建立自己的橡胶基地"的战略决策。1951年8月，政务院通过《关于扩大培植橡胶树的决定》，由副总理兼财政经济委员会主任陈云亲自主持这项工作。同年11月，华南垦殖局成立，中共中央华南分局第一书记叶剑英兼任局长，开始探索橡胶种植。

1952年3月，两万名中国人民解放军临危受命，组建成林业工程第一师、第二师和一个独立团，开赴海南、湛江、合浦等地，住茅棚、战台风、斗猛兽，白手起家垦殖橡胶。

大规模垦殖橡胶，急需胶籽。"一粒胶籽，一两黄金"成为战斗口号，战士们不惜一切代价收集胶籽。有一位叫陈金照的小战士，运送胶籽时遇到山洪，被战友们找到时已没有了呼吸，而背上箩筐里的胶籽却一粒没丢……

正是有了千千万万个把橡胶看得重于生命的陈金照们，1957年春天，华南垦殖局种植的第一批橡胶树，流出了第一滴胶乳。

1960年以后，大批转业官兵加入海南岛植胶队伍，建成第一个橡胶生产基地，还大面积种植了剑麻、香茅、咖啡等多种热带作物。同时，又有数万名转业官兵和湖南移民汇聚云南边疆，用血汗浇灌出了我国第二个橡胶生产基地。

在新疆、东北和华南三大军垦战役打响之时，其他省份也开始试办农场。1952年，在政务院关于"各县在可能范围内尽量地办起和办好一两个国营农场"的要求下，全国各地农场如雨后春笋般发展起来。1956年，农垦部成立，王震将军被任命为部长，统一管理全国的军垦农场和地方农场。

随着农垦管理走向规范化，农垦事业也蓬勃发展起来。江西建成多个综合垦殖场，发展茶、果、桑、林等多种生产；北京市郊、天津市郊、上海崇明岛等地建起了主要为城市提供副食品的国营农场；陕西、安徽、河南、西藏等省区建立发展了农牧场群……

到1966年，全国建成国营农场1958个，拥有职工292.77万人，拥有耕地面积345457公顷，农垦成为我国农业战线一支引人瞩目的生力军。

（三）

前进的道路并不总是平坦的。"文化大革命"持续十年，使党、国家和各族人民遭到新中国成立以来时间最长、范围最广、损失最大的挫折，农垦系统也不能幸免。农场平均主义盛行，从1967年至1978年，农垦系统连续亏损12年。

"没有一个冬天不可逾越，没有一个春天不会来临。"1978年，党的十一届三中全会召开，如同一声春雷，唤醒了沉睡的中华大地。手握改革开放这一法宝，全党全社会朝着社会主义现代化建设方向大步前进。

在这种大形势下，农垦人深知，国营农场作为社会主义全民所有制企业，应当而且有条件走在农业现代化的前列，继续发挥带头和示范作用。

于是，农垦人自觉承担起推进实现农业现代化的重大使命，乘着改革开放的春风，开始进行一系列的上下求索。

1978 年 9 月，国务院召开了人民公社、国营农场试办农工商联合企业座谈会，决定在我国试办农工商联合企业，农垦系统积极响应。作为现代化大农业的尝试，机械化水平较高且具有一定工商业经验的农垦企业，在农工商综合经营改革中如鱼得水，打破了单一种粮的局面，开启了农垦一二三产业全面发展的大门。

农工商综合经营只是农垦改革的一部分，农垦改革的关键在于打破平均主义，调动生产积极性。

为调动企业积极性，1979 年 2 月，国务院批转了财政部、国家农垦总局《关于农垦企业实行财务包干的暂行规定》。自此，农垦开始实行财务大包干，突破了"千家花钱，一家（中央）平衡"的统收统支方式，解决了农垦企业吃国家"大锅饭"的问题。

为调动企业职工的积极性，从 1979 年根据财务包干的要求恢复"包、定、奖"生产责任制，到 1980 年后一些农场实行以"大包干"到户为主要形式的家庭联产承包责任制，再到 1983 年借鉴农村改革经验，全面兴办家庭农场，逐渐建立大农场套小农场的双层经营体制，形成"家家有场长，户户搞核算"的蓬勃发展气象。

为调动企业经营者的积极性，1984 年下半年，农垦系统在全国选择 100 多个企业试点推行场（厂）长、经理负责制，1988 年全国农垦有 60% 以上的企业实行了这项改革，继而又借鉴城市国有企业改革经验，全面推行多种形式承包经营责任制，进一步明确主管部门与企业的权责利关系。

以上这些改革主要是在企业层面，以单项改革为主，虽然触及了国家、企业和职工的最直接、最根本的利益关系，但还没有完全解决传统体制下影响农垦经济发展的深层次矛盾和困难。

"历史总是在不断解决问题中前进的。"1992 年，继邓小平南方谈话之后，党的十四大明确提出，要建立社会主义市场经济体制。市场经济为农垦改革进一步指明了方向，但农垦如何改革才能步入这个轨道，真正成为现代化农业的引领者？

关于国营大中型企业如何走向市场，早在 1991 年 9 月中共中央就召开工作会议，强调要转换企业经营机制。1992 年 7 月，国务院发布《全民所有制工业企业转换经营机制条例》，明确提出企业转换经营机制的目标是："使企业适应市场的要求，成为依法自主经营、自负盈亏、自我发展、自我约束的商品生产和经营单位，成为独立享有民事权利和承担民事义务的企业法人。"

为转换农垦企业的经营机制，针对在干部制度上的"铁交椅"、用工制度上的"铁饭碗"和分配制度上的"大锅饭"问题，农垦实施了干部聘任制、全员劳动合同制以及劳动报酬与工效挂钩的三项制度改革，为农垦企业建立在用人、用工和收入分配上的竞争机制起到了重要促进作用。

1993 年，十四届三中全会再次擂响战鼓，指出要进一步转换国有企业经营机制，建立适应市场经济要求，产权清晰、权责明确、政企分开、管理科学的现代企业制度。

农业部积极响应，1994 年决定实施"三百工程"，即在全国农垦选择百家国有农场进行现代企业制度试点、组建发展百家企业集团、建设和做强百家良种企业，标志着农垦企业的改革开始深入到企业制度本身。

同年，针对有些农场仍为职工家庭农场，承包户垫付生产、生活费用这一问题，根据当年 1 月召开的全国农业工作会议要求，全国农垦系统开始实行"四到户"和"两自理"，即土地、核算、盈亏、风险到户，生产费、生活费由职工自理。这一举措彻底打破了"大锅饭"，开启了国有农场农业双层经营体制改革的新发展阶段。

然而，在推进市场经济进程中，以行政管理手段为主的垦区传统管理体制，逐渐成为束缚企业改革的桎梏。

垦区管理体制改革迫在眉睫。1995 年，农业部在湖北省武汉市召开全国农垦经济体制改革工作会议，在总结各垦区实践的基础上，确立了农垦管理体制的改革思路：逐步弱化行政职能，加快实体化进程，积极向集团化、公司化过渡。以此会议为标志，垦区管理体制改革全面启动。北京、天津、黑龙江等 17 个垦区按照集团化方向推进。此时，出于实际需要，大部分垦区在推进集团化改革中仍保留了农垦管理部门牌子和部分行政管理职能。

"前途是光明的，道路是曲折的。"由于农垦自身存在的政企不分、产权不清、社会负担过重等深层次矛盾逐渐暴露，加之农产品价格低迷、激烈的市场竞争等外部因素叠加，从 1997 年开始，农垦企业开始步入长达 5 年的亏损徘徊期。

然而，农垦人不放弃、不妥协，终于在 2002 年"守得云开见月明"。这一年，中共十六大召开，农垦也在不断调整和改革中，告别"五连亏"，盈利 13 亿。

2002 年后，集团化垦区按照"产业化、集团化、股份化"的要求，加快了对集团母公司、产业化专业公司的公司制改造和资源整合，逐步将国有优质资产集中到主导产业，进一步建立健全现代企业制度，形成了一批大公司、大集团，提升了农垦企业的核心竞争力。

与此同时，国有农场也在企业化、公司化改造方面进行了积极探索，综合考虑是否具备企业经营条件、能否剥离办社会职能等因素，因地制宜、分类指导。一是办社会职能可以移交的农场，按公司制等企业组织形式进行改革；办社会职能剥离需要过渡期的农场，逐步向公司制企业过渡。如广东、云南、上海、宁夏等集团化垦区，结合农场体制改革，打破传统农场界限，组建产业化专业公司，并以此为纽带，进一步将垦区内产业关联农场由子公司改为产业公司的生产基地（或基地分公司），建立了集团与加工企业、农场生产基地间新的运行体制。二是不具备企业经营条件的农场，改为乡、镇或行政区，向政权组织过渡。如 2003 年前后，一些垦区的部分农场连年严重亏损，有的甚至濒临破产。湖南、湖北、河北等垦区经省委、省政府批准，对农场管理体制进行革新，把农场管理权下放到市县，实行属地管理，一些农场建立农场管理区，赋予必要的政府职能，给予财税优惠政策。

这些改革离不开农垦职工的默默支持，农垦的改革也不会忽视职工的生活保障。1986 年，根据《中共中央、国务院批转农牧渔业部〈关于农垦经济体制改革问题的报告〉的通知》要求，农垦系统突破职工住房由国家分配的制度，实行住房商品化，调动职工自己动手、改善住房的积极性。1992 年，农垦系统根据国务院关于企业职工养老保险制度改革的精神，开始改变职工养老保险金由企业独自承担的局面，此后逐步建立并完善国家、企业、职工三方共同承担的社会保障制度，减轻农场养老负担的同时，也减少了农场职工的后顾之忧，保障了农场改革的顺利推进。

从 1986 年至十八大前夕，从努力打破传统高度集中封闭管理的计划经济体制，到坚定社会主义市场经济体制方向；从在企业层面改革，以单项改革和放权让利为主，到深入管理体制，以制度建设为核心、多项改革综合配套协调推进为主：农垦企业一步一个脚印，走上符合自身实际的改革道路，管理体制更加适应市场经济，企业经营机制更加灵活高效。

这一阶段，农垦系统一手抓改革，一手抓开放，积极跳出"封闭"死胡同，走向开放的康庄大道。从利用外资在经营等领域涉足并深入合作，大力发展"三资"企业和"三来一补"项目；到注重"引进来"，引进资金、技术设备和管理理念等；再到积极实施"走出去"战略，与中东、东盟、日本等地区和国家进行经贸合作出口商品，甚至扎根境外建基地、办企业、搞加工、拓市场：农垦改革开放风生水起逐浪高，逐步形成"两个市场、两种资源"的对外开放格局。

（四）

党的十八大以来，以习近平同志为核心的党中央迎难而上，作出全面深化改革的决定，农垦改革也进入全面深化和进一步完善阶段。

2015 年 11 月，中共中央、国务院印发《关于进一步推进农垦改革发展的意见》（简称《意见》），吹响了新一轮农垦改革发展的号角。《意见》明确要求，新时期农垦改革发展要以推进垦区集团化、农场企业化改革为主线，努力把农垦建设成为保障国家粮食安全和重要农产品有效供给的国家队、中国特色新型农业现代化的示范区、农业对外合作的排头兵、安边固疆的稳定器。

2016 年 5 月 25 日，习近平总书记在黑龙江省考察时指出，要深化国有农垦体制改革，以垦区集团化、农场企业化为主线，推动资源资产整合、产业优化升级，建设现代农业大基地、大企业、大产业，努力形成农业领域的航母。

2018年9月25日，习近平总书记再次来到黑龙江省进行考察，他强调，要深化农垦体制改革，全面增强农垦内生动力、发展活力、整体实力，更好发挥农垦在现代农业建设中的骨干作用。

农垦从来没有像今天这样更接近中华民族伟大复兴的梦想！农垦人更加振奋了，以壮士断腕的勇气、背水一战的决心继续农垦改革发展攻坚战。

1. 取得了累累硕果

——坚持集团化改革主导方向，形成和壮大了一批具有较强竞争力的现代农业企业集团。黑龙江北大荒去行政化改革、江苏农垦农业板块上市、北京首农食品资源整合……农垦深化体制机制改革多点开花、逐步深入。以资本为纽带的母子公司管理体制不断完善，现代公司治理体系进一步健全。市县管理农场的省份区域集团化改革稳步推进，已组建区域集团和产业公司超过300家，一大批农场注册成为公司制企业，成为真正的市场主体。

——创新和完善农垦农业双层经营体制，强化大农场的统一经营服务能力，提高适度规模经营水平。截至2020年，据不完全统计，全国农垦规模化经营土地面积5500多万亩，约占农垦耕地面积的70.5%，现代农业之路越走越宽。

——改革国有农场办社会职能，让农垦企业政企分开、社企分开，彻底甩掉历史包袱。截至2020年，全国农垦有改革任务的1500多个农场完成办社会职能改革，松绑后的步伐更加矫健有力。

——推动农垦国有土地使用权确权登记发证，唤醒沉睡已久的农垦土地资源。截至2020年，土地确权登记发证率达到96.3%，使土地也能变成金子注入农垦企业，为推进农垦土地资源资产化、资本化打下坚实基础。

——积极推进对外开放，农垦农业对外合作先行者和排头兵的地位更加突出。合作领域从粮食、天然橡胶行业扩展到油料、糖业、果菜等多种产业，从单个环节向全产业链延伸，对外合作范围不断拓展。截至 2020 年，全国共有 15 个垦区在 45 个国家和地区投资设立了 84 家农业企业，累计投资超过 370 亿元。

2. 在发展中改革，在改革中发展

农垦企业不仅有改革的硕果，更以改革创新为动力，在扶贫开发、产业发展、打造农业领域航母方面交出了漂亮的成绩单。

——聚力农垦扶贫开发，打赢农垦脱贫攻坚战。从 20 世纪 90 年代起，农垦系统开始扶贫开发。"十三五"时期，农垦系统针对 304 个重点贫困农场，绘制扶贫作战图，逐个建立扶贫档案，坚持"一场一卡一评价"。坚持产业扶贫，组织开展技术培训、现场观摩、产销对接，增强贫困农场自我"造血"能力。甘肃农垦永昌农场建成高原夏菜示范园区，江西宜丰黄冈山垦殖场大力发展旅游产业，广东农垦新华农场打造绿色生态茶园……贫困农场产业发展蒸蒸日上，全部如期脱贫摘帽，相对落后农场、边境农场和生态脆弱区农场等农垦"三场"踏上全面振兴之路。

——推动产业高质量发展，现代农业产业体系、生产体系、经营体系不断完善。初步建成一批稳定可靠的大型生产基地，保障粮食、天然橡胶、牛奶、肉类等重要农产品的供给；推广一批环境友好型种养新技术、种养循环新模式，提升产品质量的同时促进节本增效；制定发布一系列生鲜乳、稻米等农产品的团体标准，守护"舌尖上的安全"；相继成立种业、乳业、节水农业等产业技术联盟，形成共商共建共享的合力；逐渐形成"以中国农垦公共品牌为核心、农垦系统品牌联合舰队为依托"的品牌矩阵，品牌美誉度、影响力进一步扩大。

——打造形成农业领域航母，向培育具有国际竞争力的现代农业企业集团迈出坚实步伐。黑龙江北大荒、北京首农、上海光明三个集团资产和营收双超千亿元，在发展中乘风破浪：黑龙江北大荒农垦集团实现机械化全覆盖，连续多年粮食产量稳定在 400 亿斤以上，推动产业高端化、智能化、绿色化，全力打造"北大荒绿色智慧厨房"；北京首农集团坚持科技和品牌双轮驱动，不断提升完善"从田间到餐桌"的全产业链条；上海光明食品集团坚持品牌化经营、国际化发展道路，加快农业

"走出去"步伐，进行国际化供应链、产业链建设，海外营收占集团总营收 20% 左右，极大地增强了对全世界优质资源的获取能力和配置能力。

千淘万漉虽辛苦，吹尽狂沙始到金。迈入"十四五"，农垦改革目标基本完成，正式开启了高质量发展的新篇章，正在加快建设现代农业的大基地、大企业、大产业，全力打造农业领域航母。

（五）

八十多年来，从人畜拉犁到无人机械作业，从一产独大到三产融合，从单项经营到全产业链，从垦区"小社会"到农业"集团军"，农垦发生了翻天覆地的变化。然而，无论农垦怎样变，变中都有不变。

——不变的是一路始终听党话、跟党走的绝对忠诚。从抗战和解放战争时期垦荒供应军粮，到新中国成立初期发展生产、巩固国防，再到改革开放后逐步成为现代农业建设的"排头兵"，农垦始终坚持全面贯彻党的领导。而农垦从孕育诞生到发展壮大，更离不开党的坚强领导。毫不动摇地坚持贯彻党对农垦的领导，是农垦人奋力前行的坚强保障。

——不变的是服务国家核心利益的初心和使命。肩负历史赋予的保障供给、屯垦戍边、示范引领的使命，农垦系统始终站在讲政治的高度，把完成国家战略任务放在首位。在三年困难时期、"非典"肆虐、汶川大地震、新冠肺炎疫情突发等关键时刻，农垦系统都能"调得动、顶得上、应得急"，为国家大局稳定作出突出贡献。

——不变的是"艰苦奋斗、勇于开拓"的农垦精神。从抗日战争时一手拿枪、一手拿镐的南泥湾大生产，到新中国成立后新疆、东北和华南的三大军垦战役，再到改革开放后艰难但从未退缩的改革创新、坚定且铿锵有力的发展步伐，"艰苦奋斗、勇于开拓"始终是农垦人不变的本色，始终是农垦人攻坚克难的"传家宝"。

农垦精神和文化生于农垦沃土，在红色文化、军旅文化、知青文化等文化中孕育，也在一代代人的传承下，不断被注入新的时代内涵，成为农垦事业发展的不竭动力。

"大力弘扬'艰苦奋斗、勇于开拓'的农垦精神，推进农垦文化建设，汇聚起推动农垦改革发展的强大精神力量。"中央农垦改革发展文件这样要求。在新时代、新征程中，记录、传承农垦精神，弘扬农垦文化是农垦人的职责所在。

（六）

随着垦区集团化、农场企业化改革的深入，农垦的企业属性越来越突出，加之有些农场的历史资料、文献文物不同程度遗失和损坏，不少老一辈农垦人也已年至期颐，农垦历史、人文、社会、文化等方面的保护传承需求也越来越迫切。

传承农垦历史文化，志书是十分重要的载体。然而，目前只有少数农场编写出版过农场史志类书籍。因此，为弘扬农垦精神和文化，完整记录展示农场发展改革历程，保存农垦系统重要历史资料，在农业农村部党组的坚强领导下，农垦局主动作为，牵头组织开展中国农垦农场志丛编纂工作。

工欲善其事，必先利其器。2019 年，借全国第二轮修志工作结束、第三轮修志工作启动的契机，农业农村部启动中国农垦农场志丛编纂工作，广泛收集地方志相关文献资料，实地走访调研、拜访专家、咨询座谈、征求意见等。在充足的前期准备工作基础上，制定了中国农垦农场志丛编纂工作方案，拟按照前期探索、总结经验、逐步推进的整体安排，统筹推进中国农垦农场志丛编纂工作，这一方案得到了农业农村部领导的高度认可和充分肯定。

编纂工作启动后，层层落实责任。农业农村部专门成立了中国农垦农场志丛编纂委员会，研究解决农场志编纂、出版工作中的重大事项；编纂委员会下设办公室，负责志书编纂的具体组织协调工作；各省级农垦管理部门成立农场志编纂工作机构，负责协调本区域农场志的组织编纂、质量审查等工作；参与编纂的农场成立了农场志编纂工作小组，明确专职人员，落实工作经费，建立配套机制，保证了编纂工作的顺利进行。

质量是志书的生命和价值所在。为保证志书质量，我们组织专家编写了《农场志编纂技术手册》，举办农场志编纂工作培训班，召开农场志编纂工作推进会和研讨会，到农场实地调研督导，尽全力把好志书编纂的史实关、政治关、体例关、文字关和出版关。我们本着"时间服从质量"的原则，将精品意识贯穿编纂工作始终。坚持分步实施、稳步推进，成熟一本出版一本，成熟一批出版一批。

中国农垦农场志丛是我国第一次较为系统地记录展示农场形成发展脉络、改革发展历程的志书。它是一扇窗口，让读者了解农场，理解农垦；它是一条纽带，让农垦人牢记历史，让农垦精神代代传承；它是一本教科书，为今后农垦继续深化改革开放、引领现代农业建设、服务乡村振兴战略指引道路。

修志为用。希望此志能够"尽其用"，对读者有所裨益。希望广大农垦人能够从此志汲取营养，不忘初心、牢记使命，一茬接着一茬干、一棒接着一棒跑，在新时代继续发挥农垦精神，续写农垦改革发展新辉煌，为实现中华民族伟大复兴的中国梦不懈努力！

中国农垦农场志丛编纂委员会

2021 年 7 月

金

广西金光农场志

GUANGXI JINGUANG NONGCHANGZHI

序言

　　六十五载峥嵘岁月，砥砺耕耘；金光儿女励精图治，成就辉煌。在金光农场建场65周年之际，《广西金光农场志》编纂出版了，这是全体金光人的一件大事，也是广西农垦人的一件大事！

　　9月3日，是全体金光人应该永远记住的日子。1955年9月3日，金光农场正式建场。自这一日起，金光人披星戴月，风餐露宿，栉风沐雨，披荆斩棘，开始了前所未有的艰苦创业。顽强的金光人用勤劳的双手和智慧在一片杂草丛生、荒凉无垠的土地上奋斗、开拓、创业。经过65年风风雨雨的发展历程，农场公司从无到有，从小到大，从弱到强，从强到富，发展成为一个国家大型（二类）国有企业，经济、文化、社会发展等各项事业取得累累硕果。工农业总产值从建场初期的42万元跃升到2020年的46493万元，增加46451万元；从建场初期亏损6.96万元跃升到2020年盈利1253万元；一个具有金光特色的新型农场建成，呈现在金光这片热土上，成为广西农垦镶嵌在祖国南疆的一颗金光闪耀的"希望之星"。建场65年的创业发展史令金光人热血沸腾，激情澎湃，信心百倍！

　　《广西金光农场志》是在广西农垦集团公司和农场公司党、政、工领导和有关部门、单位的重视支持以及全体编纂人员的艰辛努力下，分别于2005年建场50周年时第一次编纂成书，2015年建场60周年时第二次编纂成书，2020年建场65周年时第三次编纂出版。这部志书真实地记载了金光农场65年来艰苦创业的风雨历程。它无论是从资料性、地方性、知识性、科学性等方面都是尊重历史、尊重事实的。以史为鉴，志亦是史，是史最初的原原本本的文字记录。志可以回顾，可以明心，可以坚志，可以温故而知新。

《广西金光农场志》主要是对建场65年来经济、文化、社会发展等各项事业的忠实记载，可以说是金光农场的一块里程碑。它内容丰富，材料翔实，既是金光人的一部创业史和发展史，又是金光农场的人文、地理、资源的知识宝库。它呈现于世的，是一部金光农场的"百科全书"。同时，它还是一部"艰苦奋斗、勇于开拓"的农垦精神的良好教科书，激励金光农场广大职工和子孙后代继承和发扬光荣传统，从而热爱农场，热爱农垦事业，热爱祖国。

"创业不易，守业更难"。在建设社会主义现代化和社会主义新农场的历史进程中，过去的65年，金光人发扬"老黄牛"的精神，战胜了一个又一个困难，铸就了一个又一个属于金光的辉煌。广大干部职工一定能够继续传承和发扬"艰苦奋斗、勇于开拓"的农垦精神和优良传统，并肩携手，与时俱进，开拓进取，踏上新的"金光大道"征途。

历史将在我们手中延续，未来将在我们手中创造。我们要"跳出金光谋金光"，要围绕"区域带动型龙头企业""战略协同型龙头企业"的发展定位，大力实施乡村振兴发展战略，建设智慧农场，打造"菜篮子""果篮子"。我们要积极推进企业混改，让"两项战略任务"加快落地见效，全力当好绿色食品生产链的生力军。我们要扛起食品基地建设重任，以建设食品农业大基地、大产业为目标，为打造大型食品集团，建成"三大龙头企业"，奋力谱写农垦集团高质量发展新篇章作出新的更大贡献，以优异成绩迎接建垦70周年和建党100周年。

"欲穷千里目，更上一层楼"。祝愿金光儿女永葆艰苦奋斗本色，祝愿金光农场公司明天更加美好，更加灿烂辉煌！

广西金光农场志编纂委员会主任

2020年12月

凡例

广西金光农场志

GUANGXI JINGUANG NONGCHANGZHI

一、本志按编、章、节排列，志首设序言、凡例，志末设附录，志中配有照片和图表。全志分建置与环境、经济与管理、组织机构、文体卫生、社会与民生等5编，共28章53.8万字。2020年，广西农垦金光农场有限公司作为广西农垦第一批列入中国农垦农场志编纂单位，根据中国农垦农场志编纂出版工作要求，在前两次所编纂的农场志的基础上，对《广西金光农场志》进行第三次编纂。本次编纂出版不包含分离和移交后的南宁市金光中学、南宁市金光小学、南宁市西乡塘区坛洛镇第二卫生院、广西农垦糖业集团金光制糖有限公司、广西农垦永新畜牧集团金光有限公司等单位2015年以后的数据和资料。

二、本志记载时间从建场的1955年至2020年，凡65年纵不断线，横不漏项，详今略古，记述内容重点突出以经济建设为中心。

三、本志资料来自农场档案室、广西壮族自治区（后文中简称"自治区"）农垦局档案室、扶绥县档案馆（局）、邕宁区档案馆（局）、南宁地区档案馆（局）、广西壮族自治区档案馆（局）和有关资料、文献记载以及知情人提供，经鉴别核定，去伪存真、去芜存菁入志。农场各部室、各分场及子公司、广西农垦糖业集团金光制糖有限公司、广西永新畜牧集团金光有限公司、广西南宁金光淀粉有限公司、广西南宁金光建筑工程有限公司、广西南宁金光劳动服务有限公司、广西农垦金光乳业有限公司等单位向本志提供了相关资料。

四、本志不设人物传记，但荣获各级政府和各部门表彰的模范、先进人物，收列入志。

五、志书如实记述，不做描写形容，不加评论，除文字外，图、表、照片并重。各项统计数字均以农场和有关单位报表为准，符合特定历史时期的真实情况，概不注明出处。

六、志书记年、计量、行文均按有关通行规定标准统一。

中国农垦农场志

目 录

第五编　社会与民生

概　　述

广西金光农场位于广西壮族自治区首府南宁市西郊，毗邻左右江畔，距南宁市中心43千米。与左江中楞码头、中楞渡口相距5千米，距右江金陵镇码头15千米。沿左江、右江而上可至龙州和百色，沿左江、右江而下汇合邕江航运经南宁市、贵港市、梧州市可达粤港澳及海外。南宁至隆安公路G324国道，南宁至扶绥公路X005、X006、X019、X010县道（其中：X005、X019、X010将改造为S212省道），以及S315省道、吴隆高速通过农场辖区，县道与省道、国道公路联网畅通区内外各地。场部与湘桂铁路江西火车站相距19千米，距南（宁）昆（明）铁路武康火车站12千米，距崇左市扶绥县火车站21千米，距南宁西站（高铁站）17.6千米。南昆铁路和云桂高铁从农场辖区通过，水陆交通方便，地理位置优越。依托具有沿海开放城市优惠政策、大西南出海通道枢纽城市、中国与东盟合作前沿城市、建设区域性国际城市和广西"首善之区"的南宁市的有利条件，充分利用金光农场公司的地理位置优势和丰富资源发展特色优质、高效、创汇农业及高新科技产业等具有广阔的前景。

农场地理坐标位于北纬22°42′—22°58′，东经107°44′—108°02′，东北面与南宁市郊金陵镇接壤；北面接坛洛镇和富庶乡，西北面与隆安县那桐乡相邻；西南与扶绥县昌平乡和龙头乡接壤；西面接中东镇。农场土地由大小片不相连的地块组成，场界周边长210千米，与7个乡镇、37个村委会以及1个凤凰山林场接界。建场时场界范围内土地总面积为174000亩*，现全场土地总面积为135272.79亩，已开发利用125434.98亩，占全场面积的92.73%。

农场地势大部属缓坡丘陵，高低起伏，变化明显，坡度3°～5°者居多，西面谷龙分场和西北面青年分场属丘陵地带，坡度较大，20°～30°者居多，农场整个地势呈西北高、东南低走向，海拔为76～130米，土壤由第四纪红土母质发育而成，共有13个土种，地下蕴藏水资源丰富。

农场属南亚热带季风区，年平均降雨量1237.4毫米，平均日照时数1824.8小时，平

---

* 亩为非法定计量单位，1亩≈667米²。——编者注

均气温 22.47℃，夏长冬短，无霜期长。

1955 年 6 月，张承滨遵照广西垦殖分局领导的指示，到原拟定的在横县良圻的开办农场地点调查。他利用半个月的时间进行勘察及分析土地情况后，认为良圻土地贫瘠且又是坡地，办场条件较差。他将勘察结果向垦殖分局局长谢东来汇报后，广西垦殖分局改定在三江口（即左江、右江与邕江汇合处）的西南地带垦荒办场。这一带大小不相连的荒地地块分别居于扶绥、邕宁二县的 4 个区 16 个乡界址内，地势较平坦，面积大，当时交通颇为方便。根据〔55〕垦办字 00156 号文批转"接总局批示，原属天西垦殖场之罗阳分场划定一个场独立经营"的通知，1955 年 8 月 26 日，张承滨、王有堂受华南垦殖总局广西分局委派到扶绥县，向扶绥县人民委员会书记左振华和县长邓汉理传达关于在扶绥县中东区接管原天西垦殖场罗阳分场，建立"金光垦殖场"的指示，扶绥县人民委员会给予大力支持。1955 年 9 月 3 日正式建场，定名为国营金光垦殖场，并随文发给铜质圆形印章两枚。9 月 3 日，张承滨、王有堂和随后派来的孙永禄、聂世端、温振、党应君（女）、蒙焕英（女）、劳清禄、韦广源、赖善教、黄耀权、黄兴鉴、劳士良、覃雁辉、雷超源、何瑞炯、刘馥、玉廷咏、钟瑞芳（女）、卢瑞芝、覃德修、陈烈夫、林文珍（女）、张日钦、钟瑜、欧毓珍、林大昭等场级领导、科级干部和各类专业技术人员共 27 名干部，聚集到原天西垦殖场罗阳分场驻地，开展建场工作。当时党委委员、党委书记、副书记、场长、副场长均由上级党政组织指派和任命。1958 年年初，场部机关从罗阳原址迁居坛井地区，同年 2 月 22 日，根据〔58〕0047 号文件《中共广西省关于在金光等 10 个国营农场建立基层党委的通知》的精神，开展筹办党代会工作。1958 年 12 月 26 日，国营金光农场正式召开首次党员代表大会，选举产生首届党委成员。

农场曾多次变更名称。建场时取名为"国营金光垦殖场"；1956 年 6 月 16 日，更名为广西国营金光农场；1994 年 5 月 28 日，更名为广西金光实业总公司（总公司下设有工业公司、畜牧水产公司、农林公司和商贸公司，执行农工商运建综合经营一体化的经营管理机制）；2003 年 9 月 26 日，更名为广西农垦国有金光农场；2018 年 12 月 28 日，更名为广西农垦金光农场有限公司，2019 年 1 月 11 日，公司举行揭牌仪式。

农场隶属关系曾多次变动。1955 年至 1957 年为华南垦殖总局广西分局直属单位，1958 年至 1959 年管理体制下放到邕宁地委（邕宁专员公署）。广西壮族自治区农垦局成立后，1960 年至 1969 年收归自治区农垦局管理。1970 年至 1978 年第二次下放到南宁地区，1979 年回归隶属自治区农垦局直接领导至 2020 年。管理体制的两次下放只是名义上的隶属关系变化，实质性的管理如生产任务的下达、财务计划的安排和经营亏损的弥补还归自治区农垦局。

农场经营方针曾经发生过几次变动调整。建场初期，曾种植过甘蔗、旱稻、水稻、花生、玉米、木薯、红麻、剑麻以及果树、林木等粮食作物和经济作物，当时是参照华南垦殖总局"提高质量、增加产量、改善经营、降低成本、巩固发展、稳步前进"的经营方针，结合农场的实际情况施行的生产经营计划。1960年根据中央提出"大办粮食"的方针，农场改为种植旱稻、水稻、玉米、花生等粮油作物。1962年广西壮族自治区人民政府明确农场以农业为基础，以种植水稻为主、粮油自给有余为经营方针，在此基础上发展畜牧业、加工业和多种经营。1963年开始平整土地，扩大种植水稻、玉米、花生等粮油作物面积。1966年，贯彻执行"以粮为纲，全面发展"的方针。1973年全场集中25台东-54、6台丰收-37，成立平整土地专业队，大搞土地平整，改畲造田，实施"旱改水"工程，大力发展粮油作物。全场水稻面积发展到11676亩，玉米6438亩，花生2000亩。当时粮油作物面积占全场已开发利用耕地面积的67%。1975年经自治区党委、人民政府批准，在金光农场兴建一座糖厂，农场经营方针随之变动调整，经自治区有关部门确定，农场改为以种植甘蔗为主，不种粮油作物，职工口粮由国家供应，这一方针沿用至1996年。1997年以后国家粮食政策放开，职工口粮自行解决。2003年以后，农场调整经营方针，在确保甘蔗生产不断发展的同时，发展种植坚果、柑橘、番木瓜、香蕉等优势产业，增加经济收入，这一方针沿用至2010年。2010年以后，农场除保留香蕉等部分水果种植外，主要以种植甘蔗为主。

农场办的工业是在艰苦条件下，从小到大，逐步发展起来的。20世纪50年代和60年代主要以工副业生产为主。1956年在罗阳片建有一座小型糖厂，设计日榨原料蔗15吨，1957年停产；1958年在场部地区建有小型粮油加工厂，主要解决本场职工家属的粮油供应；1958年4月，在坛井地区建了一座农机修配厂，除为本场各种汽车和各类拖拉机维修以及各种农机具制作及维修服务外，还面向社会服务；1959年在坛井分场辖区始建食品加工厂，当时主要以酿酒为主；1959年至1960年在中意分场和青年分场先后建成两座淀粉厂，用以加工生木薯淀粉，供国家出口换汇，其副产品木薯渣用于喂猪和酿酒；1959年又在坛井地区建了一座日榨蔗量100吨的糖厂，由于制糖生产工艺设备落后，不符合制糖生产形势要求，于1963年淘汰。1964年后农场的原料蔗全部运往南宁糖厂；1969年在坛井地区建一座磷肥厂，日产钙镁磷肥30吨，产品主要供应农场，后因磷矿短缺而停产。1975年以后，农场调整农业种植结构，改为以种植甘蔗为主（淀粉厂的木薯原料主要向周边农村和相邻县乡收购）。1975年经自治区党委、人民政府批准，由国家投资1127.97万元兴建一座日榨蔗量1000吨的糖厂，1977年12月建成，1978年1月21日投产。经多次设备更新、技术改造和扩建，现在糖厂日压榨原料蔗能力达4500吨以上。

1982 年农场自筹资金 21 万元在向阳分场兴建了一座红砖厂，生产规模为 28 门轮窑，年生产能力为 500 万块红砖。1985 年又从广东肇庆市购进一台复合肥料混合机，生产数月后，因设备质量差，技术性能不良而停产。1986 年至 1989 年食品厂新建饮料车间、饼干车间、酿酒车间，三项工程总投资 239 万元。三个车间建成投产后，食品厂曾有几年是农场经济效益比较好的单位。进入 20 世纪 90 年代中期，食品市场不景气，三项食品加工效益连续下降，出现了连年亏损，1995 年停止生产。1987 年投资 10 万元建成设计能力为年产 1 万吨的复合肥料厂，同年 8 月投产。该厂产品质量好，深受广大农户喜爱。1986 年投资 540 万元引进国外先进设备和技术，筹建饲料厂和塑料编织袋厂，1988 年 8 月两个厂同时建成投产。饲料厂设计能力为年产 3 万吨，主要生产各种猪、鸡、鸭全价颗粒饲料，产品除了满足本场需要外，还向自治区内各市场销售。1989 年糖厂附设酒精车间和糖果车间，酒精车间原设计日产酒精 12 吨，经技术改造和设备更新现日产酒精 45 吨。糖果车间日产糖粒 3 吨。1992 年筹资 1200 万元建冰醋酸车间，建成投入生产 4 年，由于每加工成 1 吨冰醋酸耗用酒精原料过大，市场卖价低廉，效益太差，于 1996 年下半年停产。根据木薯淀粉市场需求量的不断增加，1995 年又在原食品厂旧址改建淀粉厂一座，设计能力为日产干淀粉 60 吨。1997 年 5 月，砖厂由原厂工人自愿出资集体承包经营。在党的十五大"抓大放小"的精神指导下，农场五小工业经营转制。根据市场和生产经营的需要，场办工业结构作了较大的调整，增加了一些项目，停办一些工厂。2002 年 6 月，由于农垦局重组资产，组建大专业集团有限公司，糖厂改制为广西农垦糖业集团金光制糖有限公司，与广西金光实业总公司（农场）分离，归广西农垦糖业集团股份有限公司直属管理；全价饲料厂归广西农垦永新畜牧集团金光有限公司直属管理；2008 年关闭停办塑料编织袋厂。至 2014 年，农场尚有复合肥厂、淀粉厂等工业企业。2015 年至 2020 年，工业企业结构没有变化。

畜牧业是农场一项重要副业。从建场开始就注重发展，初时主要是为了解决农作物的肥料需要及职工肉类供应，先后经营猪、役用牛、奶牛、役用马、军用马、绵羊、山羊、鸡、鸭、鹅、鱼。进入 20 世纪 80 年代，农场把养猪业作为重要产业发展。经过多年努力，农场已成为广西重要的养猪基地，曾被自治区外贸（局）厅列为生猪出口基地之一，并多次荣获国家、省部级的表彰。农场生猪生产饲养量最高的年份（年末存栏数）为 1998 年，达到 43726 头；出栏量最高年份为 1999 年，达到 73083 头。农场出口生猪有 32 年历史，32 年累计出口生猪 89337 头，最高年份为 1987 年出口量达 17847 头，为国家出口创汇 120 多万美元。1982 年农场"赖氨酸作添加剂养猪试验项目"荣获广西农垦科技进步四等奖；1987 年荣获中国农业机械化学会机械化养猪协会颁发的中国工厂化养猪

"猪场十佳"奖；1998年荣获广西养猪协会颁发的广西集约化养猪"十佳猪场"奖；1989年荣获瘦肉型猪大群饲养科技成果奖；1990和1993年，"南方集约化饲养外种瘦肉型猪综合高产技术研究项目"荣获广西农垦科学技术进步一等奖。由于农垦局重组资产，组建大专业集团有限公司，2003年5月，金光畜牧有限公司改制划归广西农垦永新畜牧集团有限公司直属管理。农场大力发展职工养猪业，2005年和2007年先后建设了4个职工饲养小区，共有猪栏152栋，年出栏肉猪和中小猪25000～45000头，销往全国各地。2017年7月，农场投资建设的龙山猪场投入使用，有育肥猪栏4栋，年出栏生猪15000头以上。职工养猪业由过去分散养殖变为集中饲养，得到了快速发展，形成了具有金光特色的一大产业，辐射带动了周边地区养猪业及相关产业的发展。

农场农业机械化发展速度较快。建场初期垦殖厅农垦局调给4台Z-25K型轮式拖拉机，各配有悬吊两铧犁，主要用于垦荒整地，运输则是一辆载重4吨的苏联吉斯150汽车，这是金光农场最早的机械动力装备。随着农业生产经营规模的扩大而不断增加农业机械。1959年有链轨式拖拉机7台共324马力*，胶轮式拖拉机5台共125马力。1974年，农业机械有了较大发展，有链轨式拖拉机32台，胶轮式拖拉机30台。1995年至2002年，由于农场经营体制的改革，农业机械设备的经营方式也发生改变。很多汽车、农机转让给内部职工经营或社会个体户经营，所有的机耕作业都由家庭农场自己完成。农场拥有的农业机械数量逐渐减少，比例降低。2003年10月，为推进农业机械化进程，农垦局购买了5台芬兰维美德生产的BH180型大马力拖拉机，并匹配5台弹簧犁交给农场使用。农场率先使用先进的国外农业生产机械设备用于甘蔗生产，迈开了农业机械化进程的新步伐。2004年全场拥有大中型农用拖拉机77台（其中个体70台），共5285马力，及其他大中型机引农具。经过近十年的发展，机械化动力总量发生了很大变化，能满足全场农业机械作业和运输的需要，形成了农场经营、私营补充的经营格局。至2014年全场拥有大中型农用拖拉机65台（其中个体40台），共6300马力，及其他大中型农机和装蔗机。拥有凯斯7000大型甘蔗联合收割机1台和凯斯4000小型甘蔗联合收割机4台，共1050马力。2014年比2004年的5285马力增加1015马力。至2020年全场拥有大中型农用拖拉机116台，共14800马力（其中个体数量80台，6800马力），比2004年的5285马力增加9515马力。全场共有甘蔗收割机30台，装蔗机26台（含个体）。

卫生教育事业是随着农场发展的需要而建立起来的。1955年建场时，农场的医疗卫生设施十分简陋，只有一间22米²的茅草房作为卫生室，配备一名卫生员，卫生室只配有

---

* 马力为非法定计量单位，1马力≈0.735千瓦。——编者注

一些普通药品和简陋的医疗器械。经过多年的发展，医疗设施逐年增加，医疗水平逐步提高。至 2004 年全场设置有 20 个医疗点，场部建有面积 2336 米² 的金光医院。医院主要为农场职工服务，也接收毗邻乡村群众求医。2010 年 12 月，按照上级有关企业办社会职能剥离工作的要求，金光医院正式移交给南宁市西乡塘区人民政府管理。金光医院从农场剥离后划归南宁市西乡塘区卫生局管辖，更名为南宁市西乡塘区坛洛镇第二卫生院。

1960 年农场没有学校，适龄入学儿童只能到附近乡村小学就读。1960 年 9 月在场部地区开始建校办学。校舍为 5 间 180 米² 的平房，设有小学 5 个班，学生 240 人，教师 5 人。经过近 40 年的办学，中小学教育已颇具规模。历年考上各大学、大专院校的学生有 65 人，他们学成走向社会，有的已成科技、教学、管理各方面的人才。根据上级有关企业办社会职能剥离工作要求，2004 年 7 月，南宁市人民政府办公厅根据（南府办函〔2004〕74 号）将金光中学、小学移交给南宁市永新区（现西乡塘区）人民政府管理，分别更名为南宁市金光中学和南宁市金光小学。

从 1955 年到 1979 年，农场的生产和建设虽然有较大的发展，但是，由于受经营管理体制和领导体制机制的制约，计划任务统一下达，产品统一收购，盈亏由国家统付，职工生老病死由国家统包。企业吃国家大锅饭，职工吃企业大锅饭，企业没有经营自主权，分配与生产经营成果脱节，农场一直处于亏损状态，累计亏损额达 1338.4 万元。党的十一届三中全会以后，农场按照三中全会的路线、方针、政策进行一系列改革，实行财务大包干，完善经营承包责任制，兴办职工家庭农场，实行大农场套小农场的双层管理体制，以及农牧结合、农工商建运综合经营。场办工业实行"单独核算、自主经营、自负盈亏、定额还贷、定额上交、超支不补、超收分成"的管理方针，调动了工业企业的积极性。1979 年农场亏损 95.17 万元；1980 年开始全场扭亏为盈，当年盈利 127.63 万元。1988 年起实行场长负责制和场长任期目标责任制，加强和完善各项管理工作，使农场的生产经营面貌发生了巨变，当年盈利 669.89 万元。从 1988 年到 2004 的 17 年中，农场有 11 年盈利，累计盈利 8140.92 万元，有 6 年亏损，累计亏损 5555.7 万元，盈亏相抵尚盈利 2585.22 万元。2002 年 10 月，农场与金光糖厂分立自主经营后，经济实力大减，每年资金缺口 800 多万元，农场经济十分困难，发展步履维艰。面对严峻的形势，农场依据丰富的土地资源和区域优势，及时调整了工作思路，确定了产业发展的新路子。在确保完成甘蔗生产指标任务的前提下，由原来实施的"1335"工程全面转向实施"2155"工程（即发展存栏奶牛 10000 头，年产 10000 吨变性淀粉，发展 5000 亩坚果、5000 亩红江橙、5000 亩番木瓜、5000 亩香蕉和 5000 头种猪）。实施"2155"工程三年后，优势产业成为农场新的经济增长点，取得了良好的经济效益，农场由 2002 年亏本 486 万元到 2004 年盈利 35.9 万元，农场扭亏为盈，走出了困境。

多年来，农场坚持以经济建设为中心，不断深化企业内部经营改革，2004年以后农场连年获得盈利，累计盈利11949.7万元。2020年农场盈利1253万元，比2005年的105.3万元增加1147.7万元。建场以来至2020年国家给农场公司累计投资51715.1万元，国家从农场公司累计回收51717.12万元，回收率100%。2017年农场经营总收入369216万元，比2004年的27929万元增加341287万元；2004年至2017年，经营总收入逐年增加。2018年起，统计指标改为营收与利润，仅仅三年时间，营收额就从2018年的23163万元上升至2020年的34733万元。工农业总产值从建场初期的42万元跃升到2020年的46493万元；利润从建场初期的亏本6.96万元跃升到2020年盈利1253万元。农场的经济建设发生了巨变，走上了高质量发展之路。

建场65年来，农场在抓好经济建设的同时，积极做好社会保障和民生工作。2013年，农场投入635万元为全场在职和离退休职工3500人加入区直医保，为职工家属及坛蓬、草塘两个行政村人员共8601人参加新农合，居民医疗有了很好的社会保障，大大减轻居民因病返贫的负担。2012年至2013年实施危房改造工程，全场完成危房改造总户数2701户，新建公寓楼1154套，全场危房除险加固1400户，职工新自建房345户。一个具有金光特色的新型农场和小城镇建设在拔地突显，呈现在金光大道上。金光几代职工"告别旧瓦房，新居公寓楼"的愿望变成了现实。

经过65年的艰苦创业和发展，农场先后被自治区认定为第五批自治区农业产业化重点龙头企业，自治区农业产业化（广西蔗糖产业化）示范区；被农业部农垦局确定为全国农垦现代农业示范区；被自治区确定为广西农垦现代农业和甘蔗生产全程机械化试点单位；被自治区农垦局确定为广西农垦建设社会主义新农场示范单位；被自治区评为广西现代特色农业（核心）示范区（五星级）；被自治区确定为第四批建设广西农业科技园区单位。

农场是一个国家大型（二类）国有企业，是广西农垦镶嵌在祖国南疆的一颗"金光闪耀之星"。在新的历史发展时期，农场公司将按照广西农垦集团"解放思想抓管理，敢做善成当龙头"三年行动计划要求，围绕"一稳二壮三拓展""区域带动型龙头企业""战略协同型龙头企业"发展定位，坚持科学发展观，不断深化企业改革，整合资源优势，调整优化产业结构，大力实施"乡村振兴"发展战略，大力建设广西农垦优质高产高糖原料蔗示范基地和广西农垦现代农业和甘蔗生产全程机械化示范基地。大力建设现代特色果蔬示范基地，打造"菜篮子""果篮子"，不断壮大国有经济，为农垦集团全面建成大型食品集团和"三大龙头企业"贡献金光力量。

大 事 记

- **1955 年** 9 月 3 日，正式建场，定名为国营金光垦殖场。

- **1956 年** 根据广西省人民委员会〔56〕农字第 3 号文件"要求各有农场的市县成立农场场间整理委员会"的精神，成立"广西省金光垦殖场场间整理委员会"。

- **1957 年** 6 月 16 日，国营金光垦殖场更名为国营金光农场。

- **1958 年** 12 月，农垦部部长王震到金光农场视察。

  12 月 26 日，国营金光农场正式召开首次党员代表大会，选举产生首届党委成员。

- **1959 年** 10 月 1 日，金光农场工人陈朝炽和 600 多位来自广西各地各个战线上的劳动模范、先进生产者出席自治区首府庆祝中华人民共和国成立十周年庆典活动。

- **1962 年** 4 月，农场职工响应国家精简的号召，有 350 名职工被批准离场，返回原籍。

- **1963 年** 冬，自治区党委书记韦国清到金光农场视察，对计划创建糖厂做了重要指示。

- **1964 年** 春，自治区党委书记安平生到金光农场视察。

  自治区人民政府主席覃应机到金光农场视察。

  4 月 28 日，投资 200 万元的扶南片电灌第一期工程竣工。金光农场以及自治区及邕宁、扶绥两县有关部门单位和各级干部、工程技术人员、工人、农民共 13200 多人参加工程建设。工程历时 4 个多月，以中楞为中心，分别在下楞、那里、杨美、剪刀沟等地区建成大小抽水站 9 座，配置大小电动水泵 19 台，总装机容量 1600 多千瓦，架设输配电线路 39 千米，建成干渠和支渠 24 条，长达 106 千米，灌溉面积 6 万多亩。占灌区内总耕地面积 78.5%。

- **1972 年** 春，韦国清再次到金光农场视察，并亲自考察了下楞防洪闸的情况。

1975 年 国家投资 1127.97 万元筹建金光糖厂，设计压榨能力为日榨 1000 吨。

1977 年 12 月 21 日，金光糖厂建成投产。

自治区人民政府主席覃应机到金光农场视察。

1978 年 自治区党委书记乔晓光到金光农场视察，得知农场职工饮用水十分困难，后来指示柳州水文队来农场无偿进行钻井勘探找水，打出了几个地下水井眼，为农场钻打地下水井提供了很大的帮助。从此，农场结束了饮食山塘水的历史。

1979 年 8 月上旬，由金光、明阳、九曲湾、东风、良圻、山圩、昌墩和平江 8 个农场组成的广西农垦南宁农工商联合公司正式成立。联合公司根据 8 个农场经营的产品和所能提供的原料，计划在南宁建设一座罐头厂，一座家具装配厂，并在联合公司设立产品经理部。

1981 年 9 月 10 日，应国家轻工业部的邀请，美籍甘蔗育种专家朱德琳教授到广西蔗区参观访问和进行技术交流。朱德琳教授在自治区农科院副院长、甘蔗研究所所长、甘蔗学会理事长彭绍光陪同下参观访问了金光农场甘蔗生产基地。

1982 年 1 月 25 日，自治区人民政府主席覃应机到金光糖厂慰问看望了春节坚守工作岗位的干部职工，同时提出要扩建糖厂，改革制糖方法，以提高食糖的产量和质量。

6 月 27 日，自治区水文地质队经过 3 年多的努力，为金光农场找到了丰富的地下水。水文地质队先后开展了水文地质调查和物探工作，钻孔 90 个，总进尺 890 多米。其中可供开挖或建成机井的钻孔有 47 个，出水量每小时 1600 多吨，扩孔成井后，水量还可增大，初步解决了农场人畜饮用水和蔗田灌溉用水问题。

1984 年 11 月 14 日，前来广西农学院讲学的美籍华人、著名甘蔗专家骆金骐教授应邀到金光农场参观秋植甘蔗的生长情况，给农场技术人员讲授甘蔗栽培技术。

1986 年 1 月，实行场长负责制。

2 月 9 日，自治区政协主席覃应机等领导到金光农场糖厂慰问生产一线干部职工，向他们致以春节的节日问候，鼓励他们努力工作，多产糖产好糖。

1987 年 自治区人民政府主席韦纯束到金光农场视察。

● **1988 年** 自治区党委书记陈辉光到金光农场视察。

1月1日，自治区党委副书记金宝生、陶爱英在自治区农垦局负责人陪同下到金光农场看望慰问干部职工，并指示要发挥国营农场的示范作用，从技术、种苗等方面扶持附近农民发展甘蔗、生猪生产，带动农民发家致富。

8月，农场饲料厂建成投产，中央顾问委员会委员覃应机亲临剪彩与指导。

1月，实行场长任期目标责任制。

● **1990 年** 10月20日，南宁市电信局开通了金光农场至南宁的特高频电路，将农场总机并入南宁市话网，解决了农场与南宁通话难的问题。

● **1992 年** 3月16日下午，谷龙分场发生山林火灾，总场组织300多人前往灭火抢救，至翌日凌晨，大火才被扑灭。

● **1994 年** 5月28日，经自治区农垦局批准，广西国营金光农场更名为广西金光实业总公司。公司集农、工、商、建、运为一体，实行自主经营、自负盈亏的经营机制。

● **1996 年** 1月4日至5日，40年前来自南宁、柳州、桂林和梧州等地130多名广西壮族自治区青年志愿垦荒队队员返回金光农场，纪念广西壮族自治区青年志愿垦荒队成立40周年。

● **1999 年** 由国家财政投资2000万元的广西最大农业科技推广示范园在金光实业总公司兴建。6月17日，自治区政府副秘书长韦肇晋、财政厅副厅长李崇玉一行在农垦局童玉川局长、陆明廷副局长陪同下到金光实业总公司视察，听取科技示范园工作计划汇报。自治区财政厅、农业厅、农科所、水利厅、水果办、畜牧局、农科院等30名领导专家随行参加。

● **2001 年** 8月8日，金光实业总公司广西武汉大厦建成开业。

12月5日，原金光小学退休教师黄德宏创制的民族乐器无孔笛荣获国家知识产权局授予实用新型专利证书（专利号：ZL01212226.2）。无孔笛先后被区内一些文艺团体在武鸣伊岭岩民族风情大联欢会、"三月三"歌节、南宁国际民歌节等文艺演出场合中使用演奏。

● **2002 年** 2月6日，自治区农垦局局长蒋济雄，农垦集团公司总经理助理黄昌成一行到糖厂看望慰问职工，并送上慰问金3万元，表示节日慰问。

2月25日，马里共和国5人考察组到金光糖厂参观学习，参观了车间生产工艺流程。

3月21日，由扶绥县公、检、法、水电、林业、土地等执法部门和县下属各乡镇的政法领导，协同金光实业总公司有关部门共250人，动用汽车43辆、拖拉机12辆、大型挖掘机1台，在双甲岜哈山至白山一带采取联合行动，强制收回总公司被占土地700多亩，维护了总公司的合法权益。

4月11日，自治区人大常委会副主任甘幼玶和人大外事华侨委副主任郭国君考察金光农业科技示范园和水果生产项目。

6月1日，金光职工医疗统筹管理制度正式启动，标志着使用几十年的公费医疗制度被废止。

● **2003年**　3月3日，金光实业总公司与隆安县那桐镇龙江厕井村接壤的渌丈山发生森林火灾，山火燃烧11个小时，火灾吞噬了金光实业总公司4座山的成年松树林，过火面积900多亩，火灾没有造成人员伤亡。

3月8日，中国国家自然科学基金委员会专家委员，中国农业大学经济管理学院院长、博士生导师何广文率4位专家博士到金光实业总公司进行总体规划设计。

4月6日，在贯彻落实全国非典型肺炎防治工作期间，广西南宁市坛洛镇武康丢板坡出现两个"非典"病人。5月份，《南宁晚报》报道，该患者乘坐南宁—金光的中巴客车回家。社会误认为金光是"非典"疫区，致使金光实业总公司的淀粉、糖厂的白糖及其他农产品在"非典"期间无法流通市场，造成严重经济损失。

5月21日，由澳大利亚进口的553头优质黑白花奶牛运抵金光乳业公司奶牛场，标志着金光乳业公司进入新的发展时期。

5月21日，金光实业总公司18个农业工区管理人员竞聘上岗工作全部结束，共有66人通过竞聘走上工区正副职领导、技术员及其他管理工作岗位。

5月27日，自治区农垦局局长蒋济雄考察金光乳业公司、农业示范园和甘蔗滴灌试验基地。

6月28日，金光实业总公司与完达山哈尔滨乳品有限公司、南宁市农业局、广西鑫盛源畜牧有限公司合资组建的广西完达山南宁乳品有限公司液态奶项目正式奠基动工建设。

6月28日，中国国际贸易促进员、中国国际商会驻澳大利亚首席代表刘淑珍与广西国际贸易促进会、广西国际商会副会长林仰德一行5人到金光实业总公司考察。

7月25日，自治区党委副书记、南宁市委书记李纪恒在自治区农垦局局长蒋济雄陪同下到金光乳业公司考察调研。

9月26日，广西金光实业总公司更名为广西农垦国有金光农场。

● **2004年**　1月9日，金光乳业有限公司与广西南宁康平明生物工程有限公司的荷斯坦高产奶牛胚胎移植项目合作正式签约。项目资金由广西科技厅进行扶持，总投资逾1000万元，是广西较大的高产奶牛胚胎移植基地。

1月15日，新建金光农贸市场投入使用。

1月15日，自治区农垦局局长蒋济雄到金光农场考察奶牛养殖业及农业生产情况。

2月17日，中共中央政治局委员、国务院副总理回良玉，国家发展改革委员会副主任刘江，农业部副部长苑小建在自治区人民政府主席陆兵，党委副书记马铁山、李纪恒，南宁市市长林国强的陪同下，考察了金光农场乳业有限公司奶牛场，自治区农垦局局长蒋济雄、金光农场场长黄党源和党委书记何维克汇报了生产经营管理情况。回良玉在考察中指示："要大力发展广西水牛奶业。"

3月15日，金光农场工业公司"新强"牌木薯淀粉荣获广西名牌产品称号，是近年来全区100多个淀粉生产厂家唯一获得此项殊荣的企业。

7月2日，自治区党委书记曹伯纯考察了奶牛场、番木瓜生产基地、吨糖田生产基地以及土地综合整理项目基地，对金光农场发展现代农业的做法给予了充分肯定。

8月9日，加拿大驻中国大使馆、加拿大阿尔伯达省政府驻中国办事处David. W. H. Wang和自治区科技厅有关人员一行7人到金光乳业公司奶牛场参观考察，并就胚胎牛技术开发、牧草种植和种猪三个项目达成初步合作意向。

9月16日，越南农业部劝农局副局长郭义恩、越南遗传研究院副院长一行5人参观考察了金光农业科技示范园和乳业公司奶牛场。

10月22日，非洲记者团一行20人参观考察了金光农业科技示范园、金光乳业公司奶牛场和金光制糖有限公司。

11 月 1 日，农业部农垦局领导曲晓飞考察了金光农场科技示范园、香蕉和番木瓜基地。

11 月 13 日，自治区人民政府主席陆兵考察金光农业化产业情况，并对金光今后的发展做了重要指示。

● **2005 年**　1 月 10 日，金光农场机关、制糖公司机关及广大离退休人员、干部、职工、家属 4638 人向印度洋特大地震海啸受灾国家人民捐款共 38592 元。

2 月 17 日，金光农场职工第一养猪业饲养小区 47 位养殖户举行抽签仪式，该饲养小区占地 50 亩，建设猪舍 47 栋，平均每栋占地面积为 706 米^2。

2 月 25 日，金光乳业公司从新西兰引进的 109 头纯种荷斯坦奶牛，经过 45 天的隔离观察后，从天津检疫隔离场运达。

3 月 1 日，原金光小学隆重举行了南宁市金光中心小学揭牌仪式。南宁市金光中心小学正式成立。

3 月 7 日，金光乳业有限公司召开了 2005 年股东代表大会，选举产生了广西农垦金光乳业有限公司第一届董事会成员和第一届监事会成员，黄党源当选为董事长，蒋毅彬当选为公司监事会主席。

3 月 10 日，农场为了进一步整合优势资源，精简机构，原新谊分场正式合并到青年分场，两套领导班子进行了重新组合。

3 月 28 日，北京三元集团考察团一行 40 人在自治区农垦局副局长陈锦祥等的陪同下，到金光农场就加快企业经济协调健康快速发展进行了交流和探讨。

4 月 3 日，广西首例纯种进口西门塔尔胚胎牛在金光乳业公司奶牛场诞生，并通过了自治区科技厅副厅长蒋和生、广西大学韦英明教授等专家的确认鉴定。

4 月 4 日，金光乳业公司通过了中国检验认证集团注册高级审核员、高级工程师兰恒友为组长的 ISO 9001：2000 国际质量管理体系认证组审核。

4 月 7 日，金光农场召开了党代会，选举出席中共南宁市西乡塘区第一次代表大会代表。大会选举李全喜、吴声瑞、何维克、林历英、徐坤、黄和书、梁能辉等 7 人为金光农场选区正式代表。

4 月 13 日，按照 2004 年《经营管理方案补充规定》，农场拿出 20 万元设立甘蔗特别贡献奖。对在甘蔗生产中创分场总产、单产最高纪录，同时超额完成计划产量任务达到 20％以上的中意、罗阳、双甲、龙山等 5 个分场进行奖励。

4月2—26日，垦区第一期甘蔗种植新技术推广培训班在金光制糖公司举办，来自金光农场各基层单位的技术员、种蔗能手和农村蔗区有关人员约 210 多人参加了学习。自治区农垦局副局长陈锦祥出席了开班典礼并作了重要讲话，广西大学农学院甘蔗专家陆国盈教授到场授课。

4月29日，南宁市 2004 年度先进生产（工作）者暨振兴南宁"创新经济效益杯"劳动竞赛表彰大会在南宁市人民会堂隆重召开。金光制糖公司喜获南宁市"创新经济效益杯"金杯奖，并被评为南宁市先进单位，青年分场被评为南宁市先进集体，何维克、黄党源、张恒博、王学忠被评为先进生产工作者，黄元安、何维克、王国佳分别被评为振兴南宁"创新经济效益杯"优秀厂长（经理）、优秀党组织书记、优秀工会工作者。

5月17日，金光农场社区管理委员会正式挂牌成立，场长黄党源为社区管理委员会揭牌。

5月20日，自治区国土资源厅土地开发整理中心主任冯菊明在自治区农垦局土地处领导的陪同下，到金光农场实地考察了 4500 亩土地开发整理项目的完成情况和新上报的 3 万亩土地开发整理项目的筹备工作。

6月3日，广西农垦糖业集团金光制糖有限公司、金光淀粉有限公司分别荣获了"2004 年度南宁市西乡塘区纳税突出贡献企业"和"2004 年南宁市西乡塘区明星企业"殊荣。

6月29日，金光农场 4000 多干部职工、离退休人员向遭遇洪灾的广西农垦阳圩农场捐款 4 万元。

6月30日，金光乳业有限公司隆重举行了广西最大的奶水牛高技术产业化项目开工典礼，标志着金光奶水牛胚胎繁育中心正式拉开了帷幕。自治区农垦局局长蒋济雄、南宁市副秘书长黄礼新、自治区农业银行副行长梁毅等出席了开工典礼。该项目是国家发改委支持的国内唯——项奶水牛胚胎繁育高技术项目，总投资 1.25 亿元，项目建成后，每年可生产优质奶水牛胚胎 3 万多枚，繁育小牛犊 1 万多头。

7月4日，南宁市副市长黄家仁一行 5 人到金光乳业公司考察，并作了重要指示，表示南宁市政府将在政策资金上给予大力支持。

7月6日，韩国驻越南总厂总裁金泰勋一行2人在自治区农垦局有关领导陪同下到金光农场考察，实地参观了金光淀粉厂。

7月12日，澳大利亚圣格特鲁牛饲养协会主席、副主席等一行8人到金光农场考察肉牛养殖项目。

7月14日，农场召开保持共产党员先进性教育活动动员大会。南宁市西乡塘区先进性教育活动领导参加了大会并对农场第二批先进性教育活动提出了指导性意见。

8月6日，国务院国有农场管理体制改革调研组到农场考察调研。场长黄党源向调研组详细介绍了金光农场管理体制改革及发展情况。

8月13日，国家一级作曲家何超立，广西艺术学院教授梁绍武，广西音协主席、词作家陆坚，广西日报社剧作家胡红一，"梦想中国"广西分赛区评委小苹果一行5人到金光农场采风后，为自治区农垦局编写了《农垦之歌》。

9月14日，深圳市百果园实业发展有限公司董事长余惠勇一行到农场就番木瓜销售合作模式、采收要求、产品包装、运作方式和资金结算等问题进行了交流和沟通，并达成了百果园公司尝试销售"金光牌"红江橙、香蕉等产品的协议。

9月26日，金光农场隆重举办庆祝建场50周年庆典活动。自治区农垦局副局长黄文标出席庆典文艺晚会并宣读了自治区农垦局贺信。

9月28日，中国工程院院士、中国农业科学院学位委员会副主席、博士生导师、教授刘更另和番木瓜专家周博士到金光农场就番木瓜产业开展调研活动。

9月28日，农业部南亚热带作物发展办公室主任，农业部农垦局热带作物处处长董宝凤，农业部食品质量监测中心（湛江）、中国热带农业科学院农产品加工研究所所长、研究员陈鹰等一行到金光农场考察。

9月28日，南宁市西乡塘区党委在农场举行金光派出所新址开工典礼。南宁市公安局党委副书记、副局长廖洪涛，南宁市西乡塘区党委书记肖志钢，副书记黄展邦，区长黄丽娟，副区长杨程，南宁市西乡塘区党委常委、政法委书记谭尚武，坛洛镇党委书记蒙颜等参加了新址建设开工典礼。派出所新址占地1800米^2，投资预算30万元。

10月8日，海南绿晨香蕉研究所所长、农业部984香蕉项目首席专家、海南香蕉协会秘书长、博士张锡炎及自治区水果办有关领导到金光农场就香蕉产品采后处理自动化生产线筹建工作进行调研。

10月10日，金光乳业公司生产的"西江牌"金光奶经南宁市质量技术监督局检测，通过了QS食品质量安全认证，获得市场准入通行证。

10月19日，中国农垦新闻发布会暨项目签约仪式在南宁国际会展中心举行，广西农垦签约金额达59.22亿元。其中金光农场成功引进总投资为1100万元人民币的5000亩澳洲坚果和生态肥料合作项目也在签约之列。农业部总经济师朱秀岩、农业部农垦局局长杨绍品、自治区人大常委会副主任林灿、自治区党委组织部部长陈际瓦、自治区农垦局局长蒋济雄等参加了签约仪式。

11月13日，广西南宁金光淀粉有限公司顺利通过了QS认证，成为广西首批获得QS认证的淀粉生产企业。

12月29日，经自治区质量技术监督局检查验收，金光制糖有限公司"三冠"牌白砂糖顺利通过QS市场准入认证。

12月14日，金光农场召开第二批保持共产党员先进性教育活动总结大会，4个月时间，36个支部734名党员参加了学习活动，在职党员参学率达100%，职工满意度达99.56%。

● **2006年** 1月1—2日，中国光彩事业国际投资集团广西项目部投资策划中心首席执行代表、常务副主任冯里成及光彩事业促进会全国理事、桂林生之源健康俱乐部有限公司董事长杜永盛到金光农场参观考察。

1月4日，130多名广西壮族自治区青年志愿垦荒队队员到金光农场故地重游，纪念广西壮族自治区青年志愿垦荒队成立50周年。

1月7日，以色列前农业部副部长、农业部延伸服务机构、农业经济学专家阿里·凯伦教授在国家发改委中小企业对外合作协调中心郝洪强博士等人的陪同下，到金光乳业公司参观调研。

1月26日，金光农场和坛洛镇政府共同举办首届"金光甘蔗节"。35名种蔗大户经过激烈比拼，东风分场周如宽以10根甘蔗总重达42.6千克的成绩赢得了"一大蔗王"的殊荣，捧走了1000元奖金。

2月13—20日，农场进行了第二轮管理人员竞聘上岗，共有119人参加竞聘，其中82人顺利取得了上岗资格。

3月16日，湖北省农垦局党委书记、局长张守传，自治区农垦局副局长罗天耀一行15人到金光农场参观考察。

3月23日，场长黄党源与美国第一国际投资集团总裁刘树生在南宁签订了年产20万头优质肉牛的优质肉牛胚胎移植高技术产业化基地项目合作意向书和框架协议书，自治区农垦局副局长孙大光出席了协议签订仪式。

3月31日，金光淀粉公司与北流燕华淀粉厂合作的金光—燕华麦芽糖车间项目在金光农场建成并投产，该车间年生产能力达3000多吨。

4月4日，自治区农业厅、发改委和农垦局组成的广西"十五"第二批国家糖料基地项目验收小组对金光农场承担的第二批国家"双高"糖料基地建设项目进行了实地验收，总评分为98分，项目通过验收。

4月19日，连续13天的农场土地收复大会战拉开，农场出动5000多人次，机车300多台，先后对双甲、四和及罗阳开展土地收复维权行动，共收回国有土地2324.8亩。

5月16日，由金光农场申报的水牛产业综合生产能力提升示范项目顺利获得自治区科技厅专家评审通过。该项目总投资554万元，被列入自治区水产畜牧局牵头的百万改良牛养殖技术集成示范重点项目。

6月8日，自治区农垦局局长刘志勇一行到金光农场奶牛养殖基地、科技示范园、甘蔗生产基地等实地考察调研。

8月14日，荷斯坦奶牛"借腹怀胎"顺利早产下一对龙凤胎。标志金光乳业有限公司与广西科技厅、广西大学动科院合作应用的胚胎移植技术获得成功。

8月21日，自治区农垦局局长刘志勇、我国台湾地区农作物专家彭作奎等一行到金光科技示园区、香蕉现代种植基地、东风分场土地综合开发整理基地进行实地考察。

9月6日，"环跑中国第一人"童举到金光农场参观交流，受到农场干部职工的欢迎。

9月14日，北京农场管理局高级工程师刘菡洁、北京奶牛中心研究员韩广文、高级畜牧师钟景等组成的现代化奶牛示范场试点工作专家组，在农业部农垦局农业处副处长王昌林的陪同下，到金光乳业有限公司考察调研。

10月10日，金光客运站新站落成暨建站十周年庆典仪式隆重举行。自治区运管局、南宁市交通局、运管处等领导嘉宾、职工群众近千人参加庆典活动。

10月23日，走进西部面向东盟——桂台农业合作商机推介会的台湾农业考察团50多人，在自治区农垦局副局长孙大光陪同下，参观了金光农场现代农业示范园。

11月13日，日本大翔国际株式会社社长小川翔司一行参观了金光农场科技示范园和广西神州金光生态肥料有限公司。

11月22日，澳大利亚驻华大使黄礼克到农场甘蔗种植基地、金光制糖有限公司进行考察。

12月9日，《当代生活报》记者90多人到农场开展社会主义新农村金光之旅，并参观了科技示范园区、木瓜及红心橙种植基地。

12月20日，金光农场文艺队到自治区农垦局扶贫单位——崇左市江州区板利乡进行文艺联欢演出。

● **2007年** 1月2日，金光乳业公司第一例体重31千克，健康状态良好的黑白花奶牛从黄牛身上顺利产下，这标志着牛胚胎移植技术在金光乳业公司获得了全面成功。

1月9日，农场举办利用酒精废液灌溉甘蔗技术讲座，广西甘蔗研究所农艺研究室副主任朱秋珍讲解了酒精废液灌溉甘蔗的技术。

1月12日，金光农场文艺队80多人到法卡山英雄营进行慰问演出。

1月15日，金光乳业有限公司奶牛场从澳大利亚引进62头世界三大名牛之一的楼莱肉牛。

1月25日，广西农垦"送文艺、送科技下农场"活动启动仪式在金光农场拉开帷幕。此次活动覆盖广西垦区47个农场，惠及群众近10万人。自治区农垦局副局长陈锦祥、纪工委书记张俊雄等领导带队参加第一站活动。

7月10—13日，金光农场组织近50名管理人员和3辆大马力机车，在西乡塘区城区法院和金光派出所协助下，成功收复青年分场绿姆点被侵占多年的土地。

9月5日，崇左市委书记、市人大常委会主任罗殿龙到友谊分场，参与调解处理友谊分场与中东镇丰坡村仍丰屯的场界、道路纠纷问题。

9月28日，中央电视台第七频道《和谐中国》栏目组一行3人就和谐农垦以及农垦各种特色产业到金光农场进行现场采访。

10月11日，农业部农垦局农业处处长杭阿龙考察调研农场现代农业示范区建设情况。

10月15日，乳业公司举行办公楼落成暨乔迁庆典，投入资金150万元的金光乳业胚胎牛生产实验大楼和办公大楼正式使用。

10月29日，缅甸工商联合会副会长吴温昂率领代表团到示范园区大棚瓜果和香蕉生产基地考察调研。

11月9日，金光农场、金光制糖公司等单位党员干部200多人参加区党校王介明教授对党的十七大精神专题辅导会。

11月13日，德国商会北京代表处吴限、中国21世纪管理中心代表徐楠，碳信用买家德国复兴信贷银行代表翟国梁、德国来宝集团王政，咨询商GreenStream公司代表Noebert Heidelann、德国专家教授孟和平及中国科技开发院广西分院副主任阮付贤一行到金光乳业公司对养牛场粪便管理甲烷回收利用开发CDM项目进行考察。

11月24日，农业部种植业管理司司长陈萌山带领来自全国经济作物优势区域各省市的120多名与会代表到金光农场参观考察。

11月29日，金光派出所举行办公楼落成暨乔迁庆典仪式，南宁市公安局政治部副主任黄永生、西乡塘区委副书记黄展邦等领导及有关人员300多人出席了揭牌仪式。

● **2008年**　1月5日，自治区农垦党工委书记、农垦局局长刘志勇到金光慰问12名困难党员，并检查金光当前的生产经营情况。

1月11日，自治区农垦局第二届新春"送文艺、科技下农场"慰问演出在金光隆重上演，为基层职工群众送来了丰富的农业科技大餐和文化大餐。

2月1日，广西农垦甘蔗机械化采收现场演示会在金光农场举行。自治区农垦局局长刘志勇、自治区农机局局长谈爱和、广西农机研究院院长王晓鸣等领导观摩甘蔗机械化采收现场演示会。中国农业大学工程学院院长、教授彭彦昆等3人组成的专家组到演示会现场对甘蔗采收机械化作业进行调研。

2月27日，全区农垦甘蔗灾后抢种扩种生产现场会在金光农场召开，糖业集团、各制糖公司和甘蔗生产基地农场主要领导50多人参加会议，自治区农垦局局长刘志勇出席了现场会并做重要指示。

3月21日，自治区政府副主席陈章良、自治区农垦局局长刘志勇、自治区科技厅厅长陈大克、广西壮族自治区农业科学院院长李杨瑞等领导参加广西农垦在金光农场举行甘蔗机械化作业现场演示会，现场观摩人数近200人。国家科技支撑计划"糖料甘蔗新品种选育及节本增效栽培技术研究"项目当日也在金光举行启动仪式。自治区政府副主席陈章良出席项目启动仪式并讲话。

9月21日，云南农垦文山分局党委书记陆玉新、文山农垦分局局长兼天保农场场长杨福刚等一行16人到金光农场考察交流生产经营等情况。

9月27日，金光农场召开农用地地籍管理信息系统（也称作土地核查数据库）验收会。承担此项目的广西国土资源规划院副院长梁雄新做了项目成果演示。

10月8日，受台风"黑格比"的影响，金光农场多处发生内涝，农作物受损严重，自治区农垦局局长刘志勇到金光农场检查指导灾后恢复生产工作。

10月21日，金光农场承办的测土配方项目金光中心站土壤采集与野外调查技术培训班在农场举办，来自南宁、龙州片区、九曲湾农场等13个单位近70名技术骨干参加了培训。培训邀请自治区土肥站书记黄武龙等到场指导。

11月27日，农业部农垦局中国热带作物学会会长、原中国热带农业科学院院长、国务院扶贫办原主任吕飞杰博士和中国热带作物学会领导、专家到金光农场参观考察。

● 2009 年　1月4日，自治区科技厅组织专家对广西农科院主持，对广西大学和广西农垦糖业集团有限公司共同承担的"旱地甘蔗高效节本栽培技术集成研究与示范"课题在金光示范区进行田间现场产量验收，蔗区大面积糖料甘蔗旱地栽培种植高产高糖技术取得成功。

2月11日，自治区副主席陈章良到青年分场视察由广西农业机械研究院自主创新研制的首台4GZQ-260型大马力切段式甘蔗联合收割机。自治区农垦工委副书记、副局长杨海空，副局长陈锦祥，广西农机研究院院长王晓鸣等陪同视察。

2月11日，孟加拉国家甘蔗研究所所长一行到金光农场考察甘蔗生产情况。

2月11日，国家糖料产业体系技术体系首席科学家、福建农林大学教授陈如凯及自治区农业厅有关领导一行10人到金光农场调研金光综合实验站建站以来工作情况和农机应用情况。

5月12日，自治区农垦工委书记、农垦局局长刘刚首次到金光深入开展考察调研工作，分别听取了金光农场、金光制糖有限公司和金光乳业公司三家单位负责人的工作汇报，对存在的困难和问题作出指示。

6月22日，以农业专家巴克斯顿·大卫为团长的新西兰CR麦克费奥农业考察团一行到广西农垦金光乳业公司参观考察。

7月9日，金光农场举行金湖广场开园庆典仪式，农垦工委委员、纪工委书记张俊雄到场表示祝贺。

9月3日，国家糖料产业技术体系营养与栽培研究室主任李奇伟，研究员、岗位专家袁照年，广西甘蔗研究所研究员陈引芝一行到金光农场考察旱情。

10月1日，南宁市十大民心工程之一的坛洛（金光）人饮工程在农场示范园区正式开工，西乡塘区农林水利局局长曾贞贤等领导参加开工仪式。

10月12日至15日，金光管区参加自治区农垦局举办的"广西农垦2009年'农垦杯'职工球类运动会"比赛，取得了"三金四银三铜"的好成绩。

● **2010年** 1月5日，广西糖料蔗收获机械现场演示会在农场举行。自治区党委副书记陈际瓦、自治区人大常委会副主任覃瑞祥、自治区人民政府副主席陈章良、自治区政协副主席彭钊、南宁市副市长温守荣、农业部机械化司副司长刘宪、自治区农垦局局长刘刚、自治区农业厅厅长张明沛等领导和区内外多家农机制造企业的科研专家、技术人员等近600人参加了演示会。

1月23日，自治区科技厅组织专家组主持验收国家科技支撑计划"糖料蔗新品种选育及高效节本增效栽培技术研究"项目。此次验收会分别进行"旱地甘蔗高效节本栽培技术集成研究与示范""高产高效甘蔗良种繁育及栽培技术研究与示范""甘蔗品种比较试验""高产、高糖、抗逆性强甘蔗新品种选育"等四个课题的验收。经过专家组的检验，"糖料蔗新品种选育及高效节本增效栽培技术研究"项目金光示范点顺利通过年度验收。

1月23日，农业部农垦局农业处处长杭阿龙到金光农场考察金光综合试验站测土配方及农业机械化进程情况。

2月2日，自治区农垦局2010年"送文艺、科技、法律下农场"活动在金光拉开帷幕。区农垦局副局长杨伟林代表自治区农垦工委、农垦局向职工代表赠送了科技书籍。

6月1日，由广西农科院、广西甘蔗研究所和广西大学三家科研单位及高校的专家、老师一行10人组成的项目组，在广西农科院院长李杨瑞的带领下到金光农场考察调研甘蔗情况。

6月13日，金光农场召开金光管区第六次全国人口普查工作业务培训会，管区各单位50多人参加了会议，金光第六次全国人口普查工作正式启动。

9月28日，金光农场社区管理委员会正式成立，农场各单位100多人参加了揭牌仪式。

12月19日，金光农场承担的"糖料蔗新品种选育及高效节本增效栽培技术研究"项目顺利通过专家组验收。

12月28日，金光医院正式移交南宁市西乡塘区人民政府管理，西乡塘区副区长隋有实、金光农场场长陈强进行了签字仪式。

12月30日，百色市委常委、纪委书记张俊雄，平果县委书记余森保等领导到金光农场考察工作。

● **2011年** 1月4日，自治区供销社副主任、原区农垦局副局长陈锦祥到前进分场淋油点考察甘蔗脱毒苗生长情况，并就发展农场甘蔗品种、物业管理等进行了交流探讨。

1月11日，由南宁市西乡塘区卫生局、人事局、财政局等部门组成的联合工作组到金光医院调出61名医务人员人事档案，为正式纳入城区管理做准备。

2月19—21日，自治区农垦局副局长杨伟林、金光农场场长陈强陪同自治区副主席陈章良到海南省南繁基地考察，为农垦发展进行规划调研。

3月3日，广西职业技术学院党委书记黄党源一行10多人到金光农场考察工程项目招投标管理程序和小城镇建设情况。

3月8日，自治区农垦局纪工委书记谢可年与自治区农垦局机关后勤服务中心主任周锋到金光制糖、农场调研，在"三八"妇女节对女职工进行慰问，并与女职工代表进行了座谈。

3月15日，金光农场场长陈强参加广西农垦集团有限责任公司关于对金光乳业公司进行体制改革会议，会上研究决定：调整股权，由农垦集团公司控股，金光参股，农垦集团公司控股后将持有的股权授权给畜牧集团公司管理，行使股东权利，负责经营管理，产生的税后利润扣除法定盈余公积金和企业发展资金后，30％分配给畜牧集团，70％用于股东按投资比例分红。

3月17日，农业部农垦宣传文化中心组织《农民日报》编委孙鲁威、记者房宁、农垦宣传文化中心副主任贡蓍民到金光对抓好"三化同步"建设和农场小城镇建设情况进行宣传采访活动。

3月22日，农场工会组织农场机关、二层机构、各分场的女同胞500多人举行"三八"妇女节游园活动，活动节目有跳绳、拔河、木板鞋等。

3月24日，金光召开现代农业甘蔗水利、喷灌工程建设、青年分场道路硬化工程招标会，广西南宁金光建筑工程有限公司、广西南宁环城建筑公司、来宾兴宾区房地产建筑公司三家单位分别中标。

3月25日，农场开展"兴农富民"和推进生态文明农场建设活动启动仪式，机关和二层机构的管理人员200多人参加植树活动，当天种下191棵绿化树。

3月29—30日，金光农场场长陈强参加广西农垦集团公司第十四次理事会，农场分别荣获"广西农垦2010年度经营效益贡献奖""广西农垦2010年固定资产投资和招商引资工作优秀奖""广西农垦2010年度宣传通讯工作先进单位"称号。

4月7日，自治区财政厅、农业厅及农垦局计财处领导到金光农场检查甘蔗生产全程机械化600万元项目执行情况。

4月8日，金光农场邀请区农学专家谭裕模作甘蔗高产栽培前期管理技术专题技术讲座，机关各部室主要领导、各分场管理人员、职工代表、种植大户约150人参加了培训。

4月10日，农业部农垦局巡视员何子阳、农业处调研员华国雄、北京养猪育种中心研究员钟景田到金光农场考察调研养殖标准化工作。

4月13日，内蒙古自治区海拉尔农垦管理局谢书记等在自治区农垦局、农垦报等领导陪同下到金光农场考察调研。

4月18—26日，全场管理人员竞聘上岗开始，本轮竞聘机关人员从原来的53人减少到44人，分场从原来的72人减少54人。

5月14日，广西农垦糖业集团在金光召开2011年甘蔗生产大检查总结会，来自自治区垦区各基地农场及制糖公司领导30多人参加了会议。

5月18日，金光农场召开甘蔗螟虫防控技术培训会。广西甘蔗研究所黄诚华、潘雪红、桑显坤、黄冬发等领导专家和农场各单位80多人参加了培训会，培训课由黄诚华博士主讲。

5月30—31日，由自治区农垦局组织，广西职业技术学院继续教育学院主办的金光管区新聘用大中专毕业生培训班开班。来自金光管区50多名新聘用的大中专毕业生参加了培训班。

6月1日，金光农场传达农垦危旧房改造会议精神，成立危旧房改造领导小组。

6月8日，湛江农垦局一行8人到金光考察甘蔗生产全程机械化情况，广西农垦糖业集团有限责任公司副总经理史长兴参加了座谈并陪同实地考察。

6月13日，金光农场党委召开全体党员代表会议，会议投票选举黄小来、李剑钊、卢桂森、梁琼鹤、刘红梅等5人为西乡塘区第二届党代会代表。

6月20日，广东省湛江市元垦机电配件有限公司带领外国机械专家到金光农场进行为期4天的农机农技系统培训，有18名农机队员参加了培训。

6月21日，金光领导班子扩大会议讨论通过农场管理人员住房公积金事宜。

6月28日，金光农场召开2010年先进表彰大会。大会表彰了先进单位2个、先进生产工作者及种蔗大王、种蔗能手69人。

7月1日，金光党委召开纪念建党90周年暨创先争优活动表彰大会，大会表彰了一批优秀党员、优秀党务工作者及先进基层党组织等。农场各单位的150名党员参加了大会。

7月25日，金光农场第十八届第二次主席团扩大会议，审议通过《广西农垦国有金光农场开展农业模拟股份制改革试点方案》和《关于金光改制企业职工（含内退）、退休人员福利、医保及行政管理事宜的意见》。

8月3日，南宁市西乡塘区坛洛第二卫生院（原金光医院）举行揭牌仪式，西乡塘城区领导、农场领导班子等出席了揭牌仪式。

8月5日，广西农科院、广西科学院、广西甘蔗研究所、广西大学及广西农科院农业信息研究所等专家组到农场调研甘蔗良种与健康种苗繁育推广工作情况。

8月10日，金光农场第十八届三次主席团扩大会议审议并通过了《广西农垦国有金光农场危旧房改造工程实施方案》。

8月26日，埃塞俄比亚总理顾问阿托·斯鲁佛洛·加索一行10人到金光农场学习考察农业水利灌溉设施建设经验，肯定金光的节水灌溉技术，表示要把金光农业领域水利灌溉的经验带回埃塞俄比亚。

9月2日，全区耕地地力评价工作会议在金光中心实验站召开，自治区土肥站、区农垦局及管区南宁片13个农场领导出席了会议。自治区农垦局委托广西电视台到金光拍摄制作宣传片，旨在宣传广西农垦60年来各项科技、产业及生产生活环境发生的变化。

9月19日，金光管区危房改造开工仪式在东风分场举行，25日全场危房改造工作全面开工。

9月20日，金光领导班子扩大会议研究通过农场职工2012年起整体参加全区城镇医保。

9月20日，自治区农垦局副局长罗永魁在相关处室领导的陪同下到农场检查危房改造工作的开工进度情况。

9月28日，金光农场友谊甘蔗种植模拟股份制公司成立，选举产生了第一届董事会成员、监事会成员。陈强当选为董事长，罗荣美当选为监事会主席。

9月29日，金光农场党委举办"迎国庆暨广西农垦建垦60周年文艺晚会"，自治区农垦局领导及60周年晚会导演亲临现场观看，晚会取得圆满成功。

10月10日，国务院、自治区农村综合治理办公室巡视员赵杰、王春播、陆律夫等一行8人和自治区农村综合治理办公室领导到金光农场调研社会管理职能分离改革工作进展情况。

10月11日，国家住房和城乡建设部危房改造巡视组在自治区人民政府、自治区农垦局领导陪同下到金光农场检查危房改造工作进展情况。

10月15日，广西农垦在自治区区委党校礼堂召开建垦60周年纪念大会活动，农场100多人参加了纪念大会。金光选送的三个参演节目分别获得特等奖、一等奖和优胜奖。

10月20日，广西农科院院长李杨瑞与《农民日报》、新华社等新闻媒体记者到金光农场了解甘蔗高产品种攻关情况。

11月3日，自治区商务厅纪检组长、原农垦局人教处处长张留宪一行5人到金光农场考察交流产品商务工作。

11月24日，南宁市总工会文化下乡艺术团130名演员到金光农场举行慰问演出，3000多干部职工观看了慰问演出。

11月29日，金光领导班子扩大会议讨论通过2012年农场参加新农合和办理区直医保工作事宜。

12月20日，自治区农垦局纪工委书记谢可年到金光调研工作，了解危旧房改造和当前榨季砍、运、种、管工作，现场为金光在工会、普法、模范职工小家方面进行颁奖。

12月30日，广西农垦2011—2012年甘蔗冬种冬管现场会在金光农场召开，垦区各制糖公司及基地农场分管领导共40余人参加会议。

● **2012年**　1月29日，自治区副主席陈章良到金光检查指导春耕生产，并慰问困难职工。自治区政府副秘书长蒋家柏，自治区农垦局局长刘刚陪同检查、慰问。

2月20日，新华社、南方科技报、广西日报、广西电视台等媒体记者一行10多人到金光农场进行甘蔗优良新品种推广和甘蔗全程机械化现场采访。

3月1日，农业部副部长高鸿宾，自治区政府副主席陈章良在自治区农垦局局长刘刚陪同下到金光农场检查指导春耕生产工作，并现场观摩了农场甘蔗生产机械化作业。

3月30日，金光农场召开"解放思想、赶超跨越"大讨论动员大会，全面部署金光农场"解放思想、赶超跨越"工作要点。

5月8日，自治区党委巡视组一行8人到农场调研，实地考察了金光畜牧公司在建种猪场、凯斯甘蔗收割机、危房改造施工现场以及制糖公司先进煮糖工艺设备。

6月28日，南宁市江南国民村镇银行分支机构金光分处落户农场，南宁市政协副主席黄均宁参加了开业仪式。

7月11日，美国约翰迪尔公司到金光农场考察甘蔗生产收割机情况。

8月20日，广东湛江农垦甘蔗栽培技术与管理高级培训班50多名学员到金光农场进行甘蔗生产技术交流，对如何提高甘蔗糖分、提高甘蔗单产进行了深度的探讨和研究。

8月23日，同正、中意分场土地整治项目举行开工仪式。

9月12日，广西农垦第六届"送文艺、科技、法律下农场"启动仪式暨首场演出在金光举行。自治区农垦局副局长甘羽翔参加启动仪式并致辞。金光管区作为此次活动的承办单位，分别在明阳、良圻、九曲湾、东风四个农场进行巡演。

10月11日，金光农场92名职工组成的合唱团代表广西农垦集团有限责任公司参加"北部湾银行杯"——"弘扬广西精神，唱响企业之歌"全区企业歌曲演唱大赛。一首广西农垦之歌《大地最新的人》荣获二等奖。

10月16日，金光农场与广西广电网络南宁分公司签订了有线电视联网协议书，结束金光农场21年闭路电视时代。

11月8日，中国共产党第十八次全国代表大会在北京人民大会堂隆重开幕。金光农场党委组织管区广大党员领导干部、职工群众收听收看党的十八大召开盛况。

11月15日，广西农垦2012年甘蔗品种引种试验示范工作总结会在金光农场召开。自治区农垦局副局长杨伟林到会并作重要讲话。自治区农垦管区九家糖厂、九个基地农场、热作所及南亚所等单位负责人近40人参加了总结会。

11月19日，中央电视台财经频道《第一时间》栏目组记者一行现场采访甘蔗机械化收割情况，金光农场场长陈强详细介绍了传统人工收割与机械收割的成本差距及机械收割的情况。

12月4日，金光农场举行危旧房改造项目组团一（34＃、35＃、42＃、43＃）、组团二的职工住宅楼竣工交付使用仪式。

2013年　1月21日，自治区农垦工委书记、农垦局局长刘刚到金光管区慰问困难党员、困难职工、离退休老干部。

1月23日，农业部农垦局巡视员何子阳等领导到金光管区调研甘蔗生产全程机械化及榨季生产情况。

3月14日，辽宁农垦盘锦垦区副局长刘伟等领导到金光农场考察糖料蔗生产情况。

7月9日，农业部部长韩长赋在自治区党委副书记危朝安等领导的陪同下，到金光农场就甘蔗生产现代化建设情况进行考察。分别实地考察了东风分场甘蔗良种良法高产示范基地、中意、创业分场甘蔗节水灌溉基地和农机服务队，对农场甘蔗生产现代化建设取得的成绩给予了充分的肯定。

9月27日，根据政策性农业保险工作的要求，全场甘蔗保险投保面积50118亩，每亩投保5.5元，投保费275649元，甘蔗参保率100%。2013年中国人民财产保险公司为农场受灾（火灾、风灾、洪灾）职工理赔共计155万元。

10月9日，自治区总工会党组成员、巡视员陈新华一行到金光农场调研指导工作。先后参观了职工书屋、职工小家、精神文明建设宣传板报，并与农场领导进行了座谈。

10月21日，发改委重大项目稽查组在自治区发改委重大项目稽查办和自治区农垦局有关负责人的陪同下，对金光农场2012—2013年度危房改造项目建设进度、建设内容与规模、质量安全、资金管理使用等方面进行调研。

12月6日，农业部农垦局考评组专家一行对金光农场创建全国农垦农机标准化示范农场工作进行考评验收。

12月27日，广西大学、自治区农业区划办、南宁市水利局、广西交通职业技术学院、中众益（广西）会计师事务所等5个单位的专家对《广西农垦国有金光农场暨老口水利枢纽工程淹没区发展规划（2014—2030年）》进行专业评审，自治区农垦局、自治区移民局、南宁市西乡塘区移民局、环保局、国土分局、规划分局、南宁交通投资集团有限责任公司等有关单位代表参加评审会，并提出建议和意见。

● **2014年** 1月26日，金光农场领导班子会决定，调整经营管理方案，将甘蔗管理岗位由20亩调整到25亩，香蕉以10亩为标准岗位，纯果树岗位职工交纳养老金受益不足部分由职工自己缴纳，该方案在5月22日职代会上表决通过。

2月17日,自治区党委常委、副主席黄道伟,自治区副主席黄日波,农垦局局长刘刚等一行到金光农场调研,并视察罗阳分场糖料蔗高产基地、东风分场甘蔗良种良法高产示范基地,对金光农场作为全区50万亩"一优两高"糖料蔗示范基地试点建设工作给予充分肯定。

2月25日,自治区农垦局在金光农场召开老口水利枢纽专项评审会。

4月17日,金光农场召开第四轮管理人员竞聘上岗动员大会,125名干部职工参加了竞聘上岗,有116名管理人员通过竞聘后走上新的工作岗位。

4月24日,自治区政协委员一行到金光农场调研,全面了解农场改革与发展情况,提出了农场今后发展设想——"引领现代农业发展的示范场、农业新技术新品种实验场,现代农业示范样板场"。

8月27日,落实广西农垦优质高产高糖糖料蔗示范基地土地整治项目开工仪式在金光农场示范园区举行。2014年农场1万多亩"一优两高"糖料蔗示范基地的土地整治建设在示范园、创业、友谊分场全面开工建设。

9月1日,金光农场开展为期一个月的离退休(职)人员人脸识别身份信息采集、认证工作,全场1800多退休人员分别完成身份信息采集、认证工作。

9月2日,自治区农垦局副局长杨伟林到金光农场调研"一优两高"糖料蔗基地建设情况。

9月18日,金光农场召开干部职工违规多占住房清退专项整治活动工作会,传达学习了自治区直属单位住房制度改革委员会相关通知精神,就农场管区清退违规多占住房工作进行了布置。

9月23日,自治区农机局局长黄铭福在自治区农垦局副局长杨伟林等领导的陪同下到金光农场调研。

10月11日,金光农场"一优两高"土地整治项目开工仪式在青年分场正式启动,标志着农场土地整治工作全面进入新阶段。该项目建设面积合计24430亩,涉及青年分场等10个分场,项目总投资约2600万元,项目建设内容有土地平整工程、蔗区排水工程、田间道路工程等。

10月16日,广西郁江老口航运枢纽工程截流阶段(金光农场库区)移民安置工作通过了专家组验收。此次验收组成员包括了区水库移民局、南宁市水库移民管理局、广西水利电力勘测设计院、南宁交通投资有限公司等相关部门的专家。

11月13日，农场邀请5位旅游专家和农垦局相关处室领导对"金光农业公园"建设项目可研报告及概念规划进行评审。经过与会专家领导认真讨论，原则性同意通过2000多亩"金光农业公园"建设项目可研报告及概念规划。

11月20日，由农业部农村经济工作研究中心研究员蒋中一，中国社科院经济研究所副所长、学部委员（院士）朱玲，中国社科院经济研究所研究员韩朝华专家组成的调研组到金光农场就土地使用现状、农工承包土地、社会保障等问题进行调研。

11月26日，自治区农垦局副局长甘羽翔到金光农场了解农场老口水利枢纽库区移民安置、项目建设、维稳等相关工作。

12月8日，新建的金光农场加油站举行开业仪式，该站共投入改造建设资金220多万元。

12月9日，由农业部农垦局巡视员何子阳、中国农垦经济发展中心主任冯广军、农业部农垦局副局长魏建军等农业部领导及广西农垦、广东省湛江农垦近30人组成的农垦甘蔗高产模式示范提升观摩交流团到金光农场考察。自治区农垦局副局长杨伟林陪同考察。

● **2015年**　1月16日，金光农场召开工会第八次会员代表大会，来自管区各行各业的136名会员代表及2名特邀代表参加了大会。会议由党委副书记、场长陈强主持。本次大会听取和审议了第七届工会委员会工作报告和经费审查报告，选举产生了第八届工会委员会和经费审查委员会，以及第四届女工委。党委副书记、纪委书记黄小来当选为金光农场工会第八届委员会主席。

1月24日，自治区工信委主任、党组书记束华等自治区工信委、自治区糖业发展局领导一行20多人，在自治区农垦局副局长金大刚等人的陪同下，到金光管区就甘蔗生产全程机械化进行调研。先后到前进分场甘蔗机械化收割现场，同正分场甘蔗机械化种植现场和金光制糖公司压榨车间实地考察甘蔗生产全程机械化情况。

2月10日，金光农场在春节前夕开展"美丽广西·清洁金光"检查考评活动。

3月20日，自治区农垦局在金光农场组织开展"兴水利、种好树、优生

态、惠民生"主题活动，区农垦局副局长杨伟林、区局机关干部、金光
农场及金光制糖公司干部职工共 80 多人参加了兴修水利和义务植树
活动。

3月31日，自治区农垦局在金光农场召开"双高"糖料蔗基地建设暨甘
蔗春种春管现场会，来自垦区 10 家制糖公司董事长、总经理及农务负责
人和 12 家基地农场负责人及"双高"办相关人员等 80 多人参加现场会。

4月23日，国家发改委调研组农经司巡视员胡恒洋、农经司农业处处长
王心同一行在自治区发改委副主任高旭、自治区农垦局副局长杨伟林等
陪同下，到金光农场就农垦发展情况进行调研。

5月21日，金光农场召开老口航运枢纽工程下闸蓄水阶段金光库区移民
安置自验现场会，农场 3 个分场水淹地 1794.894 亩，两个代管村水淹地
616.209 亩，自治区移民局下达补助费 9061.6 万元。经专家评审，金光
库区移民安置工作进展顺利，兑付手续完备，一致通过了农场自验报告。

6月29日，南宁精通招标有限公司组织金光农业公园土方工程招标会，
广西正业建筑工程有限公司以 4813369.16 元取得项目经营权。

7月2日，自治区农垦局副局长甘羽翔一行到农场考察金光农业公园项
目、金光商贸中心建设进展情况。

7月20日，金光农场列入农垦 12 家农业核心示范区单位。

8月13日，自治区总工会到金光农场举行"送温暖 送文化 送欢乐"慰
问演出晚会，农场 2000 多名职工家属观看了文艺表演。

9月1日，金光农场举办庆祝建场 60 周年纪念活动。建场老场长张承滨
和 200 多名老干部、老职工到农场参加纪念活动。

10月11日，金光农场小城镇污水处理厂开工建设，该工程位于金光环
城东路至坛蓬路口处，是广西"十二五"后两年污水处理项目，污水处
理厂及配套设施投资约 1089 万，管网建设 3 千米，日处理污水能力 1000
米^3。项目建成后将惠及场部地区及周边农村职工群众 2500 户。

10月9日，金光农场"双高"土地整治项目举行开工仪式，项目建设规
模 1 万亩，其中昌平分场 2387 亩，双甲分场 4472 亩，罗阳分场 3141
亩。该项目工程主要采用泥结石铺设田间道路，修筑长度 85647 米，宽
度 4.1 米，总投入 685.176 万元。

10月22日，南宁市西乡塘区副区长宁世朝到金光农场就南昆铁路南宁

至百色段增建二线工程征地情况进行调研，城区政府办、征地办、城管局、国土监察大队、规划监察大队、坛洛镇等有关负责人陪同调研。

11月12日，国家糖料产业技术体系金光综合试验站在金光农场举办甘蔗"双高"示范技术集成应用培训会。农场领导、技术人员、职工代表和种植大户近200人参加培训。

12月19日，越南第一糖业总公司副总经理阮红清、山羊糖业股份公司副总经理黄德胜及贸易公司副总经理裴海河等一行到金光农场参观考察甘蔗基地，双方就甘蔗生产管理情况进行深入交流。

● **2016年**　1月4日，广西团校在金光农场举行广西青年志愿垦荒队成立60周年座谈会，70余名来自南宁、桂林、梧州、贵港等地的垦荒队老队员参加了座谈会。农场党委副书记、场长陈强向他们介绍了金光农场特别是青年分场60年来的发展变化。

1月7日，自治区农垦局局长刘刚到金光农场调研，实地了解污水处理厂一期工程及配套管网工程项目建设进度及榨季工作情况。

1月11日，由自治区农垦局组织开展的"双高"糖料蔗基地建设全程机械化项目验收会在金光农场举行，农场以97.6的高分通过核验。

3月10日，自治区"双高"办第一考评组对自治区农垦局2015年"双高"基地建设进行绩效考评。杨伟林副局长出席考评会。

4月28日，金光农场召开了"两学一做"学习教育活动动员大会，金光农场、糖厂两家单位领导、各基层党支部负责人以及农场各单位、部室副职以上领导干部共50多人参加会议。

5月18日，金光农场召开第十九届三次职代会暨先进表彰大会，会议总结"十二五"及2015年工作，研究规划"十三五"蓝图和部署2016年重点工作。农场领导班子，金光制糖有限公司副总经理杨洪等领导出席会议。

5月24日，金光农场召开工会工作暨计划生育工作会议，金光管区各单位负责人、计生专干、工会分会主席及工会委员等100人参加了会议。

6月1日，自治区农垦局副局长杨伟林、科技生产处处长彭飞荣等到金光农场调研。杨伟林实地视察了农场农业公园、农业核心示范区以及甘蔗种子园建设基地。

7月1日，金光农场组织开展以"红七月，献热血，合格党员在行动"

为主题的大型无偿献血活动，有130名党员干部和职工群众参加了活动。

7月1日，金光农场根据自治区农垦工委要求，组织有80多人参加的大型合唱队代表自治区农垦局参加广西区直机关"知党恩 跟党走"纪念建党95周年歌咏比赛，为党的生日献礼。

7月18日，自治区土肥站站长宾士友一行5人到金光农场就甘蔗叶机械化粉碎还田技术进行专题考察。

8月22日，金光农场召开现代农业核心示范区建设推进会，会议对示范区建设下一步工作进行具体部署。

9月2日，由广西甘蔗学会主办，广西农垦和广西甘蔗创新团队承办的广西甘蔗学会年会暨学术讨论会在金光农场现场观摩交流。

9月21日，金光农场召开第十四次党代会，102名正式代表出席了大会。

9月29日，农业部农垦局调研组中国农垦经济发展中心副处长徐鸿一行到金光农场调研，了解节水技术应用推广发展等方面情况。

10月10日，自治区国土资源厅地籍管理处副处长蒋立敏到金光农场友谊分场"茶柳岭"一带开展土地确权情况调研工作。

10月25日，自治区农业厅副厅长温达勤在自治区农垦局科技产业处彭飞荣处长的陪同下，到金光农场考察指导广西农垦金色阳光现代农业（核心）示范区创建工作。

10月27日，83岁高龄的世界睡莲名人、中国睡莲终身成就奖获得者、中国花协荷花分会常务理事、美洲华人生物科学家协会终身会员、国际睡莲水景协会终身会员黄国振亲临金光农场，就水上公园建设进行考察指导。

11月11日，自治区级现代特色农业（核心）示范区考评组对金光农场创建广西农垦金色阳光现代农业（核心）示范区工作进行考评。自治区农垦局副局长杨伟林及金光农场场长陈强等领导陪同考评。

11月15日，金光农场2014年全程机械化项目通过自治区"双高"办抽验专家组抽验，抽验评分为合格。

11月22日，自治区农垦局副局长金大刚到金光农场金色阳光现代农业（核心）示范区调研，了解示范区的建设规划和建设进度。要求农场抓紧推进基础建设，加快招商引资力度，把示范区建设成为农垦的新样板。

11月28日，自治区农业科技园区核验组到达金光农场对申报的第三批自治区农业科技园区基础条件进行现场核验。核验组对该场材料收集的系统性、完善性和园区建设的整体规模及配套基础设施建设和拥有精良雄厚的现代农机装备给予好评。

12月12日，自治区农垦局"双高"办、扶绥县国土局专家组一行对金光农场2015年"双高"土地整治工程项目进行竣工验收。

● **2017年**　1月13日，自治区旅游发展委员会副主任赖富强到金光农场对金色阳光现代农业（核心）示范区进行调研，并就示范区建设中所面临的困难，提出建设性的解决方案。

2月14日，自治区人大法制委员会副主任委员尹彤率领人大法制委员会立法调研组到金光农场调研，就《广西壮族自治区农业机械化促进条例（草案）》内容的合理性、必要性、可行性广泛征求意见建议。自治区农垦局局长刘刚、副局长杨伟林、农垦局有关处室、糖业集团、金光农场、金光制糖公司等单位负责人陪同调研。

2月17日，金光农场组织召开学习贯彻《关于进一步推进广西农垦改革发展实施意见》精神专题会。

2月23日，自治区农垦局副局长杨海空到金光管区进行调研。在深入金光制糖公司了解榨季工作开展情况后，考察了农业公园水上休闲景区，对农场积极打造特色生态休闲旅游产业链，走第一、第二、第三产业融合发展路子给予了高度赞扬。

3月6日，南宁市西乡塘区委书记廖伟福到金光农场对农业公园建设进行调研。

3月14日，西乡塘区区长陆广平受邀到金光农场参观，就农业公园建设各方面工作与农场领导进行深入交流。

3月14日，金光农场召开机关、分场、二层机构副职以上领导干部大会，学习传达自治区农垦工作会议、深化农垦改革工作动员会议及党风廉政建设工作会议精神。

3月22日，广西农科院院长白先进带领园艺所、葡萄所等有关负责人到金光农场考察调研，双方就现代农业核心示范区建设、建立合作框架协议等方面进行了深入交流。

4月14日，广西农垦国有金光农场与广西壮族自治区农业科学院达成战略合作协议。

4月17日，自治区党的十八届六中全会和自治区第十一次党代会精神"走基层"宣讲活动在金光农场举办。宣讲活动由中共广西区委党校副校长、广西行政学院副院长、教授唐秀玲主讲，自治区农垦局相关部室领导、农场、糖厂、畜牧公司党员代表、基层党支部书记等共100多人参加了宣讲活动。

4月18日，金光农场第十九届四次职工代表大会隆重召开。会议全面总结农场2016年工作，分析当前发展形势，统筹安排2017年各项工作。

4月18日，金光农场召开先进表彰大会，对2016年度工作中表现突出、成绩显著的5个先进单位、32名先进生产（工作）者、5个高产家庭、4个高产大户进行了表彰。

5月24日，金光农场党委组织农场、糖厂、畜牧公司、淀粉公司等近百名党员干部，到南宁市委党校廉政教育基地开展廉政教育。

6月20日，自治区住房城乡建设厅城建处处长潘国雄一行到金光农场开展2017年第一次全区城镇污水生活垃圾处理设施建设运行等督查工作，督查组认真检查了金光农场污水处理厂运行情况，对污水处理厂良好的运转情况表示肯定。

7月13日，农业部农药使用量零增长行动督导调研组王凤乐等人在自治区植保总站相关人员的陪同下，到金光农场开展农药使用量零增长行动督导调研工作。

7月27日，金光农场组织开展"喜迎党的十九大·共圆中国梦"党史国史宣讲活动。

8月28日，南宁市总工会一行13人在党组书记、常务副主席伦建带领下到金光农场走访调研。

9月14日，农场与扶绥县国土资源技术服务站正式签订《广西农垦国有金光农场扶绥县建设用地权籍调查合同》，明确扶绥县的权籍调查单位、范围和内容。

9月18日，金光农场全自动现代化龙山猪场引进第一批猪苗，这标志着农场在优化产业布局，建设现代农业大基地、大产业等深化农场改革发展道路上又迈出了关键一步。

9月20日，广西第九届"我邀明月颂中华"——喜迎党的十九大诗词诵读大赛决赛在广西电视台举行。金光农场代表农垦工委参赛的诵读节目

《心仪广西》荣获优秀奖。

10月18日，中国共产党第十九次全国代表大会隆重召开，农场组织40余位党员干部认真观看开幕式盛况，并聆听了习近平总书记所做的工作报告。

10月18日，金光农场与自治区农业机械研究院战略合作框架协议签字仪式暨示范培训基地揭牌仪式在金光农场举行。农场党委书记、场长陈强及在家领导班子，自治区农业机械研究院主要领导出席签字、揭牌仪式。

10月31日，自治区农垦工委书记、农垦局局长、农垦集团董事长甘承会到金光管区调研。

11月3日，在2017年广西农业项目投资合作对接洽谈会暨广西农业精品展展示首日，金光农场副场长王祖斌向前来巡视的自治区副主席张秀隆和陪同巡视的自治区农垦工委书记、农垦局局长、农垦集团董事长甘承会介绍广西农垦金色阳光现代农业核心示范区参展的特色成果。

11月22日，西乡塘区民政局、坛洛镇有关领导一行4人到金光农场调研农场办社会职能改革相关事宜，这标志着农场办社会职能改革工作获得实质性进展。

● **2018年**　1月13日，自治区农垦局副巡视员黄永润一行，到金光农场对刚获得批复建设的万亩蔬菜基地建设项目进行调研。要求农场高起点建设果蔬基地，与现代特色农业核心示范区提质升级发展相结合，打造农垦特色农业产品从田间到餐桌的全产业链平台。

1月13日，自治区农垦局副局长金大刚及广西建工矿业客商一行到金光调研。金大刚一行实地考察了位于淋油分场、昌平分场、双甲分场多处石山的规模、分布及周边地理环境、交通运输条件等基本情况，为合理利用农场尚未开发的矿产资源奠定了基础。

1月17日，坛洛镇副镇长何久军带领镇政府职能部门到金光农场商谈农场办社会职能移交接收等相关事宜，并与农场相关部门进行第一次具体工作对接。

1月23日，农场成立了公务用车制度改革领导小组，金光农场场长陈强担任组长，纪委书记黄小来担任副组长，领导小组负责制定农场公务用车制度改革实施方案。

2月10日，获得第四批广西农业科技园区认定的"金光农业科技园区"项目正式由金光农场向自治区科技厅山区综合技术开发中心提交园区总体规划以及项目建设任务书。

3月6日，由自治区农垦局发起的"兴水利、种好树、助脱贫、惠民生"主题绿化植树活动在广西农垦金色阳光现代特色农业（核心）示范区举行。农垦集团副总经理杨伟林、人教处、科技处、农垦报社、金光管区3家单位领导成员及农场机关人员90多人参加了植树活动。

3月14日，金光农场召开全场干部大会，广西农垦集团组织部部长黄河到农场宣读自治区农垦局关于免去陈强金光农场场长、法定代表人职务（退休），并由副场长陆建光任金光农场法定代表人的任免职通知。

4月9日，金光农场法定代表人陆建光参加全区农垦改革农场办社会职能移交和土地确权登记发证工作推进电视电话会议。会议在南宁、柳州、桂林、崇左等13个涉及垦地职能移交的地级市开设分会场，垦区下属农场负责人就近在地市分会场参加会议。自治区党委副书记孙大伟、自治区副主席方春明、自治区编办（绩效办）、教育厅、民政厅、财政厅、国土资源厅、住房城乡建设厅、林业厅、卫生计生委、国资委主要负责同志及自治区农垦局（集团）班子成员，相关业务部门负责人等出席自治区主会场会议。

4月11日，南宁市西乡塘区委组织部副部长罗忠彦等一行5人到农场调研社会职能剥离过程中社区党组织建设情况。

4月12日，南宁市西乡塘区机构编制委员会办公室主任卢璐等调研组一行4人，到金光农场就有关社会职能移交接收细节问题开展现场调研活动。

4月27日，南宁市西乡塘区政府组织部部长张军、坛洛镇党委书记姚泽等一行13人，到金光农场现场指导社会职能移交工作，并与农场领导及相关部门进行了座谈交流，通报了城区将设立金光社区和坛草村委的基本构想以及完成党组织和社区移交等工作任务。

5月17日，南宁市西乡塘区人社局副局长陆文带领坛洛镇社保中心负责人等一行6人，到金光农场就接收退休人员实行社会化管理的职能移交工作进行调研。

5月22日，南宁市西乡塘区政府在机关大楼五楼会议室召开金光农场社会职能移交和土地确权登记发证工作推进会，农场法定代表人陆建光、坛洛镇镇长李红民、副镇长何久军参加会议。

5月29日，南宁市西乡塘区组织部副部长罗忠彦、坛洛镇副镇长何久军带领工作组一行6人，到金光农场就成立社区及筹备换届选举等工作进行现场指导。

6月12日，南宁市西乡塘区组织部罗忠彦副部长到金光农场组织召开金光社区和坛塘村"两委"选举工作推进会。会议决定，选举日定在2018年7月17日，各项工作流程将按此日期进行倒排，以确保选举流程规范有序。

6月12日，南宁市西乡塘区住房和城乡建设局副局长梁文山、城区房管所、坛洛镇相关负责人等工作组一行8人，到农场指导居民物业管理移交工作。

6月21日，南宁市西乡塘区委常委、组织部部长张军在金光农场主持召开农场村（社区）"两委"选举工作推进会。会议确定6月28日进行社区党委选举，7月17日进行村（居）民委员会选举等有关事项。

6月26日，农场召开领导班子扩大会议，法定代表人陆建光主持会议并传达了农垦集团总经理谭良良对当前全垦区国有土地确权登记发证工作进展情况，要求全场上下管理人员务必要对甘承会董事长三个"想不到"高度重视，全力抓好3000亩纠纷争议土地确权工作。

6月28日，金光社区党委召开党员大会，选举产生第一届党委班子，标志着金光农场办社会职能改革迈出实质性一步，具有里程碑意义。

7月17日，金光社区第一届居民委员会选举大会召开。参加选举大会现场投票的代表共有51名，他们分别来自农场辖区内的23个选区，由符合条件的5372名社区选民经过投票公示推选产生。大会选举产生了金光社区第一届居民委员会成员和第一届居务监督委员会成员。同日下午，坛塘村第一届村民委员会选举大会召开，大会选举产生了坛塘村第一届村民委员会成员和第一届村务监督委员会成员。至此，金光社区党委、金光社区居委会、坛塘村委选举工作顺利完成。

7月19日，金光农场召开工作会议，法定代表人陆建光传达全区农垦国有土地使用权确权登记发证工作电视电话会议精神，重点部署当前农场土地发证工作。会上，陆建光宣读了《广西农垦国有金光农场关于实行土地确权发证工作任务包干的通知》的决定。

7月20日，南宁市召开国有土地使用权确权登记发证工作电视电话会议，明确8月15日前完成所有无争议土地发证工作。

8月1日，金光社区人员共14人全部就位，正式到社区办公楼办公，并开始派人到南宁市西乡塘区政府参加经济普查、民政等业务培训。

8月7日，农场法定代表人陆建光主持召开班子扩大会议，研究讨论金光社区工作人员在2019年以前及以后的工资待遇事宜。经集体研究讨论，原则上同意关于社区工作人员2018年工资发放的请示。

8月10日，金光农场领导班子成员参加广西农垦集团2018年年中工作会议、农场企业化改革及企业优化重组动员大会。

8月24日，金光农场与南宁市西乡塘区政府正式签订农场办社会职能分离移交协议书。金光农场法定代表人陆建光与南宁市西乡塘区委常委、副区长梁红英分别代表垦地双方在协议书上签字，这标志着金光农场"两个三年"社会职能移交工作进入收尾阶段。

8月25日，金光农场新时代讲习所正式揭牌，农场、金光制糖公司各党支部书记，机关全体人员参加仪式并开展"第一讲"党课学习。

8月30日，自治区农垦局（工委、局）管干部大会在南宁市召开，会议宣布27家二级公司领导班子，根据本次企业优化重组安排，金光农场将组建金光农场公司（暂定名称），作为广西农垦集团有限责任公司二级公司，下辖有：广西南宁壮禾肥业有限公司、广西南宁金光淀粉有限公司、广西农垦国有金光农场加油站3家三级公司。

9月4日，金光农场召开干部大会，广西农垦集团人力资源部部长黄河在会上宣读人事任免文件通知，李添文任金光农场党委书记、场长，并担任新公司筹备组组长，黄永华、覃锡辉任副组长，黄小来、李廷化为筹备组成员。陆建光任副协理员。

9月19日，金光社区和坛塘村正式揭牌，金光农场党委书记、场长李添文，党委副书记韦红桥、城区政府民政局、坛洛镇党委副书记、副镇长何久军到场祝贺并参加揭牌仪式。

10月11日，金光农场党委组织召开广西农垦金光农场有限公司筹备组会议。参会人员有：韦红桥、黄小来、李廷化、杨洪、李剑钊等党委成员，公司筹备组成员黄永华、覃锡辉，以及副协理员陆建光等，苏万里、罗海源等农垦第三巡查组成员列席会议。会议对《广西农垦国有金光农场公司制改制方案（草案）》和《广西农垦金光农场有限公司公司章程（草案）》进行讨论，经与会人员认真讨论审议一致通过。会议决定，由公司筹备组负责整理成文，并提请第十九届六次职代会审议，审议通过后向农垦集团上报审批。

10月12日，金光农场第十九届六次职工代表大会隆重召开，大会认真审议了《广西农垦国有金光农场公司制改制方案（草案）》和《广西农垦金光农场有限公司公司章程（草案）》。大会以举手表决的方式，一致通过了改制方案和公司章程，并同意上报农垦集团。

10月17日，广西农垦集团党委第三巡查组正式结束对金光农场的巡察工作。

11月1日，金光农场筹备组组长李添文、副组长黄永华等班子成员到南宁参加广西农垦企业化改革和企业优化重组工作推进会。28个二级公司有17个已上报农场企业化改制方案，其中有3家已获得批复。

11月22日，金光农场召开干部大会，集团人力资源部副部长黄维德宣读任职任免决定：李添文任广西农垦金光农场有限公司董事、董事长，黄永华任公司董事、总经理，提名黄小来为职工董事人选；李廷化任公司副总经理，陈枫任公司副总经理；覃锡辉任公司监事会主席、吴彤任监事会监事。

11月26日，金光农场召开第十九届七次职工代表大会，选举黄小来为职工董事，选举梁德林为职工监事。

12月17日，农垦集团公司党委下发通知，原金光农场党委和纪委以及金光制糖党总支正式撤销。广西农垦金光农场有限公司党委和纪委正式成立，金光农场公司党委由集团党委垂直管理。

12月18日，金光农场召开以"研究讨论金光农场公司'一核三新'产业发展"为主题的务虚会议。会议确定，将按农垦集团公司"以糖料蔗生产为主导，大力发展水果、蔬菜、畜禽水产养殖和商贸流通、休闲旅游等产业"的发展定位来谋划农场公司未来发展。

12月18日，广西农垦金光农场有限公司顺利完成工商注册登记工作并取得新颁发的营业执照，金光农场正式更名为广西农垦金光农场有限公司，它标志着金光农场公司改制及企业优化重组工作全面完成。

12月18日，金光农场从扶绥县不动产登记局领取2018年最后两本《不动产权证书》，面积926.77亩。至此，金光农场农垦改革"两个三年"重点任务之一，国有土地确权登记发证工作超额完成。据统计，公司土地确权登记发证任务13405.48亩，截止近日已发证面积15884.16亩，发证率118.49％。其中无纠纷地2783.10亩，有纠纷地3184.91亩，山界林权证规范换证9916.15亩。

12月21日，金光农场公司召开会议，宣布集团干部任免决定。黄小来任广西农垦金光农场有限公司党委副书记；提名黄小来为农场公司工会主席人选；李剑钊任金光农场公司纪委书记。

12月21日，金光农场与金光畜牧公司联合组织召开"传达农垦非洲猪瘟防控工作会议精神及下一步工作落实布置会"。

12月21日，金光农场召开"广西农垦集团党委第三巡察组巡察金光农场党委情况反馈会议"。第三巡察组组长苏万里宣读巡察组的反馈意见，农场公司党委书记李添文代表农场公司党委作表态发言。

12月22日，"国家糖料产业技术体系甘蔗机械化展示现场会"在农场友谊分场举行。国家糖料产业技术体系首席专家白晨，广西农科院副院长谭宏伟，云南农业科学院副院长张跃彬等来自全国的甘蔗、甜菜岗位专家、站长、团队成员100多人参加现场会。首席专家白晨对农场公司在全国甘蔗生产全程机械化上发挥示范引领作用给予充分肯定。

12月25日，金光农场正式向集团公司提交了《金光农场公司"一核三新"产业发展务虚会成果材料》，进一步明确了"以糖料蔗生产为主导，大力发展水果、蔬菜、畜禽水产养殖和商贸流通、休闲旅游等产业"的企业发展定位。

2019年 1月3日，非洲猪瘟防控工作例会，农场总经理黄永华主持会议并传达了集团对当前垦区防非工作最新部署和要求。会议听取了公司辖区联防联控各工作小组一周来工作开展情况汇报，对下一步立即启用门禁、加强消毒、设立关卡、排查清退、及时汇报等具体工作进行部署。

1月7日，金光农场组织中层以上干部，认真传达学习广西壮族自治区党委书记鹿心社关于农垦改革发展的指示批示精神。

1月8日，农垦集团纪委书记覃绍生，农垦集团副总经理、总会计师李东一行到金光管区调研。经过实地考察和听取汇报，覃绍生对金光农场、金光制糖公司一年来改革发展所取得的成绩给予了充分肯定，并就进一步推进企业改革发展、落实党风廉政建设工作提出了要求。

1月11日，广西农垦金光农场有限公司举行揭牌仪式，公司领导班子全体成员和金光制糖公司、金光畜牧公司、金光派出所、金光社区、坛洛第二卫生院、金光小学等管区相关单位代表及公司本部全体工作人员共100多人参加揭牌仪式，共同见证了新公司的成立，标志着农场公司化改制步入新的时代。揭牌仪式上，公司党委书记、董事长李添文做了讲话。

1月19日，金光农场与广西壮族自治区农业科学院举行"科技成果服务基地"挂牌仪式，金光农场公司党委书记、董事长李添文，广西壮族自治区农业科学院原院长白先进出席挂牌仪式。

2月5日，金光农场2019年迎春游园活动在农业公园举行，金光辖区居民近3000人参加了游园活动。

3月18日，广西首个蚯蚓产业科技园揭牌暨生态循环农业项目启动仪式在金光农场团结分场举行。本次活动由金光农场主办，广西颜和农业科技有限公司承办。国家发改委循环经济专家、北京蚯蚓研究所所长、中国农业大学孙振钧教授，自治区工商联副主席陈宁，广西桂洁农业、广西电视台、广西日报、南国早报、金光辖区13家入园企业的负责人，媒体记者共200人参加活动。金光农场公司党委书记、董事长李添文接受广西电视台记者采访并提出公司下一步规划。

3月19日，金光农场召开"转观念 增活力 促发展"解放思想大讨论动员大会，掀起"转观念 增活力 促发展"的解放思想大讨论热潮。

3月29日，以色列专家大卫科恩、国家商务部梁桂宁到金光农场公司调研。公司党委书记、董事长李添文陪同调研，双方达成农业合作框架协议。

4月16日，广西卓荣新能源公司蒋双凤、北大国杰研究院冯炳磊、中关村战略新兴产业人才中心曾论组成的调研组一行，就医疗创新产业园项目建设与金光农场公司洽谈合作。双方表示将就该项目继续开展协商谈判，争取达成具体合作意向，并签订合作协议。

4月19日，南宁市盛都城市开发有限责任公司副总经理陆秉强一行到金光农场公司就金光污水厂、客运站、水电所业务对接进行座谈交流。

4月24日，金光农场党委印发《深入推进"解放思想、改革创新、扩大开放、担当实干，推动公司高质量发展"讨论实施方案》，对大讨论活动做了安排部署。

4月25日，金光农场召开全体管理人员大会，开展2018年度述职考核测评工作。

4月26日，金光农场公司召开《中华人民共和国公司法》学习会。广西邦泰律师事务所律师杨瑜、廖国葵就公司法、企业法律风险防范、国有资产管理和监督三个方面进行授课。金光农场公司领导班子成员、全体管理干部104人参加学习会。

4月28日至5月7日，在农垦集团副总经理杨伟林的陪同下，自治区第三评估小组专家到金光农场公司考察甘蔗"双高"基地建设情况。

5月10日，农垦集团党委副书记翁科到金光农场公司做解放思想大讨论活动第三阶段转段工作专题辅导。

5月16日，为庆祝中华人民共和国成立70周年，南宁市总工会到金光农场公司慰问演出，公司领导、全体管理人员及周边村镇居民1000多人观看了演出。

5月22日，金光农场圆满完成机构改革和竞聘上岗工作。农场将总部机关原来的职能部门调整为办公室（党委办公室、董事会办公室、总经理办公室）、党群工作部、纪检监察部、企划发展部、经营管理部、财务部、农业事业部6部1室。设立青年分场、团结分场、东风分场、前进分场、创业分场、那浪分场、罗阳分场、同正分场、中意分场、龙山分场、双甲分场、昌平分场、友谊分场、谷龙分场、龙山猪场15个直属分场。设立南宁金农源农业投资有限公司、南宁金佳园置业有限公司、广西南宁壮禾肥业有限公司3个子公司。

5月31日，金光农场召开工会第一次代表大会。公司领导班子、会员代表、列席代表近70人参加会议。会议审议通过工会工作报告和经费审查报告，选举产生了新一届工会委员会及主席、副主席，经费审查委员会及其主任，女工委委员会及其主任。

6月6日，金光农场召开中层副职及以上管理干部任职廉政集体谈话会议，通报自治区4起典型案例，对干部进行廉政集体谈话。

6月6日，金光农场举办草地贪夜蛾无人机飞防观摩及培训现场会。公司技术人员、各分场员工及种植户代表等80多人参加现场培训会。

6月19日，金光农场召开"不忘初心、牢记使命"主题教育动员大会，公司党委书记、董事长李添文做动员讲话。

6月21日，扶绥县县委书记罗彪、昌平乡党委书记黄燕丽、昌平乡乡长陆梧一行在公司党委书记、董事长李添文陪同下到金光农场公司澳洲坚果园调研。

6月27日，广西农垦集团副总经理杨伟林一行到金光农场公司就农场公司发展定位、优化甘蔗主导产业、建设农业核心示范区、发展高效农业和订单农业、推动农场公司与制糖公司协同发展以及加强管党治党、党风廉政建设和意识形态等工作开展专题调研。

7月1日，金光农场党委举行纪念中国共产党成立98周年大会暨"不忘初心、牢记使命"主题教育专题党课，公司党委书记、董事长李添文出席大会并做题为《"不忘初心、牢记使命"，以高质量党建引领企业高质量发展》的专题党课。全体参会人员共同观看了广西红色历史教育片《红色传奇》。

7月1日至4日，公司党委组织广大干部职工群众召开学习会，通过电视、网络等形式观看《时代楷模》黄文秀先进事迹，学习黄文秀"不忘初心、牢记使命、心系群众"的崇高品质。

7月5日，广西农垦工委、集团党委"不忘初心、牢记使命"主题教育第三巡回指导组组长韦伟胜一行3人到金光农场公司开展巡回指导。农场公司党委书记、董事长李添文向巡回指导组作了近期开展"不忘初心、牢记使命"主题教育情况汇报。

7月16日至17日，金光农场开展"不忘初心、牢记使命"主题教育暨甘蔗生产提质增效专题研讨会。公司领导班子成员、各部室负责人和分场正副职领导以及甘蔗种植大户代表共50人参加研讨会。

7月17日，广西农垦工委副书记、农垦集团党委副书记、农垦集团总经理谭良良深入金光片区企业开展"不忘初心、牢记使命"主题教育调研，谭良良一行实地察看金光畜牧公司外来车辆清洗消毒点和同正种猪场项目建设施工现场，了解金光片区非洲猪瘟防控工作和重点建设项目实施进度等情况。

7月24日，金光农场党委书记、董事长李添文、常务副总经理何少波和副总经理陈枫带领办公室成员一行来到金光辖区派出所进行警企共建座谈交流会。

7月29日，金光农场开展庞祖玉先进事迹专题学习会。

8月8日，金光农场党委副书记、常务副总经理何少波，副总经理李廷化到团结分场了解"旱改水"项目建设情况，督促项目建设，商讨解决项目建设中遇到的困难和问题。

8月27日，金光农场党委召开领导班子"不忘初心、牢记使命"主题教育专题民主生活会。广西农垦工委、农垦集团党委第三巡回指导组组长韦伟胜到会指导。公司党委书记、董事长李添文主持会议。会议通报了此次民主生活会筹备情况和2018年度民主生活会整改落实情况，反馈主题教育专题民主生活会征求意见建议。

8月29日，在广西农垦集团副总经理何军陪同下，自治区自然资源厅副厅长郑木志，南宁市自然资源局党组书记、副局长赵志萍，到金光农场公司团结分场调研"旱改水"建设项目。调研组一行参观考察了"旱改水"项目的A区和B区建设实况。

9月5日，扶绥县副县长梁媚率调研组到金光农场公司调研。金光农场党委书记、董事长李添文与调研组围绕澳洲坚果产业发展进行了座谈。双方围绕全面实施精准提质增效、打造特色坚果小镇、融合第一、第二、第三产业实现转型发展进行了研讨，达成了共识。

9月5日，金光农场下属南宁金农源农业投资有限公司、中共南宁金农源农业投资有限公司支部委员会、南宁金佳园置业有限公司、中共南宁金佳园置业有限公司支部委员会举行揭牌仪式，农场领导出席了揭牌仪式。

9月25日，金光农场第一次党代会胜利召开。大会认真总结了公司第十四次党代会以来取得的成绩和经验，部署了今后5年的工作。大会选举产生了中共广西农垦金光农场有限公司第一届委员会和纪律检查委员会。农垦集团副总经理、总会计师、广糖集团董事长李东出席大会并讲话。

9月26日晚，金光农场举行"壮丽70年 奋斗新时代"文艺晚会。农场领导及金光社会各界人士代表欢聚一堂，共同观看演出。

9月27日，金光农场开展走访慰问离休老干部活动，为老干部送上诚挚的祝福和问候，并颁发"庆祝中华人民共和国成立70周年"纪念章。

10月16日，南宁市市委常委、常务副市长张文军率队到金光农场公司调研"旱改水"项目，要求把该项目建成一个让职工群众满意、放心的工程。

10月17日，金光农场公司党委书记、董事长李添文到良圻农场宣讲。讲述了公司干部职工结合"不忘初心、牢记使命"主题教育成果，干事创业，促使企业提质增效的情况。

10月18日，良圻农场公司党委书记、董事长黄富宇到金光农场公司为广大党员干部上了一堂精彩生动的服务发展宣讲课。公司党委书记、董事长李添文主持并作总结讲话。

10月31日，广西农垦示范办组织自评组到金光农场公司开展广西现代特色农业核心示范区验收监测自评工作。自评组对示范区获认定后开展的产业提升、技术升级、设施配备、品牌创建、三产融合等方面工作进行实地查看，随后双方开展自评。

11月7日，金光农场召开2019年第四季度管党治党、党风廉政建设、意识形态工作会议。会议总结了前三季度公司的管党治党、党风廉政建设和意识形态工作，提出了2019年管党治党、意识形态工作考核要求及党风廉政建设工作责任考核要求。

11月12日，金光农场与广西南亚热带农业科学研究所签订战略合作协议，双方达成战略合作共识。

11月13日，金光农场召开2019—2020年榨季工作布置会。会议贯彻落实《2019—2020年榨季甘蔗生产管理考核办法》，要求各分场认真做好榨季各项工作。

11月18日，金光农场党委组织召开"不忘初心、牢记使命"主题教育整改落实情况和整改落实情况征求意见座谈会。

11月18日，金光农场党委召开"推进基层党组织标准化规范化建设三年行动"工作布置会。会议传达学习了《农垦工委、农垦集团党委关于推进广西农垦基层党组织标准化、规范化建设三年行动方案的通知》精神。

11月20日，广西农垦金色阳光现代农业（核心）示范区监测认定工作会议在金光农场公司召开。广西农垦集团副总经理金大刚及验收监测组有关成员出席会议。验收监测组对示范区的提升工作给予了肯定，对今后工作提出了意见和建议。

12月5日，金光农场召开甘蔗生产关键技术培训大会。广西壮族自治区农业科学院甘蔗研究所博士黄诚华、研究员王伦旺、广西农业机械研究院有限公司高级工程师莫建霖3位专家现场授课。公司机关、子公司、分场管理人员、职工代表等150人参加了培训。

12月10日，金光农场召开中层干部会议。农场公司党委书记、董事长李添文传达了广西农垦国有土地使用权转移登记工作会议精神，要求公司按时完成农垦土地转移登记工作任务。

12月24日，金光农场召开2020年经济发展务虚会议，会议总结公司2019年经济发展及经营目标完成情况，谋划2020年公司经济发展目标任务。

● **2020年** 1月8日，金光农场联合辖区派出所、医院、畜牧公司及制糖公司，举行升国旗仪式暨"同心向党 礼赞祖国"联合主题党日活动。农场公司党委书记、董事长李添文代表公司党委致辞。

1月8日前后，金光农场党委成员分成4组分别到各分场调研，团结带领职工群众抗旱保收。经过50多天的奋战，抗旱保收工作取得了显著成效。截至2020年1月，甘蔗新植面积比同期增加3152亩，宿根管理面积比同期增加589亩，甘蔗进厂16万吨，完成57%。

1月10日，金光农场引进浙商种植的首批麒麟西瓜上市。

1月14日前后，金光农场慰问组先后走访慰问困难职工、党员。

1月14日，金光农场纪委召开春节前廉政集体谈话会议，在重要节点对重点领域、重点岗位人员进行集体谈话和警示教育。

1月15日，首届金光农资农具展销节暨广西南宁壮禾肥业农资供应中心揭牌仪式在场部举办。金光农场公司领导班子成员、公司总部和下属各单位负责人、辖区的制糖公司、畜牧公司、金光社区以及23家外商嘉宾共100多人参加了揭牌仪式。

1月17日，广西农垦金光农场有限公司从扶绥县不动产登记中心领取3本《不动产权证书》，提前完成首批29474.91亩国有土地使用权由金光农场公司转移登记到广西农垦集团名下的试点工作。

1月18日，广西农垦金光农场有限公司首届"金色阳光·源自金光"沃柑采摘节开幕。广西农业农村厅、南宁师范大学、南宁市西乡塘区坛洛镇人民政府、金光制糖公司、金光畜牧公司等 20 家单位 48 名代表参加了开幕仪式，农场公司党委书记、董事长李添文发表讲话。

1 月 20 日，中国农学会葡萄分会副会长、广西壮族自治区农业科学院原院长白先进到金光农场公司葡萄种植园调研指导工作。金光农场公司党委书记、董事长李添文，党委副书记、总经理何少波陪同。

2 月 7 日，广西农垦工委书记、农垦集团党委书记、农垦集团董事长、农垦集团新冠肺炎疫情防控工作领导小组组长甘承会到金光管区检查疫情防控工作。

2 月 17 日，金光农场成立督导慰问组，由领导班子带队深入到各单位防控一线，看望春节以来奋战在防控一线的工作人员，给他们送去慰问品和防护口罩，督促做好生产和防控工作。

2 月 19 日，金光农场与金光社区联合在场部和各分场设置 21 处防控点，实施人员出入扫码登记、测量体温等疫情防控措施。

2 月 19 日，自治区副主席、自治区新冠肺炎疫情防控工作领导小组副组长方春明率队到广西农垦金光片区企业调研指导疫情防控和复工复产工作。金光片区企业相关负责人陪同，并汇报疫情防控和恢复生产相关工作情况。

3 月 2 日，金光农场党委积极响应党中央号召，公司党委班子领导带头为抗击新冠肺炎疫情捐款。

3 月 3 日，金光农场召开会议传达学习农垦集团 2020 年工作会议和 2020 年管党治党工作会议精神。

3 月 10 日，金光农场"收回土地规模经营，壮大国有经济"现场工作会在同正分场召开。农场公司党委书记、董事长李添文主持并讲话，各分场管理人员参加会议。

3 月 27 日，金光农场党委召开 2019 年度党组织书记述职评议暨 2020 年管党治党会议。农场公司党委、纪委委员，公司助理及以上人员，各党支部书记及业务部室工作人员参会。

4 月 1 日，金光农场召开 2020 年领导干部任前集体廉政谈话会议。

4 月 1 日，广西壮族自治区农业科学院教授李杨瑞（原院长）带领甘蔗研究所专家到金光农场公司调研复工复产情况，了解甘蔗登记品种展示评价参展品种生长情况，并指导甘蔗生产工作。农场公司党委书记、董事长李添文及分管领导陪同。

4月9日，自治区党委副书记孙大伟到广西农垦金光片区同正种猪场建设项目和龙山特色农业示范区进行调研。广西农垦工委书记、农垦集团党委书记、农垦集团董事长甘承会，广西农垦工委副书记、农垦集团党委副书记、农垦集团总经理谭良良，金光农场公司党委书记、董事长李添文，金光农场公司党委副书记、总经理陈志成陪同调研。

4月10日，金光农场在龙山特色农业示范区组织召开柑橘技术培训会，邀请广西特色作物研究院研究员莫健生授课。

4月29日，金光农场联合广西壮族自治区农业科学院甘蔗研究所、国家糖料产业技术体系栽培与土肥研究室、国家糖料产业技术体系病虫草害防控研究室、国家糖料产业技术体系金光综合试验站在东风分场甘蔗试验示范基地举办了"国家糖料产业技术体系金光综合试验站2020年甘蔗螟虫绿色防控技术现场培训会"，此次培训邀请了广西农科院副院长谭宏伟、黄诚华博士授课。公司主要领导、有关部门以及种植大户等近80人参加培训会。

5月8日，南宁市委副秘书长谢秀珍一行到金光农场公司调研旱改水项目，农场公司党委副书记、总经理陈志成陪同调研。

5月11日，希腊中国商会会长、安徽黄金土农业科技公司董事长张锡清带领考察组到金光农场公司考察学习。公司党委书记、董事长李添文陪同考察组一行到龙山现代特色农业示范区参观，并向考察组介绍公司概况。

5月27日，内蒙古自治区通辽市科尔沁左翼中旗政府一行9人，在科左中旗委副书记、政府旗长张海明的带领下到金光农场公司进行考察学习。双方达成合作共识，签订了《粮食购销战略合作协议》。

6月5日，金光农场召开1至5月经济运行分析会，总结分析公司1至5月经济运行情况。

6月19日，金光农场召开干部挂职锻炼动员会，对13名青年管理人员上下交流挂职锻炼工作进行安排部署。

6月23日，金光农场携手广西仁安消防安全教育中心在金光农场公司召开以"加强安全发展观念、提高全民安全素质"为主题的消防知识培训。公司全体管理人员、金光社区管理人员、11家辖区生产经营单位参加此次培训活动。

7月6日至10日，金光农场先后开展调研及考察活动，并召开"解放思想抓管理，敢做善成当龙头"工作动员会暨推进现代特色农业产业发展现场会。公司领导及各部门相关负责人、技术员先后考察了金光阳光示范区、双甲分场、同正基地及龙山现代特色农业示范区。

7月20日，金光农场召开会议，传达学习集团公司一届一次工代会暨职代会精神，部署落实各项工作。公司党委书记、董事长李添文主持会议。

8月5日，自治区农林水利气象工会主席罗尚瑾，以及自治区直属企事业工会、集团工会相关负责人到金光农场公司，为公司工会授"全区模范职工之家"牌匾。

8月7日，自治区农业农村厅厅长刘俊到金光农场公司调研，在金色阳光示范区实地考察，刘俊一行详细了解特色农产品的种植及管理情况，对示范区的经营管理模式给予肯定。广西农垦集团党委副书记、总经理谭良良陪同。

8月17日，金光农场组织召开柑橘技术培训会，邀请浙江黄岩柑橘专家、农技标兵任云清教授为学员授课。

8月25日，金光农场党委组织开展"双强双争双为"主题党日活动，由公司农资供应中心与美盛农资（北京）有限公司、广西烟农农业科技发展有限公司联合实施中国农资行业精准扶贫"双百行动计划"，向困难职工捐赠肥料，共同推动农业产业发展，助力脱贫攻坚。

9月18日，广西农垦集团副总经理黄永润率督查三组到金光农场公司开展2020年年度重点工作第三季度督查。农场公司党委副书记、总经理陈志成及相关负责人陪同检查。

9月21日，2020年广西农垦九曲湾、金光农场公司中层干部企业经营管理能力提升培训班在浙江大学华家池校区开班，两家公司共59名中层干部参加了培训班。

9月30日，广西悦旅文旅发展有限公司2020年农垦金光农业公园首届房车露营嘉年华活动启动仪式在金色阳光示范区举行。南宁市西乡塘区坛洛镇、金光农场公司、金光管区多家单位主要领导及20多家赞助商出席启动仪式。

10月26日，金光农场召开会议，传达学习甘承会董事长在集团食品基地建设座谈会上的讲话精神。

10月29日，金光农场召开落实2020年农垦集团财务大检查发现问题整改工作布置会。农场公司主要负责人传达2020年财务大检查发现问题整改工作会议精神，并部署下一步整改工作。

10月30日，广西农垦北部湾农场有限公司党委副书记、总经理廖克锋一行16人，到金光农场公司就服务农垦集团食品板块体系构建工作开展交流学习。农场公司党委书记、董事长李添文及相关负责人陪同考察。

10月31日上午，上海专家组一行7人到金光农场公司开展农垦主导产业体系和内部优化重组课题研究。专家组一行实地考察了金色阳光示范区、澳洲龙虾养殖基地及龙山火龙果基地。

11月3日上午，金光农场第一届第二次职工代表大会召开。农场公司67名正式代表及24名列席代表参加了会议。农场公司党委书记、董事长李添文作了题为《勇担使命，再扬新帆，奋力开创金光高质量发展新局面》工作报告。会议审议并通过了有关报告和提案，举行了集体合同签订仪式。

11月5日，全国甘蔗登记品种展示观摩现场会在金光农场公司举行。国家甘蔗良种联合攻关委员会首席专家、国家现代农业产业技术体系广西甘蔗创新团队首席专家、广西甘蔗学会理事长李杨瑞出席会议。广东省农业农村厅、湖北、四川、云南、重庆、海南等省市种子管理局（站）以及部分科研院所、高校、制糖企业及农场部分农务管理干部、技术人员、甘蔗生产物资企业、学会等共200人参加会议。

11月10日，自治区园区管理专家组成员一行6人，到金光农场公司开展广西农垦金光农业科技园区评审工作。专家组实地考察了创业分场"猪—沼—蔗"循环生态农业示范区、农机服务中心、广西南宁壮禾肥业公司、"绿色甜源"甘蔗品种展示园、金色阳光示范区，并召开评审会。广西农垦集团相关业务部门人员参加评审。

11月18日，中国农垦农场志编纂工作调研组成员、中国农业出版社副社长刘爱芳一行到金光农场公司调研，了解并指导《广西金光农场志》编纂工作。广西农垦集团党委副书记翁科陪同调研。

11月19日，金光农场公司召开2020—2021年榨季动员暨工作布置会。

11月27日，广西金穗农业集团公司董事长卢义贞一行，到金光农场公司龙山现代特色农业示范区参观交流。农场公司党委书记、董事长李添文及金农源农投公司相关负责人与客人就沃柑、火龙果种植技术展开深入探讨。

12月7日，广西农垦集团党委书记、董事长甘承会，广西农垦集团副总经理杨伟林一行到金光农场公司考察调研，分别听取了金光、明阳、良圻三家农场公司负责人的工作汇报，研究部署下一步工作，并实地考察了果蔬示范区东风基地和澳洲淡水龙虾养殖基地。农场公司党委书记、董事长李添文陪同考察调研。

12月8日，自治区"双高"办到金光农场开展2020年度"双高"基地验收。验收小组在公司东风、创业、前进3个分场各随机选取了20块蔗地进行测产，测量甘蔗亩有效茎数、株高、茎径、蔗重、田间锤度等技术指标。

12月22日，中国热带农业科学院南亚热带作物研究所所长许明岗、广西壮族自治区农业科学院副院长谭宏伟率调研组一行12人到金光农场公司调研。调研组先后参观了农机服务中心和创业分场机收作业示范点。农场公司党委书记、董事长李添文及分管领导陪同调研。

第一编

建置与环境

中国农垦农场志

第一章　场　界

第一节　场界概况

农场场界与周围很多乡镇村委接壤。东北面至西乡塘区金陵镇大林；北面至坛洛镇下楞、上中、马伦、那坛、庆林、圩中、武康、坛洛、朱湖、丰平、定顿、上正、中北和富庶乡富庶、同富、三景、合志；西北面至隆安县那桐乡大藤、龙江；西南面至扶绥县昌平乡那豪、八联、中华、四和、伏良和龙头乡肖汉、凤庄、旧庄、那塘；西面至扶绥县中东镇中东、三哨、东哨、淋和、四新、风坡、思同、下灵等 7 个乡镇 37 个村委会和 1 个凤凰山林场相邻，场界总长 210 千米。

第二节　场界确定与土地利用

1955 年 9 月 3 日建场。1956 年，根据广西省人民委员会〔56〕农字第 3 号文件"要求各有农场的市县成立农场场间整理委员会"的精神，扶绥县县长邓汉理在县人民委员会的领导下，成立"广西省金光垦殖场场间整理委员会"，参加成员有县、区及农场、省农业厅共 7 人。同年邕宁县坛洛区区长卢禄生在县人民委员会的领导下，成立"广西金光垦殖场场间领导小组"，参加成员有区、乡及农场代表共 5 人。

扶绥县"广西省金光垦殖场场间整理委员会"：

主任委员：邓汉理（扶绥县县长）。

副主任委员：黄绍威（扶绥县农业科科长），张承滨（金光垦殖场场长）。

成员：韦绍球（扶绥县中东区副区长），蒙崇山（扶绥县昌平区副区长），刘问农（扶绥县龙头区副区长），林振忠（省农业厅荒地勘测设计局规划队一分队长）。

邕宁县坛洛区"广西省金光垦殖场场间整理领导小组"：

组长：卢禄生（邕宁县坛洛区区长）。

副组长：温振（金光垦殖场副场长）。

组员：梁富孙（邕宁县坛洛区圩中乡乡长）；梁宗昆（邕宁县坛洛区下楞乡乡长）；黄

德甫（邕宁县坛洛区五合乡乡长）。

金光垦殖场场间规划代表会议名册见表1-1、表1-2。

表1-1　金光垦殖场场间规划代表会议名册表1

扶绥县25人：

代表单位	姓名	职务	代表单位	姓名	职务
扶绥县人民委员会	黄绍威	科长	扶绥县中东区公所	韦绍球	副区长
扶绥县中东区旧县乡	梁克志	乡长	扶绥县中东三哨乡	黄茂太	乡长
扶绥县中东区旧县乡	韦恒茂	队长	扶绥县中东区六合乡	黄江政	乡长
扶绥县中东镇	马连贵	镇长	扶绥县中东区六合乡	李家年	代表
扶绥县昌平区公所	蒙崇山	副区长	扶绥县中东区六合乡	黄汉红	代表
扶绥县昌平四和乡	滕时章	代表	扶绥县昌平区下余乡	黄居兴	乡长
扶绥县昌平四和乡	李汝民	代表	扶绥县昌平区下余乡	黄显林	代表
扶绥县昌平联蒙乡	黄瑞和	乡长	扶绥县昌平区下余乡	李广华	代表
扶绥县昌平联蒙乡	黄泽佳	代表	扶绥县龙头区公所	刘问农	副区长
国营金光垦殖场	欧瑞欢	队长	扶绥县龙头区霄汉乡	李乾晾	乡长
国营金光垦殖场	贾海生	队长	国营金光垦殖场	刘世能	队长
国营金光垦殖场	韦善新	队长	国营金光垦殖场	张承滨	场长
国营金光垦殖场	黄孝荣	代表			

表1-2　金光垦殖场场间规划代表会议名册表2

邕宁县22人：

代表单位	姓名	职务	代表单位	姓名	职务
邕宁县坛洛区公所	卢禄生	区长	邕宁县坛洛区合志乡	邓如金	乡长
邕宁县坛洛区上中乡	林苍才	乡长	邕宁县坛洛区合志乡	马龙受	代表
邕宁县坛洛区同富合作社	李武进	主任	邕宁县坛洛区下愣乡	梁宗昆	乡长
邕宁县坛洛区同富合作社	李世庆	代表	邕宁县坛洛区下愣乡马伦合作社	马应祥	代表
邕宁县坛洛区五合乡	黄德用	乡长	邕宁县坛洛区下愣乡新光合作社	梁善宋	代表
邕宁县坛洛区五合乡	李耀章	党支书	邕宁县坛洛圩中乡	梁富孙	乡长
邕宁县坛洛区五合乡草塘大队	黄可生	队长	邕宁县坛洛圩中乡前进合作社	马主淳	代表
邕宁县坛洛区五合乡坛蓬大队	梁太成	代表	邕宁县坛洛区庆林乡	李林荃	代表
邕宁县坛洛区五合乡增郎大队	林祥勇	代表	国营金光垦殖场	汤汝营	代表
邕宁县五合岜稳新民合作社	农善思	代表	国营金光垦殖场	刘治德	代表
邕宁县五合岜稳新民合作社	农绍锋	代表	国营金光垦殖场	温振	副场长

1956年2月上旬，由两县场间整理委员会委员和场间整理领导小组成员、各有关区、乡、社代表及农场派出代表、省荒地勘测设计局规划队共47人分五个组到现场进行场间规划。扶绥县分四个组共25人，一组为昌平区、龙头区（农场代表韦善新、黄孝荣）；二组为中东区三哨乡（农场代表欧瑞欢）；三组为中东区罗阳片（农场代表为刘世能）；四组为中东区（农场代表贾海生）。邕宁县坛洛区为一个组共22人（农场代表汤汝营、刘治德）。两县有关场间规划范围确定后，并在规划线上打下农场临时界桩。对确定场界范围内

的农民插花地，经各区乡与场方协商，以整体利益出发，在自愿互利、等质等量的原则下，就国有荒地与农民耕地交换取得了一致意见。场方并与各有关区、乡、社签订了合同。

根据 1956 年 4 月广西省人民委员会〔56〕农字 13 号文件《成立场间整理委员会和关于进行国营垦殖场场间规划的若干意见》指示精神，1956 年 8 月 4 日至 29 日，由广西省农业厅荒地勘测设计局规划队，依据文件精神到农场进行第二次场间规划工作。在进行这项工作时，对未确定的场界，由场方与区、乡代表商量确定。原已签订合同的各区、乡由规划队的工作人员到各区、乡了解对签订合同的意见。经了解，各区乡代表一致同意原合同书所定的场界，只有个别乡因用水问题与场方有矛盾而稍有修改，已修改的场界经双方协商同意后，由双方代表到现场确定界线。广西省农业厅荒地勘测设计局规划队根据双方签订的场界合同绘制场间设计图，提交场间委员会整理讨论通过后，报扶绥县人民委员会和邕宁县人民委员会审查批准。1956 年 10 月 20 日至 25 日，先后经扶绥县人民委员会和邕宁县人民委员会审查批准了场间规划新确定的界线（以规划图所示）：甲—已农场与旧县乡、同富乡土地接界；丙—丁农场与合志乡、六和乡土地接界；戊—己农场与旧县乡、六和乡土地接界；己—庚农场与六和乡、东联乡土地接界；庚—辛农场与联蒙乡、三哨乡土地接界；辛—壬农场与三哨乡、中东乡土地接界；壬—戊农场与中东乡、旧县乡土地接界；癸—甲$_1$农场与三哨乡、中东乡土地接界；乙$_1$—丙$_1$农场与下余乡、四和乡土地接界；丁$_1$—戊$_1$农场与庆林乡、岜稳乡土地接界；戊$_1$—己$_1$农场与岜稳乡、上中乡土地接界；己$_1$—庚$_1$农场与上中乡、霄汉乡土地接界；庚$_1$—辛$_1$农场与霄汉乡、东联乡土地接界；壬$_1$—丁$_1$农场与六和乡、庆林乡土地接界；癸$_1$—甲$_2$农场与那坛乡、圩中乡土地接界；甲$_2$—乙$_2$农场与圩中乡、下楞乡土地接界；乙$_2$—癸$_1$农场与下楞乡、那坛乡土地接界。在场界范围内的面积（不含谷龙、青年两分场面积）为 96931 亩。1958 年，接收青年（原青年垦荒地队）分场、谷龙（咖啡场）分场，全场土地总面积增为 214000 亩，1976 年，南宁地区派出场界工作组，把谷龙分场划出 40000 亩土地给凤凰山林场经营，农场土地总面积降到 174000 亩。1966 年至 1988 年，土地纠纷日渐突出，根据广西壮族自治区有关领导对处理土地纠纷问题"要本着承认历史，面向现实"的指示精神，农场尊重地方政府，搞好场群关系，经农场方与县、区、乡有关部门协商，同意在法定的场界范围内划出部分土地。

建场时场界范围内土地总面积为 174000 亩。截至 2004 年，农场实有土地总面积 152300 亩（其中集体土地面积 9960 亩）。据土壤普查资料分析，其中宜农面积 58941 亩，宜林面积 77606 亩。至 2014 年全场发证土地总面积为 131760.74 亩，实际土地总面积为 132725.2 亩，已开发利用 121260.14 亩，占全场面积的 91.36%。至 2020 年全场发证土地总面积为 135272.79 亩，已开发利用 125434.98 亩，占全场面积的 92.73%。

第二章 建置区划

第一节 建 场

1955 年 8 月 26 日，张承滨、王有堂奉华南垦殖局广西分局的指示到扶绥县，向扶绥县人民委员会左振华书记和邓汉理县长传达"关于接用原天西垦殖场在扶绥县中东区公所区域的罗阳分场改名建立金光垦殖场"的指示，扶绥县人民委员会给予大力支持。8 月 27 日，张承滨、王有堂持扶绥县人民政府委员会介绍信到扶绥县中东区公所与中东区公所区委书记、区长潘茂隆联系办场事宜。并察看属中东区公所辖区内一带荒地地形，就在原天西垦殖场移交的罗阳分场旧址建立"国营金光垦殖场"的有关问题达成一致，而后留下王有堂在中东区公所的协助下开展筹办有关建场工作，张承滨返回广西垦殖分局。

王有堂留下来一方面与中东区公所联系办场有关问题，另一方面雇请人员把原天西垦殖场罗阳分场移交的旧茅草房（仅有一栋仓库是砖墙瓦面）进行必要的检查维修，还组织人员增建三幢茅草房，做好住宅安排和办公用房的区划，以迎接建场后续人员的到来。

1955 年 9 月 3 日，张承滨率聂世端、劳清禄、劳士良、黄兴鉴、陈烈夫、覃雁辉、刘馥、雷超源、玉廷咏、何瑞炯、覃德修、张日钦、钟瑜、欧毓珍、林大昭、卢瑞芝、韦广源、赖善教、黄辉权、黄孝荣和派来的温振、孙永禄以及随后到的林文珍（女）、党应群（女）、蒙焕英（女）、钟瑞芳（女）到了罗阳分场地点，会同原先留下的王有堂正式开始了建场工作。张承滨被任命为党委书记、场长，王有堂、温振被任命为副场长，孙永禄被任命为党委副书记、副场长，聂世端被任命为工会主席。接收天西垦殖场罗阳分场后，因经营方针未定，参照华南垦殖总局指示的"提高质量、增加产量、改善经营、降低成本、巩固发展、稳步前进"的经营方针，除保留原天西垦殖场罗阳分场的生产经营项目外，结合新建场实际施行生产经营计划。1955 年 11 月 18 日启用"国营金光垦殖场"公章。

第二节 "金光"名字的由来

农场为什么叫"金光"？"金光"这两个字是怎么来的？这个谜题多年来一直困扰着金光人。

《金光农场志（1955—2014）》里面记载着这么一段话：1955年9月3日，在第一任党委书记、场长张承滨的带领下，27名农垦干部接管原广西天西垦殖场罗阳分场，正式建立"国营金光垦殖场"，这就是金光农场的前身。两位老场长一同回忆道：60年前，来时只有27个人，面对着这片不毛之地，我们的队伍显得非常渺小，垦荒的工作量却大得惊人。没有粮食，拿红薯芋头充饥，住在破茅棚里，水也没有，就舀泥坑里甚至是牛棚稻草上面的积水，沉淀后拿来饮用、煮饭……就在这样艰苦恶劣的环境下，我们用自己的双手和坚强的意志，像蚂蚁啃骨头一样，一点点地把荒地"啃"了出来。老场长张承滨说，在垦荒之余，他也一直寻思着要给这里起个名字。他认为，一个好的名字寓意一个好的开始，也代表着一个好的未来。

20世纪50年代，建场初期一个秋天的早晨，张承滨带领办公室主任和生产科长等干部到同正分场茶果山勘察地界。当他们走到半山腰时，只见一轮红日从山顶上冉冉升起，不一会儿便红云满天，霞光万丈，一道道金色光芒闪耀在这片土地上。霞光万丈，深深震撼了一行人。张承滨看着这一景象对身旁的人说，我们垦荒的土地还没有名字，不如就叫"金光"吧。寓意这里从今往后金光闪闪、灿烂辉煌。于是，"金光"的名字就这么来了。从此，农场就有了一个响亮的名字叫"金光"。几年后，老场长张承滨因工作调动去了其他单位。"金光"的垦荒事业在历届继任者的手上，在青年志愿垦荒队、知青及干部职工们的共同努力下，昔日荒山野岭变成了富饶美丽的地方。前辈们铸造的"艰苦奋斗，勇于开拓"的农垦精神在金光这片热土上世代传承。如今，"金光，金光，闪闪发光"这句朗朗上口的口号，已经深深地烙在每个金光人的心里。

为弘扬农垦精神，塑造企业形象，1986年，农场邀请广西著名词曲作家古笛、晓影创作了场歌——《金光之歌》。《金光之歌》的唱响，激励着金光人不断奋发图强，开拓进取。

为讲好"金光故事"，1982年农场创办了自己的报刊——《金光简讯》。1995年改为《金光报》。2004年以后改为《金色阳光》，每月出版1期。至2020年12月，农场共出版《金色阳光》204期，发表宣传报道稿件3060篇。

2000年5月，农场投资690万元修建了一条混凝土结构道路。这条笔直的道路宽20米，全长1.9千米，呈东西走向，从场部旧街到糖厂大门口，分别连接通往南宁市和扶绥县的公路。金光人自豪地把这条道路命名为"金光大道"，寓意金光人从今往后走在金色的康庄大道上，奔向更加美好的未来。如今金光大道两旁楼房林立，绿树成荫，瓜果飘香，荷花争艳，鱼虾满塘，一派生机盎然的景象。

农场的名称曾有过多次改变。建场时名称为"国营金光垦殖场"。1957年6月16日改为"广西国营金光农场"。1994 年 5 月 28 日改为"广西金光实业总公司"。2003 年 9 月 26 日改为"广西农垦国有金光农场"。2018 年 12 月 18 日改为"广西农垦金光农场有限公司"。

多年来，金光人唱着《金光之歌》，并肩携手阔步走在金光大道上，取得了许多不平凡的成绩。2016 年 11 月，农场创建自治区级"广西农垦金色阳光现代农业（核心）示范区"。示范区规划建设总面积 104450 亩，其中，核心区面积 8650 亩；拓展区 45000 亩，拓展到农场 11 个分场；辐射区 50800 亩，辐射西乡塘区坛洛镇，扶绥县中东镇和昌平乡。建设赏荷休闲园、精品农业园、休闲垂钓园、甘蔗品种试验示范园、甘蔗全程机械化生产示范园、现代化甘蔗种植示范园、现代化生猪规模养殖示范园。2017 年 1 月，"广西农垦金色阳光现代农业（核心）示范区"通过自治区级验收，并荣获自治区五星级示范区称号。一个集农工商贸旅为一体的具有农垦特色的新型农场呈现在世人面前。作为广西农垦的排头兵——金光农场的未来将如"金光"这名字般闪耀，焕发出更加灿烂辉煌的光芒（根据建场老领导、老同志及有关知情人士的口述整理）。

第三节　分场建立

建场初期，场部设在原天西垦殖场罗阳（村名）分场旧址，因生产规模较小，场部下设 4 个生产队。一队队长贾海生，二队队长欧瑞欢，三队队长韦善新，四队队长刘世能。各队下设三个生产班，干部职工总人数约 300 多人，财务核算直属场部管理。

农场建置规划按"有水源的地区先建点"的原则，逐年扩大规模经营。1956 年春报经省垦殖厅批准，在淋油（村名）点建立万头猪场，同年在中东区公所邻近地区建立同正（原同正县旧县名）分场。1957 年发现淋油点岩洞水濒临干涸，造成水源供水不足，不宜续建万头猪场。1958 年改名淋油（村名）分场，淋油猪场归淋油分场行政管理，养猪技术业务直属场部指导。

1957 年，建立坛井（地名）分场。1958 年，属坛井分场管区扩建奶牛场（又名种畜场）、养猪场，直属坛井分场管理。

1958 年，场部机关迁到坛井地区设置，场部旧址依照罗阳（村名）旧称建立罗阳分场，并区划当年建中余地（地名）猪场和中余地淀粉厂归属罗阳分场行政管理。同年扩建飞机（原国民党旧机场）分场，接收原南宁市青年志愿垦荒队和南宁地区谷龙咖啡场，分别定名为青年分场、谷龙（地名）分场。绿姆（村名）和天堂（地名）点以及 1959 年建设青年淀粉厂归青年分场管理。

1964年，春建立昌平（乡名）分场，同年中余地与罗阳管区分开独立建制，建立中余地（地名）分场，中余地淀粉厂归中余地分场管理。

1966年，中余地改名"忠于"分场，同正改为"永忠"（群众改名）分场。1972年至1985年农场下设的分场建制，统一改为生产队。"忠于"分场改称"中意"生产队，"永忠"分场又改为"同正"生产队。

1972年，农场为便于生产经营管理，下属机构设置有少数单位变更，原属坛井管区的向阳、东风两个点分开建立向阳（领导定名）生产队、东风（领导定名）生产队。飞机分场分为团结、跃进（领导定名）两个生产队，撤销"飞机分场"名称。同年扩建双甲（村名）生产队，四和（村名）点归双甲生产队管理。

1976年，扩建龙山（地名）生产队和那浪（地名）生产队，同年原称淋油东区队改为前进（领导定名）生产队，坛井管区的西北区队另建单位，取名创业（领导定名）生产队，向阳（领导定名）生产队改名为农科所。

1981年，农场根据市场的需求和生产经营的需要，养猪业有较大的调整。青年、跃进、罗阳等三个猪场在原来的基础上扩建为万头大型猪场，保留具有中型规模的创业、淋油、中意、向阳4个猪场，先后关停团结、前进、昌平、双甲、四和、那浪、龙山、同正、坛井、东风10个猪场。调整后猪场行政管理归属所在生产队。

1986年至1993年，农场下设的生产队建制又统一恢复分场名称。1986年农科所改称为向阳（领导定名）分场。

1986年，农场与南宁市农工商联合公司合办"南宁菠萝良种场"。菠萝良种场前身是南宁市农工商与澳大利亚（国家）于1982年开办合营的"南宁琼斯有限公司坛洛菠萝场"。该场开发利用的土地中大部分是农场提供，因此农场拥有中澳联营的一半股份，由于经营不善造成严重亏损。1982年至1986年6月共亏损665万元，1986年6月终止合作合同。经中澳双方商定，中方负担亏损额332.5万元，并决定由中方买下合营企业的全部资产。1986年7月1日，经自治区人民政府批准，南宁市农工商联合公司与国营金光农场合资经营至2001年12月31日终止合同。

1991年4月，坛井分场归并于向阳分场，取名向阳分场，1992年8月，四和（村名）与双甲（村名）分场分开建立四和分场。

1994年5月28日，"国营金光农场"改名为"金光实业总公司"，分场建制又统一改名为生产工区名称。为适应市场经济，总公司进行机构设置和管理体制改革。同年总公司下设畜牧水产公司、农林公司，实行归口管理。原各猪场和水产业归畜牧水产公司统一经营管理。基层农林生产工区归农林公司主管。1997年撤销农林公司，基层农林生产工区转由糖厂农务部管理。

1999年团结工区与跃进工区合并，取消工区名称，由国家财政拨款投资2000万元建立"广西金光农业科技推广示范园"，是广西唯一的由国家财政拨款建立的优质、高效农业科技推广示范单位。

坛蓬、草塘两个生产大队原属邕宁县坛洛乡管辖，因村址居于农场之中，1960年政府划归农场领导至2018年7月。机构设置仍按地方政府行政编制，1995年改为村民委员会，党政组织关系直属农场管理。

2003年3月31日，农场撤销永谊分场，改建"广西农垦金光乳业有限公司"，发展奶牛生产。2004年农场建置区划分为场部机关和24个下属单位，其中下属分场有18个：淋油分场、前进分场、创业分场、向阳分场、东风分场、科技示范园、青年分场、昌平分场、双甲分场、四和分场、同正分场、中意分场、罗阳分场、龙山分场、那浪分场、友谊分场、新谊分场、谷龙分场；其他下属单位有6个：广西农垦金光乳业有限公司、金光农场塑料编织袋厂、金光农场加油站、金光小学、金光中学、金光医院。由于历史原因，坛蓬和草塘2个集体所有制村委会由农场领导。不属农场下辖、具有独立法人资格的改制公司有5个：广西农垦糖业集团金光制糖有限公司、广西永新畜牧集团金光有限公司、广西南宁金光淀粉有限公司、广西南宁金光建筑工程有限公司、广西南宁金光劳动服务有限公司。

2005年3月，农场机构改革将新谊分场撤销合并到青年分场统一管理；2008年4月，农场机构改革将向阳分场撤销合并到东风分场统一管理，将淋油分场撤销合并到前进分场统一管理，将那浪分场撤销合并到友谊分场统一管理；2011年4月，农场机构改革将四和分场撤销合并到双甲分场统一管理；2013年5月，农场机构改革将那浪分场从友谊分场分离，恢复那浪分场建制。至2014年，农场建置区划分为场部机关和18个下属单位，其中下属分场有14个：前进分场、创业分场、东风分场、科技示范园、青年分场、昌平分场、双甲分场、同正分场、中意分场、罗阳分场、龙山分场、那浪分场、友谊分场、谷龙分场；其他下属单位有4个：金光农场复合肥厂（广西南宁壮禾肥业有限公司）、金光农场加油站、金光农场社区管委会、农机服务队。不属农场下辖、具有独立法人资格的改制公司有5个：广西农垦糖业集团金光制糖有限公司、广西永新畜牧集团金光有限公司、广西南宁金光淀粉有限公司、广西南宁金光建筑工程有限公司、广西南宁金光劳动服务有限公司。

第三章　各分场概况与分支机构设置

第一节　分　场

建场以来，农场各时期分场建制设置先后分别有生产队、垦荒队、生产工区、分场、技示范园区等不同名称，建制设置数量根据形势发展需要有所不同。2014 年全场设置分场建制有 14 个：前进、创业、东风、科技示范园、青年、昌平、双甲、同正、中意、罗阳、龙山、那浪、友谊、谷龙分场。全场除谷龙分场外包全部林地种植经济林木外，其他分场均以甘蔗种植为主，另外种植有部分香蕉、木瓜等其他经济作物。2014 年至 2020 年，农场种植业结构基本没有发生大的变化，仍以种植甘蔗、香蕉、木瓜为主。其中，甘蔗种植是主业。2019 年至 2020 年，农场公司调整产业结构，适时发展种植特色水果沃柑和火龙果等。

2019 年 5 月，根据农垦集团对广西农垦金光农场"三定"方案批复文件精神要求，农场实行企业化改革。按照《广西农垦金光农场有限公司组织架构及职能设置方案》，农场公司共设置 14 个直属分场，分别为：青年分场、团结分场、东风分场、创业分场、那浪分场、罗阳分场、同正分场、中意分场、龙山分场、双甲分场、昌平分场、友谊分场、谷龙分场、龙山猪场。其中，科技示范园更名为团结分场，龙山分场与南宁金农源农业投资有限公司实行"一套人马两块牌子"。2020 年 3 月 1 日，农场公司将龙山猪场整体租赁给广西农垦永新畜牧集团金光有限公司经营。2020 年 9 月 1 日，谷龙分场并入中意分场管理。

一、淋油分场

建于 1956 年春，是建场的第一个基层生产单位，位于场部西面，距离场部 5 千米。分场地处扶绥县中东（原属九区）区界址内（现扶绥县中东镇），东面与前进分场相连，南与龙头乡肖汉村委那花村接界，西面连联豪村，北接淋和村委。南宁经中东到扶绥县公路通过，在淋油道班处设有客车乘客上下点，距离分场 0.5 千米。场部至扶绥县昌平乡乡道公路通过分场。分场辖区范围内石山与平地交错，地下水资源较丰富。

2004 年，分场耕地面积 3380 亩，林地 500 亩，猪栏、道路及生活设施等用地占 1720 亩。主要经营甘蔗、养猪、柑橙生产。近年来，由于柑橙受严重病害，淘汰后改种甘蔗和香蕉等其他经济作物。2004 年，甘蔗种植面积 2770 亩，平均亩产 5.4 吨，原料蔗总产 15000 吨；柑橙种植面积 610 亩，收获面积 100 亩，平均亩产 3000 千克，总产 300000 千克。

2004 年，全分场共有 90 户，351 人，其中男 158 人、女 193 人；职工 121 人，其中干部（代干）4 人、工人 117 人。

2004 年，吴文省任分场党支部书记，李达民任分场主任，甘社民任分场副主任。

2008 年 4 月，农场机构改革将淋油分场撤销合并到前进分场统一管理，两个分场合并后统称为前进分场。

二、前进分场

前称淋油东区，1976 年改为前进生产队，1986 年又改为前进分场。分场地处扶绥县中东镇境内，位于场部西南面，距离场部 3 千米。场部至扶绥县昌平乡乡道公路通过分场。分场东面与龙头乡那塘村委相邻，西南面与龙头乡那花村接壤，西面接淋油分场，东北面连向阳分场（原名坛井），全分场地势属缓坡丘陵，平坦者居多，有地下水源。1988 年 6 月已建成喷灌站一个，能喷灌面积 500 亩。

2004 年，全分场耕地面积 2601 亩，工业、道路及生活设施等用地占 120 亩。2004 年种植甘蔗面积 1850 亩，平均亩产 5.5 吨，原料甘蔗总产 10175 吨。种植香蕉 751 亩，平均亩产 3000 千克，总产 2253000 千克。2004 年全分场共有 100 户，306 人，其中男 158 人、女 148 人；职工 138 人，其中干部（代干）3 人、工人 135 人。2004 年，黄娟宗任分场党支部书记兼分场副主任，滕世律任分场主任。

2008 年 4 月，淋油分场合并到前进分场后，全分场土地总面积 11895.65 亩，其中，原淋油分场 7051.08 亩（以 2007 年农场聘请专业测量机构采用 GPS 卫星测绘技术对全场土地重新测量核查的面积为准）。2009 年至 2010 年建成 3 个职工生猪饲养小区，占地 120 多亩，猪舍 105 栋。至 2014 年已开发利用 10517.86 亩，占总面积的 88%，其中，耕地面积 4538.1 亩，园地面积 3895.27 亩，林地面积 272.32 亩，住宅及公用设施、交通等建设用地面积 238.14 亩。

多年来，分场除种植甘蔗外，还发展柑橘、龙眼、香蕉、木瓜等其他农作物。近年来，由于农场调整优化产业结构及柑橘、木瓜病虫害等原因影响，2009 年柑橘岗位逐步改种香蕉，木瓜种植面积逐步减少。

2014 年，分场甘蔗种植面积 3903 亩，平均亩产 5.9 吨，原料甘蔗总产 22862.69 吨；香蕉种植面积 2666 亩，收获面积 2477 亩，平均亩产约 2400 千克，总产 5945000 千克；木瓜种植面积 176 亩，收获面积 176 亩，平均亩产约 3500 千克，总产 616000 千克；全分场喷灌面积 3094.18 亩。

2014 年，全分场共有 188 户，593 人，其中，男 223 人，女 370 人；职工 356 人，其中，管理人员 4 人，工人 212 人，临时工 140 人。

2014 年，谭建能任分场党支部书记兼分场主任，张益美任分场副主任。

2015 年至 2020 年，前进分场种植业结构基本无变化，仍以种植甘蔗和香蕉为主。至 2020 年，分场甘蔗种植面积 4202 亩，平均亩产 6.20 吨，原料蔗总产 26062.9 吨；香蕉种植面积 3664.3 亩，收获面积 1225 亩，平均亩产 2090 千克，总产 2560250 千克；木瓜种植面积 221.98 亩，收获面积 175.6 亩，平均亩产 2750 千克，总产 482900 千克；全分场喷灌面积 6242.858 亩。

2020 年，分场土地总面积 12489.93 亩，其中，原淋油分场 7051.08 亩，已开发利用 11330.31 亩，占总面积的 90.72%。耕地面积 4788.89 亩，园地面积 3160.61 亩，林地面积 272.32 亩，住宅等建设用地面积 147.29 亩。

2020 年，全分场共有 270 户，663 人，其中男 314 人、女 349 人；职工 140 人，其中管理人员 4 人、工人 129 人；另有临时工 226 人。

2020 年 1 月至 9 月，韦金凡任分场党支部书记，张益美任分场副主任；2020 年 1 月至 12 月，梁毓南任分场主任，9 月至 12 月兼任分场党支部书记；2020 年 9 月至 12 月吕火培任分场副主任。

三、坛井分场

建于 1957 年，是农场管辖最大的基层农业单位之一。1958 年春，场部机关从罗阳分场旧居搬迁到坛井地区设置后，坛井地区便是农场发展商业、工业、农副产品加工业、建筑业、运输业和农牧业以及文教、卫生的重点布局所在。为加强基层农业生产经营管理，1972 年至 1976 年，东风、向阳、创业等三个农业生产点与坛井分场分立建制，至 1991 年 4 月坛井分场归并于向阳分场合为一个基层农业单位，同时撤销坛井分场名称，取名向阳分场。

四、向阳分场

前身属坛井分场管区。1958 年始建奶牛场（又名种畜场），至 1972 年改名为向阳生产队，1976 年改办农科所，1986 年恢复向阳分场名称，1991 年 4 月兼并坛井分场。分场地处南宁市西乡塘区坛洛镇境内，位于场部西北面，距离场部 1 千米。东面接东风分场，东南面连东风分场与那塘村委接界，西面与淋和村委接壤，西南面与前进分场相连，北面接草塘村委，西北面连创业分场。

2004 年，全分场耕地面积 2323 亩，林地 1 亩，工业、道路及生活设施等用地占 115.6 亩。2004 年种植甘蔗面积 2323 亩，收获面积 2323 亩，平均亩产 5.7 吨，原料蔗总产 13412 吨。2004 年种植柑橘面积 3.4 亩，未进入投产。2004 年全分场共有 107 户，131 人，其中男 60 人、女 71 人；职工 110 人，其中干部（代干）4 人、工人 106 人。2004 年，隆学林任分场党支部书记兼分场主任，韦艳芳任副主任。

2005 年至 2007 年，建成向阳职工生猪饲养小区一个，猪舍 47 栋，占地 60 多亩。

2008 年 4 月，农场机构改革将向阳分场撤销合并到东风分场统一管理，两个分场合并后统称为东风分场。

五、东风分场

前身属坛井分场管区，于 1972 年独立建制。分场地处南宁市西乡塘区坛洛镇境内，位于场部东面，距离场部 1 千米。分场东面连接金光糖厂，与坛洛乡上中村委的西北坡接壤，南面与龙头乡那塘村委接界，西面连场部接向阳分场，东北面与坛蓬村委连接。分场地势较平坦，农作物可从剪刀河电灌站抽水灌溉。南宁市西乡塘区 X006 县道公路（与X005 县道公路相接）从分场辖区通过到达场部金光客运站。X006 县道公路可直达南宁市、坛洛镇、扶绥县中东镇及扶绥县城等地方。南宁至金光客车每天往返经过分场，分场路口有乘客上下点。分场离左江 5 千米，水陆交通较为便利。

2004 年，分场耕地面积 3000 亩，工业、道路、其他生产用地及生活设施等用地700亩。2004 年，分场种植甘蔗面积 2510 亩，收获面积 2510 亩，平均亩产 6.5 吨，原料蔗总产 16315 吨。

2004 年，全分场共有 150 户，426 人，其中男 195 人、女 231 人；职工 151 人，其中干部（代干）4 人、工人 147 人。

2004 年，杨才鉴任分场党支部书记兼分场主任，周如宽任分场副主任。

2008 年 4 月，向阳分场合并到东风分场后，至 2013 年全分场原有土地总面积
11337.51 亩，其中，原向阳分场 5917.02 亩。2013 年 3 月，广西郁江老口水库航运枢纽
工程项目征用土地 1149.55 亩，土地总面积减至 2014 年的 10187.96 亩。至 2014 年已开
发利用 9560.03 亩，占总面积的 94%。其中，耕地面积 5530.23 亩，园地面积 1580.25
亩，林地面积 61.64 亩，住宅及公用设施、交通等建设用地面积 1851.66 亩。

分场除种植甘蔗外，还发展柑橘、龙眼、香蕉、木瓜等其他农作物。由于农场调整优
化产业结构及柑橘、木瓜病虫害等原因影响，2009 年以后柑橘岗位逐步改种香蕉，木瓜
种植面积逐步减少。

2014 年，分场甘蔗种植面积 4054 亩，平均亩产 6.6 吨，原料蔗总产 26610.24 吨；香
蕉种植面积 1721 亩，收获面积 798 亩，平均亩产约 2401 千克，总产 1916000 千克。分场
没有喷灌设施，农业生产用水主要依靠水利灌溉，由于长期以来水利设施缺乏资金投入维
修，大部分设施损坏不能正常使用，至 2014 年全分场水利灌溉面积约 520 亩。

2014 年，全分场共有 469 户，1210 人，其中，男 670 人，女 540 人；职工 274 人，
其中，管理人员 4 人，工人 208 人，临时工 62 人。

2014 年，刘俊任分场党支部书记兼分场主任，农瑞绿任分场副主任。

2015 年至 2020 年，分场种植业结构基本无变化，仍以种植甘蔗、香蕉和木瓜为主。
2015 年老口渡口征用分场甘蔗地 1536 亩以及受香蕉病虫害严重影响，分场的甘蔗和香蕉
种植面积有所减少。至 2020 年，分场甘蔗种植面积 2786 亩，平均亩产 7.38 吨，原料蔗
总产 20557.2 吨；香蕉种植面积 410 亩，收获面积 410 亩，平均亩产 2250 千克，总产
922500 千克；木瓜种植面积 315 亩，收获面积 315 亩，平均亩产 2750 千克，总产 866250
千克；全分场喷灌面积 3215 亩。

2020 年，分场土地总面积 10506.03 亩，其中，原向阳分场 5917.02 亩，已开发利用
9938.60 亩，占总面积的 94.60%；耕地面积 3383.2 亩，园地面积 2256.38 亩，林地面积
62 亩，住宅等建设用地面积 798.78 亩。

2020 年，全分场共有 213 户，639 人，其中，男 361 人，女 278 人；职工 110 人，其
中，管理人员 3 人，工人 107 人；无临时工。

2020 年，刘良军任分场党支部书记兼分场主任，农瑞绿任分场副主任。

六、创业分场

前身属坛井分场管区，曾名"北大荒"、又名"坛井西北区"，于 1976 年独立建制，

地处南宁市西乡塘区坛洛镇和扶绥县中东镇境内。分场位于场部西北面，距离场部 5 千米。分场东面与草塘村委新安坡相连，南面连接向阳分场，西面与扶绥县中东镇岜庙村委接壤，北面与邕宁县坛洛乡庆林村委的新地坡接壤。分场地势属缓坡丘陵，有地下水源。1986 年利用地下水资源建成一座固定式喷灌站，喷灌面积 1000 亩。1966 年后，场部在创业分场辖区创立金光农场"五·七中学"（后改名"金光中学"），1986 年中学搬迁到向阳分场地区建校。同年农场利用中学的旧房改建 9 幢猪栏，至 1999 年发展成为农场具有中型规模的四个猪场之一。

2004 年甘蔗种植面积 3930 亩，平均亩产 5.3 吨，原料蔗总产 21000 吨。柑橘种植面积 390 亩，龙眼种植 126 亩。2012 年广西农垦永新畜牧集团金光有限公司租用分场林地 200 亩，建成 1 个公猪场和 1 个种猪场。

2014 年，全分场土地总面积 7755.83 亩，已开发利用 7220.72 亩，占总面积的 93.10%，其中，耕地面积 7255.41 亩，园地面积 814.5 亩，林地面积 91.59 亩，住宅及公用设施、交通等建设用地面积 253.79 亩。

分场除种植甘蔗外，还发展柑橘、龙眼、香蕉等其他农作物。由于农场调整优化产业结构及柑橘病虫害等原因影响，2009 年以后柑橘岗位逐步改种香蕉，木瓜种植面积逐步减少。

2014 年，分场种植甘蔗面积 3997 亩，平均亩产 5.8 吨，原料蔗总产 23207.36 吨；香蕉种植面积 610 亩，收获面积 610 亩，平均亩产 2250 千克，总产 1373000 千克；木瓜种植面积 63 亩，收获面积 63 亩，平均亩产约 3603 千克，总产 227000 千克；全分场喷灌面积 1470 亩，淋灌面积 710 亩。

2014 年，全分场共有 137 户、437 人，其中，男 167 人、女 270 人；职工 157 人，其中，管理人员 4 人、工人 87 人、临时工 66 人。

2014 年，梁毓南任分场党支部书记兼分场主任，奚春燕任分场副主任。

2015 年至 2020 年，分场种植业结构基本无变化，仍以种植甘蔗、香蕉和木瓜为主。至 2020 年，分场甘蔗种植面积 4701 亩，平均亩产 5.68 吨，原料蔗总产 26700.1 吨；香蕉种植面积 192.5 亩，收获面积 192.5 亩，平均亩产 3125 千克，总产 601563 千克；木瓜种植面积 151.3 亩，收获面积 151.3 亩，平均亩产 2925 千克，总产 442553 千克；全分场喷灌面积 2656.466 亩。

2020 年，全分场土地总面积 7390.70 亩，已开发利用 6873.87 亩，占总面积的 93.01%，其中，耕地面积 4761.8 亩，园地面积 660.82 亩，林地面积 92 亩，住宅等建设用地面积 64.97 亩。

2020年，全分场共有 122 户，385 人，其中，男 177 人，女 208 人；职工 54 人，其中，管理人员 3 人，工人 51 人；另有临时工 161 人。

2020 年 1 月至 9 月，唐奕坚任分场主任兼党支部书记，黄威任分场副主任；2020 年 9 月至 12 月黄威任分场党支部书记兼分场主任，覃莉淳任分场副主任。

七、科技示范园区

前身是飞机分场，建于 1958 年，位于场部东北面，距离场部 9 千米。分场地处邕宁县坛洛乡境内（现南宁市西乡塘区坛洛镇），东面至坛洛马伦村委定伦坡和下楞村委接壤；东北面与金陵（原属那龙乡）大林村委的大林坡、宁村坡和坛洛乡圩中村委的定义、丢板坡接界，西南面至坛蓬大队、草塘大队（隔剪刀河）界河，西面与坛洛庆林村委的增朗、邕念坡相邻，北面接坛洛那坛村委那排坡。南宁市西乡塘区 X005 县道公路从坛洛镇经分场辖区通过，南宁至金光客车每天往返经过分场到达场部金光客运站，分场路口有乘客上下点，交通较为便利。2010 年 3 月开工建设的云桂高铁铁路从分场辖区通过。全分场地势平坦，分场辖区西面有一条剪刀河流通往左江，离剪刀河不远还有数个深水潭。分场水源丰富，自然条件优越。1964 年利用剪刀河建成南、北岸抽水站，南站抽水可供给坛蓬村、草塘村、向阳分场农业生产灌溉使用，北站抽水除供给本分场农业生产灌溉使用外，还能供给那排村、下楞村、上中村等部分农作物灌溉使用。

1972 年撤销飞机分场名称，分立团结、跃进两个分场。1999 年 7 月团结与跃进合并，由国家拨款投资 2000 万元建立"广西金光农业科技推广示范园"。该示范园占地总面积 6000 亩，由团结、跃进两个分场组成。园区分设甘蔗高产高糖园、名优水果园、科技服务中心、名特水产园、畜牧养殖园五个功能小区。是广西唯一的国家财政拨款建立的优质、高效农业科技推广示范单位和广西最大的农业科技推广示范园。它与其他示范园相比，更重视企业综合配套技术的实用推广。自治区对这个项目非常重视，专门成立由自治区财政厅和直属各农口部门领导参加的园区建设领导小组。根据自治区领导的要求，建成后的示范园区将具有实验、指导、示范和自我发展壮大的功能，成为广西农业科技含量最高的样板园区。

该示范园建成后，利用 35 亩温室大棚先后种植过蔬菜、日本网纹甜瓜、美国特大南瓜、板栗南瓜、西瓜等名优瓜果蔬菜，建有鱼虾水产养殖场 500 亩（归农垦局管理），种植香蕉 1200 亩，高产高糖甘蔗示范园 3000 多亩及建设有一批先进的农业生产喷灌设施，发挥了示范推广作用。该示范园种植的一些名优瓜果蔬菜多次代表广西农垦在"中国—东盟博览会"上展示亮相。该示范园建成后,多年来由于缺少国家和自治区财政资金的后期持续投入,没有得到持续发展,后来就按分场建制进行日常生产经营管理。

2004年,示范园甘蔗种植面积3921亩,平均亩产6.1吨,原料蔗总产24000吨;香蕉种植300亩,平均亩产3500千克,总产1050000千克;鱼塘379亩,收获面积379亩,总产303吨。2010年9月,农场将35亩温室大棚对外租赁经营。

示范园原有土地总面积9783.77亩,2010年8月,云桂铁路建设项目征用39.79亩,坛洛水厂建设征用26.05亩,2013年3月,广西郁江老口水库航运枢纽工程项目征用土地645.34亩,原有土地总面积减至9072.59亩。至2014年已开发利用7759.81亩,占总面积的85.53%,其中,耕地面积5016.28亩,园地面积1536.71亩,林地面积56.38亩,住宅及公用设施、交通等建设用地313.6亩。

2005年至2014年,分场除种植甘蔗外,还发展柑橘、龙眼、香蕉、木瓜等其他农作物。2005年至2014年,由于农场调整优化产业结构及柑橘、木瓜病虫害等原因影响,2009年以后柑橘岗位逐步改种香蕉,木瓜种植面积逐步减少。

2014年,示范园甘蔗种植面积3996亩,平均亩产5.6吨,原料蔗总产22263.21吨。香蕉种植面积1212亩,收获面积700亩,平均亩产约2475千克,总产1733000千克。全分场喷灌面积2712.99亩。

2014年,示范园共有233户、532人,其中,男305人、女227人;职工220人,其中,管理人员4人、工人123人、临时工93人。

2014年,黄海生任示范园党支部书记兼分场主任,吕火培任副主任。

2018年,广西农垦集团对农场申请建设果蔬种植基地的项目进行调研,认为示范园各方面条件都适合发展果蔬种植,因此确定将果蔬种植基地设立在示范园。2019年5月15日,农场公司实行企业化改革,根据《广西农垦金光农场有限公司组织架构及职能设置方案》,示范园更名团结分场。

根据广西农垦集团有限公司《关于印发金光农场、明阳农场、龙北农场土地综合整治项目工作实施方案的通知》(桂垦资发〔2019〕7号)精神,2019年4月28日,农场公司印发《关于印发加快推进金光农场有限公司科技示范园"旱改水"项目工作实施方案的通知》(金司发〔2019〕27号)实施"旱改水"项目工程建设。工程总投资2450.2万元,建设规模1875亩,新增水稻种植1650亩。2019年11月1日,"旱改水"项目工程通过验收,2020年4月1日交给农场公司管护。

2014年至2018年,分场种植业结构基本无变化,仍以种植甘蔗和香蕉为主。2019年至2020年分场种植业结构发生较大变化,以种植甘蔗、水稻为主。实施"旱改水"项目后，分场部分甘蔗地改种水稻。建设果蔬种植基地后，分场部分香蕉地改种果蔬，种植面积 700 亩。至 2020 年，分场甘蔗种植面积 3440 亩，平均亩产 5.84 吨，原料蔗总产 20080.5 吨；香蕉种植面积 62 亩，收获面积 0 亩；水稻种植面积 1649 亩，收获面积 1649 亩，平均亩产 320 千克，总产 527680 千克；木瓜种植面积 20 亩，收获面积 20 亩，平均亩产 3000 千克，总产 60000 千克；全分场喷灌面积 3855 亩。

2020 年，全分场总面积为 10231.91 亩，已开发利用 9710 亩，占总面积的 94.90%；其中，耕地面积 3855.46 亩，园地面积 2195.02 亩，林地面积 56 亩，住宅等建设用地 154 亩。

2020 年，全分场共有 230 户，671 人，其中，男 352 人、女 319 人；职工 49 人，其中，管理人员 3 人、工人 46 人；另有临时工 39 人。

2020 年，黄海平任分场党支部书记兼分场主任，2020 年 1 月至 9 月吕火培任分场副主任，2020 年 9 月至 12 月张益美任分场副主任。

八、青年分场

前身是"南宁市青年志愿垦荒队"，于 1958 年由南宁市政府划归国营金光农场管理，属农场下属基层农业单位。天堂点以及与青年分场连接的绿姆村于 1960 年并场，1959 年建立青年淀粉厂，均归属青年分场管理。分场地处邕宁县坛洛乡（现南宁市西乡塘区坛洛镇）、富庶乡和隆安县那桐乡交界处，位于场部西北面，距离场部 36 千米。分场东面连菠萝场四队，东南与坛洛乡定顿村委接壤，西南与富庶乡相邻，距离菠萝场场部 5 千米。分场北面接菠萝场三队，东北面与隆安县那桐乡大藤村委接界，西面与富庶乡富庶村委近邻。南宁至隆安 G324 公路客车在 61 千米处有乘客上下点，南昆铁路从分场职工住宅区沿边通过，并计划建有火车站。2010 年 3 月开工建设的云桂高铁铁路从分场职工住宅区沿边通过。分场地势属丘陵地带，坡度较大，20°～30°者居多，有一条名叫"公园河"的小河流经分场边缘，水源较丰富。

2004 年，种植甘蔗面积 3900 亩，平均亩产 4.5 吨，原料蔗总产 17550 吨；柑橙面积 2200 亩，收获面积 1000 亩；平均亩产 1000 千克，总产 1000000 千克；种植龙眼面积 100 亩。

全分场原土地面积 17057.87 亩，2010 年 8 月，云桂铁路建设项目征用 133 亩，土地总面积减至 16924.87 亩；至 2014 年已开发利用 16629.1 亩，占总面积的 97.49%，其中，耕地面积 6663.40 亩，园地面积 4517.57 亩，林地面积 1883.37 亩，住宅及公用设施、交通等建设用地 639.78 亩。

多年来，分场除种植甘蔗外，还发展柑橘、龙眼、香蕉、木瓜等其他农作物。近年来，由于农场调整优化产业结构及柑橘、木瓜病虫害等原因影响，2009 年以后柑橘岗位逐步改种香蕉，木瓜种植面积逐步减少。

2014 年，分场甘蔗种植面积 3893 亩，平均亩产 5 吨；原料蔗总产 19573.01 吨；香蕉种植面积 3497 亩，收获面积 3080 亩，平均亩产约 2475 千克，总产 7623000 千克；木瓜种植面积 60 亩，收获面积 60 亩，平均亩产 4000 千克，总产 240000 千克；全分场喷灌面积 2622 亩。

2014 年，全分场共有 296 户，746 人，其中，男 483 人，女 263 人；职工 340 人，其中，管理人员 4 人，工人 185 人，临时工 151 人。

2014 年，卢桂森任分场主任，蒙伟文任分场党支部书记兼副主任。

2015 年至 2020 年，分场种植业结构基本无变化，主要种植甘蔗、香蕉和生姜。至 2020 年，分场甘蔗种植面积 4000 亩，平均亩产 5.76 吨，原料蔗总产 23020.3 吨；香蕉种植面积 3680 亩，收获面积 3680 亩，平均亩产 2500 千克，总产 9200000 千克；木瓜种植面积 132 亩，收获面积 132 亩，平均亩产 2300 千克，总产 3003600 千克；生姜种植 703 亩，平均亩产 3500 千克，总产 2460500 千克；全分场喷灌面积 3124 亩。

2020 年，全分场土地面积 17000.15 亩，已开发利用 15953.86 亩，占总面积的 93.85%；其中，耕地面积 4934.67 亩，园地面积 5441.20 亩，林地面积 1883.37 亩，住宅等建设用地 283 亩。

2020 年，全分场共有 308 户，724 人，其中，男 463 人，女 261 人；职工 88 人，其中，管理人员 5 人，工人 83 人；另有临时工 636 人。

2020 年，梁秀章任分场党支部书记兼分场主任，2020 年 1 月至 3 月黄艳宁任分场副主任，2020 年 9 月至 12 月卢明任分场副主任。

九、南宁市菠萝良种场

地处南宁市西郊境内，位于金光农场西北面，距南宁市中心 60 千米，离农场场部 37 千米。东北面与青年分场接壤，西南接富庶乡大全村，北面连富庶乡岜马村，西北面与富庶乡富庶村委接壤，场部离富庶乡政府 2 千米，南宁至隆安县公路经过场部门口，交通运输方便。

南宁市菠萝良种场前身是中外合资企业"南宁—琼斯有限公司坛洛菠萝场"，始建于

1982年，是南宁市农工商公司与澳大利亚外商合资经营的农业企业。耕地面积6000余亩，其中绝大部分是金光农场提供，因此，农场以土地资源列为中澳合资企业的一半股份，主要种植经营澳大利亚无刺卡茵菠萝，1982年至1986年6月期间，由于种种原因连年出现亏损。1986年6月终止合作合同，经由上海东方审计事务所审计，终止合同时负债总额987万元，资产净值322万元，亏损额达665万元。合资经营终止后，经南宁市人民政府批准，由南宁市农工商公司（现南宁市农工商集团有限责任公司）与广西国营金光农场将原合资公司资产（各出资一半）买下，两家共同经营。1986年7月1日改名为南宁市菠萝良种场（图3-1）。

图3-1　菠萝基地

南宁市菠萝良种场的管理机构设置，有董事会和党支部委员会，场部机关设场长办公室及生产、财供、行政等三个办公室共31人组成，基层生产单位有4个农业生产队和一个机务队共57人组成，全场共有固定管理、生产及后勤人员88人。管理人员编制配置，由联营双方按定员推荐人员参与董事会和场级领导，董事会设董事长、副董事长，场级领导设场长、副场长。正副董事长和正副场级领导由联营双方轮流交叉选任，任职期间，工作实绩突出，经联营双方商定亦可连任。经营方针和生产经营发展目标由董事会集体讨论决定，实行场长负责制下全员承包经营方式的经营管理机制。

全场制定有一整套严密的生产、经营管理制度，包括具体到部门、个人的岗位责任制及相应的考核制度；生产部门建立有定额管理办法和其他相关制度；财务部门建立了包括资金使用管理规定的13个管理制度，并于1999年通过市财政局的会计基础规范工作验收合格。全场长年坚持每月"两会制"，即每月的生产、经济分析会和民主考核评比会，考核评比不合格者退回原单位。由于有这些精简灵活的机构及严谨、周密的管理制度，使全场能上下协调，互相监督，团结一致，令行禁止，低耗高效地运作。由于监督机制完善，体制和机制上所具有的优势，并借鉴外资企业生产、管理的经验，充分发挥农业机械化的优势，积极采用先进的科学种植技术，菠萝产量稳定。1986年联营的第一年，生产经营有了转机，当年盈利22.7万元。经营效益最好的1998年，销售收入722.8万元，创税利471.3万元。合资经营（1986年7月1日至2001年12月31日终止合同）的十五年零五个月中，菠萝良种场累计生产菠萝89411.757吨，营业总收入5731.9万元，创税505.7万元，创利润2307.8万元，实际上缴联营主管的利润为832.3万元。十五年中，所投入固定资产投资在603万元以上，固定资产净值由原来的104万元增至现在的560万元以上；资产总值由原来的310万元增至现在的1330万元以上。

菠萝场土地总面积6752.37亩，耕地面积有6138.52亩，耕地面积占土地总面积的90.91%（其中农场占有土地面积5225.32亩，占耕地面积的85.12%，每亩地租15元）。其中农业耕地6138.52亩，道路及生活设施等用地占613.85亩，全部耕地已开发利用种植农作物（表3-1）。种植甘蔗面积1241.27亩，总产6951.1吨，平均亩产5.6吨。另外种植香蕉195亩、生姜124亩，还有柑果、龙眼、芒果等经济作物（表3-2）。

表3-1　1986—2001年各年度经济效益情况表

项目\n年份	头造菠萝			二造菠萝			菠萝\n总产\n（吨）	税后\n利润\n（万元）
	收获\n面积\n（亩）	平均\n单产\n（吨）	总产\n（吨）	收获\n面积\n（亩）	平均\n单产\n（吨）	总产\n（吨）		
1986	389.70	2.53	986.2	97.05	1.38	133.60	1119.80	22.70
1987	2033.91	2.92	5936.80	517.90	1.58	816.27	6753.10	181.80
1988	983.04	3.10	3049.1	430.40	1.52	652.70	3701.80	108.74
1989	1310.10	3.21	4203.4	2092.11	1.30	2720.31	6923.72	175.66
1990	745.05	2.86	2129.4	969.45	1.02	986.81	3116.19	62.25
1991	1620.66	3.37	5461.9	965.40	1.72	1663.06	7124.97	200.81
1992	1224.68	3.43	4195.6	820.00	1.42	1161.66	5357.25	175.10
1993	1523.67	3.09	4712.5	1425.00	1.70	2427.81	7140.29	188.58
1994	1387.58	3.35	4651.0	1327.97	1.09	1441.65	6092.63	106.93
1995	1022.27	3.09	3155.0	1429.90	1.49	2133.82	5288.85	150.70
1996	1173.71	2.75	3232.8	1091.61	1.42	1548.74	4781.51	195.55
1997	1223.50	3.87	4734.3	886.29	1.90	1682.58	6416.91	214.72
1998	1175.22	4.01	4716.1	998.28	2.09	2082.36	6798.49	346.54
1999	1161.29	4.30	4992.4	1135.80	2.39	2716.70	7709.10	170.64
2000	1182.12	2.58	3052.0	1081.34	1.03	1111.00	4163.04	-40.92
2001	1275.20	3.92	4995.1	1044.85	1.85	1931.21	6926.28	48.00

表 3-2　菠萝场土地种植面积及 2001 年管理项目表

种植面积 队别	菠萝 面积（亩）	甘蔗 面积（亩）	香蕉 面积（亩）	生姜 面积（亩）	其他（亩）
一队	461.33	169.52	54	47.7	柑果 43.02，龙眼 10.00，芒果 3.00，其他 116.74，小计 172.76
二队	1763.43	456.04			22.23
三队	1083.39	435.16	141	76.3	59.85
四队	839.76	180.55	35		135.61
合计	4147.91	1241.27	195	124.0	390.45

截至 2001 年，菠萝良种场拥有大小汽车 10 辆。其中 43＋1 座客车 1 辆（1998 年 11 月购买），五十铃 1.25 吨双排座 1 辆（1996 年 12 月购买），桑塔纳小车 1 辆（1996 年 3 月购买），11 座小解放面包车 1 辆（1996 年 6 月购买），国产塔菲克 12 座面包车 1 辆（1999 年 4 月购买），5 吨东风牌货车 1 辆（1996 年 12 月购买），已报废留作生产用的汽车 4 辆。全场拥有大、中、小型拖拉机 15 台。其中，勉强还可使用的进口 60～100 匹马力轮式拖拉机 3 台，国产 55～100 匹马力履带、轮式拖拉机 6 台，手扶拖拉机 7 台。拥有大小发电机 5 台。其中 20 千瓦、24 千瓦各 1 台，3 千瓦 3 台，各农业队有 11 千瓦深井泵抽水设备各 1 套。还有生产、工作用的国产摩托车 5 辆（表 3-3）。

表 3-3　1987—2001 年菠萝良种场新增主要固定资产表

项目名称	单位	数量	金额（万元）	备注
办公室（楼）	栋	4	45.9	
宿舍（楼）	栋	4	40.7	
食堂	栋	2	8.0	
生产、生活设施建筑	处	31	48.7	
机动车辆	台/辆	25	172.1	含手持、摩托车
农具	台/件		7.7	
仪器设备			2.4	
电讯通讯			26.0	
大型喷灌设备	处	2	219.6	
生活设施			15.4	
生产设施			3.4	
果树			13.3	
合计			603.2	

农场与南宁市农工商公司合营经营菠萝良种场的 15 年中，所取得的优异成绩，得到了上级党政机关给予较高的荣誉。

1991 年，自治区农垦局授予南宁市菠萝良种场菠萝高产特别奖；

1992 年，菠萝良种场菠萝荣获首届中国农业博览会银质奖；

1993 年，荣获南宁市科技三等奖；

1989 年以来，多次荣获中国农业银行广西分行授予的一级企业信用单位称号。

南宁市菠萝良种场党支部先后三次被评为中共金光实业总公司委员会先进党支部；先后六次被评为广西农垦金光实业总公司先进单位。联营董事会人员及场级领导见表 3-4、表 3-5。

表 3-4　菠萝良种场联营董事会任职人员名单

姓名	职务	任职时间	所在户籍单位职务
梁永良	董事长	1987.4—1988.2	农工商公司副总经理
李荫平	副董事长	1987.4—1995.12	金光农场副场长、场长
黄甲秋	董事	1987.4—1989.9	金光农场党委书记
招树林	董事	1987.4—1996.1	农工商公司科长
胡焕新	董事长	1989.5—2001.12	农工商公司副总经理
傅长庆	董事	1989.9—1992.2	金光农场副场长
张智铭	董事、副董事长	1992.3—2001.9	金光实业总公司副总经理
雷槐生	董事	1996.1—2001.8	农工商公司办公室主任
吉禹平	副董事长	1996.2—1996.11	金光实业总公司党委书记
梁庆章	董事	1997.3—1998.3	金光实业总公司副总经理
刘康南	董事	1998.4—1998.12	金光实业总公司财务部部长
黄志新	董事	1999.3—2001.12	金光实业总公司财务部副部长
覃定春	副董事长	2001.9—2001.12	金光实业总公司副总经理
邓世金	董事	2001.9—2001.12	农工商公司副科长

表 3-5　菠萝良种场联营场级领导任职人员名单

姓名	职务	任职时间	所在户籍单位职务
陈振文	场长	1986.7—1987.3	金光农场
招树林	生产副场长	1987.4—1990.12	农工商总公司
李国和	党支部书记	1987.4—1990.6	金光农场
林大昭	场长	1987.4—1990.12	金光农场
刘俊东	财务副场长	1988.9—1990.1	农工商公司

（续）

姓名	职务	任职时间	所在户籍单位职务
张万平	财务副场长	1990.2—1991.6	农工商公司
刘泽波	党支部书记	1990.7—1992.9	金光农场
余世荣	场长	1991.1—2001.12	金光实业总公司
莫世初	生产副场长	1991.1—1996.12	农工商总公司
陆如礼	财务副场长	1991.7—1992.12	农工商总公司
李复达	党支部书记	1992.10—1994.8	金光农场
雷槐生	财务副场长	1993.1—1995.12	农工商总公司
梁玉仁	党支部书记	1994.10—1999.11	金光实业总公司
郑海天	财务副场长	1996.1—2001.12	农工商总公司
邓世金	生产副场长	1996.1—2001.12	农工商总公司
余世荣	兼任党支部书记	1999.11—2001.12	金光实业总公司

十、永谊分场

永谊分场建于 2001 年 12 月 14 日。之前属青年分场管区的绿姆（名）生产小队，1982 年农场将该队提供给"南宁—琼斯有限责任公司坛洛菠萝场"经营，编为第四生产队。1986 年菠萝良种场机构解散，同年 7 月 1 日，转由南宁市农工商公司和金光农场合作经营，至 2001 年 7 月 1 日，合作经营期满，经场方与南宁市农工商公司协商，一致同意终止合作经营合同，农场收回土地交由下属永谊分场经营。2003 年之前黄燃熙任分场主任，李梁标任分场副主任。2003 年 3 月 31 日，农场撤销永谊分场，改建"广西农垦金光乳业有限公司"，发展奶牛生产。

十一、新谊分场

新谊分场建于 2001 年 12 月 14 日。地处南宁市坛洛镇富庶乡和隆安县那桐镇交界处，位于场部西北面，离场部 38 千米。东面与青年分场连接，距青年分场场部 2 千米；北面与隆安那桐大藤村委会接界；西南接南宁市富庶乡芭内村。

分场地势属缓坡丘陵地带，宜种植菠萝、甘蔗等农作物。分场辖区内经水文部门探测，地下水资源丰富，分场人畜用水打井提水供应。

分场原属青年分场管区。1982 年农场提供该管区给"南宁—琼斯有限责任公司坛洛菠萝场"经营,编为第三生产队,农场以土地分红。1986 年南宁—琼斯有限责任公司机构解散,转由南宁市农工商公司和金光农场合作经营,同年 7 月 1 日,原机构更名为"南宁市菠萝场良种场"。至 2001 年 7 月 1 日,合作经营期满,经农场方与南宁市农工商公司协商,一致同意终止合作经营合同,农场收回土地交由下属新谊分场经营。

全分场土地总面积 1827 亩。至 2004 年已开发利用 1287 亩,占总面积的 70.44%。其中,农业耕地 1529 亩,道路及生活设施等用地 298 亩。2004 年,分场种植甘蔗面积 1236 亩,平均每亩产 5 吨,原料蔗总产 6303 吨。种植香蕉面积 293 亩,平均每亩产 3000 千克,总产 879000 千克。

2004 年,全分场共有 69 人,其中男 41 人、女 28 人;职工 69 人,其中干部(含代干)3 人、工人 66 人;另有临时工(含外包工)53 人。

2004 年,彭立忠任分场主任,卢喜慧任分场党支部副书记兼分场副主任。

2005 年 3 月,农场机构改革,将分场撤销合并到青年分场统一管理。

十二、同正分场

建于 1956 年 7 月,地处扶绥县中东镇境内,距中东镇 7 千米。分场位于场部西面,离场部 18 千米。分场东面与那浪分场近邻,东南面与中意罗阳分场连接,西南面与中东区接界,北面与那楼队(菠萝场)相邻。后改名永忠生产队,1986 年复名同正分场。分场土地属丘陵地,缺水源。1977 年以种植甘蔗为主,1985 年开发种植柑橙及龙眼面积 477 亩。建场初期人畜饮水很困难,至 1984 年打深井解决了人畜饮水问题,1988 年还建成水果喷灌站,可喷灌面积 500 亩。

2004 年,甘蔗种植面积 4170 亩,平均亩产 5 吨,原料蔗总产 21063 吨;柑橘种植面积 740 亩,收获面积 110 亩,亩产 33 千克,总产 3630 千克。

全分场土地总面积 10194.77 亩,至 2014 年已开发利用 9858.92 亩,占总面积的 96.71%,其中,耕地面积 6801.75 亩,园地面积 1727.8 亩,林地面积 193.44 亩,住宅及公用设施、交通等建设用地面积 270.59 亩。

2004 年至 2014 年,分场除种植甘蔗外,还发展柑橘、龙眼、香蕉、木瓜等其他水果作物。由于农场调整优化产业结构及柑橘、木瓜病害虫等原因影响,2009 年以后柑橘岗位逐步改种香蕉,木瓜种植面积逐步减少。

2014 年,分场甘蔗种植面积 5356 亩,平均亩产 5.6 吨;原料蔗总产 29766.10 吨。香蕉种植面积 1162 亩，收获面积 903 亩，平均亩产 3999 千克，总产 3611000 千克；木瓜种植面积 354 亩，收获面积 354 亩，平均亩产约 3500 千克，总产 1239000 千克；全分场喷灌面积 3369.79 亩，其中实际喷灌面积 1094.79 亩，2013 年未投入使用喷灌面积 2274 亩。

2014 年，全分场共有 121 户，324 人，其中，男 153 人，女 171 人；职工 199 人，其中，管理人员 4 人，工人 77 人。另有临时工 118 人。

2014 年，马克祥任分场党支部书记兼分场主任，陈文益任分场副主任。

2015 年至 2020 年，分场种植业结构基本无变化，仍以种植甘蔗和香蕉为主，因病虫害严重影响，香蕉和木瓜种植面积大规模减少。2019 年底，分场收回外商租赁到期土地 410 亩用于种植火龙果等果蔬。至 2020 年，分场甘蔗种植面积 4581 亩，平均亩产 4.85 吨，原料蔗总产 22207.6 吨；香蕉种植面积 626.739 亩，收获面积 626.739 亩，平均亩产 3500 千克，总产 2193587 千克；木瓜种植面积 45 亩，收获面积 45 亩，平均亩产 4000 千克，总产 180000 千克；火龙果种植面积 220 亩，未投产；青柚种植面积 810 亩，未投产；分场无喷灌面积，全分场滴灌面积 2180 亩。

2020 年，分场土地总面积 9767.99 亩，已开发利用 9496.46 亩，占总面积的 97.22%；其中，耕地面积 5408.95 亩，园地面积 1687.66 亩，林地面积 193.44 亩，住宅等建设用地面积 60.12 亩。

2020 年，全分场共有 93 户，273 人，其中男 148 人、女 125 人；职工 45 人，其中管理人员 3 人、工人 42 人；无临时工。

2020 年，马克祥任分场党支部书记兼分场主任，伍荣冬任分场副主任。

十三、中意分场

前身是中余地分场，1964 年从罗阳分场管区分开独立建制。分场地处扶绥县中东镇境内，距离中东镇 2 千米。分场位于场部西面，距离场部 16 千米。分场东面与罗阳分场相连，南面与扶绥县中东乡三哨村委接界，西北面与中东乡接壤，北面接同正分场。分场地势属缓坡丘陵，有石山与丘陵地相间。南宁到中东 X019 县道公路从分场辖区通过，分场路口设有乘客上下点。X019 县道公路可直达场部、南宁及扶绥县城等地方，交通较为便利。

2004 年甘蔗种植面积 1646 亩，平均亩产 6.5 吨，原料蔗总产 10699 吨；柑橘种植面积 386 亩，收获面积 269 亩，平均亩产 556 千克，总产 150000 千克。

全分场土地总面积 4671 亩，至 2014 年已开发利用 4221 亩，占总面积的 90.37%，其中，耕地面积 2892.09 亩，园地面积 553.96 亩，林地面积 104.57 亩，住宅及公用设施、交通等建设用地 197.36 亩。

分场除种植甘蔗外，还发展柑橘、香蕉、木瓜等其他农作物。由于农场调整优化产业结构及柑橘、木瓜病害虫等原因影响，2009 年以后柑橘岗位逐步改种香蕉，木瓜种植面积逐步减少。

2014 年，分场甘蔗种植面积 2224 亩，平均亩产 6.2 吨，原料蔗总产 13884.95 吨；香蕉种植面积 335 亩，收获面积 280 亩，平均亩产 524 千克，总产 1360000 千克；全分场喷灌面积 2361.86 亩。

2014 年，全分场共有 95 户，253 人，其中，男 137 人，女 116 人；职工 48 人，其中，管理人员 3 人，工人 45 人。

2014 年刘良军任分场党支部书记兼分场主任。

2015 年至 2020 年，分场种植业结构基本无变化，仍以种植甘蔗和香蕉为主。至 2020 年，分场甘蔗种植面积 2718 亩，平均亩产 4.66 吨，原料蔗总产 12672.4 吨；香蕉种植面积 328 亩，收获面积 328 亩，平均亩产 2302 千克，总产 755000 千克；木瓜种植面积 80 亩，收获面积 40 亩，平均亩产 2000 千克，总产 80000 千克；生姜种植面积 250 亩，平均亩产 4764 千克，总产 1191000 千克；全分场无喷灌。

2020 年 9 月 1 日，谷龙分场并入中意分场管理，中意分场土地总面积增至 14564.47 亩。其中，原谷龙分场面积 9986.84 亩。中意分场面积已开发利用 14162.89 亩，占总面积的 97.24%。其中，耕地面积 2782.02 亩，园地面积 649.35 亩，林地面积 10092.41 亩，住宅及公用设施、交通等建设用地 203.3 亩。

2020 年，全分场共有 97 户，250 人，其中男 140 人、女 110 人；职工 24 人，其中管理人员 4 人、工人 20 人；无临时工。

2020 年，蒙伟文任分场党支部书记兼分场主任，无分场副主任。

十四、罗阳分场

前身是天西垦殖场的一个分场，是金光垦殖场建场初期场部机关所在地。地处扶绥县中东乡（现扶绥县中东镇境内），于 1958 年上半年场部机关迁居后独立建制，依旧叫罗阳分场。分场位于场部西面，距离场部 16 千米，东面连接龙山分场，南面与中东的罗阳三哨村委接壤，西面连中意分场，西北面接同正分场，东北面与四新村公所那浪村相邻。南宁往中东至扶绥县城的公路客车在罗阳分场岔路口有乘客上下点。分场土地属丘陵地，有数座石山坐落于辖区内。

2004年，分场甘蔗种植面积3750亩，平均亩产5.8吨，原料蔗总产21750吨；柑橙种植面积1200亩，收获面积106亩，平均亩产1500千克，总产159000千克。龙眼种植面积230亩。

全分场土地总面积12083.56亩，至2014年已开发利用10870亩，占总面积的89.96％，其中，耕地面积6688.27亩，园地面积2138.84亩，林地面积422.05亩，住宅及公用设施、交通等建设用地332.4亩。

分场除种植甘蔗外，还发展柑橘、龙眼、香蕉、木瓜等其他农作物。由于农场调整优化产业结构及柑橘、木瓜病害虫等原因影响，2009年以后柑橘岗位逐步改种香蕉，木瓜种植面积逐步减少。

2014年，分场甘蔗种植面积5366亩，平均亩产6.5吨，原料蔗总产35142.53吨；香蕉种植面积1064亩，收获面积1014亩，平均亩产约2527千克，总产2562000千克；木瓜种植面积357亩，收获面积337亩，平均亩产约4000千克，总产1428000千克；全分场喷灌面积2961.27亩。

2014年，全分场共有202户，557人，其中，男人290人，女人267人；职工228人，其中，管理人员4人，工人116人，临时工108人。

2014年，许留海任分场党支部书记兼分场主任，卢日潘任分场副主任。

2015年至2020年，因受香蕉病虫害的严重影响，分场香蕉种植大面积减少，改种甘蔗和其他果蔬。至2020年，分场甘蔗种植面积6414.67亩，平均亩产5.57吨，原料蔗总产35742.4吨；香蕉种植面积366亩，收获面积366亩，平均亩产3005千克，总产1099830千克；木瓜种植面积25亩，收获面积25亩，平均亩产3600千克，总产90000千克；沃柑种植面积450亩，收获面积450亩，平均亩产778千克，总产350100千克；南瓜种植面积500亩，收获面积500亩，平均亩产3000千克，总产1500000千克；全分场喷灌面积4500亩。

2020年，分场土地总面积12024.34亩，已开发利用11430.82亩，占总面积的95.06％；其中，耕地面积6846.38亩，园地面积1973.52亩，林地面积422.05亩，住宅建设用地90.84亩。

2020年，全分场共有144户，449人，其中男244人、女205人；职工62人，其中管理人员4人、工人58人；无临时工。

2020年，吴长超任分场主任，潘忠谋任分场副主任兼党支部副书记。

十五、昌平分场

建于 1964 年春，地处扶绥县昌平乡境内，位于场部西南面，离场部 22 千米。东面与龙头乡凤庄、旧庄村委相邻，西南与昌平乡接界，西面与巴皮村近邻，北面近扶绥县昌平乡的永安、百合村和双甲分场，西北面接近四和分场。分场地势较平，但有石山矗立在辖区内，较缺水源。南宁至扶绥县（X019 县道）、场部至昌平乡公路挨近分场通过，在分场岔路口有乘客上下点。

2004 年，分场甘蔗种植面积 2500 亩，平均亩产 6 吨，原料蔗总产 15000 吨；柑橘种植面 266 亩，收获面积 15 亩，总产 1500 千克；种植龙眼 30 亩，收获面积 30 亩，平均亩产 300 千克，总产 9000 千克。

全分场土地总面积 8268.79 亩，至 2014 年已开发利用 6349.77 亩，占总面积的 77%，其中，耕地面积 4728.2 亩，园地面积 491.56 亩，林地面积 550 亩，猪场 40 亩，住宅及公用设施、交通等建设用地 59.82 亩。

分场除种植甘蔗外，还发展柑橘、龙眼、香蕉、木瓜等其他农作物。由于农场调整优化产业结构及柑橘、木瓜病害虫等原因影响，2009 年以后柑橘岗位逐步改种香蕉，木瓜种植面积逐步减少。

2014 年，分场甘蔗种植面积 3889 亩，平均亩产 6 吨，原料蔗总产 23395.37 吨；香蕉种植面积 140 亩，收获面积 50 亩，平均亩产约 2100 千克，总产 105000 千克；木瓜种植面积 147 亩，收获面积 182 亩，平均亩产约 2000 千克，总产 364000 千克；全分场喷灌面积 1436.67 亩。

2014 年，全分场共有 85 户，221 人，其中男 101 人、女 120 人；职工 111 人，其中管理人员 4 人、工人 51 人、临时工 56 人。

2014 年，江翠平任分场党支部书记兼分场主任，黄志冲任分场副主任。

2015 至 2020 年，分场种植业结构基本无变化，仍以种植甘蔗为主。受病虫害严重影响，分场不再种植香蕉。至 2020 年，分场甘蔗种植面积 4577 亩，平均亩产 5.40 吨，原料蔗总产 24726.4 吨；木瓜种植面积 60 亩，收获面积 60 亩，平均亩产 2750 千克，总产 165000 千克；全分场喷灌面积 4262 亩。

2020 年，分场土地总面积 9196.10 亩，已开发利用 7621.06 亩，占总面积 82.87%；其中耕地面积 4744.98 亩，园地面积 567.41 亩，林地面积 550.05 亩，猪场 40 亩，住宅等建设用地 55.08 亩。

2020 年，全分场共有 85 户、231 人，其中，男 105 人、女 126 人；职工 37 人，其中，管理人员 3 人、工人 34 人；另有临时工若干人。

2020 年，凌如昌任分场党支部书记兼分场主任，1 月至 9 月凌忠任分场副主任。

十六、四和分场

前身属双甲分场管区，1992 年 8 月与双甲分立建制，位于场部西南面，距离场部 17 千米，分场场部离双甲分场 1 千米。东面与昌平分场相邻；东北面连双甲分场，南面与红筒、弄锦、岜细、恒丰、四和、濛淋等村接壤；西面与中华村委近邻；西北面与叫全村接界。南宁至扶绥县有公路经分场沿边通过，在分场岔路口有乘客上下点，交通方便。分场土地属缓坡丘陵，水源较缺。

2004 年，全分场耕地面积 5200 亩，林地面积 1250 亩，道路及生活设施等用地占 1250 亩。2004 年，分场种植柑橘面积 800 亩，收获面积 630 亩，平均亩产 1587.3 千克，总产 100 万千克；种植坚果 2350 亩，收获面积 600 亩，总产 2 万千克；平均亩产 33.33 千克；种植龙眼 600 亩，收获面积 420 亩，总产 23.5 万千克，平均亩产 559.52 千克。2005 年柑橘岗位改种木瓜 400 亩，私人承包一年后改种香蕉。以后全分场以种植水果为主。2004 年全分场共有 62 户，185 人，其中男 92 人、女 93 人；职工 87 人，其中干部（代干）6 人、工人 81 人。2004 年，陈逢添任分场党支部书记兼分场主任，韦达球任分场副主任。

2011 年 4 月，农场机构改革将四和分场撤销合并到双甲分场统一管理，两个分场合并后统称为双甲分场。

十七、双甲分场

建于 1972 年，地处扶绥县昌平乡境内，位于场部西南面，距离场部 16 千米。东面与昌平乡的永安、白鹤村相邻，南面至双甲、岜钟村接壤，西面与佐喂村接界，东北面接中东三哨村委和昌平乡的长乐村，西北面连四和分场。扶绥县至南宁有公路（X019 县道）通过分场，在分场有乘客上下点，交通方便。分场土地属丘陵与石山相间，水源较缺。

2004 年，分场耕地面积 3880 亩，林地 450 亩，工业、道路及生活设施等用地占 420 亩。2004 年，分场种植甘蔗面积 3600 亩，收获面积 3600 亩，平均亩产 4.88 吨，原料蔗总产 17800 吨。2004 年种植柑橘 283 亩，未投产。

2004年，全分场共有81户，281人，其中男153人，女人128人；职工84人，其中，干部（代干）5人，工人79人。2004年，李正天任分场党支部书记，王林任分场主任。

2011年4月，四和分场合并到双甲分场后，全分场土地总面积21247.69亩，其中，原四和分场8250.04亩。2014年已开发利用17445.84亩，占总面积的82.15%，其中，耕地面积8673.36亩，园地面积5791.4亩，林地面积1069.23亩，工业、住宅及公用设施、交通等建设用地170.31亩。

多年来，分场除种植甘蔗外，还发展柑橘、龙眼、坚果、香蕉等其他农作物。近年来，由于农场调整优化产业结构及柑橘病害虫等原因影响，2006年以后柑橘、龙眼岗位逐步改种香蕉。

2014年，分场甘蔗种植面积5336亩，平均亩产6.1吨，原料蔗总产32544.07吨；香蕉种植面积3630亩，收获面积2430亩，平均亩产约1980千克，总产4812000千克；木瓜种植面积38亩，收获面积38亩，平均亩产约2000千克，总产76000千克；坚果种植面积3862亩，其中，分场种植面积62亩，产量5200千克，外商租赁土地种植面积3805亩，产量190000千克；全分场喷灌面积2217.5亩。

2014年，全分场共有191户，536人，其中男306人、女230人；职工224人，其中管理人员6人、工人87人、临时工131人。

2014年，莫元新任分场党支部书记兼分场主任，梁秀章、陈海曲任分场副主任。

2015年至2020年，分场仍以种植甘蔗、坚果和木瓜为主。因受香蕉病虫害严重影响，分场香蕉种植大面积减少。至2020年，分场甘蔗种植面积6592亩，平均亩产5.09吨，原料蔗总产33570.4吨；香蕉种植面积80亩，收获面积50亩，平均亩产1750千克，总产87500千克；木瓜种植面积109亩，收获面积109亩，平均亩产1500千克，总产163500千克；坚果种植面积5560亩，收获面积2500亩，平均亩产120千克，总产300000千克，其中，分场种植面积560亩，投产45亩，产量5400千克，外商租赁土地种植面积5000亩，投产2455亩，产量294600千克；全分场喷灌面积5793.59亩。

2020年，分场土地总面积22184.65亩，其中原四和分场8250.04亩，已开发利用19536.34亩，占总面积的88.06%；其中，耕地面积6694.16亩，园地面积7809.16亩，林地面积1070.23亩，住宅等建设用地170.31亩。

2020年，全分场共有159户，572人，其中，男288人，女284人；职工54人，其中，管理人员6人，工人48人；另有临时工若干人。

2020年1月至9月，李炳杨任分场党支部书记兼分场主任，卢明任分场副主任；

2020年9月至12月，隆学林任分场党支部书记，蔡兆懂任分场主任，谢尚极任分场副主任，2020年1月至12月，陈海曲任分场副主任。

十八、龙山分场

前身属罗阳分场管区，于1976年独立建制，位于场部西面，距离场部5千米，地处扶绥县中东镇境内，分场土地属丘陵，缺水源。分场周边东面与中东乡淋和村委相邻，南面近中东镇的东哨和南哨村，北面与岩院村接壤，西面与罗阳分场连接。

2004年，种植柑橘面积134亩，收获面积126亩，平均亩产992千克，总产124992千克，种植红江橙180亩，未投产。甘蔗种植面积1821亩，平均亩产5.37吨，原料蔗总产9780吨。

全分场土地总面积4060.88亩，2014年已开发利用3656.03亩，占总面积的90.00%，其中，耕地面积2773.1亩，园地面积365.46亩，林地面积53.77亩，住宅及公用设施、交通等建设用地37.8亩。

多年来，分场除种植甘蔗外，还发展柑橘、香蕉、木瓜等其他农作物。近年来，由于农场调整优化产业结构及柑橘病害虫等原因影响，2009年以后柑橘岗位逐步改种香蕉。

2014年，分场甘蔗种植面积2148亩，平均亩产6.9吨，原料蔗总产14959.32吨；香蕉种植面积342亩，收获面积171亩，平均亩产约2400千克，总产410400千克；木瓜种植面积5.68亩，平均亩产约4000千克，总产22720千克。全分场喷灌面积600.7亩。

2014年，全分场共有47户，148人，其中，男73人，女75人；职工90人，其中管理人员3人；另有临时工52人。

2014年，黄文清任分场党支部书记兼分场主任。

2019年5月15日，农场实行企业化改革，根据《广西农垦金光农场有限公司组织架构及职能设置方案》，建立南宁金农源农业投资有限公司。龙山分场和南宁金农源农业投资有限公司实行一套人马两块牌子。

2015年至2020年，龙山分场种植结构发生了较大变化。2020年1月，农场调整产业结构，在龙山分场建设特色水果基地，以种植沃柑和火龙果为主。至2020年，龙山分场甘蔗种植面积46亩，平均亩产6357.63千克，总产292451千克；沃柑种植面积1542亩，收获面积375亩，平均亩产750千克，总产281250千克；火龙果种植面积230亩，未投产；智能水肥一体化管理面积2698亩。

2020年，分场土地总面积3913.6亩，已开发利用3545.04亩，占总面积的90.58%；

其中，耕地面积 2603.02 亩，园地面积 359.76 亩，林地面积 53.77 亩，住宅等建设用地 26.3 亩。

2020 年，全分场共有 11 人，均为管理人员，男 9 人，女 2 人，另有临时工 62 人。

2020 年 12 月，卢日潘任分场党支部书记兼分场主任，无分场副主任。

十九、那浪分场

建于 1976 年，位于场部西北面，距离场部 15 千米，地处扶绥县中东镇和富庶乡交界处，东面与创业分场相邻，南面与中东镇淋和村的曾关、岩院村接界，西面接近同正分场，北面与邕宁县富庶乡合志村委的平姜、必池村接壤。1983 年前那浪分场兼管富庶乡的那楼生产队，1986 年那楼生产队划给南宁市菠萝良种场经营管理。分场地势属缓坡丘陵，地下水源较丰富，1982 年已建成一座喷灌站，喷灌甘蔗面积 836 亩。

2004 年，分场甘蔗种植面积 1200 亩，平均亩产 6.5 吨，原料蔗总产 7800 吨。柑橘种植面积 383 亩，收获面积 53 亩，平均亩产 500 千克，总产 26500 千克；龙眼种植 10 亩，未投产；2004 年，全分场共有 55 户，182 人，其中男 98 人、女 84 人；职工 71 人，其中干部（代干）3 人、工人 68 人，另有临时工（外包工）若干人。

2004 年，刘良军任分场党支部书记兼分场主任，李耀明任分场副主任。

2008 年 4 月，农场机构改革将那浪分场撤销合并到友谊分场统一管理，两个分场合并后统称为友谊分场。2013 年 5 月，农场机构改革将那浪分场从友谊分场分离，恢复那浪分场建制。

全分场土地总面积 2969.88 亩，至 2014 年已开发利用 2759.96 亩，占总面积的 92.93%，其中，耕地面积 1873.82 亩，园地面积 501.4 亩，林地面积 42.637 亩，住宅及公用设施、交通等建设用地 96.52 亩。

分场除种植甘蔗外，还发展柑橘、龙眼、香蕉、木瓜等其他农作物。由于农场调整优化产业结构及柑橘病虫害等原因影响，2009 年以后柑橘、龙眼岗位逐步改种香蕉。

至 2014 年，分场甘蔗种植面积 1456 亩，平均亩产 6.15 吨，原料蔗总产 8957.38 吨；香蕉种植面积 313 亩，收获面积 222 亩，平均亩产约 2252 千克，总产 500000 千克；木瓜种植面积 148 亩，收获面积 148 亩，平均亩产 2200 千克，总产 326000 千克；全分场喷灌面积 1258 亩。

2014 年，全分场共有 60 户，158 人，其中，男 87 人，女 71 人；职工 83 人，其中，管理人员 3 人，工人 37 人，临时工 44 人。

2014 年，隆学林任分场党支部书记兼分场主任。

2015 至 2020 年，分场种植结构基本无变化，仍以种植甘蔗和香蕉为主。至 2020 年，分场甘蔗种植面积 1697 亩，平均亩产 6.34 吨，原料蔗总产 10764.8 吨；香蕉种植面积 386 亩，收获面积 386 亩，平均亩产 4200 千克，总产 1621200 千克；全分场喷灌面积 1246 亩。

2020 年，分场土地总面积 2895.84 亩，已开发利用 2764.53 亩，占总面积的 95.47%；其中，耕地面积 1784.30 亩，园地面积 541.50 亩，林地面积 42.626 亩，住宅等建设用地 71.63 亩。

2020 年，全分场共有 27 户，86 人，其中，男 51 人，女 35 人；职工 17 人，其中，管理人员 3 人，工人 14 人；另有临时工 30 人。

2020 年 1 月至 9 月，隆学林任分场党支部书记兼分场主任；2020 年 9 月至 12 月，韦金凡任分场党支部书记兼分场主任，2020 年 1 月至 12 月，郑书斌任分场副主任。

二十、友谊分场

建于 2001 年 12 月 14 日，地处南宁市永新区（现西乡塘区）富庶乡境内，位于场部西北面，离场部 22 千米。西南面与扶绥县中东仍丰村委接壤，距离中东镇 4 千米。南面与同正分场近邻，西北面离富庶乡政府 6 千米。中东镇至富庶乡 315 省道公路经分场沿边通过，交通便利。分场地势属缓坡丘陵，宜种植菠萝、甘蔗等农作物。分场辖区内经水文部门探测，地下水资源较丰富，1982 年南宁—琼斯有限责任公司坛洛菠萝场建立后，农场提供那楼生产队给其经营，编为第二生产队，金光农场以土地作股份参与分红。1986 年 6 月，菠萝场机构解散，转由南宁市农工商公司与金光农场合作经营，同年 7 月 1 日，原场更名为南宁市菠萝场良种场。2001 年 7 月 1 日，合作经营期满，经农场方与南宁市农工商公司协商，一致同意终止合作经营合同，农场收回土地交由下属友谊分场经营。

2004 年，分场甘蔗种植面积 2328 亩，平均每亩产 6.1 吨，原料蔗总产 14313 吨。柑橘种植面积 50 亩，未进入投产。2004 年，全分场共有 10 户，107 人，其中男 77 人、女 30 人；职工 93 人，其中干部（含代干）3 人、工人 90 人。另有临时工（含外包工）14 人。2004 年，梁能辉任分场主任，李永忠任分场党支部书记兼分场副主任。

2008 年 4 月，农场机构改革将那浪分场撤销合并到友谊分场统一管理，两个分场合并后统称为友谊分场。原友谊分场职工分流到其他分场。2013 年 5 月，农场机构改革将那浪分场从友谊分场分离，恢复那浪分场建制。2011 年 9 月，农场以分场为主体成立友谊甘蔗种植模拟股份制公司，分场的甘蔗生产归该公司经营管理。分场成为农场甘蔗种植模拟股份制经营试点单位，以种植甘蔗为主。2019 年 10 月 28 日，该公司召开最后一届股东大会，股东大会决定取消模拟股份制经营。

全分场土地总面积 3157.21 亩。至 2014 年已开发利用 3020.24 亩，占总面积的 95.66%。其中，耕地面积 2410.17 亩，园地 21.55 亩，林地面积 24.44 亩，住宅及公用设施、交通等建设用地 25.94 亩。

2014 年甘蔗种植面积 1981 亩，平均每亩产 6.5 吨，原料蔗总产 12909.76 吨。全分场喷灌面积 1258 亩。

2014 年，全分场共有职工 6 人，其中管理人员 4 人、临时工 2 人。

2014 年，黄海平任分场主任，蔡兆懂任分场副主任。

2015 年至 2020 年，分场种植结构基本无变化，仍以种植甘蔗为主。2020 年，分场以甘蔗地短期轮作种植生姜。至 2020 年，分场甘蔗种植面积 1460 亩，平均亩产 5.51 吨，原料蔗总产 8039.6 吨；生姜种植面积 912 亩，平均亩产 4507 千克，总产 4110384 千克；全分场喷灌面积 2373 亩。

2020 年，分场土地总面积 3107.08 亩，已开发利用 3071.21 亩，占总面积的 98.85%；其中，耕地面积 2373.37 亩，无园地，林地面积 24.44 亩，住宅等建设用地 34.15 亩。

2020 年，分场共有管理人员 2 人，均为男性，无职工、无临时工。

2020 年 1 月至 9 月，蔡兆懂任分场主任，2020 年 9 月至 12 月唐奕坚任分场主任。

二十一、谷龙分场

前身是广西省垦殖厅直属的咖啡场，1958 年政府划归金光农场管理，主要经营林业。分场地处扶绥县中东区境地，位于场部西面，离场部 38 千米。东面接近琴口村和新安水库，南面与百域村委接近，西面与崇左县（今崇左市）交界，东北面连接凤凰山林场，北面与那莲、下定村接近，东南面与思同、新隆村委相邻。全分场地势属高山。2004 年以前，分场以种植杉木、松树、八角及其他经济林为主。

2004 年以后分场以种植速生桉林、松树为主，有林面积 9530 亩，其中杉木 7930 亩，松树 1600 亩，宜林荒地 1080 亩。2006—2008 年农场以土地入股，外商全额出资开发、种植、管理，砍伐后按产品实物分成的合作经营方式，对外承包租赁联营林地 4758 亩。2014 年种植速生桉林 6060 亩，松树 420 亩。每年砍伐林木约 2000 米^3。

全分场土地总面积 10610 亩（林权证 10610 亩）。其中，住宅及公用设施、交通等建设用地 5 亩。至 2014 年已开发利用林地 9350 亩，占总面积的 88.12%。

2014 年，全分场共有 7 户，20 人，其中男 11 人、女 9 人；职工 5 人，其中管理人员 1 人、工人 4 人；另有临时工 151 人。

至 2014 年 4 月前，黄奉范任分场主任。4 月以后谷龙分场专设管理员，黄奉范任管理员。

2020 年，谷龙分场土地总面积 9986.84 亩，已开发利用 9986.84 亩，占总面积的 100%，其中，林地面积 9972.53 亩，住宅等建设用地 14.31 亩。

2015 年至 2020 年，谷龙分场种植业无变化，仍以种植速生桉等经济林为主。2020 年 9 月 1 日，谷龙分场并入中意分场管理。

二十二、龙山猪场

2015 年 12 月，农场在龙山分场建设龙山猪场。2017 年 7 月，猪场建成投入使用。猪场一开始为广西农垦金光农场龙山分场饲养安置区建设项目，主要为了安置广西老口航运枢纽工程金光淹没区的职工。猪场投资建设资金 1842 万元，其中：土建工程 1374.59 万元，设备工程 305.27 万元，前期费用 172.52 万元，污水池及工程 52.28 万元。猪场用地面积 39.12 亩，总建筑面积 8756 米²，有育肥猪舍 4 栋，配套疫病防控设施、硬化道路等，猪场年可出栏生猪 15000 头。2017 年 9 月 20 日至 2019 年 12 月，农场以代养模式代广西农垦永新畜牧集团金光有限公司饲养生猪。2018 年，猪场生猪出栏 11848 头，代养费为 222 万元。2019 年，猪场生猪出栏 9528 头，代养费为 192.62 万元。2020 年 3 月 1 日以后农场公司将猪场整体租赁给广西农垦永新畜牧集团金光有限公司经营管理。

2019 年 5 月 15 日，农场实行企业化改革，根据《广西农垦金光农场有限公司组织架构及职能设置方案》，农场将猪场设置为直属分场单位建制。2019 年 5 月至 2020 年 3 月，宋万群任猪场副场长。2019 年 5 月至 12 月，唐承阳任猪场副场长。

二十三、坛蓬大队（坛蓬村）

原属邕宁县坛洛乡（现南宁市西乡塘区坛洛镇）管辖的集体所有制单位。1960 年并入金光农场。因当时草塘大队不属当地政府行政管理，无法享受到国家农村优惠政策，集体经济发展、群众收入、落实和解决大小事务受到了影响。1972 年，在大队群众的强烈要求下，经南宁地区专署批准，同意坛蓬大队退出金光农场。当时没有将坛蓬大队恢复为行政村归属坛洛镇管理，坛蓬大队仍由金光农场代管，实行自负盈亏的集体经济所有制经营方式。1995 年，根据《中华人民共和国村民委员会组织法》，农场协助坛蓬大队成立了村民委员会，机构设置一直按地方政府行政村编制，党政组织关系一直属农场管理，实行农村承包经营责任制，坛蓬大队改称为坛蓬村。

坛蓬村位于场部东北面，距离场部 2 千米。东面与坛洛乡下楞村接壤，西南面连东风分场和向阳分场，西面接草塘村，北面与示范围（原团结分场）相邻，地势平坦，水源丰富，随时可从剪刀河电灌站抽水，春耕生产、作物抗旱用水很方便。

坛蓬村以种植甘蔗、水稻等农作物为主。2004 年种植甘蔗面积 1500 亩，收获面积 1300 亩，平均亩产 7 吨，原料蔗总产 11000 吨。水田种植面积 1100 亩，收获面积 1100 亩，亩产 400 千克，总产 440000 千克。2004 年全村共有 630 户，918 人，其中男 501 人、女 417 人。村委干部 6 人，劳动力 600 人。2004 年李善宁任村党支部书记，李善宗任村民委员会主任，李勇佩任副主任。

坛蓬村原有土地总面积 5370 亩。2013 年 3 月，广西郁江老口水库航运枢纽工程项目征用土地 399.398 亩，该村土地总面积减至 4970.6 亩。经过 10 年发展，至 2014 年已全部开发利用。其中，耕地面积 3609.6 亩，道路及生活设施等用地占 1361 亩。2014 年甘蔗种植面积 2575 亩，平均亩产 4.6 吨，原料蔗总产 16776 吨。水田种植面积 1086 亩，单产 375 千克，总产 407250 千克。香蕉 184 亩，收获面积 163 亩，平均亩产 1045 千克，总产 170000 千克。2014 年全村共有 274 户，939 人，其中，男 444 人，女 495 人。劳动力 438 人，其中，村干部 4 人。2014 年，凌立平兼任村党支部书记，李新荣任村民委员会主任。

2014 年至 2018 年，坛蓬村种植业结构基本没有发生变化，仍以种植甘蔗、水稻等农作物为主。2018 年种植甘蔗面积 3750 亩，平均亩产 4.8 吨，原料蔗总产 1.8 万吨。水田种植面积 820 亩，单产 400 千克，总产 328000 千克。鱼塘 400 亩，主要养殖草鱼和罗非鱼。2018 年全村共有 305 户，1208 人，其中，男 586 人，女 622 人。劳动力 906 人，其中，村干部 4 人。2018 年凌立平任村党支部书记，马荣明任村民委员会主任。

二十四、草塘大队（草塘村）

原属邕宁县坛洛乡（现南宁市西乡塘区坛洛镇）管辖的集体所有制单位，1960 年并入金光农场。因当时草塘大队不属当地政府行政管理，无法享受到国家农村优惠政策，集体经济发展、群众收入、大小事务落实和解决受到了影响。1972年，在大队群众的强烈要求下，经南宁地区专署批准，同意草塘大队退出金光农场。当时没有将草塘大队恢复为行政村归属坛洛镇管理，草塘大队仍由金光农场代管，实行自负盈亏的集体经济所有制经营方式。1995年，根据《中华人民共和国村民委员会组织法》，农场协助草塘大队成立了村民委员会，机构设置一直按地方政府行政村编制，党政组织关系一直属农场管理，实行农村承包经营责任制，草塘大队改称为草塘村。

草塘村位于场部北面，距离场部2千米。东连坛蓬村，南面接向阳分场，西北面与创业分场相连，东北面与那坛村的岜稔、增朗接壤。

草塘村以种植甘蔗、水稻、香蕉等农作物为主。2004年种植甘蔗面积1800亩，平均亩产4.2吨，原料甘蔗总产7560吨。水稻面积531亩，亩产300千克，总产量159300千克。花生200亩，亩产150千克，总产30000千克。香蕉120亩，亩产2500千克，总产300000千克。木薯20亩，亩产2000千克，总产40000千克。龙眼19亩，亩产4500千克，总产85500千克。2004年全村共有147户，445人，其中男235人、女210人。村干部5人，劳动力285人。2004年黄金英任草塘村党支部书记，黄保明任村民委员会主任，邓国斌任副主任。

草塘村原有土地总面积4575亩。2013年3月，广西郁江老口水库航运枢纽工程项目征用土地216.61亩，该村土地总面积减至4358.39亩。至2014年已全部开发利用。其中，耕地面积3483.39亩，林地面积300亩，道路及生活设施等用地100亩。经过10年发展，至2014年甘蔗种植面积1744亩，平均亩产4.3吨，原料蔗总产9600吨。水稻面积375亩，亩产400千克，总产量150000千克。花生125亩，亩产200千克，总产25000千克。香蕉1340亩，收获面积963亩，平均亩产2270千克，总产2186000千克。2014年全村共有142户，432人，其中男226人、女206人。劳动力283人，其中村干部3人。2014年，凌立平兼任村党支部书记，邓国斌任村民委员会主任。

2014年至2018年草塘村种植业结构基本没有发生变化，仍以种植甘蔗、香蕉、水稻等农作物为主。2018年甘蔗种植面积2300亩，平均亩产5.5吨，原料蔗总产12650吨。香蕉900亩，亩产3000千克，总产2700000千克。水田种植面积120亩，亩产300千克，总产36000千克。鱼塘500亩，主要养殖草鱼和罗非鱼。2018年全村共有164户，600人，其中，男295人，女305人。劳动力450人，其中，村干部3人。2018年凌立平任村党支部书记，邓国斌任村民委员会主任。

2018年7月，农场办社会职能改革后，将代管的坛蓬村和草塘村移交给南宁市西乡塘区坛洛镇人民政府接管。坛洛镇人民政府将两个自然村合并成立一个行政村，村名改为南宁市西乡塘区坛洛镇坛塘村，按照城镇行政村标准配备村干部8人。2019年，李新荣任村党支部书记（1至5月），马荣明任村民委员会主任。

第二节 子 公 司

一、广西南宁壮禾肥业有限公司

广西南宁壮禾肥业有限公司前身为金光农场复合肥厂，该厂于1985年利用原汽车队旧房屋办厂，位于场部西北面，离场部1千米，与建筑工程公司木工厂相邻。建厂时配套设施简陋，生产设备使用从广东购进的一台复合肥料混合机，经生产数月，因设备质量差，技术性能不良而于当年停产。

1987年，根据复合肥料市场发展情况，农场又投资10万元，从贺县（今贺州）八步机械厂购进一台搅拌机，在原地址重办复合肥厂。为改善配套生产设施，切合复合肥生产实际，根据自己的资质基础，增设了自行设计、自行制作粉碎机和制粒机各一台，1987年8月投产，设计生产能力为年产1万吨复合肥。在生产技术上，聘请自治区化工研究所技术人员作生产技术指导，投产后生产正常。

该厂生产的复合肥产品是根据各种农作物的养分需要，进行区别调配N、P、K的比例，一般比例为各占10％。农场是以种植甘蔗为主，根据农场作物种植比例，重点生产甘蔗复合肥，产品除优先满足农场甘蔗生产用肥外，还向附近各市场销售。由于产品质量好，工厂连年盈利，经济效益较好。1994年隶属总公司农务部管理。2000年全厂职工有19人，其中，干部（含代干）4人，工人15人。有各类专业技术人员1人，其中，助理经济师1人。

2002年3月至2004年，金光农场复合肥厂改制为有限公司，注册名称为广西南宁金光农贸有限公司，注册资金50.18万元，公司职工占出资总额的100％。公司实行自主经营，自负盈亏。2005年复合肥厂更名为"广西南宁壮禾肥业有限公司"。2004年至2007年8月，公司（厂）对外承包租赁经营，由于经营管理不善，经济效益低下，2007年8月农场出资16.22万元购回复合肥厂转为农场生产经营管理，复合肥厂继续沿用广西南宁壮禾肥业有限公司名称开展正常的生产经营活动，实行厂长负责制，财务单独核算的内部管理机制。2019年5月，农场企业化改革后成立新的广西南宁壮禾肥业有限公司（以下简称壮禾公司），属农场下辖的全资子公司。壮禾公司主要生产甘蔗复合肥和部分香蕉复合肥，产品注册商标"科泉"牌，年产复合肥 8000 吨，年产值 1440 万元。产品除优先满足农场甘蔗生产用肥外，还向市场销售。2016 年以前，壮禾公司主要生产硫酸法颗粒无机复混肥，随着多年使用化肥造成土壤退化和国家化肥"零增长"政策要求，2016 年壮禾公司开始转型生产有机—无机复混肥。由于有机肥的使用，化肥利用率提高，当年农场甘蔗产量突破 30 万吨，2017 年甘蔗产量达 33 万吨，公司产品转型成功。壮禾公司现可生产的肥料品种有：有机—无机复混肥、有机肥、生物肥、中高端水溶肥、甘蔗药肥等 6 个系列产品。2019 年壮禾公司研发了沃柑专用、火龙果专用、精制有机肥等 6 种有机肥，产量 1191.32 吨，并于当年投产销售。2020 年壮禾公司生产各种肥料产量合计 4482.88 吨。

壮禾公司车间、仓库大部分是砖混结构的旧厂房，由于年久失修，存在安全隐患，不利于生产安全，不能满足生产需要。2017 年 9 月，在农场的大力支持下，壮禾公司投资 152 万元对旧车间及仓库进行第一次改造，拆除砖木结构旧厂房面积 1100 米^2，新建一栋建筑面积 2812 米^2，建筑高度 8 米的钢结构大棚车间，2017 年 12 月竣工使用。2017 年 11 月，壮禾公司投资 123 万元新建一栋建筑面积 842 米^2，建筑高度 4.8 米的钢结构农资大棚，2018 年 10 月竣工使用。农资大棚分为 7 大间，共 15 小间，主要作为对外经营肥料等农资铺面出租使用。2020 年 8 月，壮禾公司投资 328 万元对旧车间及仓库进行第二次改造，拆除砖木结构旧厂房面积 2378 米^2，新建一栋建筑面积 4940 米^2，建筑高度 8 米的钢结构大棚车间。经过改造扩建，壮禾公司标准厂房面积达 7752 米^2，厂房室外道路硬化改造 3000 米^2。2020 年 8 月，壮禾公司投资 70 万元对原工装设备进行改造，扩大生产规模和产能。增加自动配投料设备、甘蔗药肥生产设备、转鼓造料机，使复混肥产能由 3 万吨提高到 5 万吨。同时具备生产甘蔗药肥、大量元素水溶肥、有机肥颗粒、有机肥粉状粉能力，满足市场需要。

2019 年，农场决定以壮禾公司为中心，构建现代农业农资板块经营服务体系，扩大经营业务范围。2020 年 1 月 15 日，在农场的大力支持下，壮禾公司成立金光农资供应中心，作为营销和产品服务平台。供应中心按"内稳外拓"的经营模式，不断丰富经营产品，现供应中心主要经营品种有化肥、有机肥、农药、农膜等，年销售额 650 万元。

至 2014 年，壮禾公司累计固定资产原值 146.8 万元，固定资产净值 62.49 万元。至 2020 年，壮禾公司累计固定资产原值 374.12 万元，固定资产净值 237 万元。（表 3-6）。

表 3-6　1994—2020 年复合肥厂（广西南宁壮禾肥业有限公司）产值税利表

年份	产量（吨）	产值（万元）	税金（万元）	利润（万元）
1994	4597.20	351.47		4.76
1995	3597.63	410.00		13.13
1996	3834.17	613.00		7.24
1997	4317.11	846.45		14.36
1998	4396.21	628.52		8.26
1999	2278.85	249.34		−12.86
2000	1887.75	169.23		−2.95
2001	均无记录	均无记录	均无记录	均无记录
2002	均无记录	均无记录	均无记录	均无记录
2003	均无记录	均无记录	均无记录	均无记录
2004	均无记录	均无记录	均无记录	均无记录
2005	均无记录	均无记录	均无记录	均无记录
2006	均无记录	均无记录	均无记录	均无记录
2007	374.00	44.00	均无记录	均无记录
2008	9293.00	1719.00	5.90	61.99
2009	5079.00	940.00	21.50	−9.30
2010	7331.00	1356.00	2.70	36.00
2011	6402.00	1046.00	11.60	15.00
2012	7598.00	1353.00	3.10	−4.30
2013	6978.00	1319.00	4.50	33.60
2014	7142.90	1115.30	8.70	7.70
2015	6993.33	1174.52	4.59	64.32
2016	4059.15	812.85	20.87	62.92
2017	6892.90	1252.02	43.66	38.86
2018	7496.49	1429.78	3.19	40.11
2019	5626.84	805.44	3.37	54.23
2020	4482.88	1115.00	40.57	298.41

注：个体经营期间经营数字均无记录。

　　2020 年壮禾公司有职工 9 人，其中，管理人员 5 人，工人 4 人。聘用临时工 12 人。具有各类专业技术职称 3 人，其中，工程师 1 人，经济师 2 人。

　　2000 年至 2011 年 3 月，陈威林任复合肥厂厂长。2011 年 4 月至 2019 年 5 月，兰荣辉任复合肥厂厂长。2019 年 5 月至 2020 年 12 月，兰荣辉任壮禾公司总经理。2020 年 3 月，黄艳宁任壮禾公司副总经理。2020 年 11 月，壮禾公司成立党支部，兰荣辉兼任党支部书记。

二、南宁金佳园置业有限公司

南宁金佳园置业有限公司（以下简称置业公司）成立于 2019 年 5 月 15 日（注册时间：2019 年 6 月 28 日），注册资金 50 万元，是农场企业化改革后成立的隶属农场的全资子公司。2019 年 5 月，农场企业化改革后，原农场下属的金光物业管理中心和金光加油站两个二级单位并入置业公司。

置业公司经营业务范围有职业中介活动、农药零售、农药批发、水产养殖、视频互联网销售、家禽饲养、牲畜饲养、牲畜屠宰、房地产资讯、房地产经纪、物业管理、非居住房地产租赁、租房租赁、柜台及摊位出租、普通货物仓储服务、信息咨询服务（不含许可类信息咨询服务）、土地整治服务、劳务服务（不含劳务派遣）、采购代理服务等项目。

2018 年 7 月，农场办社会职能改革后，原属金光物业管理中心管理的金光农贸市场、金光小区物业、金光水电所和金光客运站分别移交给地方政府南宁市盛都城市开发有限责任公司统一接管，农场公司把金光农贸市场、农场公司铺面和加油站划给置业公司管理。金光场部小区物业因未达到成立业主大会条件，暂时由置业公司来管理。南宁市西乡塘区坛洛镇工商所负责管理市场、食品药品监督管理所在金光市场设置有工商食品食药管理监督站，负责工商食品食药监督管理，城管部门负责社区乱摆乱占道路及公共秩序管理。

2019 年置业公司总营收为 1251 万元，总利润 150 万元，其中：金光农贸市场铺面及摊位总收入 256.80 万元，利润 59.74 万元。2020 年置业公司总营收为 10433.3 万元，总利润 203.3 万元；其中：金光农贸市场铺面及摊位总收入 375.74 万元，利润 179.02 万元。

2020 年公司管理人员 10 人，工勤人员 13 人，其中，农业中级职称技术人员 2 人，经营管理中级职称 1 人，初级职称会计人员 2 人。

2019 年 5 月至 2020 年 12 月，黄高英任总经理，2019 年 5 月至 2020 年 9 月，刘俊任支部书记兼副总经理，2019 年 5 月黄燃熙任副总经理，2020 年 9 至 12 月林振邕任支部书记兼副总经理；共设 10 名管理人员。

三、南宁金农源农业投资有限公司

南宁金农源农业投资有限公司（以下简称农投公司）成立于 2019 年 5 月 15 日，注册资金 200 万元，是农场企业化改革后成立的隶属农场的全资子公司。

根据农垦集团要求，为发挥农场公司资源禀赋优势，整合优势资源，壮大国有经济，改变农场"坐地收租"经营现状，2019年，农场进行企业化改革，成立了农投公司。农投公司成立初期与龙山分场实行一套人马两块牌子管理。农投公司主要负责盘活低效土地资源，提高土地产出率。通过探索"龙头＋基地＋农户"或"示范区＋企业＋合作社＋农户"等经营模式，发展现代特色农业，壮大农场国有经济规模。

农投公司经营范围主要依托农场土地资源优势发展果蔬种植、水产和禽畜养殖、林业、观光农业休闲旅游的投资和经营，以及果树、花卉苗木繁育和销售，各种名优农副产品的供销。

2019年10月，农投公司投资80万元建设农业公园沃柑生产基地智能水肥一体化设施面积180亩，2020年10月，投资595万元建设龙山沃柑生产基地智能水肥一体化设施面积1880亩，投资310万元建设龙山火龙果生产基地水肥一体化设施面积898亩，实行果树生产科学管理。至2020年底，农投公司沃柑、火龙果等各类水果种植及农业生产设施累计投入资金3771.23万元，累计水果种植面积2758亩。

截至2020年，农投公司在农业公园、龙山基地、双甲、美丽南方景区种植沃柑1781亩，收获面积614亩，平均亩产963.88千克，总产592500千克；在龙山基地和同正分场种植火龙果450亩，未投产；在四和基地种植澳洲坚果412亩，收获面积70亩，平均亩产194.34千克，总产13604千克。2020年营收879万元，利润20万元（表3-7）。

表3-7 2019—2020年农投公司种植水果面积表

基地	大树沃柑（亩）	小苗沃柑（亩）	火龙果（亩）	红美人（亩）	莲雾（亩）	甘平（亩）	金桔（亩）	芭乐（亩）	青柚（亩）	葡萄（亩）	释迦（亩）	大树坚果（亩）	小树坚果（亩）	合计（亩）
公园	69				24		36	28	12	14				183
龙山	375	1067	230						5					1677
同正			220											220
双甲	120			10	60	10						70	342	612
美丽南方景区	50			6							10			66
合计	614	1067	450	16	84	10	36	28	17	14	10	70	342	2758

农投公司具有各类专业技术人员6人，其中农艺师3人，助理农艺师1人，初级会计师1人，高级技师1人。

2019年5月至2020年12月，卢日潘任总经理，2019年5月至2020年9月，奚春燕任副总经理，2019年5月至2020年12月，覃玉明任副总经理，2019年12月至2020年9月，谢尚极任副总经理，2020年9月至2020年12月，江翠平任常务副总经理，杨梅萍、凌忠任副总经理。

第三节　广西南宁金光建筑工程有限公司

广西南宁金光建筑工程有限公司（以下简称为建筑公司）前身是基建队，成立于1958年。建队时组织机构设有党支部、财务室、生产组、材料组，下设两个施工队，另外有木工班、机务班，当时的工作主要是负责本场内的一切工业与民用建筑。办公地址设在坛井地区西面，与修配厂相邻，离场部办公地点200米（场部设在坛井地区东北面）。同年建设木工厂，专为建筑工程提供木制品。初建时郭清牛任基建队队长，行政、财务属场部直辖管理。

1976年6月，基建队改为建筑队。改名后，增加了部分建材制品设施，能建造场内职工宿舍、猪舍、牛舍、仓库、小型厂房等以砖木结构为主的平房土建工程。1958年至1980年的22年中，全场的土建工程和农田水利建设工程以及简易桥梁工程等，绝大部分是农场建筑队承建。1981年，建筑队投资15万元建设预制场，为建筑工程制作水泥空心板和水泥砖等。1982年，又投资21万元在向阳分场管区建一座28门输窑砖厂，设计能力为年产500万块红砖，产品除解决场内使用外，还向场外销售。1987年，砖厂分立建制，同年发包给农场职工集体承包，当时经济效益较好。随着形势的发展，1984年6月10日，经区农垦局同意（农垦字〔84〕10号），报南宁市建委批准，原国营金光农场基建队改为广西国营金光农场建筑工程公司。1984年6月13日，公司在南宁市工商行政管理局注册备案。1986年建筑工程公司经南宁市建委考核批准升格为四级建筑企业，可承建六层大楼建筑工程。1988年农场六层办公大楼由建筑工程公司承建。1993年7月1日，建筑工程公司搬到场部，办公室设在原老年活动中心二楼。1995年前财务核算直属场部管理。1995年农场成立工业公司后，行政隶属工业公司管理。原组织建制不变，实行自主经营，财务独立核算，自负盈亏，按既定上交总公司各项规费。1996年10月22日，建筑工程公司经自治区建设厅审查批准成为工业与民用建筑工程施工暂定三级企业。2000年，建筑工程公司建筑能力达到自治区三级企业资质，可承建16层以下楼房、50米以下烟囱和厂房跨度24米以内的建筑工程。

2001年，根据自治区党委、人民政府关于加快五小企业改革的文件精神，公司进行了"退国进非"的企业改制，并于2002年在南宁市工商行政管理局注册成为广西南宁金光建筑工程有限公司，具有独立法人资格，是南宁市房屋建筑工程公司施工总承包三级企业。公司注册资金621.55万元，实行自主经营，自负盈亏。

建筑公司积极参加农场的经济建设。2004年至2014年10年间，建筑公司在农场小城镇、危房改造、道路基础设施等工程项目建设中发挥了重要作用。2004 年至 2014 年建筑公司承建农场工程项目累计资金 2882 万元，建筑面积累计 49629 米²。至 2014 年，建筑公司累计固定资产 268 万元，累计总产值 15846 万元，累计实现利税总额 673.3 万元，其中利润 244.4 万元，税金 428.9 万元，累计上交农场各项规费 325 万元。职工年平均收入由 2004 年的 8000 元提高到 2014 年的 20000 元，增长 2.5 倍。

截至 2014 年，建筑公司有职工 48 人，其中干部（含代干）7 人。具有各类专业技术人员 14 人，其中，工程师 3 人，技术员 6 人，会计员 3 人。宋树德任建筑公司经理，蓝仙凡任建筑公司党支部副书记，黄醒群、宋金业、农进辉等任副经理。

2015 年至 2019 年，公司承建农场小城镇、危房改造、道路基础设施、农业公园土方工程、龙山饲养安置区等工程项目累计资金 556 万元。此外，公司还对外承接了水塔、淀粉公司等一些工程，工程项目累计资金 495 万元。至 2019 年，公司累计固定资产 470 万元，累计总产值 17301 万元，累计利润 175.9 万元，累计税金 469 万元，累计上交农场各项规费 510 万。2019 年职工年平均收入比 2014 年增长 0.5 倍（表 3-8）。至 2019 年，公司有职工 15 人，各类专业技术人员 12 人，其中工程师 3 人，技术员 9 人。宋树德任公司经理，蓝仙凡任公司党支部副书记，宋树祥任副经理。

表 3-8　1984—2020 年公司产值利税表

年份	总产值（万元）	利润（万元）	税金（万元）	年份	总产值（万元）	利润（万元）	税金（万元）
1984	221	1.0	3	2003	343	4.0	10.0
1985	255	3.0	3	2004	353	3.0	12.0
1986	265	−1.0	4	2005	556	3.0	18.0
1987	280	2.0	4	2006	750	4.0	26.0
1988	320	3.0	4	2007	990	18.0	31.0
1989	313	8.0	6	2008	650	1.0	20.0
1990	425	16.0	7	2009	832	5.0	27.0
1991	485	19.0	8	2010	717	2.0	23.0
1992	530	24.0	9	2011	533	1.0	16.8
1993	460	35.0	7	2012	808	−3.0	25.6
1994	387	11	8.0	2013	896	−3.0	28.5
1995	655	18.0	21	2014	530	−5.0	16.0
1996	427	11.0	9	2015	558	−2.5	17.8
1997	405	16.0	10	2016	362	−3.8	8.9
1998	667	22.0	19	2017	237	−6.9	6.6
1999	587	10.0	18	2018	194	−17.7	4.8
2000	386	8.0	11	2019	64	−25.6	1.5
2001	315	0.4	9	2020	40	−12.0	0.5
2002	505	8.0	15	累计	17301	175.9	469.0

第四节 广西南宁金光劳动服务有限公司

广西南宁金光劳动服务有限公司（以下简称为劳动服务公司）前称是知青服务公司，成立于1985年1月。公司成立初期，劳士良（主管财务的副场长）兼职负责人，覃俭太任副经理，办公室设在场部机关办公大楼。知青服务公司当时主要业务是劳务输出，负责组织农场一些知青和农场职工家属，到中外合资企业琼斯菠萝场种植菠萝、管理服务。随着市场经济的变革，服务业务不断增多，1985年10月，经报南宁市工商管理部门批准，成立了劳动服务公司。公司成立后，有职工7人，覃俭太任经理。随后农场把金光街市场及肥料、农药、食杂、综合等门市部划归劳动服务公司管理，并成立市管会，负责金光街货物摊位及其他秩序管理。1985年，为面向社会扩大创收业务，在自治区农垦局设计院的技术指导下，承接垦区内外水利喷灌设施安装工程。

1995年，劳动服务公司行政和党、团关系隶属工业公司管理，财务分立建制，经营成果实行独立核算，自负盈亏，按规定上交总公司各项规费。

1996年到1997年，根据市场经济的需要，利用历年自有资金积累中的140万元，投资建设坛洛金光加油站、金光街加油站，建设金光街78间铺面以及商业储备仓库等经营项目，并及时出租或发包给社会及农场职工个体经营，发挥了良好的项目效益。

2001年，根据自治区党委、人民政府关于加快五小企业改革的文件精神，公司进行了"退国进非"的企业改制。2002年1月，劳动服务公司在南宁市工商行政管理局注册成为广西南宁金光劳动服务有限公司，具有独立法人资格，公司注册资金50万元。公司实行自主经营，自负盈亏。

劳动服务公司积极参加农场的经济建设，自成立至2004年，先后为自治区农垦、华侨和劳教系统及社会上各企事业单位安装节水型喷灌工程223个，总计喷灌面积8万亩。2004年至2014年10年间，劳动服务公司在农场甘蔗、果树喷灌和淋灌建设及设施维修、引水排水、人畜饮水、蓄水池、道路等工程项目建设中发挥了应有的作用。2004年至2014年，劳动服务公司承建农场工程项目累计资金1151万元，安装和维修甘蔗、果树喷灌和淋灌等设施160个，总计喷灌面积约3.2万亩。至2014年，公司累计固定资产129.06万元，累计总产值5412.31万元，累计税金总额119.16万元，职工年平均收入由2004年的10152元提高到2014年的25523元，增长1.5倍（表3-9）。由于工程业务量减少，直接影响了劳动服务公司的日常经营活动和经济效益，2008年至2014年，劳动服务公司经营一直处于亏损状态。

表 3-9 1987—2014 年劳动服务公司产值利税表

年份	总产值(万元)	利润(万元)	税金(万元)	年份	总产值(万元)	利润(万元)	税金(万元)
1987	80.68	4.02	0.06	2002	372.60	3.60	15.82
1988	48.53	3.02	0.02	2003	441.60	1.54	12.60
1989	30.58	1.29	0.65	2004	146.19	2.29	0.85
1990	72.17	7.80	0.56	2005	293.16	6.79	10.82
1991	70.43	4.70	0.02	2006	154.96	3.82	4.64
1992	507.94	11.7	0.74	2007	305.68	3.24	9.24
1993	470.65	4.90	1.16	2008	204.84	−28.38	6.67
1994	307.50	6.40	0.49	2009	147.52	−4.42	4.48
1995	127.66	0.92	0.20	2010	178.63	−8.80	5.67
1996	79.13	3.71	4.73	2011	149.54	−44.39	4.99
1997	154.92	3.23	3.64	2012	126.36	−41.35	4.06
1998	180.63	6.24	3.19	2013	101.49	−7.17	2.84
1999	146.30	8.14	4.76	2014	111.09	0	5.33
2000	150.03	6.32	4.68				
2001	251.50	8.68	6.25	累计	5412.31	−32.16	119.16

2004 年，崇左市驮卢镇绿江淀粉厂抵债给劳动服务公司经营。劳动服务公司在崇左市注册成立广西崇左市金龙淀粉有限公司，注册资金 220 万元。2011 年 12 月 29 日，劳动服务公司出资收购该公司，实行自主经营。现公司固定资产 1280 万元，年生产淀粉 7500吨。由于近年来淀粉市场低迷及生产成本上涨、开工生产不正常等原因，公司经济效益不佳，处于亏损状态。

截至 2014 年，劳动服务公司有职工 13 人，其中干部（含代干）5 人。有各类专业技术人员 5 人，其中，助理工程师 2 人，会计 2 人。方东元任劳动服务公司经理，宋树祥、梁秀忠等任公司副经理。

2015 年至 2019 年，由于历史债务原因，该公司运营陷入困境，一直处于停工停业状态，生产经营活动无任何资料记载。2015 年以后不再将该公司有关情况编入《金光农场志》。

第五节　广西农垦金光乳业有限公司

广西农垦金光乳业有限公司（以下简称为乳业公司）建于 2003 年 3 月 31 日，建设基地占地总面积 1600 亩。地处金光农场原永谊分场生产区，位于农场场部西北面，离场部 36 千米。东南面与南宁市永新区（现西乡塘区）坛洛镇接壤，距坛洛镇政府 8 千米，西北面连接金光农场青年分场，西南面与坛洛镇定顿村委接壤，北面至绿姆村（村名）山脚。东北面有一条国道二级公路与乳业公司相距 1 千米处经过，往东南至南宁市，往西北至百色市，交通运输很方便。

乳业公司前身是广西金光实业总公司永谊工区。2001 年开始筹建奶牛场，黄燃熙任工区主任，负责牧草工作，周学光任党支部书记，负责奶牛项目准备工作。2001 年 11 月 25 日，奶牛场破土动工建设，周学光负责项目规划和奶牛引进工作，黄燃熙负责奶牛场基础建设工作。2002 年 9 月撤销总公司永谊工区，设立广西金光乳业有限公司。同年 10 月，周学光任第一任总经理兼党支部书记，黄燃熙任副总经理。2003 年 3 月 31 日，广西农垦金光乳业有限公司正式注册挂牌成立。

乳业公司是广西农垦金光农场（金光实业总公司）与广西农垦糖业集团金光制糖有限公司共同出资组建的一家具有法人资格的公司，是广西农垦金光农业科技推广示范园 3000 头奶牛暨学生饮用奶综合开发建设项目的具体经营单位，是南宁市和广西完达山乳品有限公司重点扶持发展的奶源基地，是广西农垦金光荷斯坦奶牛饲养基地。项目建设得到自治区、南宁市各级财政的大力支持。2003 年引进了 625 头澳大利亚奶牛，2004 年 6 月引进了 300 头水奶牛。经过一年的饲养、繁育，现存栏 1116 头，其中荷斯坦奶牛 870 头，奶水牛 246 头。累计产奶 1476443 千克，平均每头日产奶 16.38 千克，平均单产达到 20 千克/天，最高日产达到 26 千克/天。在技术上采用科学配方，精心饲养，饲养管理执行 NY 5045—2001，NY 5046—2001，NY 5047—2001，NY 5048—2001，NY/T 5049—2001 标准。挤奶设备引进德国韦斯伐利亚瑟基鱼骨式挤奶台集中挤奶，所产鲜奶品质优良，安全卫生。经检测，乳脂率达到 37%。2004 年 2 月 17 日，国务院副总理回良玉到公司视察工作时，对乳业公司奶牛场的建设和生产经营给予了高度的评价。奶牛场方圆五公里无任何污染源，2004 年 3 月，奶牛场被列为无公害奶源基地。2004 年 4 月 27 日，金光乳品有限公司开业，优质牛奶产品纯鲜奶、AD 钙奶、纯味和果味酸奶等多个品种正式投放市场。

根据发展规划，乳业公司利用外种牛为核心群，通过"基地＋农户"的模式，在金光农场及周边农村发展饲养小区，带动农户和职工饲养奶牛，争取在 2005 年建设一个万头牛项目：即 3000 头荷斯坦奶牛，2000 头水奶牛，5000 头肉牛，建成全广西最大的奶、肉生产基地。

为了将项目做强做大，乳业公司还向国家有关部委申报建设胚胎项目工程，利用国家863 科技成果，建立一个年产 1000 枚优良胚胎的研究中心，利用牛粪等副产品发展沼气，发展"粪—气—果—草—牛的"良性生态农业。

2004 年，乳业公司拥有资产总额为 5660.56 万元，其中，流动资产 153.6 万元，固定资产净值 2280.22 万元，土地使用权 322.38 万元。公司员工 70 人，中专以上文化程度30 人，其中高级职称 1 人，中级职称 5 人。2005 年 6 月，乳业公司与西江乳业公司合并重组，通过整合奶业资源，充分利用"西江牌"品牌优势和金光奶源基地优势，组建了新的乳业公司——广西农垦金光乳业有限公司，成为广西农垦专门从事种牛繁育、胚胎生产、奶牛养殖、乳品加工、牧草种植等产学研、产供销等一体化奶业企业。乳业公司拥有2 个荷斯坦奶牛场和 1 个水牛场，荷斯坦奶牛存栏 1480 头，奶水牛场存栏奶水牛 267 头，成为广西最大外种奶牛养殖基地，先后为广东、广西奶牛养殖场提供优良荷斯坦后备奶牛500 多头。乳业公司年均存栏牛 1500 头以上，年均产生鲜奶约 4300 吨，乳品厂年均加工成品奶 2700 吨，年实现经营收入 3900 万元以上。2007 年 1 月 15 日，乳业公司引进 64 头澳大利亚"矮脚牛"，将向南宁市等地提供闻名世界的优质牛肉。

乳业公司成立以来先后取得了多项殊荣，2004 年被评为自治区无公害奶源生产基地；2005 年通过 ISO 9002：2000 质量管理体系认证；2006 至 2010 年连续通过"QS"产品认证；2006 年被认定为第五批自治区农业产业化重点龙头企业；2007 年通过自治区质量技术监督局标准化良好行为企业（AA 级）认证；2008 年被农业部农垦局认定为农垦现代化奶牛养殖示范场、产品通过农业部无公害农产品认证；"西江"牌获广西著名商标荣誉称号；2009 年"牛胚胎高技术产业化示范工程"通过验收。历任公司领导见表 3-10、表3-11。

乳业公司成立多年来，主要靠项目资金和农场资金办企业。在生产经营中，由于产品市场竞争激烈，生产饲养成本高，奶牛产奶量少，单产水平低，产品单一，乳制品厂设备简陋，生产能力有限，产品附加值低等诸多原因的影响，严重制约了公司整体经济效益的提升。长期以来，乳业公司生产经营效益欠佳，没有达到预期的目的。2003 年至 2014年，乳业公司累计产量 36909504 千克，累计产值 21157.31 万元，累计税金 45.96 万元，累计盈利总额 68.21 万元，累计亏损总额 940.8 万元，盈亏相抵尚亏本 872.59 万元（表3-12）。由于体制、机制、管理、市场、资金投入及公司乳品加工能力皆达不到 2008 年第 26 号国家发展和改革委员会公告中乳制品加工行业准入条件的有关规定，必须增加投资进行改扩建等原因，乳业公司经营发展面临重重困难。从企业持续发展出发，2011年 3 月 15 日，根据广西农垦集团有限责任公司《关于金光乳业公司体制改革的通知》（垦企管发〔2011〕3 号），决定对乳业公司进行体制改革。调整乳业公司的股权结构，乳业公司由农垦集团公司控股，金光农场参股。明阳农场和金光制糖公司持有的股权划转农垦集团公司。农垦集团公司控股乳业公司后，将持有的股权授权给畜牧集团公司管理。畜牧集团公司接管后，行使股东权力，负责乳业公司的经营管理。2014 年 5 月 19日，广西农垦集团有限责任公司同意将托管主体由原来的广西农垦永新畜牧集团有限公司变更为广西农垦糖业集团股份有限公司，由广西农垦糖业集团股份有限公司负责管理乳业公司。

截至 2014 年，乳业公司累计资产总额为 5238 万元，其中，固定资产净值 1392 万元。农场累计对乳业公司投入资金 4109 万元，其中，农场投入注册资金 1470 万元，流动资金2639 万元。乳业公司有员工 156 人，中专以上文化程度 76 人，其中，高级职称 1 人，中级职称 7 人。

表 3-10　历任乳业公司正职名录

姓名	性别	民族	籍贯	职务	任职时间
黄党源	男	汉	广西钦州	董事长	2002.10—2009.7
周学光	男	汉	广西田林	总经理	2002.10—2004.12
蓝勇	男	汉	广西陆川	总经理	2005.3—2005.6
陈峰云	男	汉	河南	总经理	2005.6—2006.10
覃福超	男	汉	广西桂平	总经理	2006.10—2011.3
杨建国	男	汉	黑龙江省	总经理	2011.3—2012.12
韦家周	男	壮	广西罗城	总经理	2012.12—2014.10
徐杰荣	男	汉	广西桂平	董事长	2014.6—2014.12
农皓	男	汉	广西平南	总经理	2014.10—2014.12

表 3-11　历任乳业公司副职名录

姓名	性别	民族	籍贯	职务	任职时间
黄燃熙	男	汉	广西邕宁	副总经理	2002.10—2005.6
张恒博	男	汉	广西隆安	副总经理	2003.4—2004.10
覃定春	男	瑶	广西都安	副总经理	2005.3—2006.10
李宁昭	男	汉	广西南宁	副总经理	2005.4—2011.3
韦家周	男	壮	广西罗城	副总经理	2011.9—2012.12
韦家周	男	壮	广西罗城	副总经理	2014.10—2014.12

表 3-12　2003—2014 年乳业公司产量产值利税表

年份	产量（千克）	产值（万元）	税金（万元）	利润（万元）	年份	产量（千克）	产值（万元）	税金（万元）	利润（万元）
2003	50000	18.00	0	2.19	2010	6967000	3855.79	7.73	−127.87
2004	1107000	421.00	0	2.05	2011	1050604	556.04	0.22	−80.00
2005	1132500	453.00	3.68	−48.27	2012	2308000	999.00	0.11	−316.00
2006	3201200	1856.71	5.45	0.99	2013	2174000	1085.00	0.20	−177.00
2007	4397200	2638.32	6.51	10.51	2014	1710000	879.00	0.07	16.00
2008	6344000	3806.48	9.14	36.47					
2009	6468000	4588.97	12.85	−191.66	累计	36909504	21157.31	45.96	−872.59

注：由于该公司归广西农垦糖业集团股份有限公司管理，2015 年以后不再将该公司有关情况编入《广西金光农场志》。

第四章 自然环境资源

第一节 地理位置与地形

金光农场位于广西壮族自治区首府南宁市西郊，场部距南宁市中心43千米，距湘桂铁路江西火车站19千米，距南昆铁路武康火车站12千米，距南宁西站（高铁站）17.6千米，距崇左市扶绥县城火车站21千米，南昆铁路和云桂高铁从农场辖区通过。农场东北面为南宁市，西北面为隆安县和百色市，西南面为崇左市扶绥县。南宁至隆安公路G324国道，南宁至扶绥公路X005、X006、X019、X010县道（其中X005、X019、X010将改造为S212省道），以及S315省道、吴隆高速通过农场辖区，县道与省道、国道公路联网畅通区内外各地。场部距左江中楞渡口5千米，距右江金陵镇码头15千米。在左江中楞渡口上游50米处设有场属专用码头。沿左右江下通南宁、梧州、广州及港澳，上通龙州和百色市，水陆交通十分方便，地理位置优越。

农场地理坐标北纬22°42′—22°58′，东经107°44′—108°02′。地处左右两江和海拔1071米的西大山间的三角地块上，土地散落在扶绥、邕宁和隆安边界上。整个地形比较复杂，西北高，有山地，东南低，向东南倾斜，属于波状平原和缓坡丘陵，坡度3°～5°者居多，西面和西北面属丘陵地带，坡度20°～30°者居多。地面标高76～130米，最高572米，石峰呈锥形或塔形，标高200余米，平地挺拔，屹立在波状平原上，甚为壮观。建场前这里是一片杂草丛生的僻壤荒野。

第二节 土壤性状

土壤是农业的基础，土壤普查是加速农业生产发展，实现农业现代化的基础工作。为制定农场区划，搞好农田基本建设，提出合理开发利用土地及进行农、林、牧合理布局提供依据；为提高科学种田水平，研究不同地区高产稳产农田的土壤条件，提出不同土壤建设高产稳产农田的主攻方向和关键措施；为查清低产土壤面积、分布和原因，提出改良、施肥措施；为掌握土壤主要理化性状，提出因土种植、因土施肥、合理耕作的意见，农场需要进行一次土壤普查，对全场土壤性状做科学的调查。

为进一步查清土壤性状，自治区农垦局于 1979 年 12 月 17 日，派来了 23 人的土壤普查专业队（农场有农业技术员参加），有步骤、有计划地对全农场土壤开展全面普查工作，共普查了 18 个生产队，普查面积为 136547 亩（其中：水田 4360 亩，旱地 54581 亩；林地、荒山 77606 亩），占总面积的 78.47%。其中挖土剖面 63 个，采集了速测样 1374 个，进行混合样剖面样和常规分析样化验分析，确定全场共有 13 个土种（其中：旱地 4 个，林地荒山 5 个，水田 4 个）。成土母质主要是第四纪红土和红土母质两种，林地荒山有部分砾岩风化土质，其中：属第四纪红土的土种 6 个，面积 75068 亩，占普查面积的 54.97%，红土母质的土种 7 个，面积为 74726 亩，占普查面积的 54.72%。分析如下：

一、旱地土壤

全场旱地土壤分别由红土母质发育而成，普查面积 54581 亩，占普查面积的 39.97%，共分四个土种。

（一）红泥土

红泥土面积 40007 亩，占全场旱地面积的 73.30%，是旱地主要土种之一，也是甘蔗基地主要土种之一。主要分布在青年、罗阳、同正、那浪、前进、双甲等地，创业、坛井、向阳、东风、坛蓬、草塘等地均有分布一部分。该土种的主要特征特性是：耕作层较深厚，22～25 厘米，土色棕灰，粒状结构或块状结构，质地中壤，土壤较疏松，心土层土质紧实，无明显的障碍层，只是进行平整土地时，打乱了土层，土壤熟化程度低，肥力下降，土体变为较紧实。

（二）黄泥土

黄泥土面积 7087 亩，占全场旱地土种面积的 12.98%，主要分布在团结、跃进、青年的天堂、中意、东风等生产队，该土种由已耕作过十余年的水稻田改为旱地而成，属于已耕作的水化红壤。5800 亩已用于种植甘蔗，占蔗地面积的 22.59%，是甘蔗基地主要土种之一。该土种的主要特征特性是：一般土层深厚，土色灰棕，质地中壤，粒状或块状结构，耕层 18～22 厘米，心土层棕灰、黄灰或黄棕色，棱柱状结构，主体中于不同深度（23～31 厘米）有 5～7 厘米厚的铁子层，呈波浪分布，土壤熟化程度低，不利于保水保肥。但此类土种如加以改良、培肥，生产潜力很大。

（三）铁子土

铁子土面积 3311 亩，有两个变种：铁子底土和铁子土，一共有 7454 亩。占全场旱地面积的 13.66%，主要分布在创业、罗阳、青年、淋油、前进、同正、中意、团结、跃进、昌平等地，那浪、双甲、坛井、东风也有少量分布。此土种种植甘蔗面积 5276 亩，占全场甘蔗面积 20.54%，也是甘蔗基地主要土种之一。其理化性状是：铁子土多出现在第四纪红土覆盖层较薄的地区，是在高温多雨、干湿交替明显的气候条件下，红土中的氧化铁经过酸性淋溶下移，又受富钙质水的影响，长期淀积胶结形成铁子。这样的土种透性强，漏水漏肥严重，抗旱能力差，土壤肥力低，多呈酸性或弱酸性反应。pH 5.5～6.5，有机质含量中等或低（1.5%～2.0%），碱解氮含量中等，70～100 毫克/千克，速效钾、速效磷极缺，但随着铁子层存在的位置和含量多少的不同，其土壤质地也不同。这类土壤要深翻，增施有机肥料，间种、套种或种植豆科绿肥进行改土，或安排种植抗旱能力较强的作物。

（四）潮沙土

潮沙土面积 33 亩，占全场旱地面积 0.06%，分布在中意生产队河边阶地，具沉积层理，是细潮沙土，该土种土层深厚，土色灰棕，小块状结构，质地轻壤、疏松、易耕作，抗旱能力较强，通透性能较好，土壤肥力较佳。剖面分析结果见表 4-1。

表 4-1 旱地土壤代表剖面分析表

土种名称	代表单位	耕层厚度（厘米）	结构	养分含量				混合样养分化验结果			
				有机质（%）	全氮（%）	全磷（%）	全钾（%）	速效养分			pH
								碱解氮浓度（毫克/千克）	速效磷浓度（毫克/千克）	速效钾浓度（毫克/千克）	
红泥土	罗阳分场	0～25	粒状	2.73	0.106	0.081	0.39	80	<1	<25	4.65
黄泥土	跃进分场	0～19	粒状	2.78	0.136	0.036	1.32	90	<1	<25	5.30
铁子土	前进分场	0～14	粒状	1.56	0.058	0.031	0.13	85	<1	<25	6.40
潮沙土	中意分场	0～26	小粒状	1.30	0.078	0.069	1.57	60	<1	<25	6.90

二、林地荒山

普查面积 77606 亩，占全场普查面积的 56.83%。共有五个土种，主要是红壤，其中变种有薄腐殖质层红壤、薄有机质层沙页岩山地红壤，其次是水化红壤、强度侵蚀红壤和铁砾红壤三个以上土种大多数由红土母质发育而成，也有部分由砾岩风化发育而成。剖面分析结果见表4-2。

表4-2 自然土壤代表剖面分析表

土种名称	面积（亩）	特征特性	分布点	代表单位	表土层剖面化验结果					混合样速效养分		
					pH	有机质（%）	全氮（%）	全磷（%）	全钾（%）	碱解氮浓度（毫克/千克）	速效磷浓度（毫克/千克）	速效钾浓度（毫克/千克）
红壤	63286	表土层深厚，20～25厘米，土色灰棕，心土层44厘米，棕红或棕灰色。呈酸性，植被生长一般	全场各分场均有分布	青年分场	5.05	5.01	0.179	0.068	0.60	100	<1	<25.0
水化红壤	429	土壤水化程度高，土层厚27厘米，土色较深，植被生长较好	坛蓬分场	坛蓬分场	5.20	2.56	0.113	0.041	1.37	80	<1	<25.0
铁砾红壤	1345	土层浅薄，土壤含铁砾30%～50%，局部有轻度侵蚀，植被生长一般	淋油分场	淋油分场	5.45	6.58	0.207	0.078	0.12	100	<1	<25.0
沙页岩山地红壤	12322	表土层16～19厘米，质地沙页片岩或砾质，风化度较低，呈酸性，植被生长一般	谷龙分场	谷龙分场	4.30	3.79	0.140	0.025	1.70	110	<1	87.5
强侵蚀红壤	224	心土层厚31厘米，质地疏松，母质层紧实，土壤养分流失大，呈酸性，植被生长一般	淋油、罗阳分场	淋油分场	5.35	0.75	0.075	0.074	0.56	60	<1	37.5

三、水田土壤

金光农场的水稻田是在1980年前由旱地、荒地经过平整后改成的，绝大部分靠抽水灌溉。其中，淹育型黄泥田2725亩，占水田面积的63.23%；潜育型冷底田99亩，占水田面积的2.27%；深铁子底田1334亩，占水田面积的30.6%；淹育型铁子田170亩，占水田面积的3.9%。这四个土种，母质均属第四纪红土。剖面分析结果见表4-3。

表4-3 水田土壤代表剖面分析表

土种名称	面积（亩）	分布	特征特性	剖面表土层化验结果						混合样养分		
				耕层（厘米）	pH	有机质（%）	全氮（%）	全磷（%）	全钾（%）	碱解氮浓度（毫克/千克）	速效磷浓度（毫克/千克）	速效钾浓度（毫克/千克）
淹育型黄泥田	2757	分布于各分场	耕层浅薄，土色棕灰，质地中壤，块状或棱柱状结构，熟化程度较低，微酸性至中性，肥力差。	0～15	6.53	4.27	0.196	0.084	1.47	130	<1	<37.5

（续）

土种名称	面积（亩）	分布	特征特性	剖面表土层化验结果						混合样养分		
				耕层（厘米）	pH	有机质（%）	全氮（%）	全磷（%）	全钾（%）	碱解氮浓度（毫克/千克）	速效磷浓度（毫克/千克）	速效钾浓度（毫克/千克）
淹育型铁子田	170	罗阳分场十二区	耕层薄，铁子含量多达30%，土色棕色，块状结构，水肥渗透严重，抗旱能力差。	0～18	5.80	2.93	0.107	0.089	0.39	90	<1	<25.0
深铁子底田	1334	坛蓬分场	耕层薄，12～16厘米，土色棕色，质地轻黏或重黏，棱柱状结构，绿豆粒大小，铁子60%，通透性差。	0～12						80	<1	<25.0
潜育型冷底田	99	青年分场	耕层15厘米，土色呈棕黄，质地轻壤，粒状结构，有较多亚铁反应。水温、地温低，养分转化慢，土地肥力低。	0～14	6.20	3.15	0.185	0.043	1.42	90	<1	25.0

在土壤普查中，全场共采集了速测样 1374 个做混合样，由剖面样和常规分析样化验分析结果得知，全场土壤肥力基本属中等水平，有机质含量 1.5%～2.0%，碱解氮 70～100 毫克/千克，均属中等水平，速效磷、速效钾普遍缺乏，酸性到弱酸性反应，水田肥力较高，有机质大于 2%。

根据广西第二次土壤普查技术规程中规定的土壤评级原则和标准，全场已普查的总面积（136547 亩）中，评为一级地的 739 亩，二级地的 19538 亩，三级地的 48752 亩，四级地的 29581 亩，五级地的 13933 亩，六级地的 24004 亩。

第三节　气　候

金光农场属南亚热带季风气候，太阳辐射强，日照时间长，气候温暖，雨量充沛，夏长冬短，无霜期长，少见冰霜，适宜喜温作物的生长。

自 1979 年场部恢复建立气象观测哨至 2000 年的气象资料记载如下：

一、气温

1979—2020 年平均气温为 22.4℃，最高年平均气温 23.87℃（2009 年），最低年平均气温 20.3℃（1996 年），最高日气温 39.5℃，最低日气温－2（表 4-4）。

表 4-4 1979—2014 年气温统计表

年份	平均（℃）	最高日（℃）	最低日（℃）	年份	平均（℃）	最高日（℃）	最低日（℃）
1979	22.5	38.9	2.4	2000	22.30	37.00	3.00
1980	22.4	37.8	2.7	2001	20.50	37.50	1.70
1981	22.3	38.6	2.9	2002	20.50	37.00	3.80
1982	22.5	38.9	−1.2	2003	22.30	37.30	1.00
1983	22.4	39.2	0.3	2004	23.12	37.00	1.20
1984	21.6	37.9	−2.0	2005	22.93	38.60	3.00
1985	22.2	36.0	1.1	2006	23.49	37.00	4.50
1986	22.3	36.6	0.6	2007	23.40	37.00	3.00
1987	22.8	38.8	−1.6	2008	22.40	36.70	3.00
1988	21.9	38.6	0.5	2009	23.87	38.00	1.80
1989	22.3	37.5	0.8	2010	23.23	38.00	1.80
1990	22.9	37.5	0.8	2011	22.13	38.00	7.00
1991	23.0	38.9	2.5	2012	22.62	32.41	4.37
1992	22.6	37.9	0.3	2013	23.03	33.45	3.50
1993	22.6	37.3	0.3	2014	22.63	39.5	0
1994	23.1	37.9	0.8	2015	22.75	39.00	0
1995	22.6	37.4	0.9	2016	23.00	38.00	2.00
1996	20.3	36.3	2.1	2017	22.30	38.00	5.00
1997	21.4	35.5	1.8	2018	22.45	36.00	3.00
1998	22.1	39.5	2.4	2019	22.46	37.00	0
1999	21.5	38.2	−1.0	2020	22.88	36.00	0

注：2015 年以后没有相关气象资料记载。

二、降水

1979 年至 2020 年，年最大降水量 1733.1 毫米（1994 年），年最小降水量 723 毫米（1991 年）。每年雨量多集中在 4、5、6、7、8 月份，月最大降水量 488.8 毫米（1985 年 8 月），月最小降水量 0.4 毫米（1985 年 12 月），日最大降水量 162.3 毫米（1985 年 8 月 28 日）。1981 年 12 月、1987 年 12 月、1988 年 12 月全月没下过雨（表 4-5、表 4-6）。

表 4-5 1979—2020 年降水量统计

年份	天数（天）	雨量（毫米）	年份	天数（天）	雨量（毫米）
1979	124	1307.3	2000	116	1453.3
1980	114	1184.3	2001	95	1521.0
1981	123	1257.4	2002	110	1076.5
1982	116	1257.4	2003	91	1349.5
1983	107	939.2	2004	82	1130.9
1984	113	1242.0	2005	92	1225.5
1985	128	1523.7	2006	84	1236.9
1986	121	1594.2	2007	98	1057.3
1987	108	1323.7	2008	96	1485.8
1988	108	1053.7	2009	86	957.9
1989	105	789.0	2010	96	1402.5
1990	131	1460.3	2011	87	1152.2
1991	106	723.0	2012	109	1139.7
1992	102	1017.6	2013	92	1669.3
1993	125	1124.9	2014	79	978.5
1994	118	1733.1	2015	89	1097.0
1995	112	1016.0	2016	73	502.0
1996	132	1456.8	2017	91	1235.0
1997	133	1573.3	2018	85	1021.0
1998	127	1174.6	2019	76	882.0
1999	119	1234.8	2020	67	915.0

表 4-6 1979—2014 年湿度统计表

年份	绝对湿度（克/立方米）	相对湿度（%）	年份	绝对湿度（克/立方米）	相对湿度（%）
1979	21.6	77.20	1997	21.9	75.0
1980	22.2	77.92	1998	22.8	77.0
1981	22.1	77.06	1999	22.3	78.6
1982	22.2	77.00	2000	22.0	77.0
1983	21.9	76.00	2001	22.3	78.6
1984	21.3	78.00	2002	21.9	75.0
1985	21.9	75.00	2003	22.2	77.0
1986	22.6	79.00	2004	21.3	78.0
1987	22.8	77.00	2005	22.8	78.3
1988	20.4	76.00	2006	22.3	78.6
1989	21.7	76.00	2007	22.4	79.0
1990	22.8	78.30	2008	22.0	77.2
1991	21.7	76.60	2009	22.3	78.6
1992	22.0	77.20	2010	22.4	79.0
1993	21.2	71.40	2011	20.0	63.0
1994	22.3	78.60	2012	21.0	75.0
1995	22.4	79.00	2013	19.3	60.0
1996	22.2	77.00	2014	18.6	58.5

注：2015 年以后湿度无相关资料记载。

三、风向

每年 4、5、6 月多吹南风和东南风，秋冬季多刮北风和东北风。整个地势西北高东南低，场内林木不成障，秋冬北风风速较大，每年 10 月下旬开始吹北风 2～3 级，冬季北风 5～6 级，寒流顺风南下降温、减湿，寒风呼啸时沙尘滚滚，行人难走。

四、霜冻

每年初霜出现在 12 月下旬（农历十一月），终霜在翌年 2 月（农历正月）。有霜年份日一般持续 2～3 个早上，红薯及有些作物落叶枯死。1987 年 1 月 27 日，12 月 2、3 日，12 月 6～10 日，12 月 16～19 日，12 月 21 日，12 月 23、24 日共 15 个早上间隔降"白头霜"，其中日最低气温－1.6～1.4℃。1993 年 12 月 22 日至 29 日连续 8 个早上降"白头霜"，日最低气温－1.4～3.1℃，以上两次属辐射霜冻。辐射霜冻是在寒冷、晴朗、无风或微风的夜间，由于地表及植物层表面大量辐射能量冷却而形成的霜冻，甘蔗 30%～40%受冻害，糖分严重下降。1999 年 12 月 21 日至 28 日连续 8 个早上降"白头霜"，这次属平流型霜冻，是由低于 0℃的北方冷空气的侵袭而引起的霜冻。平流型霜冻主要因北方冷空气的侵入而形成，地方因素对它的影响很小，出现霜冻时，贴地气层常存在强烈的逆温现象，1.5 米高百叶箱内的气温往往比地表的草温及较低作物的叶温高出 2～5℃，因而有冰霜冻出现。这次重霜冻是建场以来罕见的作物受重霜冻危害最大的一年，甘蔗 90%以上受冻害，糖分下降最严重。农场的龙眼、荔枝、芭蕉等经济作物 100%受霜冻害造成失收，柑橙等水果因受霜冻害而减产 55.5%，农场经济损失惨重。

第四节　水　资　源

金光农场场部毗邻左江畔，农场辖区周边有个别基层单位近小河，辖区内没有常积水的山塘水库，地表水缺乏，地下水源比较丰富，可用于发展工农业生产和人畜饮用水。

剪刀（沟）河：位于场部东北面，1958 年飞机分场建置于剪刀河边上，离场部 9 千米，河水向东流入左江。剪刀河上段的右分河，有泉水，溢水流量约 800 吨/时，泉口正面泉涌水积聚成塘，面积约 1.2 亩，水清透底，泉水终年溢流不断。中段（原飞机分场所在地）近职工住宅区有清水潭、猪栏潭、竹潭，离竹潭不远的东北面还有连潭（分上、下潭）、麻风潭、人头潭、牛嘿潭、长潭、浊潭等分布在一片方圆不到 300 米的区域内，潭内水源属地下河水，水深清澈。猪栏潭和竹潭的水流通清水潭，清水潭与剪刀河连接，潭水流量约 1800 吨/时。1963 年坛洛乡那排坡在清水潭流水口处塞坝堵水安装水轮泵，到 20 世纪 80 年代末期改装电泵，成为那排坡农作物灌溉的主要水源。竹潭在群潭中最大最深，潭内水最深处约 40 米左右，潭口面积为 2.47 亩，水质清澈可饮。建立飞机分场以来，人畜饮水，农业生产及近年扩大发展水产养殖业用水，均从剪刀河、清水潭、竹潭等抽水使用。

剪刀河河床宽约 15 米，因有潭水终年汇流，河水位保持较深，即使是冬季河水最深处仍有 6 米以上，建场以来，剪刀河从未发现过断流。1964 年、1966 年国家投资 13 万元，在飞机分场所在地，先后建成南北岸两处电灌站，南北岸的农业生产用水主要来源于剪刀河。

公园河：地处青年分场辖区，位于场部西北面，离场部 36 千米。河内水源主要来自地下泉水和雨水积聚，泉水洞口面积约 20 米²，洞内水属地下河水，水质清澈可饮。泉涌溢出扩成塘，传说叫至料塘，面积约 1.5 亩，与公园河接通，河水向东流入右江。1966 年青年分场在泉水洞安装电泵，分场人畜饮水、淀粉厂和农业生产用水，历来靠泉水洞供水。

罗阳河：位于场部西面，离场部 16 千米。中意分场建置在罗阳河边上，河内水来源于新安水库和雨水积聚，河水向东流入左江。1967 年农场在该河筑坝堵水建成水轮泵，投入运行抽水 3 至 4 年中，经常被附近部分村民破坏，不能发挥效益，后改装电泵抽水，人畜饮水、农业生产和淀粉厂用水，主要靠罗阳河供水。

农场场部设置毗邻左江，离左江 5 千米。场部地区是农场经济、文化中心，利用左江水为农场发展工农业生产具有优越条件。1975 年建糖厂用水和糖厂人员饮水，主要来源于左江供水。

农场辖区内无山塘水库，地表水缺乏，而地下水资源丰富。自治区水文队于 1979 年至 1983 年在金光全场进行钻孔勘探 100 多个孔眼，共钻深度 9100 米，孔穴有水的 57 个，水质清澈，经质检部门化验，符合人畜饮用水标准。场部地区和基层生产单位的人畜饮水和部分工业、农副产品加工业用水，均用地下深井水。至 2000 年止，农场下属农业生产单位（谷龙分场除外）利用深井水建有喷灌工程 18 处，可喷灌面积 10203.5 亩。据 1982 年 11 月自治区水文队对金光农场综合水文勘探资料记载，有两条地下水分水岭，一条在农场辖区北部，水向北、向东分流，一条在农场辖区南部，水向南、向东分流。

第五节　自然灾害

金光农场虽属南亚热带季风气候,但冰霜、寒流都曾有发生,水、旱灾害也较为突出。建场后,曾经遇过数次严重自然灾害。

1968年8月13日至18日,是建场以来第一次遇到大的水灾,洪水从农场辖区的西南面肖汉方向袭来,来势迅猛,直向坛井、坛蓬、草塘、团结、跃进等地急流,洪水维持5天之久,致使这几个农业单位数千亩农作物被洪水淹没,稻谷发芽霉烂甚多。团结、跃进两栋职工宿舍被洪水浸泡倒塌,场部粮食仓库也被洪水淹没,场部为组织职工抢救粮食被洪水淹死10个工人,损失惨重。

1971年8月下旬,洪水从左江洪峰暴涨,向剪刀河倒流,造成坛蓬、草塘两大队,团结、东风等单位晚稻数千亩大部分被洪水淹死,损失严重。在抗洪抢险过程中,场部工会干部符永泉在新安桥沉下水中查看情况,以便向领导提供采取堵洪措施,因洪水流速太猛,被洪水吸入堵洪木桩间卡住淹死,造成重大损失。

1986年7月,洪水也是左江洪峰暴涨向剪刀河倒流,水势盛大迅猛。因农场利用1972年9月建成剪刀河下楞铁凌桥的拱桥洞装防洪闸,发挥了阻挡洪水作用,剪刀河内向水位比桥外向水位低2.3米。这次场部、团结、跃进房屋没有被淹,但甘蔗受淹损失1200亩。

金光农场旱灾也较为严重。1963年农场辖区内虽然降水量有900多毫米,但五、六月份干旱严重,山塘水干涸,牧牛地水源缺乏,遇到很大困难。农场当年正大力发展粮油作物,为抢救11676亩水稻,凡种有水稻的单位,并具有水源条件的动用所有抽水动力投入抗旱,农场辖区内的小河几乎面临抽干,但顾此失彼,终究遭受旱灾造成一定损失。

1989年,当年降水量只有789毫米,其中昌平分场年降水量仅有500毫米,旱情出现在8、9、10、11、12月,严重影响甘蔗生长。全场甘蔗受面积33000亩旱灾严重,当年甘蔗平均亩产只有3.48吨,总产11.5万吨,比1988年减少2万吨。

1990年干旱也相当严重,虽然全年降水量达到常年降水量,但8、9两个月份高温无雨,最高温度达39.4℃,没下过一场透雨,甘蔗大部分叶片焦黄,一般青叶多的4~5张叶,大多数只有3~4张青叶,全场甘蔗总产估计减少2.8万吨。

1991年当年降水量仅有723毫米,是历年降水量最少的一年,月平均降水量60.25毫米,根据农场气象站资料记载,干旱时间集中在9至10月,9月份降雨量1毫米,10月份降雨量19.4毫米,甘蔗受旱灾较重。1991年甘蔗收获产量比1990年减少1万多吨，减产 8.5%。

金光农场作物受霜冻害曾有严重发生，建场后，1993 年 12 月 22 日至 29 日连续 8 个早上降白头霜，甘蔗 30%～40%受冻害，糖分严重下降。1999 年 12 月 21 日至 28 日连续 8 个早上降白头霜，霜期维持 8 天低温，个别低洼地温度下降到－5℃至－3.5℃，甘蔗 90%以上受冻害，蔗叶干枯，蔗内失水，糖分下降最严重，是建场以来极少见甘蔗受霜冻危害最大的一年。农场的龙眼、荔枝、芭蕉等 100%受霜冻害造成失收，柑橘果树受霜冻害减产 55.5%，给农场造成经济损失惨重。

2001 年 7 月上旬，洪水从左江暴涨，向剪刀河倒流，水势迅猛。造成坛蓬、草塘、示范园、东风、向阳等单位的农作物相当部分被洪水淹没而失收。同期，罗阳、昌平、双甲等分场内涝也很严重，甘蔗、水果遭受了一定的损失。在洪水期间，坛蓬大队被洪水淹死 2 人，双甲分场被洪水淹死 2 个小孩。这次水灾，农场遭受了巨大的损失。

2003 年 1 月 7 日至 8 日，遭受一场严重的霜冻灾害，甘蔗受害面积 6210 亩、龙眼受害面积 1000 亩、香蕉受害面积 1000 亩。

2006 年 7 月 18 日，受第 4 号台风"碧利斯"的严重影响，全场甘蔗严重倒伏面积 1920 亩，甘蔗受淹面积 7400 亩，预计原料蔗减产 3460 吨，直接经济损失约 103.8 万元；香蕉受淹面积 1000 亩，直接经济损失约 37.4 万元。

2006 年 8 月 4 日至 5 日，受 6 号台风"派比安"的影响，全场甘蔗倒伏面积 5100 亩，预计原料蔗减产 5100 吨；香蕉受害倒伏面积 159 亩。全场损失 250 多万元。

2006 年 9 月至 11 月，农场遭受长时间持续高温干旱天气影响，10 月份持续高温天气（30℃以上）达 20 多天，9 月份至 10 月平均降雨量仅为 28.3 毫米，全场没下过一场透雨，旱情十分严重。严重旱情致使甘蔗心叶发黄干枯，有的甚至基本停止生长，甘蔗长势与上年同期相比平均月增高减少约 25 厘米。全场甘蔗受灾面积 41000 亩，预计减产约 40000 吨，直接经济损失约 1189 万元（图 4-1）。

图 4-1　2006 年 11 月，农场甘蔗遭受严重旱灾

2008 年 1 月 13 日以来，金光农场受到低温寒冻阴雨恶劣天气的侵袭，全场出现最低气温、地温 7℃的天气连续 24 天。其中出现最低气温 3.5～3.8℃的 4 天，4～5.5℃的 8 天；出现最低地温 2～3.5℃的 2 天，4～5.5℃的 8 天，累计下降冻雨 13 天。持续恶劣的

低温寒冻阴雨天气为农场 50 年一遇，使全场农业生产遭受了严重的损失（图 4-2、图 4-3、图 4-4）。据统计，全场甘蔗受灾面积 29000 亩，其中，未砍甘蔗 23000 亩，新植蔗 6000 亩，甘蔗直接经济损失 1068 万元。香蕉吸芽死亡 6858 亩，香蕉绝收 3560.37 亩，新植蕉苗 298.2 亩，香蕉直接经济损失 2008.36 万元。牧草受灾冻死 150 亩，直接经济损失 9 万元。黑白花牛、犊牛、后备牛死亡 19 头，直接经济损失 18.1 万元。职工养鱼死亡 15.7 吨，直接经济损失 9.48 万元。

图 4-2　2008 年 2 月，香蕉遭受严重冻害

图 4-3　2008 年 2 月，新植蔗和宿根蔗受冻害严重

图 4-4　2008 年 2 月，木瓜遭受严重冻害

　　2008 年 9 月 28 日至 30 日，受 14 号台风"黑格比"影响，左江上游龙州、宁明、崇左市江州区普降大到暴雨形成左江大洪峰，洪峰经过扶绥县城时最高水位为 87.54 米，超警戒水位 5 米。此次洪峰持续时间 4 天。受洪峰影响，左江河水分别从下楞河、邕柳坝向内倒流，汇集在东风、示范园分场一带，造成示范园区的部分道路被洪水淹没，水深约 0.5 米。东风、示范园分场甘蔗受淹面积 10550 亩，香蕉受淹面积 505 亩。

　　2008 年 12 月至 2009 年 10 月，农场遭受两次罕见的严重旱灾。第一次是冬春干旱，从 2008 年 12 月至 2009 年 3 月底，共 4 个月没下过一场透雨，总降雨量仅有 56.3 毫米，与上榨季同期的 175.1 毫米减少 118.8 毫米，除 2 月份的降雨量为零外，其他月份降雨只有几毫米。全场甘蔗受灾面积 23388 亩。第二次是严重的夏秋干旱，从 8 月 18 日至 10 月 12 日共 56 天没有下过一场透雨，总降雨量只有 12.7 毫米，全场甘蔗受灾面积达 3800 多亩。两次严重旱灾造成甘蔗严重减产。

2010 年 9 月 22 日，四和分场香蕉遭受龙卷风袭击，造成 51618 株香蕉倒伏，直接经济损失 200 多万元。

2014 年 7 月 18 日至 20 日，农场受第 9 号强台风"威马逊"过境的影响（风力达 10 级左右、破坏力强并带有强降雨，雨量 250 毫米），农场的甘蔗、香蕉及林木等农作物受害较为严重，造成直接经济损失 3647.836 万元。其中，甘蔗受到不同程度的影响，严重倒伏面积 24372 亩，预计减产 0.5 吨/亩，造成直接经济损失 536.18 万元。香蕉绝收面积为 4009 亩，折断 481026 株，直接经济损失 2886.156 万元。灾后，农场派出 8 个工作组到各分场指导职工开展生产自救。

中国农垦农场志丛

第二编

经济与管理

中国农垦农场志丛

第五章　经济发展概况

自1955年建场至1979年的25年中，只有1973年生产经营获得效益，盈利3.02万元，其余24年经营连续亏损，累计亏损1341.45万元，年均亏损55.89万元。1980年至1991年连续12年经营盈利，盈利合计4914.24万元，年均盈利409.5万元。1992年至2004年13年中有7年经营盈利，盈利合计4688.1万元，年均盈利669.72万元；有6年经营亏损，亏损合计5555.7万元，年均亏损925.95万元。2005年至2014年连续10年经营盈利，盈利合计3462万元，年均盈利346.2万元。

1955年至2014年，农场有30年盈利，累计盈利13068.16万元，年均盈利205.7万元；农场有30年亏损，累计亏损6897.15万元，年均亏损229.9万元。60年盈亏相抵后，农场尚盈利6171万元，年均盈利102.85万元。2011年以后，农场每年盈利有所递增，平均每年盈利在400万元以上，年均增长1.5%。2014年比2005年增盈317.7万元。

2005年至2020年，连续16年经营盈利，盈利合计11913.8万元，年均盈利744.61万元。

1955年至2020年，农场有36年盈利，累计盈利21519.16万元，盈利年份年均盈利597.75万元；有30年亏损，累计亏损6897.15万元，年均亏损229.9万元。66年盈亏相抵后，农场尚盈利14622.01万元，年均盈利221.55万元。2011年至2015年，农场每年盈利有所递增，平均每年盈利在400万元以上；2016年至2020年盈利增长迅速，最高2016年盈利3028万元。2020年比2005年增盈1147.7万元。

农场经营总收入和GDP详细数据见表5-1。从2004年至2017年，农场经营总收入持续增长，2005年至2014年除了2009年一直保持在15%以上的增速，2005年增速最快，达到79.05%。2018年起，不再统计经营总收入指标。从2004年至2017年，除2009年外GDP处于不断增长的状态，2005年增速最快，达到109.39%。2005年至2014年，除了2009年外增速均在10%以上。2018年以来，农场工作方向从狠抓GDP增速转向狠抓公司经济高质量发展，所以不再统计农场GDP数据，统计指标改为营收和利润。

表 5-1 2004—2017 年经营总收入及 GDP 变化情况表

年份	经营总收入（万元）	经营总收入增长（%）	GDP（万元）	GDP 增长（%）
2004	27929	—	10900	—
2005	50006	79.05	22823	109.39
2006	76204	52.39	33181	45.38
2007	92029	20.77	44061	32.79
2008	114252	24.15	52751	19.72
2009	119712	4.78	51837	−1.73
2010	145251	21.33	61195	18.05
2011	174559	20.18	74152	21.17
2012	205528	17.74	85860	15.79
2013	237299	15.46	97048	13.03
2014	278176	17.23	113519	16.97
2015	306106	10.04	121183	6.75
2016	335981	9.76	132046	8.96
2017	369216	9.89	144818	9.67

注：2018 年起，不再统计经营总收入指标和 GDP，2018—2020 年统计指标为营收和利润。

2018 年农场公司营业收入 23163 万元，利润总额 1006 万元；2019 年农场公司营业收入 25564 万元，利润总额 1843 万元；2020 年农场公司营业收入 34733 万元，利润总额 1253 万元。

第一节　工农业总产值与经营效益

1955 年至 2014 年，农场累计工农业总产值 892474.1 万元，其中工业产值 394360.25 万元，占总产值的 44.19%，农业产值 498071.85 万元，占总产值的 55.81%。

1955 年至 2020 年，累计工农业总产值 1275899.1 万元，其中工业产值 486528.3 万元，占总产值的 38.13%，农业产值 789328.9 万元，占总产值的 61.86%（表 5-2）。

表 5-2 1955—2020 年工农业总产值及经营效益表

年份	工农业总产值（万元）	分类				经营盈亏（万元）（+—）
		工业		农业		
		产值（万元）	占总产值比例（%）	产值（万元）	占总产值比例（%）	
1955						−6.96
1956	42.0					−1.30
1957	82.0	1.65	2.01	80.35	97.99	−21.23
1958	193.8	43.10	22.24	150.70	77.76	−17.42
1959	159.0	11.00	6.92	148.00	93.08	−36.27

（续）

年份	工农业总产值（万元）	分类				经营盈亏（万元）（+-）
		工业		农业		
		产值（万元）	占总产值比例（%）	产值（万元）	占总产值比例（%）	
1960	138.0	40.70	29.49	97.30	70.51	−58.42
1961	164.0	75.90	46.28	88.10	53.72	−0.79
1962	77.3	36.20	46.83	41.10	53.17	−28.99
1963	69.8	28.40	40.69	41.40	59.31	−74.36
1964	147.0	29.60	20.14	117.40	79.86	−94.15
1965	153.2	40.30	26.31	112.90	73.69	−42.55
1966	109.7	5.00	4.56	104.70	95.44	−73.26
1967	80.3	4.30	5.35	76.00	94.65	−81.72
1968	94.6	35.90	37.95	58.70	62.05	−74.94
1969	114.9	45.30	39.43	69.60	60.57	−73.51
1970	163.7	88.20	53.88	75.50	46.12	−46.74
1971	135.5	75.50	55.72	60.00	44.28	−90.09
1972	181.2	97.00	53.53	84.20	46.47	−39.01
1973	233.0	137.00	58.80	96.00	41.20	3.02
1974	231.6	136.00	58.72	95.60	41.28	−12.56
1975	194.7	93.70	48.13	101.00	51.87	−70.13
1976	248.0	132.00	53.23	116.00	46.77	−97.12
1977	290.8	129.00	44.36	161.80	55.64	−84.49
1978	949.3	789.00	83.11	160.30	16.89	−120.27
1979	1189.7	1030.00	86.58	159.70	13.42	−95.17
1980	1380.4	1218.00	88.24	162.40	11.76	127.63
1981	1586.3	1197.00	75.46	389.30	24.54	205.11
1982	2085.3	1586.00	76.06	499.30	23.94	269.30
1983	2209.6	1643.00	74.36	566.60	25.64	128.40
1984	2182.1	1396.20	63.98	785.90	36.02	33.57
1985	2386.7	1508.00	63.18	878.70	36.82	107.36
1986	3661.9	2240.20	61.18	1421.70	38.82	219.95
1987	4575.5	2494.40	54.52	2081.10	45.48	370.10
1988	6513.1	3526.80	54.15	2986.30	45.85	669.89
1989	10464.1	6722.90	64.25	3741.20	35.75	875.93
1990	11783.0	7509.00	63.73	4274.00	36.27	1027.00
1991	13580.0	9384.00	69.10	4196.00	30.90	880.00
1992	14821.0	10441.00	70.45	4380.00	29.55	−108.20
1993	19817.0	14369.00	72.51	5448.00	27.49	810.30
1994	27046.0	19223.00	71.08	7823.00	28.92	1393.80
1995	29087.0	19515.00	67.09	9572.00	32.91	1398.00
1996	33710.0	22594.00	67.02	11116.00	32.98	123.00

（续）

年份	工农业总产值（万元）	分类					经营盈亏（万元）（+-）
		工业		农业			
		产值（万元）	占总产值比例（%）	产值（万元）	占总产值比例（%）		
1997	28841.0	17107.00	59.31	11734.00	40.69		560.00
1998	35253.0	25815.00	73.23	9438.00	26.77		-1501.00
1999	27501.0	19694.00	71.61	7807.00	28.39		-2230.00
2000	30314.0	21523.00	71.00	8791.00	29.00		367.10
2001	28507.0	20209.00	70.89	8298.00	29.11		-945.30
2002	13085.0	4613.00	35.25	8472.00	64.75		-486.20
2003	9951.0	3199.00	32.15	6752.00	67.85		-285.00
2004	15098.0	4121.00	27.30	10977.00	72.70		35.90
2005	24582.0	8253.00	33.57	16329.00	66.43		105.30
2006	32173.0	9930.00	30.86	22243.00	69.14		135.50
2007	40987.0	12192.00	29.75	28795.00	70.25		217.00
2008	49107.0	15192.00	30.94	33915.00	69.06		609.00
2009	41414.0	12778.00	30.85	28636.00	69.15		350.00
2010	47699.0	19473.00	40.82	28226.00	59.18		388.00
2011	62827.0	15004.00	23.88	47823.00	76.12		401.00
2012	65427.0	13985.00	21.37	51442.00	78.63		412.00
2013	72610.0	18938.00	26.08	53672.00	73.92		422.00
2014	74766.0	22662.00	30.31	52104.00	69.69		423.00
2015	76739.0	24038.00	31.32	52701.00	68.68		429.00
2016	75768.0	23344.00	30.81	52424.00	69.19		3028.00
2017	73819.0	19717.00	26.71	54102.00	73.29		892.00
2018	68350.0	14884.00	21.78	53466.00	78.22		1006.00
2019	42256.0	6871.00	16.26	35385.00	83.74		1843.00
2020	46493.0	3314.00	7.13	43179.00	92.87		1253.00
累计	1275899.1	486528.25	38.13	789328.85	61.86		14622.01

第二节　国家投入

详见表5-3。

表5-3　1955—2020年国家投入各项资金及固定资产表

年份	合计（万元）	基本建设（万元）	流动资金（万元）	拨补亏损（万元）	专用拨款（万元）	固定资产原值累计（万元）
1955	9.00	2.0		7		
1956	40.00	15.0	21	1		3
1957	76.00	30.0	24	21		1

（续）

年份	合计 （万元）	基本建设 （万元）	流动资金 （万元）	拨补亏损 （万元）	专用拨款 （万元）	固定资产原值累计 （万元）
1958	278.00	237.0	10	17		14.00
1959	196.00	58.0	83	36		19.00
1960	137.00	47.0	32	74		－16.00
1961	134.00	98.0	36			
1962	139.00	34.0	53	29		23.00
1963	162.00	31.0	34	74	2.00	21.00
1964	199.00	78.0	9	94	3.00	15.00
1965	76.00	23.0		43	9.0	1.00
1966	139.00	26.0	31	73	5.00	4.00
1967	123.00	37.0		82	4.00	
1968	110.00	35.0		75		
1969	118.00	40.0		74	6.00	－2.00
1970	57.00	21.0	－10	47	3.00	－4.00
1971	126.00	36.0		90		
1972	89.00	44.0		39	13.00	－7.00
1973	47.00	32.0	5		10.00	
1974	139.00	39.0	9	12	31.00	48.00
1975	158.00	57.0	8	70	16.00	7.00
1976	311.00	93.0	91	97	14.00	16.00
1977	391.00	210.0	75	84	36.00	－14.00
1978	1479.00	1309.0	40	120	24.00	－14.00
1979	55.00	36.0			19.00	
1980	126.00	28.0	30		69.00	－1.00
1981	74.00	5.0	55		18.00	－4.00
1982	－36.00		－6		20.00	－22.00
1983	－26.00		－6		6.00	－26.00
1984	41.00	5.0	－43	69	10.00	
1985	23.00				23.00	
1986	12.00				12.00	
1987	41.00				41.00	
1988	28.00				28.00	
1989	10.00				10.00	
1990	29.00				29.00	
1991	43.00				43.00	
1992	41.00				41.00	
1993	9.00				9.00	
1994	11.00				11.00	
1995	93.00				93.00	

（续）

年份	合计 （万元）	基本建设 （万元）	流动资金 （万元）	拨补亏损 （万元）	专用拨款 （万元）	固定资产原值累计 （万元）
1996	197.00				197.00	
1997	95.00				95.00	
1998	40.00				40.00	
1999	830.00				830.00	
2000	640.00				640.00	
2001	1066.40				1066.40	
2002	605.00				605.00	
2003	742.00			10	732.00	10158.20
2004	900.00				900.00	9907.40
2005	1760.00				1760.00	8123.50
2006	1125.00				1125.00	8627.50
2007	742.80				742.80	8836.10
2008	2293.00				2293.00	9202.80
2009	1087.80				1087.80	1023.60
2010	1802.30				1802.30	11722.90
2011	2196.10				2196.10	12831.70
2012	4619.00				4619.00	13406.70
2013	1873.70				1873.70	13805.20
2014	5521.17	1016.8			4504.37	15400.50
2015	4483.22	2329.0			2154.22	17190.89
2016	3870.39	510.0			3360.39	20253.59
2017	5474.97	373.0			5101.97	21375.07
2018	752.10	380.0			372.10	26555.92
2019	1281.15	450.0			831.15	36912.24
2020	2444.00	600.0			1844.00	31460.00
累计	51715.10	8364.8	581	1338	41431.30	31460.00

注：建场以来至 2020 年，固定资产原值累计 31460 万元。

第三节 国家回收与上缴利税

1955 年到 2014 年，累计国家投入农场各项资金 33409.27 万元。1955 年至 2014 年，国家回收累计 41631.66 万元，累计投资回收率 124.6%。1955 年建场后至 2014 年，农场有 15 年上缴利润，累计上缴利润总额 1854.2 万元。平均每年上缴利润 123.6 万元。其中上缴利润较多的年份有，2011 年上缴利润 373.5 万元，2012 年上缴利润 409.1 万元，2013 年上缴利润 351.6 万元，2014 年上缴利润 423 万元（表 5-4）。

　　1955 年到 2020 年累计国家投入农场各项资金 51715.1 万元。1955 年至 2020 年，国家回收累计 51717.12 万元，累计投资回收率 100%。1955 年建场后至 2020 年，农场有 21 年上缴利润，累计上缴利润总额 4540.34 万元。其中 2011 年至 2020 年每年上缴利润均为 300 万元以上水平，2020 年上缴利润最高，为 580.53 万元（表 5-5）。

　　1955 年至 2020 年，农场累计上缴税金总额 46677.78 万元。

表 5-4　国家回收各项资金表

年份	上缴利润（万元）	上缴税金（万元）	上缴折旧基金（万元）	政策性社会性支出（万元）	合计（万元）
1955					
1956					
1957					
1958					
1959		3.00	5		8.00
1960		8.00	11		19.00
1961	1.00	8.00			9.00
1962		9.00	9		18.00
1963		4.00		4	8.00
1964		6.00	10	1	17.00
1965		4.00	6		10.00
1966		2.00	16		18.00
1967		6.00			6.00
1968		4.00	4		8.00
1969		4.00			4.00
1970		7.00	7	2	16.00
1971		6.00			6.00
1972		6.00		3	9.00
1973		6.00		11	17.00
1974		6.00		4	10.00
1975		4.00		2	6.00
1976		5.00		5	10.00
1977		6.00		5	11.00
1978		275.00			275.00
1979	1.00	316.00			317.00
1980		293.00			293.00
1981		292.00			292.00
1982		387.00	21		408.00

（续）

年份	上缴利润（万元）	上缴税金（万元）	上缴折旧基金（万元）	政策性社会性支出（万元）	合计（万元）
1983	58.00	394.00	17		469.00
1984		341.00	9	37	387.00
1985	10.00	313.00	3		326.00

表 5-5　国家回收各项资金表

年份	上缴利润（万元）	上缴税金（万元）	上缴折旧基金（万元）	上缴能源交通建设基金（万元）	上缴预算调节基金（万元）	合计（万元）	回收率（%）
1986	30.00	464.00	17			511.00	
1987	20.00	545.00	7			572.00	
1988	21.00	471.00				492.00	
1989	23.00	873.00				896.00	
1990	25.00	853.00		107	71	1056.00	
1991	74.00	871.00		27	18	990.00	
1992	34.00	579.00				613.00	
1993		1760.00		48	12	1820.00	
1994		2525.00				2525.00	
1995		2006.00				2006.00	
1996		2008.00				2008.00	
1997		2270.00				2270.00	
1998		2681.00				2681.00	
1999		2813.00				2813.00	
2000		2607.00				2607.00	
2001		2600.00				2600.00	
2002		3580.00				3580.00	
2003		4162.00				4162.00	
2004		2848.00				2848.00	
2005		9.70				9.70	
2006		8.50				8.50	
2007		72.76				72.76	
2008		31.30				31.30	
2009		51.50				51.50	
2010		55.30				55.30	
2011	373.50	84.60				458.10	

（续）

年份	上缴利润 （万元）	上缴税金 （万元）	上缴折旧 基金 （万元）	上缴能源交通 建设基金 （万元）	上缴预算 调节基金 （万元）	合计 （万元）	回收率 （％）
2012	409.10	51.00				460.10	
2013	351.60	138.50				490.10	
2014	423.00	70.30				493.30	
2015	406.41	398.32				804.73	
2016	496.33	2204.01				2700.34	
2017	534.39	842.07				1376.46	
2018	344.36	967.68				1312.04	
2019	324.12	1798.78				2122.90	
2020	580.53	662.46				1242.99	

第六章 种植业

第一节 农业发展概况

根据国家"以农业为基础"的指导方针,农场以发展农业生产为主,农业是农场赖以生存和发展的经济基础和源泉。

1955年9月建场时,多属新垦荒地,规模小,未确定经营方针。根据土壤性状,初步安排少部分熟地种植甘蔗和种植适应新垦地的旱稻、木薯、红麻、玉米、花生等旱地作物。1956年农场当年种植甘蔗面积1340亩,1957年初罗阳(原场部所在地)小型糖厂建成投产,为保证供应糖厂原料蔗,种植甘蔗面积占地较多,种植旱稻、玉米、花生等粮油作物面积较少。木薯作物由于耐旱,适应新垦地种植,建场后每年发展种植木薯面积较多,木薯曾是农场的主业之一。1960年全场种植木薯面积达8585亩。红麻对旱地适应性较强,属可发展的经济作物之一,1965年红麻种植面积高达5011亩。

1966年,农场贯彻执行"以粮为纲,全面发展"的方针,以发展水稻、玉米、花生等粮油作物为主,在粮油自给的基础上开展多种经营。全场大搞平整土地、垦荒造田,实施"旱改水"工程,水稻种植面积增至11676亩,玉米增至6438亩,花生由原来500亩增至2000亩,粮油作物面积占全场当时耕地面积的67%。

1975年春,国家投资在农场兴建日榨1000吨的糖厂,要求农场在贯彻"以粮为纲,全面发展"的同时,结合多种经营种植原料蔗,1976年种植甘蔗面积5000亩,由于农业水利设施跟不上生产发展需要,抗旱能力不足,甘蔗平均亩产才1吨多,因农场糖厂未建成投产,原料蔗全部送往南宁糖厂。

1977年,上级决定改变经营方针,确定以种植原料蔗为主,全部耕地种蔗不种粮油作物,保证糖厂原料蔗的供给。当年扩大种植甘蔗面积达15140亩,收获面积(含坛蓬、草塘两大队)14792亩,平均亩产仍然是1.23吨,为糖厂提供原料蔗11166吨。1978年4月,自治区农业局、农垦局等贯彻落实上级关于发展糖业生产指示精神,要求全区还拿出100多万亩好田好地种甘蔗,按照集中种植和合理布局的原则,确定金光等11个农场以种植甘蔗为主,加快甘蔗生产发展。1978年后,经过20多年的发展,农场甘蔗种植面积逐年扩大，亩产、总产逐年提高。

2002年至2004年，农场在抓好甘蔗主业的同时，积极整合资源优势，以项目为载体，调整产业结构，大力实施"2155"工程（即10000头养牛基地项目，10000吨变性淀粉项目，5000亩红江橙项目，5000亩番木瓜项目，5000亩坚果项目，5000亩香蕉项目，5000头种猪项目），规模种植发展香蕉、柑橘、水果型夏威夷番木瓜、坚果等优质水果产业，全部由农场职工个人承包经营或外商租赁经营或合作联营，每年按规费上交农场。2006年基本完成"2155"工程目标任务。至2008年全场柑橘种植面积3138亩，香蕉17289亩，木瓜3530亩，坚果3000亩，形成了以甘蔗为主、规模优质水果为辅的农业产业化结构。由于柑橘、木瓜市场连年低迷，柑橘黄龙病和木瓜花叶病严重为害等原因，影响了柑橘、木瓜增收和整体效益。2009年以后柑橘岗位逐步淘汰改种香蕉，当年红江橙被淘汰改种香蕉2157亩。2010年全场香蕉面积达到了17156亩，随后香蕉种植面积逐步减少，至2020年，全场香蕉种植面积为7770亩，收获面积6597亩，总产17945吨，亩产2.7吨。

2004年，全场种甘蔗面积达39500亩，平均亩产6吨，总产原料蔗236309.45吨，青年、东风、昌平、双甲、创业、同正、罗阳等工区实现了进厂原料蔗超万吨的目标任务。2004年全场农业总产值（按1990年不变价）13.48亿元，占全场工农业总产值的35.4%。

2011年以来农场按照区农垦工作会议提出的总体要求和目标任务，坚持围绕"种好一条蔗，搞活金光经济一盘棋"的工作思路，以建设甘蔗基地为核心，坚持科学发展观，从实际出发，多举措、大力度抓好甘蔗生产，不断完善和加强甘蔗生产管理措施，重点抓好生产环节细化管理工作。针对宿根蔗焚烧蔗叶不还田、大机车进蔗地装运碾碎蔗头影响甘蔗生长、砍蔗时留蔗头过高造成浪费、甘蔗低产后进岗位较多影响产量等现状，有的放矢，对症下药，制定和完善了一系列生产管理措施。在坚持以往甘蔗生产"三早四大"和地膜覆盖技术等措施基础上，近4年来农场先后实行了双沟行种植，低位早培土，揭膜后施肥；禁止宿根蔗焚烧蔗叶，全部实行机械碎叶还田，以改良土壤，保水保肥；实行砍蔗时小锄入土低砍和禁止大型机车进地拉蔗，以确保不浪费甘蔗产量和后期生长；加强螟虫等病虫害预报预测和统防统治，减少和遏制病虫害的大面积发生；积极大力引进种植甘蔗高产高糖新品种，不断优化品种结构，逐步扩大新品种种植面积，提高甘蔗单产；在不减少甘蔗种植面积的前提下，在香蕉岗位较多的分场逐步实行"蕉—蔗"岗位轮作，实现用地养地结合，达到香蕉、甘蔗双赢（香蕉等其他作物地改种甘蔗共810亩）；落实任务目标和责任，以"抓两头，促中间"提高甘蔗产量为目的，大力开展甘蔗低产后进岗位的改造，逐步消除低产岗位等一系列制度化、常态化措施来加强甘蔗生产管理和考核，促进全场甘蔗生产形成"低产有突破，高产稳得住，中间有进步"的整体发展局面，逐步扭转和改变了长期以来甘蔗生产管理中存在的各种弊端，甘蔗生产管理逐步实现规范化、精细化。经过几年的坚持执行，甘蔗生产取得了喜人的成效。在保持 1.8 万亩优质水果种植面积不变和甘蔗种植面积扩种十分困难的情况下，甘蔗产量连年增产，实现了甘蔗产量三连增，取得了总产从 2011 年的 25.73 万吨、2012 年的 30.23 万吨增加到 2013 年的 32.27 万吨，增幅 6.54 万吨的重大突破。2011 年和 2013 年农场甘蔗生产荣获全垦区甘蔗生产检查评比第一名；2009 年、2010 年、2014 年均荣获全垦区甘蔗生产检查评比第二名。

2014 年，由于甘蔗在生长关键期间受低温、长期干旱和强台风等自然灾害的严重影响，造成当年甘蔗长势上普遍株高与 2013 年同期相比平均减少了 38 厘米，甘蔗严重倒伏面积约 50%，甘蔗断尾较多长势停止，降雨量比上年同期减少 700 毫米。甘蔗总产与上年同期相比有所减产（当年全区甘蔗普遍减产）。全场甘蔗种植面积 47600 亩，平均亩产 6 吨，总产原料蔗 286076 吨，比上年减少 36635 吨，减产幅度为 12.81%。2014 年，全场农业总产值（按 1990 年不变价）52104 万元，比 2005 年的 16329 万元增加 35775 万元，占全场工农业总产值的 69.69%。

2014 至 2015 年，根据《广西壮族自治区人民政府关于促进农场区糖业可持续发展的意见》（桂政发〔2013〕36 号）和《自治区农垦关于印发广西农垦优质高产高糖糖料蔗示范基地建设试点实施方案的通知》（桂垦发〔2014〕7 号）精神要求，2014 年农场建成 3.5 万亩优质高产高糖（"一优两高"）糖料蔗示范基地。其中青年分场 2540 亩、示范园区 4000 亩，东风分场 4100 亩，创业分场 4170 亩，前进分场 4250 亩，龙山分场 1050 亩，同正分场 3800 亩，中意分场 2100 亩，罗阳分场 1600 亩，双甲分场 1930 亩，昌平分场 2260 亩，友谊分场 2400 亩，那浪分场 800 亩。2015 年建设 1 万亩，其中昌平分场 2387 亩，双甲分场 4472 亩，罗阳分场 3141 亩，优质高产高糖糖料蔗示范基地基本实现经营规模化、种植良种化、生产机械化、水利现代化的四化标准。甘蔗平均亩产力争达到 8 吨，蔗糖分达到 14% 以上，糖料蔗种植成本明显降低。

2015 年，自治区农垦局把金光农场定位为广西农垦现代农业综合示范区（以下简称示范区），根据示范区发展建设要求，农场编制了《金光农场现代农业综合示范区建设规划（2015—2017）》，规划通过了自治区农垦局及相关专家的评审。2015 年该规划上报自治区农垦局，经过审核，农场被确定为自治区农垦局现代农业综合示范区。示范区项目从 2015 年开始实施，经过一年的建设，农场创建了广西农垦金色阳光甘蔗产业核心示范区。

示范区建设总面积 104450 亩，其中核心区 8650 亩，拓展区 45000 亩，辐射区 50800 亩。示范区以甘蔗种植为主，生猪养殖和农业旅游为辅，按照"一轴两片四区五园两中心"的总体布局，以连接南北两片区的 6000 米生态景观为轴，重点建设甘蔗品种试验示范区、甘蔗生产全程机械化示范区、现代生态健康养殖示范区、种养生态循环经济示范区四大示范区；建设台湾精品农业园、赏荷休闲园、休闲垂钓园、制糖工业园、幸福家园五个特色主题园；配备园区综合服务中心和甘蔗生产全程机械化服务中心两大功能中心。2017 年 1 月，示范区通过自治区验收，获得五星级核心示范区认定，2019 年示范区通过自治区监测验收，继续保留五星级称号。

为强化"科技强垦"战略，2017 年金光农场创建广西农业科技园区。2017 年 12 月，农场获自治区科技厅批准建设第四批广西农业科技园区。园区按照"核心区—示范区"层次扩散结构布局建设，其中核心区面积 8650 亩，位于金光农场东风分场、创业分场。主要建设一个机械化程度更高、生产加工更加先进、兼顾生态循环种养和精品农业融合发展的甘蔗现代化农业发展基地。园区建设甘蔗全程机械化生产示范区（2400 亩）、甘蔗品种试验示范区（100 亩）、现代生态健康养殖示范区（150 亩）、种养生态循环经济示范区（1700 亩）；制糖工业园（760 亩）、创新创业园（400 亩）、台湾精品农业园（2980 亩）；甘蔗生产全程机械化服务中心（10 亩）、园区综合服务中心（50 亩）。示范区总面积 30000 亩，分布于金光农场 11 个分场。主要建设一个规模化程度更高、设施更加完备、现代化水平更高的甘蔗产业种植基地。

截至 2020 年，全场甘蔗种植面积 41160 亩，平均亩产 6.42 吨，总产原料蔗 264437.1 吨，比 2019 年减少 11263.9 吨，减产幅度为 4.26%。全场香蕉面积 7770 亩，产量 17945 吨。木瓜种植面积 1210 亩，产量 2556 吨，沃柑种植面积 1803 亩，产量 2710 吨。2020 年，全场农业总产值（按 1990 年不变价）43179 万元，比 2005 年的 16329 万元增加 26850 万元，占全场工农业总产值的 92.88%。

第二节　甘　蔗

建场后，1956 年开始种植甘蔗，1956 年种植甘蔗面积 1340 亩，平均亩产只有 0.09 吨，总产量 120.6 吨，1964 年以前种植的甘蔗全部作为原料蔗提供给本场小型糖厂。1965 年种植甘蔗面积扩大到 9249 亩，平均亩产 2.54 吨，总产 23492 吨，1976 年以前原料蔗全部送往南宁糖厂。1977 年扩大种植面积达到 15140 亩，收获面积 14792 亩（含坛蓬、草塘两大队），平均亩产 1.23 吨，同年 12 月 21 日金光糖厂建成投产，当年为农场糖厂提供原料蔗共 11166 吨。1977 年春确定农场改为以甘蔗为主的经营方针后，全部耕地绝大多数种植甘蔗，确保糖厂榨量足够，种植面积逐年扩大，单产逐年提高。20 世纪 50 年代主要种植"爪哇 2878""印度 290"品种，20 世纪 60 至 70 年代以"台糖 134"为主，少量"桂糖 1 号""桂糖 2 号"及"粤蔗 57/423"。20 世纪 80 年代则以"桂糖 11""桂糖 7 号、8 号"以及"粤糖 63/237"为主的格局，还兼有少量"福建种 611"及"广东种 71-210"等早、中、晚熟品种互相搭配的良种体系，占全场种植面积的 90％以上。20 世纪 90 年代更新优良品种，除少量"粤糖 63-237""广东 172、177"品种面临淘汰外，全部改种"台糖 1、2、10、16、20、22、23、25 号"等优良品种，在原来水利灌溉设施基础上，增建喷灌设施，灌溉条件较好，甘蔗平均亩产达 5 吨以上。各分场甘蔗种植面积在 1500 亩以上，其中同正、罗阳、双甲、东风等分场较多，种植面积基本在 5000 亩以上。

2005 年，全场甘蔗种植面积 37810 亩，种植品种有"新台糖 16、22、27、28 号"及"台优、96-211、93-159"等，其中台优系列种植 6738 亩，"新台糖 22 号"种植 2713 亩，"新台糖 16 号"种植 1066 亩，"新台糖 26 号"种植 1210 亩，"新台糖 28 号"种植 886 亩，其他品种有少量种植。

"福农 95-1702""桂 94-119""粤糖 95-168""园林 6 号""台糖 0432""台糖 2817"等 6 个品种进行淋糖厂酒精废液对比试验、品比试验、固氮试验、硼肥试验。当年农场从北海良种繁育基地引进"台糖 0432"和"台糖 2817"甘蔗新品种 570.28 吨，分别在青年、创业、淋油和友谊分场种植 570 亩。2009 年种植的品种有"新台糖 22 号"45868 亩，"新台糖 28 号"2308.7 亩，"台糖 0432"35.2 亩，"台糖 2817"36.3 亩，"园林 6 号"872 亩，"良糖 2 号"24 亩，"脱毒台糖 22 号"2335.8 亩。通过引进新品种，寻找出适合于农场栽培种植的高产高糖、抗逆性强、宿根性好的甘蔗优良品种。

农场坚持引进试种多个甘蔗品种，通过试种对比后，逐年淘汰不适合的低产品种，保留和选择适合的高产品种进行大面积种植，确保甘蔗高产高糖。

2005 年以后，农场甘蔗种植主要品种是"新台糖 22 号"，该品种由于宿根性强，耐旱力强，甘蔗基部粗大，不易倒伏，平均单产较高，占据了全场甘蔗种植总面积的 95％以上，是农场甘蔗生产多年的"当家品种"。"新台糖 28 号"等其他品种有少量引进试验种植，约占全场甘蔗种植总面积的 5％。为进一步优化品种结构，大幅度提高甘蔗产量，不断改变甘蔗高产高糖新品种过于单一、种植面积比例小的现状，围绕提高甘蔗种植效益，增加甘蔗亩有效茎，提高单产，提高甘蔗宿根管理水平，缩小新宿甘蔗单产差距，延长宿根年限，达到节本增效的目的。农场根据甘蔗生产实际情况，在保持

"新台糖 22 号"品种种植面积合理比例的基础上，按计划逐年种植新品种，逐年推广种植面积。

2007 年，在淋油分场建立 300 亩甘蔗种子园，引进种植"台糖 20、22、23、25 号"等优良品种，在原来水利灌溉设施基础上，增建喷灌设施，灌溉条件较好，甘蔗平均亩产达 5 吨以上。各分场甘蔗种植面积在 1500 亩以上，其中同正、罗阳、双甲、东风等分场较多，种植面积基本在 5000 亩以上。

2010 年，友谊、同正分场引进试种高产高糖新品种。同时对主栽品种"新台糖 22 号"进行提纯复壮，延缓品种退化。

2012 年，农场在做好"新台糖 22 号"脱毒苗繁育的基础上，开始实施引进种植"桂糖 02-208（桂糖 32 号）""桂糖 02-281（桂糖 31 号）""柳城 05-136""柳城 03-1137（桂柳 2 号）""福农 38""福农 39""桂糖 04-1001（桂糖 42 号）"等 7 个高产高糖甘蔗新品种的推广种植计划，当年种植"桂糖 02-208（桂糖 32 号）""桂糖 02-281（桂糖 31 号）""柳城 05-136""柳城 03-1137（桂柳 2 号）"4 个品种面积合计 436 亩，其他品种没有种植。经品种对比，以上 4 个品种的整体综合情况优于其他品种，有很大的效益优势和生产潜力，平均单产 7 吨以上。

2013 年，推广种植"桂糖 02-208（桂糖 32 号）"2696 亩，"桂糖 02-281（桂糖 31 号）"308 亩，"柳城 05-136"467 亩，"柳城 03-1137（桂柳 2 号）"384 亩。以上几个品种当年种植面积合计 3855 亩，比上年增加种植面积 3419 亩。

"新台糖 22 号"由于种植年限已久，其种性已经严重退化，需要逐步淘汰更新。2014 年推广种植"桂糖 02-208（桂糖 32 号）"14735.49 亩、"桂糖 02-281（桂糖 31 号）"3360.78 亩、"柳城 05-136"1073.83 亩、"柳城 03-1137（桂柳 2 号）"3180.51 亩。以上 4 个品种 2014 年种植面积合计 22350.61 亩，比上年增加种植面积 17991.61 亩。高产高糖新品种种植面积由 2012 年的 436 亩增加至 2014 年的 22950 亩，增加 22514 亩，约占全场甘蔗总面积的 48%，推进了农场优质高产高糖糖料蔗示范基地的建设进程。2014 年全场甘蔗品种种植以这四个优质高产高糖品种为主，改变了农场甘蔗种植历史上优质高产高糖品种单一、种植面积规模小的生产格局。

2014 年，全场甘蔗喷灌、淋灌、滴灌、渠灌等灌溉总面积 24051 亩，约占甘蔗总面积的 50%。糖料蔗生产基地现代农业建设呈现"田园化、规模化、机械化、灌溉现代化、良种化"。

2015 年，为加大良种推广力度，农场在自治区引导扶持下，建设甘蔗三级良繁基地，作为农场高产高糖优良新品种的繁育推广基地，基地建设总面积为 1500 亩，其中友谊分场 900 亩，主要繁育："桂糖 42 号""桂糖 31""桂糖 32 号""桂糖 46 号"等品种；东风分场 300 亩，主要繁育："桂柳 05136""桂糖 31"等品种；四和分场 300 亩，主要繁育："桂糖 42 号""桂柳 05136 号""桂糖 46 号"等品种。从 2015—2016 榨季至 2017—2018 榨季，基地累计供种 2.55 万吨，其中 2015—2016 榨季供种 0.65 万吨，2016—2017 榨季供种 1.2 万吨，2017—2018 榨季供种 0.7 万吨，累计完成甘蔗良种推广面积 4.5 万亩。

2018 年，农场依托甘蔗高产高糖基地，完成 4.5 万亩"双高"基地甘蔗良种 100％覆盖。农场在生产上狠抓甘蔗早种早管措施，加大肥料投入，加上当年风调雨顺，降雨充沛，年降雨量达 1021 毫米，确保了甘蔗稳产高产。2018 年全场甘蔗种植面积 44361 亩，进厂原料蔗 33.45 万吨，平均亩产 7.54 吨，原料蔗产量创历史最高纪录。

2019 年，受年初持续低温的影响，全场甘蔗分蘗率较低，分蘗数较少，长势偏慢，蔗重偏轻。2019 年 10 月至 12 月受连续高温干旱严重影响，全场甘蔗生长平均株高 294.3 厘米，同比减少 34.7 厘米，每亩甘蔗平均有效蔗茎 4926 株，同比上年减少 252 株，减幅 5.12％。加上 2019—2020 榨季尾声受到新冠疫情的影响，砍蔗民工极度短缺，后期使用机械收割导致甘蔗产量损失严重。全场甘蔗种植面积 42961 亩，较上半年减少 1400 亩，平均亩产 6.7 吨，进厂原料蔗 27.57 万吨，比上年减少 5.88 万吨，减产幅度为 17.6％。

2020 年，农场全力推进甘蔗良种化建设，全场良种率达到 95％，推广种植"桂糖 42 号"2.9 万亩，占比 54.38％；"桂糖 46 号"7985 亩，占比 14.92％；"桂柳 05136 号"7035 亩，占比 13.15％，"桂糖 31 号"5385 亩，占比 10.06％；"桂糖 32 号"1419 亩，占比 2.65％。"桂糖 42 号""桂糖 46 号"和"桂柳 05-136"成为农场的主推品种，"桂糖 31 号"和"桂糖 32 号"逐步减少种植。今年引进的"桂糖 58 号"是农场下一个主推品种之一，已推广 500 亩。全场甘蔗喷灌、淋灌、滴灌、渠灌等灌溉总面积 39000 亩，占甘蔗总面积的 93％。糖料蔗生产基地实现了经营规模化、种植良种化、生产机械化、水利现代化（表 6-1、图 6-1、图 6-2）。

表 6-1　1956—2020 年甘蔗生产情况表

年份	收获面积（亩）	农业亩产（吨）	农业总产量（吨）	进厂原料蔗总产量（吨）	原料蔗亩产（吨）
1956	1340	0.1	120.60	120.60	0.10
1957	1307	0.6	758.06	758.06	0.6
1958	1403	0.7	1038.22	1038.22	0.7

（续）

年份	收获面积（亩）	农业亩产（吨）	农业总产量（吨）	进厂原料蔗总产量（吨）	原料蔗亩产（吨）
1959	1610	0.7	1078.70	1078.70	0.70
1960	4006	1.10	4566.84	4566.84	1.10
1961	1348	0.60	754.88	754.88	0.60
1962	551	1.2	669.71	669.71	1.20
1963	630	1.0	655.20	655.20	1.00
1964	416	1.0	416.00	416.00	1.00
1965	9249	2.5	23492.50	23492.46	2.50
1966	9672	1.7	16249.00	16248.96	1.70
1967	8466	1.1	9651.24	9651.24	1.10
1968	4896	1.2	5679.36	5679.36	1.20
1969	3664	1.3	4580.00	4580.00	1.30
1970	3651	1.3	4709.90	4709.90	1.30
1971	3437	0.9	2990.19	2990.19	0.90
1972	2316	1.1	2454.96	2454.96	1.10
1973	2621	2.4	6395.24	6395.24	2.40
1974	2434	1.3	3237.22	3237.22	1.30
1975	4454	1.0	4454.00	4454.00	1.00
1976	8452	0.8	7099.00	7099.68	0.80
1977	14792	1.3	19525.40	11167.00	0.80
1978	18696	1.4	26922.20	20203.00	1.10
1979	15945	1.3	21501.00	16274.00	1.00
1980	13628	2.0	26847.20	18549.00	1.40
1981	15384	3.2	49075.00	39342.00	2.60
1982	18488	3.2	59161.60	47743.00	2.60
1983	22434	2.9	66174.40	55992.00	2.50
1984	25667	3.3	85727.80	68909.00	2.70
1985	24046	2.8	66607.40	63775.00	2.70
1986	25419	4.1	104726.30	95954.00	3.80
1987	27952	5.0	139201.00	99826.00	3.60
1988	30154	4.5	135693.00	119991.00	4.00
1989	33061	3.5	115052.30	96852.00	2.90
1990	36113	4.2	153119.10	131533.00	3.60
1991	36340	3.8	138738.00	114138.00	3.10
1992	38015	4.2	157896.00	146925.00	3.90
1993	36006	4.2	150390.00	142154.00	3.90
1994	26860	3.0	80476.00	65994.00	2.50
1995	31680	5.3	168006.00	156286.00	4.90
1996	32669	3.9	128759.00	116797.43	3.60

（续）

年份	收获面积 （亩）	农业亩产 （吨）	农业总产量 （吨）	进厂原料蔗总产量 （吨）	原料蔗亩产 （吨）
1997	34928	6.4	222142.10	203072.00	5.80
1998	35050	6.2	218223.00	191442.70	5.50
1999	37528	5.3	199217.00	198087.57	5.30
2000	38670	5.0	192688.00	189507.03	4.90
2001	43768	5.4	236771.00	231571.00	5.30
2002	44407	6.1	272410.00	261410.00	5.90
2003	44337	6.7	295190.00	279540.00	6.30
2004	39500	6.7	265000.00	240000.00	6.00
2005	37810	7.0	266011.00	250887.00	6.60
2006	40120	6.1	246067.00	230019.00	5.70
2007	45180	7.0	318397.10	300325.10	6.60
2008	51160	5.6	287020.00	266556.00	5.20
2009	51480	5.2	267418.00	246826.00	4.80
2010	51870	5.3	274580.00	253832.00	4.90
2011	51870	5.4	278121.00	257373.00	5.00
2012	50118	6.4	322371.20	302324.00	6.00
2013	50118	6.8	342758.20	322711.00	6.40
2014	47600	6.4	305116.00	286076.00	6.00
2015	46102	6.6	302152.00	284852.00	6.20
2016	46102	6.0	276676.00	259267.00	5.60
2017	46102	7.3	335635.00	327195.00	7.10
2018	44361	7.9	349986.00	334486.00	7.50
2019	42961	6.7	287704.00	275704.00	6.42
2020	41160	6.8	279064.00	264437.00	6.40

注：此表数字不包含坛蓬、草塘两地。

图 6-1　甘蔗生产基地

图 6-2　"桂糖 08-1589"长势

第三节　水　　稻

20 世纪 60 年代至 1975 年，水稻生产是农场的主业。1959 年开始小面积种植，1962 年起上级明确农场粮食自给，扩大种植粮食作物，1964 年在国家"大办粮食"的号召下，全场水稻种植面积扩大到 11676 亩。为引进先进栽培技术，从广东潮汕县请来两位农民种田能手进行传帮带，同时派出工人跟班学习，并在飞机分场（现在的科技推广示范园）等重点发展水稻生产单位成立农业试验组，进行科学种田试验，经不断改进栽培技术，繁育推广优良品种，水稻平均亩产提高到 245.5 千克。1964 年 3 月，建立了一个良种繁育队，从自治区农科所等单位和广东等地引进了广场矮 97 号、广场 13 号等 33 个水稻良种进行繁育和对比试验，选育适应本地条件的良种，提高粮食产量。

1965 年，农场确定以发展水稻为主的经营方针，做到粮食自给。全场集中主要力量进行平整土地，兴修水利，安装柴油机抽水站、电灌站抽水灌溉，优先发展水稻生产。1973 年冬，派出一名技术人员和四名工人到海南岛与自治区农科院协作繁育杂优种，于 1974 年夏带回杂优种和水稻三系（不育系、保持系、恢复系）并在跃进分场（现在的农业科技推广示范园）进行三系育种，发展水稻优良品种。1975 年在向阳分场成立水稻三系繁育小组，同年向阳分场改名农科所，1976 年初正式挂牌子。农科所主要研究水稻良种繁育和甘蔗培育技术项目，摸索适应优良品种，逐年提高单位面积产量。从 1965 年至 1976 年，以水稻为主业经营了 12 年，由于积极推广水稻优良品种，选种广选 3 号、珍珠矮 5113、包选 2 号、团结 1 号、陆财号、矮脚南特、南京 1 号等早、中、晚熟品种互相搭配的良种体系，并不断改进栽培技术，增施肥料，双季稻种植面积达 11676 亩，总产达到 2843106 千克，平均亩产 243.5 千克，特别推广种植杂优和水稻三系品种，小面积亩产超

500 千克。1977 年起改为以种植甘蔗为主,水稻面积逐年下降,全场只有坛蓬、草塘两个生产大队还种水稻,到 1982 年农场方面停止水稻生产,农场职工口粮改由国家供应。

第四节　花　　生

1956 年种植本地大花生品种,产量很低。20 世纪 70 年代后积极推广小花生,引进小珍珠、大珍珠、合油等品种,并加以改进和完善耕作技术,采取密植播种,加强科学管理,每亩用种量 12.5~15 千克花生仁,20 世纪 70 年代种植花生面积 2000 亩,亩产 100 千克,总产 200000 千克,单产和总产逐年提高,农场基本上实现了食油自给。为保证供给农场糖厂原料蔗,1982 年花生地全部改为种植甘蔗,职工食油由国家供给。

第五节　红　　麻

红麻属热带作物,其特性耐旱,较宜于新垦荒地种植,因其株干表面多呈红色而得名。1958 年农场作为多种经营项目开始种植,初时只种少量面积,到 1965 年种植面积增加到 5011 亩。红麻多为麻皮纤维与麻种兼收,平均亩产麻皮纤维一般为 25 千克和麻种子 25 千克,总产干麻皮 125275 千克和种子 125275 千克。红麻是春种秋收,以结籽为成熟期,先采籽后收割,收割后浸泡于水中,至红色表层脱落露出麻纤维时捞起,经人工将麻皮剥下在清水中冲洗,剩下二层皮,晾晒干后成产品,为国家麻绳纺织工业提供原料。其株杆晒干后可作柴薪燃料,叶渣经沤制可供农田做肥料,有机质丰富,肥劲长。

第六节　玉　　米

1955 年,建场初期种植本地黄玉米品种,由小面积种植逐年扩大,产量逐年提高,收获产品主要是为场内畜牧业提供饲料。至 1963 年种植面积达 6438 亩,平均亩产由原来 25 千克提高到 53 千克。1978 年后,引进种植"白马芽"品种,取代本地黄玉米,平均亩产 105 千克,小面积种植的平均亩产 300 千克。1982 年停止种植玉米。

第七节　木　　薯

木薯曾是农场主业之一。由于木薯是一种比较耐旱的经济作物,建场初期新开垦的荒地较多，瘠薄干旱，就因地制宜先种植木薯，产品为畜牧业提供猪饲料。1959年和1960年农场两个淀粉厂先后建成投产后，农场扩大木薯种植面积，1960年木薯种植面积增加到8585亩，是历年面积最大，但品种不是良种，单产较低。1965年，推广优良品种，种植"南洋红尾"品种，取得较高产量，当年种植面积2955亩，平均亩产0.489吨，总产生薯1445吨。生薯产品主要提供农场淀粉厂作原料加工生产淀粉，1982年农场停止种植木薯，淀粉厂木薯原料到附近县乡购买。

第八节 剑 麻

1972年，全场种植面积712亩，分别于坛井（现归并向阳分场）、昌平、淋油、罗阳、同正等分场种植。1979年重点在昌平、淋油两个分场种植剑麻，面积共1979亩，品种来源于引进马坡农场"东一号"，实际是H11648品种，因种植技术和管理水平欠佳，平均亩产干麻皮70千克，最高年份亩产干麻皮90千克，产量很低。由于扩大种植甘蔗面积，保证提供糖厂原料蔗，1983年农场停止种植剑麻。

第九节 柑 橘

建场后，历年有零星种植柑橘、荔枝、龙眼、梨、沙田柚、木菠萝、芒果及菠萝等各种果类，由于不成规模生产，农场不派出专人管理，收益很低。1978年农场调整农业种植结构，在保证甘蔗种植面积的前提下，利用荒坡地进行统一规划、重点安排，规模经营发展水果生产。

1978年，首先在前进、坛井（现已归并向阳分场）两分场种植早熟温州柑共40亩（其中前进分场12亩），以后逐渐扩大种植面积。从1983年起，重点安排前进、淋油、青年、罗阳、同正、四和等6个分场种植柑橘水果，主要种植品种有柑类：全场温州柑650亩，椪柑1105亩，蕉柑44亩，大红柑26亩，扁柑19亩。橙类有：新会橙265亩，化州橙269亩，其他少量种植柳橙、红光橙、脐橙等。橘类有：年橘、书田橘、南丰蜜橘等。柑橘从种植到试产、投产一般需要4~5年时间，每亩种植约66棵。到1989年全场种植柑橘总面积为3156亩，根据树龄到期投产和试产1433亩。1993年全场柑橘总产达5395吨。1994年柑橘水果全部作价转让给农场职工个人经营，按规费上交总公司。

各分场均有柑橘种植，其中青年、罗阳、同正、创业等分场种植面积较多，有300~2000多亩的生产规模。2000年全场种植柑橘面积1584亩，其中温州蜜柑145亩，当年投产 140 亩，总产量 203 吨，平均亩产 1.4 吨；椪柑种植面积 925.9 亩，投产面积 925.9 亩，总产量 1341 吨，平均亩产 1.5 吨；红江橙种植面积 281 亩，投产面积 281 亩，总产量 563.4 吨，平均亩产约 2 吨；新会橙等其他柑橘品种 232 亩，平均亩产约 2 吨。2001 年红江橙种植面积 480 亩，投产面积 281 亩，平均亩产 1.58 吨。椪柑、温州蜜柑种植面积不变。2002 年农场调整优化产业结构，开始实施"2155"工程。按照"2155"工程 5000 亩红江橙目标任务要求，柑橘产业结构发生了很大的变化，红江橙成为柑橘生产的主栽品种。在保留部分椪柑、温州蜜柑的同时，重点发展种植红江橙，将逐年淘汰的其他老果树岗位改种扩种红江橙，当年种植红江橙 1233 亩，比上年增加 753 亩。2003 年，在全国经济作物优势区域规划开始实施之年，红江橙种植面积 2694 亩，比上年增加 1461 亩。其中投产面积 733 亩，平均亩产 1.12 吨；2004 年红江橙种植面积 4487 亩，比上年增加 1793 亩。其中投产 480 亩，平均亩产 1.5 吨；2005 红江橙种植面积 4622 亩，比上年减少 135 亩。其中投产 623 亩，平均 1.5 吨；另外有 1986 年、1987 年种植的椪柑和新会橙老果树约 600 亩。2006 红江橙种植面积 6538 亩，比上年增加 1916 亩。其中投产 4716 亩，平均亩产 2.09 吨；2007 年红江橙种植面积 5219 亩，比上年减少 1319 亩。其中投产 4359 亩，平均亩产 2.14 吨；2008 年减至 3138 亩，其中投产 3024 亩，平均亩产 1.25 吨；2009 年减至 1011 亩，其中投产 934 亩，平均亩产 1.2 吨。柑橘种植需要足够的肥料投入及较高的生产管理水平，果树病虫害较多，每年柑橘的经济效益高低由市场行情及果品质量、产量决定，红江橙一般平均卖价约 1.8～2 元/千克，椪柑一般平均卖价约 2～3 元/千克。

柑橘果园自然条件和生产灌溉条件比较好，果园有喷灌、淋灌设施，由农场和职工共同投资建设。2004 年至 2009 年灌溉总面积平均达到 83% 以上（其中 2006 年灌溉总面积达到 5804 亩，2007 年灌溉总面积达到 4560 亩，占总面积的 87%）。柑橘生产在正常年景下，进入投产的红江橙、椪柑、温州蜜柑平均亩产可保持 1.5～2.2 吨的水平，丰产期产量高的部分岗位平均亩产可达到 3.5～4 吨的水平。由于地理、气候、土壤等自然条件不同，农场所种植的红江橙果皮橙色，肉质柔软、多汁化渣，甜酸适中，糖度达到 13%，果实一般比桂北地区早熟 20 天左右。

红江橙种植是农场的水果优势产业，2006 年至 2009 年，由于红江橙市场价格连年持续低迷，价格低贱且销售困难，以及果树黄龙病严重为害的影响，红江橙种植面积大幅度减少，全场红江橙种植面积由 2006 年的 6538 亩减少至 2009 年的 1053 亩。为确保职工收入，农场及时调整产业政策，在保持甘蔗种植总面积不减少的情况下，积极引导鼓励职工改种经济效益较高的香蕉，红江橙岗位改种香蕉 2157 亩。

农场实施品牌发展战略，发展优质绿色水果产业，打造优质水果名优品牌工作取得了较为明显的成效。2005年"金光牌"红心橙获得广西名牌产品称号，椪柑获得广西优质农产品称号，红江橙、椪柑种植基地成为名优产品生产基地；2006年红心橙通过了绿色食品A级认证。2008年"金光牌"红心橙再次荣获广西名牌产品称号。

由于农场是重要的原料蔗生产基地，以甘蔗种植为主，2010年至2014年全场再没有发展柑橘产业，柑橘产业在农场经济建设发展历程中发挥了应有的作用。

沃柑一般在每年的1月至4月份左右成熟收获。2015年，农场的同正、罗阳、昌平等分场有部分职工开始零星种植沃柑。由于沃柑产量高，经济效益好，职工种植沃柑面积逐年增加。2015年全场沃柑种植面积193亩，收获面积96亩，总产346吨，平均亩产3.6吨；2016年全场沃柑种植面积322亩，收获面积96亩，总产451吨，平均亩产4.7吨；2017年全场沃柑种植面积562亩，收获面积193亩，总产811吨，平均亩产4.2吨；2018年全场沃柑种植面积661亩，收获面积322亩，总产1385吨，平均亩产4.3吨；2019年沃柑水果种植面积812亩，收获面积562亩，总产2191吨，平均亩产3.9吨。其中，农场公司种植220亩（龙山基地151亩，农业公园69亩），收获面积69亩，总产172.5吨，平均单产2.5吨；2020年沃柑水果种植面积2442亩，收获面积1275亩，总产2710吨，平均亩产2.1吨。其中，农场公司种植1781亩（龙山基地1542亩，农业公园69亩，双甲分场120亩，美丽南方景区50亩），收获面积614亩，总产592吨，平均单产0.9吨。

2018年12月，农场开始在农业公园少量种植沃柑69亩。为壮大国有经济，建设特色水果现代农业示范基地，发挥特色水果产业优势，2020年1月，农场在龙山分场种植沃柑1542亩，建设沃柑生产基地，基地配套水泥道路硬化、智能水肥一体化、机械喷药机等设施，可实现当年种植当年收获。由于沃柑采用大树移栽的种植方式，生产上以恢复树势为主，部分沃柑大树并没有留果，投产沃柑平均亩产仅为1.03吨（表6-2、图6-3、图6-4）。

表6-2　1987—2020年全场柑橘生产情况表

年份	种植面积（亩）	投产试产面积（亩）	总产量（吨）	平均亩产（吨）	年份	种植面积（亩）	投产试产面积（亩）	总产量（吨）	平均亩产（吨）
1987	2105	301.0	69.000	0.23	1992	3100	3053.0	2304.000	0.75
1988	2500	771.0	222.000	0.29	1993	3086	3062.0	5395.000	1.76
1989	3156	1433.0	563.000	0.39	1994	2750	2750.0	5900.000	2.15
1990	3156	2104.0	1503.000	0.71	1995	2430	2430.0	4276.800	1.76
1991	3156	2527.0	2079.000	0.82	1996	2300	2430.0	4495.500	1.85

（续）

年份	种植面积（亩）	投产试产面积（亩）	总产量（吨）	平均亩产（吨）	年份	种植面积（亩）	投产试产面积（亩）	总产量（吨）	平均亩产（吨）
1997	2674	1980.0	3484.800	1.76	2007	5219	4359.0	9371.850	2.15
1998	2674	1980.0	3663.000	1.85	2008	3138	3024.0	3931.200	1.30
1999	2674	2674.0	4679.500	1.75	2009	1053	976.0	1200.480	1.23
2000	1585	1579.9	2764.825	1.75					
2001	1783	1583.0	2928.550	1.85	2015	194	96.0	346.000	3.60
2002	2716	2179	4793.800	2.20	2016	322	96.0	451.000	4.70
2003	4177	2179	4793.800	2.20	2017	563	193.0	811.000	4.20
2004	5726	1699	3737.800	2.20	2018	662	322.0	1385.000	4.30
2005	6538	1901	4087.150	2.15	2019	812	562.0	2191.000	3.90
2006	6538	4716	9856.440	2.09	2020	2242	1275.0	2710.000	2.10

注：2010—2014农场没有发展柑橘产业。

图6-3 龙山沃柑种植基地

图6-4 沃柑

第十节 菠 萝

1958年，种植菲律宾品种菠萝527亩，1961年全场种植面积增至1326亩。1983年农场同南宁市农工商公司为中方，与澳大利亚联合经营，取名"琼斯-南宁有限公司坛洛菠萝场"，由于经营管理不善，出现连年亏损，于1986年6月终止经营。1987年农场与南宁市农工商公司合伙经营，取名"南宁市良种菠萝场"，引进澳大利亚"无刺卡茵"品种和栽培技术，当年种植面积5000亩，该品种适应性强、产量高。1987年总产量6000吨，1988年总产量3000吨，1989年总产量6900吨，三年共盈利596.66万元。2001年，由于合资经营合同到期后终止合同，农场不再种植菠萝。

第十一节 澳洲坚果

坚果（澳洲坚果）别名昆士兰栗、澳洲胡桃、夏威夷果、昆士兰果，是一种原产于澳洲的树生坚果。澳洲坚果属常绿乔木，双子叶植物，属山龙眼科。树冠高大，叶3～4片轮生，披针形、革质，光滑，边缘有刺状锯齿。总状花序腋生，花米黄色，果圆球形，果皮革质，内果皮坚硬，种仁米黄色至浅棕色。果树生长耐贫瘠，粗生，病虫害少，对水肥条件要求低，抗逆性强。澳洲坚果食用部分为种仁，呈白色或乳白色，既可生食，又可熟食；烤制加工后，口感细腻而酥脆，带奶油清香，风味独特，营养价值高，是一种果质好、蛋白质含量较高、国内外市场价格比其他果类较为昂贵的果品，因果仁壳质坚硬而得名。澳洲坚果每亩种植20～25棵，果树4～5年进入投产期。投产后的果树每棵平均产量5～15千克（挂果后可连续收获40～50年），亩产约0.063～0.12吨，产量不是很高。烤制加工后的坚果市场售价45～50元/千克。

1989年经广西农垦局批准立项建立金光农场澳洲坚果生产基地，计划在双甲分场四和点（现改称四和分场）种植5000亩。1990年春开始引进种植，当年从广东省湛江市南亚热带作物研究所引入H2、246两个品种扦插苗11195株，共种植了373.16亩。1990年以后每年不断扩大种植，到2004年种植面积2305亩，全部进入投产期，总产105吨。种植品种有H2、246、800、333、660、OC、344、900、856、294、695、788、741共13个品种。其中以H2、800、246、OC、695五个品种种植面积最多，其中H2（957.79亩）占40.75%、800（695.86亩）占29.6%、246（461.53亩）占19.64%；OC（81.5亩）占3.47%、695（71.5亩）占3.04%，其他品种81.8亩，只占3.5%。现品种以H2、695、800、桂研一号居多。澳洲坚果是农场的特色水果优势产业，全场坚果种植面积集中在原四和分场，其他分场均没有种植。

2005年开始，农场积极引进外资与澳大利亚、广东客商成立了广西扶绥夏果种植有限责任公司，合作开发5000亩澳洲坚果项目。新种坚果面积1678亩，当年坚果种植总面积达4028亩，是当时全国连片种植面积最大的澳洲坚果生产基地。农场通过与外商合作，每年获取收益250万元。此外，外商还从国外引进我国第一台现代化的坚果加工设备用于坚果后期加工，提高经济效益。

农场实施品牌发展战略，发展优质绿色水果产业取得了较为明显的成效。2005年澳洲坚果被农业部认定为"国家南亚热带作物名优基地"，2006年被评为"中国热带农业科技示范基地"。

2013 年，坚果总产量达到 427 吨，产值 854 万元。2014 年受第 9 号强台风"威马逊"灾害严重影响，果树折断损失较重造成减产，当年总产 192.5 吨，比上年减少 234.5 吨。坚果面积由 2004 年的 2305 亩增加到 2014 年的 3867 亩，增幅 65％。

2020 年，种植坚果面积 3007 亩，产量达到国外先进水平，株产可达到 20～25 千克，平均单产 650 千克/亩。主要推广优良品种为桂热 1 号、695、OC 等，重点示范种植推广广西亚热带作物研究所试验站（现广西南亚热带农业科学研究所）选育的澳洲坚果桂热 1 号品种，建立澳洲坚果种苗繁育基地和优质、高产、高效种植示范基地（表 6-3）。基地内集成配套推广澳洲坚果早结、丰产、稳产、优质的综合生产技术，培训技术人员 50 名，农民工 200 名，每年为社会提供 5 万株优质种苗。

表 6-3　1990—2020 年坚果生产情况表

年份	种植面积（亩）	投产面积（亩）	总产量（吨）	备注	年份	种植面积（亩）	投产面积（亩）	总产量（吨）	备注
1990	373	0			2006	4028	2305	178.00	
1991	672	0			2007	4028	2305	189.00	
1992	718	0			2008	4028	2305	166.00	
1993	1375	0			2009	4028	2305	258.00	试产 500 亩
1994	1516	0			2010	4028	2805	267.00	试产 700 亩
1995	1646	668	2.23		2011	4028	3505	292.00	试产 300 亩
1996	1789	714	8.00		2012	4028	3805	318.00	
1997	2305	1371	6.54		2013	4028	3805	427.00	
1998	2305	1512	17.32		2014	3867	3867	195.20	
1999	2305	1642	47.40		2015	5050	3000	350.00	
2000	2305	1785	18.06		2016	5050	3300	380.00	
2001	2305	2305	18.70		2017	5050	3500	410.00	淘汰更新品种
2002	2305	2305	56.00		2018	5050	3000	420.00	淘汰更新品种
2003	2305	2305	48.80		2019	5050	2700	370.00	淘汰更新品种
2004	2305	2305	105.00		2020	5560	2500	300.00	淘汰更新品种
2005	2305	2305	120.00						

第十二节　龙　　眼

龙眼是农场果类种植面积较多之一，1992 年在四和分场开始大面积种植，1993 年种植面积增至 800 亩。1999 年 12 月受霜冻灾害影响造成损失 718 亩。2004 年，全场龙眼总面积 1076 亩。1998 年农场作价转让给职工个人经营，按规费上交总公司。

芒果、油梨、荔枝、沙田柚等，分散于前进、向阳（坛井）、场部、那浪、青年、谷龙、罗阳等分场零星种植，不列入农场农业生产主要种植经营项目。

第十三节　水果型夏威夷番木瓜

水果型夏威夷番木瓜素有"岭南果王"之美称，既营养可口，又有保健和美容功效。2002 年之前农场基本没有种植过番木瓜，2002 年 10 月开始引进种植新品种水果型夏威夷番木瓜，当年种植 39 亩，主要分布在示范园、青年分场，以上两个分场种植较早。2002年农场调整优化产业结构，实施"2155"工程，计划发展 5000 亩番木瓜，以后在全场逐步推广规模种植。2003 年种植番木瓜 191 亩，总产 323 吨。2004 年种植面积 2159 亩，其中收获面积 2109 亩，总产 3545 吨。其中农场在昌平、四和、同正、罗阳等分场种植经营番木瓜 1058 亩，职工种植 1051 亩。2005 年番木瓜种植面积 2740 亩，收获面积 2740 亩，总产量 6066 吨。其中农场种植经营 1200 亩，职工个人种植 1190 亩，外商种植 350 亩。2004 年农场引进台湾金都农业发展有限公司投资建设番木瓜棚式标准化栽培项目 250 亩作为科学种植示范性果园，通过利用外资、先进技术和管理经验以点带面，带动职工科学种植管理，实现增产、增收、增效，推动农场优势水果产业向前发展。2004 年至 2007 年全场番木瓜种植规模达到 2000 亩以上，成为农场具有发展前景的优势特色水果产业之一，农场、职工在番木瓜生产经营中获得了较大的经济效益。

2009 年，由于木瓜花叶病严重为害等原因，全场番木瓜种植面积大幅度减少，由2004 年的 2159 亩减少到 2013 年的 875 亩。为确保职工收入，农场及时调整产业政策，积极引导鼓励职工改种经济效益较高的香蕉，原甘蔗地种番木瓜的改种甘蔗，原来一直种番木瓜的改种香蕉。

番木瓜从 2002 年 10 月份开始引种，所种植过的品种有"台农二号""白皮日升""改良型日升"和"抗花叶病毒型日升"四个品种，其中以"改良型日升"和"抗花叶病毒型日升"两个品种为主。由于"台农二号"品种的市场销量和价格较低，"白皮日升"品种的产量低，故这两个品种种植较少。"改良型日升"品种由于受花叶病为害严重，只能在新建的瓜园或网棚种植，发展面积有限。农场种植的水果型番木瓜以"抗花叶病毒型日升"为主栽品种，占全场总面积的 85%。番木瓜是一种产量及收益较高的经济作物，与柑橘、荔枝、龙眼等水果相比具有较大的经济效益和市场优势。番木瓜每亩一般种植 120棵，种植一年以后可以采收，亩产 2～5 吨，管理好的产量会增加。每年经济效益的高低由市场行情及果品质量、产量决定，一般卖价 1.4～2 元/千克，售价不稳定，有的可卖至4 元/千克，但番木瓜卖价较高的持续时间不是很长。

2004 年、2005 年、2006 年，番木瓜经营种植以农场、职工、外商经营为主，2007 年后以职工个人、外商自主经营为主，按规费上交农场。番木瓜果园基本都有淋灌设施，由农场、职工个人、外商投资建设，其中农场占投资总额的 30%～40%。果园灌溉条件较好，能满足日常生产用水，灌溉面积达到 83% 以上。

农场实施品牌发展战略，发展优质绿色水果产业，打造优质水果名优品牌工作取得了较为明显的成效。2006 年 12 月，番木瓜通过了绿色食品 A 级认证，获得了广西名牌产品称号，被评为"中国热带农业科技示范基地"。

2020 年，番木瓜种植面积 1210.212 亩，收获面积 1136.212 亩，总产量 2556.58 吨，平均亩产 2.3 吨（表 6-4）。

表 6-4　2002—2020 年番木瓜生产情况表

年份	种植面积（亩）	收获面积（亩）	总产量（吨）	亩产（吨）
2002	39.100			
2003	191.800	191.800	323.00	1.70
2004	2159.000	2109.000	3545.00	1.70
2005	2740.000	2740.000	6066.00	2.20
2006	2150.000	1991.000	6255.00	3.10
2007	2740.000	2740.000	8631.00	3.20
2008	420.000	420.000	2135.00	5.10
2009	978.000	969.000	1813.00	1.90
2010	612.000	612.000	1933.00	3.20
2011	660.000	640.000	1894.00	3.00
2012	781.000	1186.000	4185.00	3.50
2013	875.000	910.000	3570.00	3.90
2014	1968.000	1378.000	4515.00	3.27
2015	1488.300	1411.340	4287.66	3.00
2016	1650.673	1588.973	5049.62	3.20
2017	993.774	918.707	2795.34	3.00
2018	1232.643	1138.593	2396.38	2.10
2019	1568.182	1494.738	3416.73	2.30
2020	1210.212	1136.212	2556.58	2.30

注：此表数字不包含坛蓬、草塘村。

第十四节　香　蕉

香蕉最初在淋油、前进分场有少量种植，2001 年全场种有 916 亩。2002 年农场调整优化产业结构，实施"2155"工程，计划发展 5000 亩香蕉，以后在全场逐步推广规模种植。香蕉大多是利用老果园、新果园淘汰地、荒地、林地和边角地头等改种或种植，由农场投资打井建泵房，每年提取折旧，职工出资铺设田间管道解决灌溉条件。种植品种有巴西蕉、威廉斯 B6、威廉斯 8818 等优良品种，其中威廉斯 B6 是香蕉主栽品种。香蕉是一种收益较高的经济作物，其产量及收益较高，与柑橘、荔枝、龙眼等水果相比具有较大的经济效益和市场优势。香蕉每亩一般种植 120 棵，种植一年以后可以采收，亩产 2～3.3吨，管理好的产量会增加。每年香蕉的经济效益高低由市场行情及果品质量、产量决定，一般平均卖价约 1.4～3 元/千克，售价不稳定，有的可卖至 4 元/千克，但香蕉卖价较高的持续时间不是很长。

2002 年，全场香蕉种植面积 617 亩，收获面积 607.4 亩，总产量 1166 吨，亩产 1.9吨。2004 年种植面积 2294 亩，收获面积 2272 亩，总产量 7419 吨，亩产 3.3 吨。2004 年以后，香蕉每年种植面积有大幅度增加。2005 年和 2007 年农场分别引进福建、广东、海南客商在四和分场种植香蕉 1080 亩，引进客商的微喷、果实套袋、防寒保温、疏果等香蕉先进管理生产技术在生产中得到推广应用，起到了示范带动作用，推动了农场香蕉产业的快速发展。至 2010 年香蕉种植面积 17156 亩，为 2002 年以来种植面积最多的一年，总产量 50267 吨，亩产 3.0 吨。2014 年种植面积 16692.8 亩，比 2005 年的 5298 亩增加11394.8 亩。十年来，农场香蕉产业种植规模不断壮大，10 年期间新增香蕉种植面积11000 多亩（新增面积是利用原柑橘和番木瓜地改种香蕉），香蕉产业成为农场优势水果最大产业，是居甘蔗之后的农场第二大种植产业。

为确保完成自治区农垦局下达的甘蔗生产目标任务，确保广西农垦糖业集团金光制糖有限公司进厂原料蔗的需求。从 2010 年 12 月起，农场调整工作思路，转移工作重心，主要抓好糖料蔗生产基地建设和甘蔗生产管理。严格控制香蕉及其他水果的种植规模，保持香蕉种植面积 18000 亩，采取"蕉—蔗"轮作方式抓好香蕉和甘蔗生产，实现蕉、蔗生产共赢，2010 年职工共淘汰香蕉 560 亩改种甘蔗。由于品种改良、生产管理技术水平的提高，香蕉的产量也逐年提高，亩产由种植初期的 1.5 吨提高到 3.3 吨，利润上升到 3000～4000 元/亩。

香蕉种植经营以职工、外商经营为主，按规费上交农场。香蕉果园基本都有淋灌、微喷设施，由农场、职工个人、外商投资建设，其中农场占投资总额的 30%～40%。果园灌溉条件较好，能满足日常生产用水，微喷面积达到 75%，灌溉总面积达到 90%以上（图 6-5）。

2014 年，受第 9 号强台风"威马逊"的严重影响，香蕉树折断倒伏，损失较重，造成减产，当年总产量 31949 吨，比上年减少 17189 吨。

图 6-5　香蕉节水喷淋

　　农场实施品牌发展战略，发展优质绿色水果产业，打造优质水果名优品牌工作，取得了较为明显的成效。2006 年 12 月，香蕉通过了绿色食品 A 级认证，被评为"中国热带农业科技示范基地"。

　　由于受香蕉黄叶病病害的严重影响，2015 年至 2020 年全场香蕉面积逐年减少，至 2020 年，全场香蕉种植面积 7770.41 亩，其中收获面积 6597.8 亩，总产量 1.79 万吨，平均亩产 2.7 吨（表 6-5）。

表 6-5　2001—2020 年香蕉生产情况表

年份	种植面积（亩）	收获面积（亩）	总产量（吨）	亩产（吨）
2001	916.000	978.200	1483.000	1.5
2002	617.400	607.400	1166.000	1.9
2003	936.700	635.000	1354.500	2.1
2004	2294.000	2272.000	7419.000	3.3
2005	5298.000	4959.000	14760.000	3.0
2006	6430.000	6318.000	18701.000	3.0
2007	7750.000	7580.000	23315.000	3.1
2008	12850.000	12256.000	35322.000	2.9
2009	16216.000	16834.000	48772.000	2.9
2010	17156.000	16640.600	50267.000	3.0
2011	16928.000	16008.000	40509.000	2.5
2012	16404.000	16227.000	47139.000	2.9
2013	16108.000	16052.000	49138.000	3.1
2014	16692.800	12735.000	31949.000	2.5
2015	16271.750	15446.076	40807.910	2.6
2016	14224.247	13147.269	31933.688	2.4
2017	15107.654	14050.492	38839.67	2.8

（续）

年份	种植面积（亩）	收获面积（亩）	总产量（吨）	亩产（吨）
2018	10931.700	10672.869	26615.580	2.5
2019	8878.860	8229.740	23917.950	2.9
2020	7770.410	6597.800	17945.030	2.7

注：此表数字不包含坛蓬、草塘村两地。

第十五节　火　龙　果

2015 年，东风、创业等分场职工引进种植少量火龙果，种植品种大多为"台湾金都 1 号"，至 2020 年职工种植火龙果面积约有 110 亩。2020 年 4 月，农场为打造"金光一号"品牌，在龙山分场投资建设"金光一号"火龙果示范生产基地，建设总面积 610 亩，是农场率先引进、培育的最新优良品种。"金光一号"火龙果具有无刺、无须人工授粉、自花结果能力强、坐果率高、不裂果、耐储运的优良特性。采用智能水肥一体化管理、"猪—沼—果"生态种养、单排立柱种植、双排立柱密植的生产技术管理模式。2020 年火龙果种植面积 450 亩，其中，有 300 亩试产。火龙果正式投产后每亩产量可达到 3～4 吨。

第七章 林 业

第一节 发展概况

中华人民共和国成立后，国家要求农场造林与田间道路统一规划配套，以营造防护林带为主，同时选择秃岭、荒坡地带营造经济林，采取义务和任务相结合植树，发展林业生产。20世纪50年代以耕作区种植大叶桉作防护林带为主，20世纪60年代以后逐年转为发展成片造林，以发展经济林和用材林种植。至1989年全场实有面积29206亩，覆盖率达17%。主要包括：经济林3348亩，其中油茶林783亩，柠檬桉2205亩，板栗360亩。用材林6564亩，其中杉木林2674亩，松木林3715亩，竹子林175亩。桉树林15499亩。自然林3795亩。

1959年，接收谷龙分场后，谷龙分场成为以专业营林为主的分场，分场有林面积7080亩，其中经营杉木林面积2600亩，松木林面积2300亩，其他180亩，自然林面积2000亩，占全场森林面积的28%。

20世纪90年代起，为发展甘蔗生产，有计划砍伐低坡荒地林木，垦荒种蔗，扩大甘蔗种植面积，有林面积12788亩。

2001年，全场有林面积11514亩，其中桉树3339亩，松树3036亩，杉木2600亩，自然林2020亩，其他林519亩。主要分布在谷龙分场和青年分场，其他分场有少部分林木，大多是以前营造的桉树防护林带。

2004年，农场有林面积12654亩，其中，桉树3127亩，松树4310亩，杉木2600亩，自然林2280亩，其他林木337亩。主要分布在谷龙分场7080亩，其中，松树2300亩，杉木2600亩，自然林2000亩，其他林木180亩；青年分场2050亩，其中，松树1800亩，自然林250亩；四和分场1015亩，其中，桉树1000亩，其他林木15亩；昌平分场桉树490亩，淋油分场桉树541亩，其他林木4亩；罗阳分场桉树517亩，其他林木10亩；创业分场桉树220亩；同正分场桉树20亩，其他林木60亩；龙山分场桉树40亩，松树10亩，其他林木20亩。那浪其他林木10亩和示范园其他林木5亩；前进分场其他林木7亩；坛蓬村桉树50亩，草塘村桉树45亩（图7-1）。

图 7-1　万亩郁郁葱葱的松木

2006 年至 2008 年，农场对谷龙、青年、双甲、中意部分更新林地和边角地采取与外商合作，农场以土地入股，外商全额出资开发、种植、管理，砍伐后按产品实物分成的合作经营方式，发展种植速生桉 6660 亩，其中，青年分场 1419 亩，谷龙分场 4758 亩，双甲分场 426 亩，中意分场 57 亩。从 2011 年开始农场每年从中获取收益 100～150 万元。

2014 年，农场森林覆盖率 16.05％。有林面积 9208 亩，其中桉树 7931 亩，占 86.1％；松树 130 亩，占 1.4％；自然林 1020 亩，占 11％。

2014 年至 2020 年，谷龙和青年分场的山头林地由外商承包经营管理。2020 年农场森林覆盖率 15.47％。有林面积 21280.2 亩（含非林地），其中桉树 9172.8 亩，占 43.1％；松树 235.05 亩，占 1.1％；自然林 2545.35 亩，占 12.0％。

第二节　林木生产

金光农场 2001—2020 年林木生产情况统计见表 7-1。

表 7-1　2001—2020 年林木生产情况表

年份	面积（亩）	桉树（亩）	松树（亩）	杉木（亩）	自然林（亩）	其他（亩）	当年采伐木材（米³）
2001	11514.0	3339.0	3036	2600	2020.0	519	1100.0
2002	11602.0	3474.0	3077	2600	2020.0	431	950.0
2003	12698.0	3125.0	4397	2600	2270.0	306	450.0
2004	12654.0	3127.0	4310	2600	2280.0	337	1100.0
2005	12729.0	2234.0	4300	3620	2280.0	295	2500.0
2006	11710.0	1365.0	4100	3620	2250.0	375	12447.0
2007	11599.0	1273.0	4100	3620	2250.0	356	6058.0
2008	11442.0	1147.0	4120	3620	2200.0	355	1506.0

（续）

年份	面积（亩）	桉树（亩）	松树（亩）	杉木（亩）	自然林（亩）	其他（亩）	当年采伐木材（米³）
2009	9651.0	8096.0	130	0	1200.0	225	1500.0
2010	9485.0	8173.0	130	0	1000.0	182	0
2011	9333.0	8081.0	130	0	1000.0	122	3020.0
2012	9333.0	8081.0	130	0	1000.0	122	8091.0
2013	9079.0	7802.0	130	0	1020.0	127	1100.0
2014	9208.0	7931.0	130	0	1020.0	127	5257.0
2015	9635.3	8309.2	130	0	1196.1	0	6570.9
2016	10247.0	8788.0	130	0	1329.0	0	7301.0
2017	10340.0	8633.0	144	0	1563.0	0	1258.0
2018	10636.0	8627.0	170	0	1839.0	0	11093.0
2019	11161.0	8797.0	200	0	2164.0	0	3907.0
2020	11953.0	9173.0	235	0	2545.0	0	9665.0

第八章　畜　牧　业

第一节　发展概况

自 1955 年建场以来，农场经营一直坚持以农养牧、以牧促农、农牧结合的生产布局。畜牧业以发展养猪为主，兼饲养耕牛、奶牛、役用马、军马、绵羊、山羊、鸡、鸭、鹅等畜禽。1960 年开始引进新疆绵羊，经过 10 多年的繁殖培养，新疆绵羊完全适应了农场当地生长条件，实现了北羊南繁（图 8-1）。

图 8-1　1960 年引进饲养繁殖的新疆绵羊

1955—1956 年，在罗阳、淋油、中意等分场建猪场，以饲养陆川猪为基础种猪，发展养猪生产。为加快发展种猪繁殖，采取"逢母必留"的繁殖措施，使养猪生产迅速发展。1957—1960 年，建同正、坛井、东风等三个猪场，1960 年全场猪存栏头数达2064 头。1962 年后为改良陆川猪品种，引进国外大约克、盘克、丹麦白猪、英国大白猪等品种，将杂乱猪群改为清一色的陆川猪母本，实行公猪良种化，肉猪杂交一体化。通过陆川猪母本杂交的后代，具有抗病力强、体型好、生长发育快、瘦肉率高、容易饲养等优点。1979 年，农场在各生产队成立了母猪专业饲养队伍，大力发展母猪饲养，实行包、定、奖生产责任制。饲养人员在总场兽医人员配合下，讲究科学饲养方法，及时给母猪配种，进行冷冻精液输精试验，使母猪受胎率达到国家要求标准。每窝产小猪11 头多。全场 4 个种猪场饲养母猪 404 头，共繁殖仔猪 5679 头。其中出栏了 5147 头，比上年增加 700 头，重量增加了 39700 千克，出栏率达到 103％。母猪饲养促进了养猪业的发展，养猪生产扭亏为盈。同年，全场育肥猪总增重 45 万千克，比上年增产 24 万千克，全场 7000 多名职工家属吃肉自给有余，还出口生猪 3100 多头，为国家增加出口创汇。1979—1981 年先后把跃进、青年、罗阳等分场改为较大的种猪场，为猪品种全面改良打下基础。

1982 年，为适应国内外市场需要，以推广饲养瘦肉型猪品种为主，从美国和国内浙江、湖北、河南、北京等地引进长白、大约克、杜洛克、汉普夏等世界名牌的瘦肉型猪种，以杂交猪为母本，进行纯种繁殖或杂交改良。同年增建了双甲、那浪、创业、金光糖厂农业队肉猪场，农场养猪业调整为以发展瘦肉型猪为主的专一生产，农场的耕牛只作役用牛，其他奶牛、马、羊、鸡、鸭等畜禽生产下马。1982 年 6 月，在罗阳分场建成一个种猪场，面积 7000 多米^2。1982 年底养猪总存栏 11496 头，比上年增加 6894 头；出栏 8157 头，比上年增加 1134 头，其中出口 4475 头，比上年增加 1361 头。至 1983 年，农场有 13 个育肥猪场和 3 个种猪场，年养猪超过万头。1984 年后，农场实行经济体制改革，兴办职工家庭农场，将全部耕牛折价给职工家庭农场经营。养猪生产的经营管理体制也随之改为家庭农场联产计酬承包责任制，农场给予部分责、权、利，由家庭农场承担责任与获得收益，充分调动了养猪生产的积极性。1985 年，农场首先在内部进行经营管理体制改革，兴办了 143 个家庭养猪场。每个家庭猪场都由总场统一明确划给猪栏、饲料房和饲料地，经济上独立核算，自负盈亏。此外，农场还建立了产前、产中、产后的服务体系，成立畜牧公司，实行产供销服务一条龙，从负责组织种猪、饲料加工供应，到配种、防疫卫生、生猪出栏等都派出专人服务到场到栏，切实做到服务工作制度化、社会化，解除了养猪工人的后顾之忧，提高了生产效率和经济效益。1986 年农场的瘦肉型猪销售港澳，毛重瘦肉率平均为 27％以上，最高达 31％，与全国 12 个单位相比，质量位居第二。农场养猪生产销售主要有外贸出口和国内销售两种方式。外销经自治区外贸（局）厅和自治区粮油食品进出口分公司进行外贸出口销售。1987 年全场出栏育肥猪达 20772 头，出栏率为 125％，其中交自治区外贸出口 17847 头，为国家出口创汇 120 多万美元。从 1983 年开始，农场的养猪业在数量、生产规模、品种上得到了不断发展。1987 年至 1991 年投资 198 万元新建、改建猪舍 13432 米^2，1983 年至 2003 年，农场养猪年存出栏数均超过 1 万头，最高年份出栏数达到 7 万多头。农场先后成为广西外贸出口瘦肉型生猪基地和广西主要的生猪基地之一，成为南宁市"菜篮子工程"生猪供应基地，先后被评为"中国工厂化养猪场十佳"和广西"十佳猪场"。全场从 1985 年扭亏为盈后，利润逐年上升，农场养猪生产实现了盈利。1988 年，因原定出口生猪的饲料粮不按规定兑现问题，与自治区外贸

（局）厅发生矛盾，被外贸（局）厅于1989年后停止安排金光农场生猪出口任务，从此，农场每年出栏的育肥猪，除供应南宁市肉食外，向广东的深圳、珠海及海南省等地销售，经济效益不断增加。根据国内市场的需求量以发展瘦肉型猪生产为主，仍有着广阔的前景。

农场的养猪生产在国内外享有一定的盛誉。至2003年，农场生猪生产饲养量最高年份（年末存栏数）为1998年，达到43726头；出栏量最高年为1999年，达到73083头。农场的生猪出口有较长历史，32年累计出口生猪89337头，出口量最高年为1987年，达到17847头。农场养猪生产经营效益有盈有亏，有数字记载的效益情况表明，在1958年至2003年，有25年亏损，累计亏损总额1176.23万元，有20年盈利，累计盈利总额2952万元，盈亏相抵后尚盈利1775.77万元。1958—2003年累计总产值达95398万元。

农场的养猪生产以来一直由农场畜牧水产公司（后更名为金光畜牧有限公司）管理，2001—2003年6月，韦明宇任董事长、覃伟宁任总经理，李廷化、卢道乐先后任副总经理。2003年5月，原属农场的广西农垦金光畜牧有限公司与总公司（农场）分离，划归广西农垦永新畜牧集团有限公司直属管理。2003—2017年7月，农场没有再发展养猪生产。

2015年12月，农场投资1842万元在龙山分场建设龙山猪场。猪场建筑面积8756米^2，有育肥猪栏4栋，年可出栏生猪15000头。2017年9月20日至2019年12月，农场以代养模式代广西农垦永新畜牧集团金光有限公司饲养生猪。2018年出栏生猪11848头，2019年出栏生猪9528头。2020年3月1日以后农场公司将龙山猪场整体租赁给广西农垦永新畜牧集团金光有限公司经营。

第二节 农场养猪生产

1995—2003年农场养猪生产情况见表8-1。

表8-1 1995—2003年农场养猪生产情况表

年份	年末存栏数（头）	分类		年内出栏数（头）	分类	
		公猪（头）	母猪（头）		出口（头）	内销（头）
1955	33	1	32			
1956	622	2	72	5		
1957	1078	7	293	360	25	
1958	1539	12	533	616		

（续）

年份	年末存栏数（头）	分类		年内出栏数（头）	分类	
		公猪（头）	母猪（头）		出口（头）	内销（头）
1959	2339	14	658	1328	902	
1960	2604	13	633	510	12	
1961	2030	6	281	870	114	
1962	1360	7	300	593	18	
1963	1236	4	157	1689	38	
1964	1749	5	209	626	205	
1965	1825	8	303	1061	442	
1966	2264	16	180	1354	536	
1967	1833	8	141	1669	555	
1968	1734	4	176	928	210	
1969	2709	6	213	748	220	
1970	2771	8	334	2155	406	
1971	3271	9	439	1462	210	
1972	3588	7	292	1223	230	
1973	4106	10	444	1862	1016	
1974	4662	12	542	2456	1394	
1975	5145	17	643	3112	1616	
1976	6108	15	640	3006	1324	
1977	6270	22	688	3592	1230	
1978	8114	17	730	3551	715	
1979	6599	15	407	4799	1603	
1980	5984	16	578	4981	2328	
1981	5361	25	1277	5682	2643	
1982	9197	24	870	6827	4242	
1983	13201	31	164	12549	9972	
1984	11921	35	1396	12397	10860	
1985	10084	40	1423	10084	8352	
1986	16597	38	1706	14571	11850	
1987	19246	84	2066	20772	17847	
1988	23582	75	1330	23857	7633	
1989	26350	85	1377	30145	589	
1990	28826	94	3410	35193		35193
1991	27237	85	2754	39118		39118
1992	29469	102	2883	35835		35835
1993	32665	82	2993	37159		37159
1994	33818	118	2887	44224		44224
1995	36940	154	3128	41551		41551
1996	39769	178	3784	49852		49852

（续）

年份	年末存栏数（头）	分类		年内出栏数（头）	分类	
		公猪（头）	母猪（头）		出口（头）	内销（头）
1997	37193	194	4082	56290		56290
1998	43726	185	4091	68905		68290
1999	30013	121	2986	73083		73083
2000	26490	162	2919	50507		50507
2001	28656	156	3490	50890		50890
2002	24050	132	3178	71996		71996
2003	22156	130	4281	65757		65757
累计	658120	2591	68393	901800	89337	719745

注：表中仅统计农场自产产量。

第三节 农场养猪生产经营效益

1955—2003 年畜牧业经营盈亏表见表 8-2。

表 8-2 1955—2003 年畜牧业经营盈亏表

年份	总产值（万元）	盈亏（万元）	年份	总产值（万元）	盈亏（万元）
1955			1980	115	−8.00
1956			1981	172	15.00
1957			1982	205	−5.00
1958	2	−3.00	1983	377	−26.00
1959	38	−6.00	1984	442	−50.00
1960	15	−16.00	1985	523	29.00
1961	39	−0.23	1986	662	61.00
1962	23	−11.00	1987	799	77.00
1963	13	−4.00	1988	1017	80.00
1964	4	−4.00	1989	1789	165.00
1965		−3.00	1990	1658	246.00
1966	9	−4.00	1991	1628	69.00
1967	13	−9.00	1992	1786	91.00
1968	12	−14.00	1993	2177	148.00
1969	11	−13.00	1994	9663	547.00
1970	13	−13.00	1995	10530	360.00
1971	16	−18.00	1996	9786	239.00
1972	17	−14.00	1997	9900	588.00
1973	37	0	1998	9354	38.00
1974	42	1.00	1999	8065	−474.00
1975	45	−18.00	2000	8065	102.00
1976	57	−13.00	2001	6026	−395.00
1977	62	−17.00	2002	5300	33.00
1978	58	45.00	2003	4762	18.00
1979	71	−38.00	累计	95398	1175.77

第四节　广西农垦永新畜牧集团金光有限公司

广西农垦永新畜牧集团金光有限公司前身是广西国有金光农场畜牧水产公司。1994年5月28日，国营金光农场转轨转制为广西金光实业总公司。原农场畜牧科改为总公司下属畜牧水产公司，管理各猪场和饲料厂。2003年5月，为加快农场畜牧业发展，做大做强畜牧产业，广西金光实业总公司撤销畜牧水产公司，设立广西农垦金光畜牧有限公司，公司企业注册资金400万元。公司机构设置为公司总部、饲料厂、兽医站、罗阳猪场、坛井猪场（2003年11月28日，原坛井猪场和向阳猪场合并定名为坛井猪场，2005年8月，坛井猪场更名为向阳猪场）、创业猪场、跃进猪场、青年猪场、淋油猪场、中意猪场。其中，公司总部设立有办公室、财务部、生产技术部、供应部、销售部等管理机构。由于农垦局重组资产，组建大专业集团公司，2003年5月以后，广西农垦金光畜牧有限公司划归广西农垦永新畜牧集团有限公司直属管理，是广西农垦永新畜牧集团有限公司下属的子公司，党、工、团组织关系由农场领导和管理。

2007年5月21日，广西农垦金光畜牧有限公司变更为广西农垦永新畜牧集团金光有限公司，此名称一直沿用至2014年。2009年至2014年1月，公司先后新设立了项目办公室、产业化办公室、兽医实验室、人力资源部。至2014年公司设置有办公室、财务部、生产技术部、供应部、销售部、人力资源部、项目办公室、产业化办公室、兽医实验室等管理部门，现公司有8个猪场：罗阳猪场，占地面积211亩，猪舍面积17623米²；向阳猪场，占地面积102亩，猪舍面积15524米²；青年猪场，占地面积64亩，猪舍面积10222米²；跃进猪场，占地面积118亩，猪舍面积11309米²；淋油猪场，占地面积65亩，猪舍面积5309米²；中意猪场，占地面积67亩，猪舍面积2680米²；创业猪场，占地面积119亩，猪舍面积10888米²；松树岭原种猪场，占地面积192亩，猪舍面积26604米²；种公猪站，占地面积17.9亩，猪舍面积1199米²；饲料厂占地面积97.8亩，厂房3219米²，仓库1360米²。公司饲养的种猪品种有新美系杜洛克猪、新美系长白猪、新美系大白猪、新美系长大猪、新美系大长猪共5个品种，商品猪品种有外三元商品猪。经过多年发展，公司已发展成为集种猪繁育、商品猪生产、饲料研发为一体的生猪生产基地。公司现存基础母猪7500头，年出栏生猪150000头。其中纯种猪3000头，二元杂种猪20000头，商品猪130000头，并配有一个年生产能力10万吨的大型饲料厂。

公司下属饲料厂位于金光农场场部地区北面，现有职工40人，其前身是广西国营金光农场饲料厂。2003年5月，饲料厂归公司管理后，公司依托集团公司的技术和管理经验，实施8S管理，在产品生产监控上饲料厂拥有一套专业化的控制标准，从原料采购、存储、生产，到成品的检验、包装、出厂等全过程均建立了一套完整的质量管理体系，做到不合格的原料不得入库，不合格的产品不得出厂，确保了产品的高质量、高标准。饲料厂所生产的饲料主要供应公司养猪生产使用。

2014年12月，公司投资1300多万元对饲料厂进行扩建技改，以提高生产能力。在利用原有两个2000吨圆筒仓的基础上，新建一个1000吨的全钢锥形圆筒仓，四个豆粕仓，一个生产车间，两条生产线，配备成品打包和散装车间；安装一台4吨生物质的蒸汽锅炉；在原有的200千伏安变压器基础上，增加安装一台1000千伏安的变压器。饲料厂技改完成后可生产猪用全系列品种饲料共19种，生产能力为年产18万吨饲料。2005年饲料厂年产饲料1.19万吨，年产值2736万元；2006年为1.20万吨，年产值2697万元；2007年为1.15万吨，年产值3077万元；2008年为1.35万吨，年产值4109万元；2009年为1.42万吨，年产值3944万元；2010年为1.35万吨，年产值4008万元；2011年为1.37万吨，年产值4494万元；2012年为1.61万吨，年产值5662万元；2013年为1.84万吨，年产值6604万元；2014年为2.18万吨，年产值7223万元。

公司实施科学化、规范化、信息化、无害化管理。2008年，作为农业部首批质量追溯试点单位，公司猪场制定了一系列生猪生产的管理制度，从仔猪出生到上市屠宰，原料与兽药采购，原料进场、加工、包装、饲喂等各个环节都有详细记录，做到全程监控，形成了产加销一体化的生猪产品质量安全追溯系统。对生猪危害物质关键控制点实行常年动态监控，每批进厂原料都要经检验合格后才使用，每批饲料成品要经检验合格后才能出厂，每月进行两次猪尿样送检，制定表单，详细记录每批猪从出生到出栏的日采食量、免疫、消毒、用药等。通过建立和不断完善生猪产品质量安全追溯体系，为消费者提供安全、优质、可靠的猪肉产品。

公司采取多种措施，做好疫病净化工作。2009年，公司建立了设备完善、功能齐全的兽医实验室，加强猪场主要动物疫病防控工作，指导猪场规范用药。松树岭原种猪场是猪瘟、猪繁殖与呼吸综合征、伪狂犬病、口蹄疫、喘气病、布氏杆菌病控制和净化场，2014年通过了自治区"健康种猪场"验收。公司建立空气过滤的独立公猪站，2010年至2014年保持伪狂犬病、猪繁殖与呼吸综合征抗原抗体双阴性。兽医实验室每年至少一次对核心种猪群进行全群抗体检测，监测覆盖率达100%；每年两次对各阶段猪群进行抗体检测，监测猪群免疫抗体水平。伪狂犬病病毒抗体和布氏杆菌病抗体均为阴性，种猪群猪瘟抗体阳性率为 97.6%，口蹄疫抗体阳性率为 98.2%，猪繁殖与呼吸综合征抗体（母猪群）阳性率为 98.3%；猪瘟、猪繁殖与呼吸综合征、伪狂犬病、口蹄疫等病毒核酸检测均为阴性。监测结果显示猪群健康，疫病净化工作取得了明显的效果。

2010 年以后，根据生产管理需要，公司改变生猪饲养管理模式，将原来的一条龙传统饲养管理模式改变为多点式饲养管理模式，饲养模式的改变有利于生猪饲养生产管理和防疫防病，提高产出率。同时推广实行标准化管理，以提高生产管理水平和产品质量。此外，公司还积极推进"公司＋合同育肥"产业化经营模式，实行"五统一"管理（即统一规划选址、统一设计建设猪舍、统一提供猪苗、饲料、兽药、统一饲养管理技术方案、统一销售生猪），带动农户养猪致富。建立空气过滤的独立公猪站，分子生物学、血清学和细菌实验室，有效对猪群从抗原和抗体水平进行健康度监控，使公司母猪群配种分娩率从 2008 年前的 75% 左右提高到现在的 88% 以上，取得了较好的效果。

2012 年 10 月，公司投资 5000 多万元在创业分场松树岭新建了一个原种猪场。该原种猪场占地面积 192 亩，猪舍面积 26604 米^2，猪场地形为缓坡丘陵地，地质稳定，海拔高度高，猪场周围有 6000 多亩甘蔗环绕，水土涵养好，空气清新，环境幽静。2013 年 6 月投入使用生产。该原种猪场分别于 2013 年 10 月和 2014 年 4 月通过自治区级原种猪场、健康种猪场验收。该原种猪场推广应用养猪新工艺，猪舍采用钢屋面大跨度设计，全自动喂料系统，全自动通风换气、调温，全漏缝免冲水工艺。原种猪场技术先进，设备自动化程度高，与建传统猪舍相比有效地节约了用地、用水和减少排污量，确保种猪健康。该原种猪场存栏原种猪 2400 头，其中新美系大白母猪 986 头，12 个血统，新美系大白公猪 105 头，10 个血统；新美系长白母猪 889 头，11 个血统，新美系长白公猪 78 头，10 个血统；新美系杜洛克母猪 246 头，11 个血统，新美系杜洛克公猪 96 头，13 个血统。每年可向社会提供优质二元杂种猪 20000 头，纯种猪 10000 头。原种猪场长白猪年产平均总仔数和活仔分别为 12.47 头和 11.37 头，同比提高 0.57 头和 0.60 头；大白猪年产平均总仔数和活仔分别为 12.49 头和 11.21 头，同比提高 0.56 头和 0.68 头；杜洛克猪年产平均总仔数和活仔分别为 11.8 头和 10.75 头。"金光"牌种猪繁殖性能高，生长速度快。长白猪到 100 千克体重日龄为 147.6 天，大白猪为 146.8 天，杜洛克猪为 145.9 天。该原种猪场投入使用生产后，为培育优质健康的种猪提供了质量保证。

猪场配套畜禽死尸无害化高速自动处理机。猪场产生的猪只尸体和胎衣等经无害化高速切碎、高温、发酵、杀菌杀毒、干燥五种功能同步进行处理，生产出来的小肽粉可作为动物的优质蛋白饲料和脂肪粉，能使有机废弃物变废为宝。无烟、无臭、无废水、无病原、无二次污染。

猪场建设有日处理 200 吨的污水处理站。利用高效、高负荷的第三代厌氧反应器（UMIC），处理化学需氧量浓度高达 12000 毫克/升，去除率达 95％以上，采用预处理＋UMIC 厌氧反应器＋好氧处理的处理工艺。处理后水质污染物浓度可达到《畜禽养殖业污染物排放标准》（GB 18596—2001）的要求。污水处理达标后排放到渠道，能灌溉猪场周围集中连片的 1000 多亩甘蔗，亩增产 1～2 吨，年增加效益约 100 万元。挖掘可再生能源潜力，发展"猪—沼—甘蔗（果）"生态农业模式，可进一步提高农产品的产量和品质，生产绿色产品，实现农业增效，把企业做大做强。

经过多年的发展，公司已成为广西生猪养殖业的一面旗帜，是自治区无公害生猪养殖基地之一，是自治区及南宁市"菜篮子"工程养殖基地，是广西农业产业化重点龙头企业。先后荣获过多项殊荣，曾获得"全国工厂化养猪十佳""养猪先进企业"和"养猪丰收计划进步奖"。2003 年 10 月，通过自治区首批无公害生猪产地认定；2005 年 1 月，生猪产品通过农业部无公害农产品认证；2008 年 1 月，成为自治区本级生猪活体储备基地场之一；2014 年获自治区动物卫生监督所授予"种猪场主要防疫控制与净化——健康种猪场"。

至 2014 年，公司有管理人员、职工总人数 258 人。其中，男 144 人，女 114 人；其中，管理人员 42 人，工人 216 人。大专以上学历人员占总人数的 42.6％。公司各类专业技术人员 59 人，其中，工程师 1 人，助理工程师 1 人，兽医师 3 人，助理兽医师 8 人；畜牧师 2 人，助理畜牧师 6 人；兽医技术员 15 人，畜牧技术员 16 人；助理经济师 1 人；会计师 1 人，助理会计师 3 人，会计员 2 人。

2004 年至 2014 年，公司每年生猪年末存栏数在 14941 头以上，存栏数最多的年份是 2013 年，达到 50744 头；每年生猪出栏数在 40000 头以上，出栏数最多的年份是 2014 年，达到 107192 头，累计出栏 773806 头（表 8-3）。

表 8-3　2004—2014 年广西农垦永新畜牧集团金光有限公司养猪生产情况表

年份	年末存栏数（头）	其中		年内出栏数（头）	其中	
		公猪（头）	母猪（头）		出口（头）	内销（头）
2004	18667	46	3438	67051		67051
2005	14941	77	4167	42745		42745
2006	23919	100	3203	57280		57280
2007	24092	3729	100	56076		56076

（续）

年份	年末存栏数（头）	其中		年内出栏数（头）	其中	
		公猪（头）	母猪（头）		出口（头）	内销（头）
2008	29159	93	4162	57812		57812
2009	27103	92	3627	81171		81171
2010	27577	66	3845	69711		69711
2011	32119	85	3754	70144		70144
2012	38809	148	4393	76821		76821
2013	50744	115	5175	87803		87803
2014	48816	76	4253	107192		107192
累计	335946	4627	40117	773806		773806

2004 年至 2014 年，公司累计经营总收入 108764.79 万元，累计总产值 108708.85 万元，累计利润 5100.78 万元（表 8-4）。2004 年至 2014 年，公司有两年亏本，亏本总额为 838.15 万元，有 9 年盈利，盈利总额 5938.93 万元，盈亏相抵后尚盈利 5100 万元。其中，盈利最高的年份是 2008 年，盈利 1301 万元。

表 8-4　2004—2014 年广西农垦永新畜牧集团金光有限公司经营效益情况表

年份	总产值（万元）	经营总收入（万元）	利润（万元）	税金（万元）
2004	5034.90	5038.86	181.75	2.60
2005	4948.25	4952.56	−367.98	1.95
2006	5616.20	5621.43	−470.17	1.95
2007	8010.87	8019.14	764.66	3.07
2008	10309.51	10316.96	1301.13	4.83
2009	9657.43	9663.88	701.95	6.77
2010	9026.54	9026.54	19.43	4.49
2011	11602.26	11602.26	513.74	7.38
2012	12946.17	12950.97	1207.56	0.84
2013	14177.67	14184.67	709.30	8.29
2014	17379.05	17387.52	539.41	9.13
累计	108708.85	108764.79	5100.78	51.30

2004 年至 2014 年，公司累计固定资产总值 32661.59 万元，累计固定资产净值 13969.52 万元。其中，2004 年固定资产总值 2405.89 万元，固定资产净值 1123.78 万元；2005 年固定资产总值 2395.69 万元，固定资产净值 1048.26 万元；2006 年固定资产总值 2477.19 万元，固定资产净值 1047.56 万元；2007 年固定资产总值 2492.70 万元，固定资产净值 987.58 万元；2008 年固定资产总值 2524.16 万元，固定资产净值 932.1 万元；2009 年固定资产总值 2554.52 万元，固定资产净值 875.18 万元；2010 年固定资产总值

2587.70万元，固定资产净值820.73万元；2011年固定资产总值2750.84万元，固定资产净值904.05万元；2012年固定资产总值3162.65万元，固定资产净值1216.51万元；2013年固定资产总值3405.41万元，固定资产净值1353.42万元；2014年固定资产总值5904.85万元，固定资产净值3660.35万元。

2004—2014年历任公司领导见表8-5。

表8-5　2004—2014年历任公司正副职名录

姓名	性别	民族	籍贯	职务	任职时间
张恒博	男	壮族	广西隆安	副总经理	2003.6.6—2004.10
				总经理	2004.10—2005.10.27
谢植	男	汉族	广西横县	副总经理	2004.10—2005.10
黄菲	女	汉族	广西罗城	总经理	2005.10.27—2009.3.10
陆建明	男	汉族	广西南宁	副总经理	2005.10.27—2007.3.26
覃国喜	男	壮族	广西大化	副总经理	2007.3.26—2010.6.23
黄克宏	男	壮族	广西大化	副总经理	2010.6.28—2012.5.15
蒋振南	男	汉族	广西贵港	总经理	2009.3.10—2012.5.15
				董事长	2012.5.15—2014.12
张宁	男	汉族	河北邢台	副总经理	2012.6.18—2012.12.3
				总经理	2012.12.3—2014.12

注：由于该公司归广西农垦永新畜牧集团有限公司直属管理，2015年以后不再将该公司有关情况编入本书。

第五节　职工家庭养猪

农场的职工家庭养猪有较长历史，20世纪80年代至2002年除农场猪场经营养猪生产外，职工养猪都是在生活区内房前屋后家庭式分散饲养，有的职工租赁周边农村场地建栏养猪。每个职工家庭养猪数量不等，约有2～30头，规模较小。养猪品种先后有陆川猪、长白、大约克、杜洛克等瘦肉型品种及其他母猪。2004年后职工养猪以三元杂瘦肉型品种为主。家庭养猪虽然增加了职工的收入，但是给生活区环境卫生造成了不良影响。为使职工家庭养猪业能够健康持续发展，根据职工养猪要求，2005年至2009年农场先后分两期兴建了4个职工饲养小区。第一期投资200多万元，在向阳分场建设1个向阳饲养小区。小区占地面积60多亩，2005年开工建设，2007年建成投入使用。小区建有猪栏47栋，年出栏生猪约16000头。第二期在前进分场投资400多万元建设3个小区，分别是石灰窑小区、公婆山小区、旧小学小区。3个小区占地120多亩，2009年开工建设，2010年底建成投入使用。3个小区建有猪栏105栋，年出栏生猪约42000头（表8-6）。

表 8-6　2004—2020 年职工家庭养猪出售情况表

年份	肉猪出栏数（头）	中小猪出栏数（头）	重量（吨）	年份	肉猪出栏数（头）	中小猪出栏数（头）	重量（吨）
2004	2784	24305	223	2013	93434	27232	6540
2005	6011	33495	481	2014	92204	32794	6454
2006	11100	45116	888	2015	96670	27629	6767
2007	15186	40790	1215	2016	97632	30100	6834
2008	29721	16020	2080	2017	108173	27737	7572
2009	39917	20416	2794	2018	101469	19484	7103
2010	50054	20619	3504	2019	35504	36065	2485
2011	67953	25955	4757	2020	22523	4010	2005
2012	71532	36914	5007	累计	941867	468681	66709

职工饲养小区由农场统一规划，统一设计，统一基础设施建设。职工饲养小区的公共基础设施和每栋猪舍地基由农场出资统一建设，基础设施集资建设，所需资金由农场向养殖户筹集。每栋猪栏及养猪设施、小猪、母猪由职工个人投资，每栋猪栏（含小猪、母猪）投资 10 万～15 万元，每栋猪栏平均面积约 440 米^2。职工饲养小区采取分户建舍、分开饲养、自主经营、自负盈亏的饲养经营方式。饲养主要品种为三元杂商品猪。

2008 年，农场根据国家养猪有关优惠政策，在职工饲养小区内建设养猪沼气池。每只沼气池建设资金由政府补助 1450 元（含灯灶具 1 套），不足部分由养殖户自筹。职工饲养小区每栋猪栏建有 1～2 个 8 米^3 的沼气池，养殖户利用沼气解决了日常生活部分用气和照明。2011 年和 2012 年国家出台能繁母猪补贴政策，能繁母猪每头补贴 100 元。此外，农场还出台优惠政策：对自愿进入养殖小区从蔗岗转为从事养殖业的职工，农场给予优惠政策即从开始养殖起三年内，每年养老、医疗等保险费（包括企业和个人部分）由农场为其本人交纳 50%。第四年后另议定。至 2014 年职工饲养小区有职工养猪户 140 个，职工家庭养猪全部销往全国各地。

职工饲养小区的建成，不仅增加了职工收入，而且拉动了农场经济的发展。职工养猪业由过去分散养殖变为集中饲养，形成了规模经营，得到了快速发展，成为具有金光特色的一大产业之一，辐射带动了周边地区养猪业及相关行业的发展。

2018 年 9 月以后，受非洲猪瘟疫情的严重影响，职工家庭养猪遭到重创，很多职工将猪栏全部清空后或空置或出租或转让，职工养猪业跌至历史发展低谷，职工养猪年出栏数大幅度减少。

第九章　现代农业生产设施建设与发展

第一节　农业生产机械化发展概况

建场以来，农场农业机械化先后在农机配备、水稻和甘蔗生产方面得到逐步发展。大量机械化设备设施在生产中的投入使用，不仅提高了农业生产机械化程度，而且提高了生产效率。

1955年12月19日，进场第一批农用机械设备是D-35链轨式拖拉机1台，配四铧犁1台，Z-25K中型胶轮式拖拉机四台，每台机车配两铧悬吊犁1台，配合犁耙整地，运送肥料。1956年调1台Z-25K中型胶轮式拖拉机给红河农场使用，同年，进场第二批农用机械设备是DT-413链轨式拖拉机2台，配有五铧犁和轻重耙各1台，主要是垦荒和犁耙整地。

1955年至1957年，进场吉斯-150载重吨位4吨汽车3辆。随着工农业生产的发展，机械化设备不断增加，农业机械化也不断提高，促进了生产力的发展。

1959年农场成立机务科，配备专业管理人员4名，当年拥有链轨式拖拉机7台324马力，胶轮式拖拉机5台125马力。1986年，农场有大小拖拉机220台，农机具配套，农忙期间，这些拖拉机由农场统一调配使用。由于农业种植面积不断扩大，农田水利建设也需要大量机械，机械能力显然不足。

随着农作物种植方式的改变，各种农业机械化也有不同程度的发展。水稻生产机械化整地由用牛犁耙发展到用中型拖拉机犁、耙、打田，水稻插秧由手工发展到用人力插秧机以及部分用机动插秧机，收割由人工收割发展到机械收割。

1970年，从西江农场农机具修造厂购进水稻收割机2台，1971年又从该厂购进8台，全场拥有10台水稻收割机，每台每班次收割水稻30～40亩。同年农场从南宁市插秧机厂购进人力插秧机，至1972年，播种水稻面积较大的跃进、团结、东风等分场，每班组配1台人力插秧机，日插秧15～20亩。1974年，自制动力打谷机12台，每台每小时可打出稻谷800～1000千克。同年，农业机械化有了较大发展，拥有链轨式拖拉机32台，胶轮式拖拉机30台。

为使土地平整，便于田间作业、中耕、培土、保水保肥，1975年，农场组织125人、31台机车（其中链轨式26台，胶轮式5台）成立平土专业队（前身是南宁地区机耕队，建于1973年冬），至1979年，完成平整土地面积31980亩。

1976年，全场水稻、玉米、花生等主要作物生产，包括犁耙整地、开行、播种（插秧）、杀虫、收割、运输、脱粒等工序，基本实现了机械化和半机械化，减轻了农业工人的劳动强度。

1978年，农场和南宁地区农机厂、自治区农机研究所联合成功研制了4GZ-1腹挂式甘蔗联合收割机。联合收割机能一次完成切梢、扶倒、切割、喂入、剥叶、分离、集堆等作业。经大面积生产试验，机器性能良好，基本达到设计要求，田间作业每小时可收割甘蔗1～3亩，能自行开道作业。1978年初，农场与自治区农机研究所、南宁地区农机厂联合研制（后经农场技术人员改进）的新型甘蔗联合种植机在北京全国农机展览会上展出。该机操作方便，工作效率高，能同时进行开沟、砍种、摆种、消毒、施肥、盖土六道工序，种植质量好，工效比人工提高了15倍。1979年，自制甘蔗深松犁，甘蔗种植前，进行遍地深松和畦沟深松，种植甘蔗效果较好。1981年自制甘蔗播种机，开行、砍种、播种、下肥、盖土等5项工序一起完成。另外，还研制有甘蔗开垄松蔸机、种植机、深松施肥机、水肥喷淋机等，自制的甘蔗培土器，解决了甘蔗中耕培土牛犁人工培土的问题。1982年3月，研制的甘蔗圆盘中耕除草培土机投入田间生产，每班功效40至50亩。为了实现1978年全国机械化会议提出的奋斗目标，1982年秋，自治区农垦局在金光农场召开农机现场会，展示农机工作取得的成果。1985年5月，自治区农机研究所设计、南宁地区农机厂制造的4Z-90自击式甘蔗收割机和自治区农机研究所研制与铁牛-55等型号拖拉机配套的3PZ-1甘蔗破垄平茬机在农场通过了省级技术鉴定（图9-1）。

图9-1 1982年秋，自治区农垦局在金光农场召开农机现场会

1987年夏天，自治区农垦局在农场召开全区农垦农机工作现场会，继续推进农机化。1988年，自制3PZ甘蔗破垄平茬机，每小时破垄平茬8～10亩，相当于畜力的10～13倍，而质量远远比畜力好。该机还出口6台到塞拉利昂、多哥等国家，为中国出口创汇。农场的甘蔗生产基本实现机械化，但成立甘蔗家庭农场后，甘蔗破垄平茬机、深松犁等部分机械没能坚持推广。1975年至1988年，农场先后创制、改制、试制了适合本场大面积甘蔗生产使用的较大型农机具182台（套），使甘蔗生产种、管、收各个环节都能使用上机械，基本实现了甘蔗整地、种植、中耕除草、培土、施肥、喷药杀虫、宿根蔗破畦、松蔸、喷淋喷灌、收割、运输的机械化，填补了广西甘蔗专用机械的空白。1990年12月，农场修配厂研制了我国第一台甘蔗碎叶机，该机把蔗叶锯成25厘米长的叶片后进行蔗叶还田（图9-2）。

图 9-2　早期农场研制的甘蔗机械

1995年至2002年，随着国有体制改革的深化，农场五小工业实行经营转制，将大部分货运汽车折价转让给内部职工经营，或转卖给社会个体户经营，这时，各分场的机务组解散，原有的公家机车全部进行拍卖，从这以后农场不再有公家机车，所有的机耕作业都由家庭农场自己完成。

第二节　现代农业机械化发展——甘蔗生产全程机械化

20世纪70年代中期至80年代，农场的甘蔗生产从整地、中耕、培土、破垄、行间深松、喷药都采用机械化作业，机械化程度约达70%。甘蔗播种曾于1978年推广本场制造的甘蔗种植机，1984年建立家庭农场承包后一般都不采用。甘蔗收割机曾试用过澳大利亚产的收割机，但不适于本场情况，没有推广。甘蔗碎叶机曾研制两种机型，1982年是一种铲式机，但负荷太大，没有推广。1988年、1989年又试制原地切碎式，使用效果较好，后来继续改进。2003 年以后，农场逐年加大发展甘蔗生产机械化设备，不断引进和推广使用了一批国外先进的大马力机车、联合收割机及先进的农机具，逐步使甘蔗生产从耕、种、管、收基本实现全程机械化，推进现代农业机械化发展。

2003 年农场被农业部列入"全国农垦现代农业示范区"和广西农垦"现代农业和甘蔗生产全程机械化建设试点单位"，甘蔗生产机械化被列入农业现代化示范项目重要工程之一。为打造现代农业示范区，推进农业机械化进程，2003 年 10 月，农垦局投资 1200 万元购买了 5 台芬兰维美德生产的 BH180 型大马力拖拉机，并匹配了 5 台弹簧犁交给农场使用。当时农场没有成立农机队，只设专人负责管理这些机车，统称"大马力"。至 2008 年，这些"大马力"机车一直由农场生产部管理调度，主要负责全场甘蔗生产机耕整地工作。农场率先引进先进大型的国外农业生产机械设备，提高了甘蔗生产机械化水平。从此，农场又有了公家农机机车。2004 年全场拥有大中型农用拖拉机 77 台，共 5285 马力（其中个体 70 台，5037 马力）；大中型机引农具 228 台（旱地犁 62 台，开行器 67 台，耙 64 台，中耕器 35 台）；手扶拖拉机 639 台，共 8816 马力；载重汽车有 45 辆，共 4955 马力，222 吨位（其中个体 45 辆，共 4955 马力，225 吨位）。

随着甘蔗生产劳动力严重短缺和劳动力成本的日益提高，农场现有的农业机械已不能满足甘蔗生产全程机械化的发展需要，尤其是甘蔗收割环节和装蔗机械化程度比较薄弱，影响了甘蔗生产机械化水平的整体提高。2008 年 1 月，自治区副主席陈章良提出广西要走甘蔗生产全程机械化，广西农垦要抢抓机遇，率先承接项目，把金光农场列入垦区甘蔗生产全程机械化示范基地。为此，农场耗资 800 多万元及时从美国凯斯公司购进了广西壮族自治区第一台世界上最先进的凯斯 7000 切断式联合甘蔗收割机，以后又逐步购进了甘蔗田间运输网车、甘蔗公路运输网车等甘蔗收割机械化设备，专门从事甘蔗生产机械化收割作业。该收割机具有一次性完成甘蔗收割、剥叶、切段、装运等机械作业，不仅可以大大降低收割成本，还可以提高生产力，解放劳动力。该机机械化程度和生产效率高，每小时收割甘蔗 15 亩，一天可以收割 2000 吨甘蔗，相当于 2000 个工人一天的工作量。机械收割与人工收割相比，成本减少约 7.71 元/吨。该收割机的引进，迈开了农场甘蔗机械化收割的新路子，填补了甘蔗机械化收割历史上的空白。2008 年 2 月 1 日，广西农垦甘蔗机械化采收现场演示会在农场举行，为推进农垦甘蔗生产机械化的快速发展吹响了进军的号角。2008 年 3 月 21 日，广西农垦再次在农场举行甘蔗机械化作业现场演示会，自治区政府副主席陈章良、农垦局局长刘志勇、科技厅厅长陈大克、农业科学院院长李杨瑞等领导和有关部门近 200 人现场观摩了甘蔗机械化收割作业。

2008 年 5 月，农场成立了农机服务中心（后改为农机服务队），配备专业管理人员 4

名及农机驾驶员 6 名，主要负责全场机械化发展工作的实施和管理，为家庭农场提供优质服务。农机服务队实行自主经营、自负盈亏、独立核算、上缴利润的经营方式。至 2014 年，农机队（国有机械）拥有各种大型拖拉机 25 台，中型拖拉机 2 台，共 4200 马力。配备了碎叶机、三铧犁、单铧犁、旋耕耙、喷虫机等各种新型农机具，甘蔗生产具备了从整地、种植到田间管理的机械作业能力；在甘蔗收割方面，拥有凯斯 7000 联合收割机 1 台（图 9-3），凯斯 4000 四台。

图 9-3　凯斯 7000 甘蔗联合收割机收割甘蔗

2009 年，为了配套凯斯收割机作业，农场又购买了 3 台天拖迪尔 1204，公路运输网车 6 台，及田间运输网车 3 台。2010 年，继续购买了 4 台凯斯 4000 甘蔗收割机。2012 年农场采取"农场垫支、糖厂担保贷款、职工个人自筹资金"的优惠政策措施，鼓励职工个人积极购置和经营装蔗机。当年农场垫支 129 万元、糖厂担保贷款 265 万元、职工个人自筹 121.5 万元，总投入 515.5 万元购进了 25 台装蔗机投入甘蔗榨季生产。此外，农场还支持 92 万元购进 21 台小型拖拉机配套盖膜种植一体机，20 多台甘蔗田间轻便搬蔗机等农机器械，基本实现了装蔗机械化，全场 30 多万吨甘蔗的装车 85％由机械完成。2010 年 1 月 5 日，广西糖料蔗收获机械现场演示会再次在农场举行，11 台甘蔗联合收割机逐一演示收割的全过程。自治区党委副书记陈际瓦、人大常委会副主任覃瑞祥、政府副主席陈章良、政协副主席彭钊，南宁市副市长温守荣，农业部机械化司副司长刘宪，自治区农垦局局长刘刚、农业厅厅长张明沛等领导，自治区内外多家农机制造企业的科研专家和技术人员近 600 人参加了演示会，加快了甘蔗生产机械化发展的步伐。2012 年 3 月，全球最大的农机制造商、世界 500 强企业约翰迪尔的新一代小型甘蔗收割机样机到农场进行现场作业展示，并与广西及广西农垦加强合作，深入开展甘蔗生产机械化试验项目，将适合的先进机械及农机技术推广及应用到甘蔗生产中。

2008 年 3 月至 2010 年 1 月，自治区党委、人民政府、农垦局等有关领导先后 3 次到农场视察指导甘蔗生产机械化工作，现场观看凯斯 7000 甘蔗联合收割机砍断、剥叶、切段、收集、装运机械化收割作业，对农场率先引进和推广先进的甘蔗生产机械化新机具、新技术和甘蔗生产全程机械化发展工作所取得的成绩给予了充分的肯定和高度的评价。

截至 2014 年，农场机械化设备累计投入 2300 万元。农场国有机械占有量约为 30%，个体机械占有量约为 70%。机耕碎叶、犁地、耙地等各作业环节除由农机队大马力拖拉机完成以外，剩余的开行、施肥培土等都由个体机械完成。

经过 10 多年的农机发展和利用自治区农机具购置补贴政策，甘蔗生产机械化试点、推广、发展、应用等工作取得了一定成效，尤其是甘蔗生产过程中机耕、机管、机种、机收、机装等综合机械化水平获得了长足的发展，发生了质的变化。甘蔗生产基本实现全程机械化，改变了传统生产方式，提高了机械化综合水平，提高了生产效率。至 2014 年全场拥有大中型农用拖拉机 65 台，共 6300 马力（其中个体 40 台，3600 马力），比 2004 年的 5285 马力增加 1015 马力；大中型机引农具 171 台（其中旱地犁 30 台，开行器 40 台，耙 35 台，中耕器 46 台，碎叶机 20 台）；手扶拖拉机 188 台，共 2820 马力；凯斯 7000 甘蔗联合收割机 1 台和凯斯 4000 小型甘蔗联合收割机 4 台，共 1050 马力，收割机配套网车 8 套；个体装蔗机 30 台，2400 马力；"桂花"牌甘蔗种植机 4 台（个体 2 台），职工自行研制甘蔗种植机 5 台。甘蔗生产机械化设备总马力比 2004 年有了大幅度增加，甘蔗生产从耕、种、管、收、装运基本实现了全程机械化作业，综合机械化水平达 63%，其中机耕率和机管率分别为 100%，机种率 52%，机收率 11%，甘蔗生产机械化覆盖面达到 100%。甘蔗生产机械化先进水平与 2004 年相比有了很大的提高。

2015 年至 2019 年，农机服务队"自主经营，自负盈亏，独立核算，上缴利润"的经营方式不变。2019 年 5 月，农场公司对农机队进行人员精减，设队长 1 名，管理人员 1 名，主要负责全场甘蔗犁耙整地、耕、种、收等农机服务工作。

截至 2020 年全场拥有大中型农用拖拉机 120 台，共 16000 马力（其中，个体拖拉机数量 80 台，6800 马力），共有收割机 30 台及装蔗机 26 台（含个体），植保无人机 3 台。农场在甘蔗碎叶还田、犁地、耙地、种植开行环节机械化率 100%，机械收获率 28.8%，综合机械化率 80%，比 2014 年提升了 17%。

2014 年以后，农场公司的现代农业生产机械化水平得到快速发展，主要体现在甘蔗生产机械化方面。农场的甘蔗生产机械化设备在一定程度上代表着广西农垦甘蔗生产机械化的先进水平和先进生产力，起到了示范辐射带头作用，成为农场乃至广西农垦甘蔗生产机械化发展的最大亮点。

第三节 农业生产水利灌溉设施建设概况

建场后，农场逐年安排农田水利建设，兴修水利、筑水库等。1957年农场出资14.5万元，与扶绥县中东镇（当时是中东区）兴建新安水库，而且还派一辆载重汽车专为兴建新安水库运送建材物资服务，目的以引用新安水库的水解决同正、中意、罗阳、淋油等分场的农作物灌溉用水问题。但新安水库建成后，农忙季节或抗旱用水，都是近水库下水处的农业单位优先获得安排用水，因此，农场受益极少，无法保障农场的农田用水需要。

1958年至1980年，农场全面实施农田基本建设总体规划，大搞水利建设工程。1976年7月，农场组织200多人（最多人数为280人）成立水利专业队，专业队员集中居住坛井西北区（现创业分场）。水利专业队主要工作任务是负责全场修筑水利、建水利渡槽和水利内防渗等建设工程。水利专业队在完成农场拟定的水利建设项目后，于1978年底解散。到1980年止农场完成修筑水利渠道总长为87.696千米，相当于农场（以中楞、老口渡线路计程）至南宁市往返路程。其中建成干渠24.888千米，支渠26.155千米，斗渠36.653千米。水利内防渗总长度44.653千米，其中干渠内防渗17.7千米，支渠内防渗11.773千米，斗渠内防渗15.18千米。开挖及修筑水利、建渡槽、内防渗等三项工程总投资为193万元，平均每米投资22元。1981年至1991年，农场水利基础设施建设投资总额677.5万元，加固、维修原有水利2.2万米，土地有效灌溉面积增至1.8万多亩。1980年后，农场的农业生产灌溉逐步转向以发展电力灌溉、节水灌溉为主。

第四节 现代农业生产灌溉设施建设——电力灌溉

农场的耕地大部分高低起伏，土壤保水保肥力差，地表水源不足，很难实施常规的地面灌溉。为解决农业生产灌溉用水，抗旱保收，农场积极利用丰富的地下水资源，大力发展节水型、适应性较大的喷灌系统，以解决丘陵山坡旱地作物灌溉。

1958年至1980年，农场分别在科技示范园（原团结分场）的剪刀河南、北岸、青年、天堂、中意、淋油、创业、前进、东风（三级站）等分场兴建电灌站9处，共装机18台，786千瓦动力，总流量为3.312米³/秒。设计能力可灌溉面积21610亩，实际灌溉面积为15650亩（表9-1）。1978年，农场建有甘蔗喷淋设施，喷淋灌溉甘蔗面积1300多亩。1981年先后建成喷灌站14座，喷灌面积6660亩（图9-4）。1981年至2000年，农场投资320万元，分别在淋油、青年、那浪、罗阳、创业、跃进、前进、同正、双甲、坛井、东风等分场兴建电力喷灌和淋灌 19 处，共装机 23 台，1160 千瓦动力，设计能力可喷灌甘蔗及果类作物面积 10335 亩（图 9-5）。电力抽水灌溉和电力喷灌实灌面积 25985 亩，解决了农场的农田灌溉面积的 60％以上。2004 年 5 月在新谊和四和分场安装以色列地埋式滴灌及附属设施，该技术能在节约用水的基础上提高灌溉效果。2004 年农场实现滴灌面积 2070 亩，固定式喷灌 14164 亩，卷盘喷灌 1350 亩，渠灌 2000 亩，实现设施化灌溉。灌溉总面积 23584 亩，其中甘蔗灌溉面积 19000 亩，水果灌溉面积 3875 亩。

表 9-1　1964—1966 年电力抽水灌溉设施表

年份	单位	站名	水泵型号	动力（千瓦）	变压器（千瓦）	渠道总长（米）			灌溉面积（亩）	
						干渠	支渠	斗渠	设计	实灌
1964	团结分场	剪刀河北站		138/3	560	1733	838	2293	3300	2800
1966	团结分场	剪刀河南站		135/4					10500	8600
1966	青年分场	至料塘电灌站		95/2		3484	5988	1270	2060	1200
1966	天堂分场	天堂河电灌站		28/1					400	380
1966	中意分场	罗阳中意电灌站	125R/1	55/1		1535	3994	1144	1980	870
1966	前进分场	前进水井电灌站		115/2	100		1545	7227	2070	1100
1966	跃进分场	剪刀河北站抽水站				2533	1080	7273		
1966	淋油分场	淋油石洞电站		40/1	75	4968	961	1125	650	300
1966	坛井分场	从剪刀河南站抽水灌溉				7725	9749	14321		
1966	创业分场	创业深井电站				2910	2000			
1966	东风分场	剪刀河南站抽水二级站								
1966	罗阳分场							2000		
合计									20960	15250

图 9-4　1980 年电动大型喷淋机正在喷灌甘蔗

2004 年以来，农场每年投资 160 万元用于甘蔗农田灌溉设施的维修和发展，10 年来累计投资 1600 万元。由于东风、前进分场的渠灌，青年分场的滴灌设施大部分损坏，缺少后期资金投入维修，未能得到正常使用，致使渠灌和滴灌面积逐年减少，现全场农业生产灌溉以喷灌、淋灌为主，有部分节水灌溉。2012 年 8 月，同正、中意分场开展土地整理项目，其中新建喷灌设施 7000 亩。农田水利工程主要建设节水、节能的喷灌设施，建

图 9-5　万亩甘蔗生产基地喷灌设施

有河边抽水泵 3 组及其泵房 1 座，蓄水池 8 座，喷灌泵及泵房 8 座，埋设喷灌管道包含输水管总长约 9.8 万米。2014 年项目完工后未正式投入使用。

截至 2014 年，全场甘蔗灌溉总面积 24051 亩，比 2004 年的 19000 亩增加 5051 亩，占甘蔗总面积的 50%。其中喷灌 18226 亩，淋灌 4422 亩，滴灌 400 亩，渠灌 1003 亩。水果灌溉总面积 9455.8 亩，比 2004 年的 3875 亩增加 5580.8 亩。电力喷灌、淋灌和节水灌溉的建设，为现代农业生产发展注入了强劲的动力，确保了现代农业生产取得良好的经济效益。

截至 2020 年，农场累计投入 6029 万元建成高效节水灌溉设施。其中，新建机钻井 35 口，蓄水池 41 座，深水井 35 口，闸阀井 3228 座，加压泵房 41 座，抽水泵房 41 座，铺设水利化田间管网 68.56 万米，全场甘蔗可灌溉面积 33309.5 亩，比 2014 年的 24051 亩增加 9258.5 亩，其中喷灌 31890.5 亩，滴灌面积 1319 亩。水果灌溉总面积 14755.8 亩，比 2014 年 9455.8 亩增加 5300 亩（表 9-2、表 9-3）。

表 9-2　2004—2020 年电力抽水灌溉设施表

年份	单位	站名	水泵型号	动力（千瓦）	变压器（千瓦）	灌溉面积（亩）	
						设计	实灌
2004	中意分场	八区（生活用水）	60-27	7.5	380		
2004	创业分场	果山二级站		30.0	50		
2004	昌平分场	果地（果树淋灌）	潜水泵	37.0	110	280.00	358.000
2004	那浪分场	果园淋灌	深井泵	37.0	100	450.00	406.000
2005	昌平分场	万人洞（果树淋灌）	潜水泵	37.0	110	500.00	514.000
2005	友谊分场	抽水站		25.0	80	579.00	579.000
2006	东风分场	1 号泵（香蕉）	潜水泵	22.5	50	250.00	280.000
2006	东风分场	2 号泵（香蕉）	潜水泵	18.5	50	200.00	250.0000
2006	东风分场	3 号泵（香蕉）	潜水泵	22.5	50	250.00	280.000
2006	东风分场	向阳 1 号泵（香蕉）	潜水泵	22.5	50	250.00	350.000

（续）

年份	单位	站名	水泵型号	动力（千瓦）	变压器（千瓦）	灌溉面积（亩）	
						设计	实灌
2006	东风分场	向阳2号泵（香蕉）	潜水泵	22.5	50	250.00	350.000
2007	那浪分场	旧水井（更新）	抽水泵	18.0	100		
2007	前进分场	深井（主要是生活用水）		40.0	160	500.00	300.000
2008	创业分场	淋灌		30.0	75	700.00	700.000
2009	双甲分场	西二喷		60.0	110	75.00	700.000
2009	东风分场	向阳污水泵（甘蔗）	水泵	18.0		250.00	350.000
2010	昌平分场	北区	潜水泵	45.0	110	450.00	450.000
2011	双甲分场	三喷（生活、甘蔗）		60.0	55	55.00	346.000
2013	同正分场	1站	8SH-6A	110.0	4000		
2013	同正分场	2站	200S-95	132.0	4000		
2013	同正分场	3站	150S-78	75.0	4000		
2014	东风分场	砖厂泵（香蕉）	潜水泵	22.0		150.00	200.0000
2015	双甲四和	木瓜地	深井泵	37.0	100	500.00	500.000
2015	东风分场	东风一号泵房	潜水泵	22.0	50	120.00	120.000
2015	东风分场	东风二号泵房	潜水泵	18.0	50	150.00	150.000
2015	东风分场	东风三号泵房	潜水泵	22.0	50	154.00	154.000
2015	东风分场	肖汉山一号泵房	潜水泵	22.0	50	452.00	452.000
2015	东风分场	肖汉山二号泵房	潜水泵	18.5	50	354.00	354.000
2015	前进分场	淋油点一区B片	型号不明	25.0	100	680.46	680.460
2015	前进分场	前进分场一区C片区：小金山喷灌双高	200QJ80-55/5	18.5	100	270.60	270.600
2015	前进分场	前进点四区A双高	200Q80-75/5	18.5	100	1076.49	1076.490
2015	前进分场	前进点四区B双高	200Q80-75/5	18.5	100	609.61	609.610
2015	前进分场	前进点三区双高	125-160	22.0	200	1336.14	1336.140
2015	罗阳分场	罗阳分场1区喷灌	250QJ80-55/5	80.0	100	18.50	1133.000
2015	罗阳分场	罗阳分场7区喷灌	250QJ80-55/5	80.0	100	18.50	777.000
2015	昌平分场	大小坪	潜水泵	37.0	110	280.00	367.000
2015	创业分场	西区（双高2号系统）		18.5		670.00	670.000
2015	创业分场	南12号（双高4号系统）		18.5		490.00	490.000
2015	创业分场	北5（双高1号系统）		18.5		750.00	750.000
2016	友谊分场	1区	深井泵	18.5	100	800.00	1000.000
2016	友谊分场	2区	深井泵	18.5	100	800.00	1000.000
2016	双甲分场	A区	潜水泵	18.5	110	500.00	500.000
2016	双甲分场	E区	潜水泵	18.5	110	500.00	500.000
2016	双甲分场	1#	潜水泵	18.5	110	500.00	500.000
2016	双甲分场	2#	潜水泵	18.5	110	500.00	500.000
2016	双甲分场	2#	潜水泵	18.5	110	500.00	500.000
2016	双甲分场	3#	潜水泵	18.5	110	500.00	500.000

（续）

年份	单位	站名	水泵型号	动力（千瓦）	变压器（千瓦）	灌溉面积（亩）	
						设计	实灌
2016	双甲分场	4#	潜水泵	18.5	110	500.00	500.000
2016	双甲分场	5#	潜水泵	18.5	110	500.00	500.000
2016	双甲分场	6#	潜水泵	18.5	110	500.00	500.000
2016	双甲分场	7#	潜水泵	18.5	110	500.00	500.000
2016	双甲分场	旧喷一	潜水泵	18.5	110	500.00	500.000
2016	双甲分场	旧喷二	潜水泵	18.5	110	500.00	500.000
2016	罗阳分场	罗阳分场2区喷灌（1）	250QJ80-55/5	80.0	100	18.50	664.820
2016	罗阳分场	罗阳分场2区喷灌（2）	250QJ80-55/5	80.0	100	18.50	664.000
2016	罗阳分场	罗阳分场3区喷灌	250QJ80-55/5	80.0	100	18.50	688.000
2016	罗阳分场	罗阳分场9区喷灌（1）	250QJ80-55/5	80.0	100	18.50	590.880
2016	罗阳分场	罗阳分场9区喷灌（2）	250QJ80-55/5	80.0	100	18.50	533.620
2016	昌平分场	C区	潜水泵	18.5	110	690.00	746.000
2017	团结分场	剪刀河北站	250s-14	30.0	500	3000.00	2000.000
2017	团结分场	剪刀河北站	250s-14	30.0	500	3000.00	2000.000
2018	团结分场	蔬菜基地	ISW100	18.5	80	700.00	0
2019	团结分场	旱改水A区1	ISW150-250（Ⅰ）	18.5	30	300.00	264.000
2019	团结分场	旱改水B区	YE2-160L-4	15.0	100	500.00	410.564
2019	团结分场	旱改水C区	YE2-160L-4	15.0	100	400.00	356.000
2019	团结分场	旱改水C区	ISR150-125-250	18.5	100	400.00	356.000
	合计			2210.0	18490	29802.00	33577.000

表9-3　1979—2020年电力喷灌设施表

年份	单位	站名	水泵型号	扬程（米）	变压器（千瓦）	动力（千瓦）	灌溉面积（亩）	
							设计	实灌
1979	双甲分场	甘蔗喷灌站		78.0		55	400.00	400.00
1981	淋油分场	第一喷灌站（甘蔗）		200.0	100	55	500.00	480.00
1979	青年分场	第一喷灌站（甘蔗）		122.0	180	40	670.00	670.00
1982	那浪分场	第一喷灌站（甘蔗）		122.0		75	436.00	436.00
1982	那浪分场	第二喷灌站（甘蔗）		79.0		75	400.00	400.00
1984	淋油分场	第二喷灌站（果树）		79.2	100	55	560.00	560.00
1988	罗阳分场	第一喷灌站（甘蔗）		68.0		55	530.00	530.00
1988	罗阳分场	饲料喷灌站		78.5		17	63.00	63.00
1988	创业分场	第一喷灌站（甘蔗）		68.0	80	55	500.00	500.00
1988	创业分场	第二喷灌站（甘蔗）		68.0	5	55	480.00	480.00
1988	跃进分场	饲料喷灌站	3B57	68.0	75	17	71.00	71.00
1988	青年分场	饲料喷灌站	3B57	79.2	80	17	85.00	74.00
1988	前进分场	果树喷灌站	6SR-6	79.2	80	55	639.00	667.00
1989	同正分场	果树喷灌站	6SR-6	79.2		55	540.00	540.00

（续）

年份	单位	站名	水泵型号	扬程（米）	变压器（千瓦）	动力（千瓦）	灌溉面积（亩）	
							设计	实灌
1989	四和分场	果树喷灌站	6SR-6	79.2		55	518.00	518.00
1990	罗阳分场	果树喷灌站	6SR-6	79.2		55	330.00	330.00
1990	坛井分场	甘蔗喷灌站	6SR-6	79.2	5	55	443.00	443.00
1990	东风分场	甘蔗喷灌站（现已改为小城镇建设）				37	50.00	50.00
1991	淋油分场	果树喷灌站			80	55	516.00	516.00
1999	跃进分场	甘蔗固定式喷灌站				75	1087.00	1087.00
1999	跃进分场	卷盘式喷灌站				55	1152.00	1152.00
1999	跃进分场	卷盘式喷灌站				37	1150.00	1150.00
2001	昌平分场	甘蔗喷灌站				55	1133.00	1133.00
2001	罗阳分场	甘蔗喷灌站				55	1090.00	1090.00
2004	昌平分场	南区（生活用水、甘蔗）	潜水泵	80.0	110	17	1000.00	1027.00
2004	昌平分场	南区（生活用水、甘蔗）	水泵	200.0	110	37	1000.00	1077.00
2004	中意分场	八区（甘蔗）	80-72		380	30	500.00	500.00
2004	青年分场	7区（甘蔗、果树）		80.0	80	37	800.00	600.00
2004	那浪分场	果园淋灌	深井泵		37	100	450.00	406.00
2004	罗阳分场	七、八区果地淋灌站	深井泵	70.0	200	30	550.00	548.00
2004	创业分场	果山（果树、甘蔗）	8sh-9	62.5	80	75	500.00	500.00
2005	友谊分场	第一喷灌站（甘蔗）	6sh-6		78	125	367.00	367.00
2005	青年分场	12区（甘蔗、果树）		80.0	100	37	800.00	600.00
2007	前进分场	露天井（甘蔗、果树喷灌）			160	75	1000.00	700.00
2007	那浪分场	更新旧喷灌	8sh-9	62.5	100	75	900.00	852.00
2008	龙山分场	2号站（甘蔗）		50.0	125	18	600.00	500.00
2009	双甲分场	西二喷（甘蔗）		60.0	110	75	700.00	700.00
2011	双甲分场	三喷（甘蔗）		60.0	55	55	346.00	346.00
2012	友谊分场	第二喷灌站（甘蔗）	KQW125	110.0	250	25	579.00	579.00
2013	同正分场	A1（甘蔗）	200S-63	63.0	250	75	1000.00	454.80
2013	同正分场	A2（甘蔗）	200S-63	63.0	250	75	784.00	454.80
2013	同正分场	A3（甘蔗）	200S-958	72.0	250	90	780.00	454.80
2013	同正分场	A4（甘蔗）	200S-958	72.0	250	90	770.00	454.80
2013	同正分场	A5（甘蔗）	200S-63	63.0	250	75	640.00	454.80
2015	团结分场	一喷西双高	ISW100-250（I）	30.0	80	55	600.00	545.00
2015	团结分场	六斗西双高	ISW100-250（I）	30.0	80	55	1200.00	1073.00
2015	双甲四和	木瓜地	YE2-250M-2	150.0	110	55	500.00	500.00
2015	前进分场	淋油点一区B片区	ISW150-250	75.0	100	55	680.46.00	680.46
2015	前进分场	淋油点一小金山	1SW150-250（1）A	70.0	100	55	270.60	270.60
2015	前进分场	前进点三区	IS150-250（1）A	70.0	200	55×2	1336.10	1336.14
2015	前进分场	前进点四区A双高	IS125-100-150A	70.0	100	55	1076.49	1076.49
2015	前进分场	前进点四区B双高	IS125-100-150A	70.0	100	55	609.61	609.61

（续）

年份	单位	站名	水泵型号	扬程（米）	变压器（千瓦）	动力（千瓦）	灌溉面积（亩）设计	灌溉面积（亩）实灌
2015	罗阳分场	罗阳分场1区喷灌	ISW125-250A		55	100	1000.00	1133.00
2015	罗阳分场	罗阳分场7区喷灌	ISW125-250A		55	100	600.00	777.00
2015	创业分场	西区（双高2号系统）	YE2-250M-2	18.5	160		670.00	670.00
2015	创业分场	南12号（双高4号系统）	YE2-250M-2	15.8	100		490.00	490.00
2015	创业分场	北5（双高1号系统）	YE2-250M-2	37.0	80		750.00	750.00
2016	友谊分场	1#	Y2-250M-2		55	100	800.00	600.00
2016	友谊分场	2#	Y2-250M-2		55	100	800.00	1100.00
2016	友谊分场	3#	Y2-280S-2		75	100	800.00	700.00
2016	友谊分场	3#	Y2-280S-2		75	100	800.00	700.00
2016	双甲分场	A区	YE2-250M-2	150.0	110	55	500.00	500.00
2016	双甲分场	E区	YE2-250M-2	150.0	110	55	500.00	500.00
2016	双甲分场	1#	YE2-250M-2	150.0	110	55	500.00	500.00
2016	双甲分场	2#	YE2-250M-2	150.0	110	55	500.00	500.00
2016	双甲分场	2#	YE2-250M-2	150.0	110	55	500.00	500.00
2016	双甲分场	3#	YE2-250M-2	150.0	110	55	500.00	500.00
2016	双甲分场	4#	YE2-250M-2	150.0	110	55	500.00	500.00
2016	双甲分场	5#	YE2-250M-2	150.0	110	55	500.00	500.00
2016	双甲分场	6#	YE2-250M-2	150.0	110	55	500.00	500.00
2016	双甲分场	7#	YE2-250M-2	150.0	110	55	500.00	500.00
2016	双甲分场	旧喷一	YE2-250M-2	150.0	110	55	500.00	500.00
2016	双甲分场	旧喷二	YE2-250M-2	150.0	110	55	500.00	500.00
2016	双甲分场	直喷	YE2-250M-2	150.0	110	55	500.00	500.00
2016	罗阳分场	罗阳分场2区喷灌（1）	ISW125-250A		55	100	664.82	664.82
2016	罗阳分场	罗阳分场2区喷灌（2）	ISW125-250A		55	100	664.00	664.00
2016	罗阳分场	罗阳分场3区喷灌	ISW125-250A		55	100	688.00	688.00
2016	罗阳分场	罗阳分场9区喷灌（1）	ISW125-250A		55	100	590.88	590.88
2016	罗阳分场	罗阳分场9区喷灌（2）	ISW125-250A		55	100	533.62	533.62
2016	昌平分场	C区	YE2-250M-2	150.0	110	55	690.00	746.00
2016	昌平分场	A区	YE2-250M-2	150.0	110	55	678.00	746.00
2016	昌平分场	B区	YE2-250M-2	150.0	110	55	890.00	746.00
2016	昌平分场	1#	YE2-250M-2	150.0	110	55	700.00	462.00
2016	昌平分场	2#	YE2-250M-2	150.0	110	55	700.00	811.00
2016	昌平分场	3#	YE2-250M-2	150.00	110	55	700.00	811.00
2017	青年	青年分场一区块（三队）	YE2-250M-2	150.0	80	25/55	901.00	700.00
2017	青年	青年分场二区块（板栗山）	YE2-250M-2	150.00	80	25/55	1000.00	800.00
合计					8115	5181	56293.00	53391.00

第十章 工 业

第一节 工业发展概况

农场办工业，主要是随着农业发展的需要而兴起，围绕农业办工业，办好工业促农业，实行综合利用，进行深加工，发展农场经济。

1955年9月建场时，因经营方针未定，农业以种植适应旱地的作物为主，发展木薯生产较多，1960年木薯种植面积达8585亩，占建场初期利用耕地面积的65.63%，1957年以前收获的鲜木薯全部加工作猪饲料。1958年4月、1959年10月兴建中意分场和青年分场两个淀粉厂，1959年12月、1960年12月两个淀粉厂先后建成投产，改变了木薯单纯喂猪的情况，鲜木薯加工成淀粉销售，木薯渣喂猪和酿造木薯酒，提高经济效益（1962年1月，广西一些农场已经开展木薯加工综合利用，除酿酒外，还生产葡萄糖浆、酱油、醋等，取得了一定成果。金光农场生产的葡萄糖浆的质量已达到要求，并且已经大量生产）。两个淀粉厂经逐年进行更新设备和技术改造后，生产能力和榨量逐步提高，截至2000年，两个淀粉厂从原来日产淀粉18吨各自提高到60吨，功效提高3倍多。根据木薯淀粉市场需求量的不断增加，1995年又在原食品厂饼干车间改建淀粉厂一座，生产能力为日产淀粉60吨。1975年农场建糖厂后，农场调整农业种植结构，改为以种植甘蔗为主，三个淀粉厂的木薯原料来源，主要依靠周边农村和相邻县乡购买。中意、青年两个淀粉厂建厂后40多年中管理体制曾有几次变更，1990年以前的生产经营和财务核算属各自所在分场管理，1991年至1997年分立经营，独立核算，1995年成立工业公司，1998年以后管理体制统一归属工业公司管理。

1956年，农场当年种植甘蔗面积1340亩，同年在罗阳分场管区（场部所在地）建一座日榨原料蔗15吨的小型糖厂。1958年场部迁居坛井地区后，1959年又在坛井地区建一座日榨量100吨糖厂，由于制糖生产工艺设备落后，不适宜制糖生产发展形势需求，于1963年淘汰，1964年后农场的原料蔗全部运往南宁糖厂。1975年经自治区党委、区人民政府批准，由国家投资1127.97万元兴建一座日榨蔗量1000吨糖厂，1977年12月建成，1978年1月21日投产。经逐年设备更新、技术改造和扩建，日压榨能力提高到4500吨以上。1989 年糖厂附设酒精车间和糖果车间。1992 年增设冰醋酸车间。

1958 年，在坛井地区建一座小型粮油加工厂，主要解决本场职工家属的粮油供应。

1958 年 4 月，在坛井地区建一座农机修配厂，除为本场各种汽车和各类型拖拉机维修以及各种农机具制作、维修服务外，还面向社会扩大维修服务。

1959 年，在坛井地区兴建食品加工厂，以酿酒为主。1986 年至 1989 年食品厂先后新建饮料车间、饼干车间、酿酒车间，三项工程总投资 239 万元。三个车间建成投产后，由于认真抓好质量，积极开发产品市场，是农场比较好的经济效益单位。进入 20 世纪 90 年代中期，食品市场不景气，三项食品加工效益连续下降，出现连年亏损，1995 年停止生产。

1969 年，在坛井地区建一座磷肥厂，日产钙镁磷肥 30 吨，产品主要供本场农作物使用，后因磷矿石短缺而停产。

1982 年，农场为广开生产门路，提供更多就业机会，自筹资金 21 万元，在向阳分场管区兴建一座红砖厂，1983 年建成投产。生产规模为 28 门轮窑，年生产能力为 500 万块红砖。在党的十五大抓大放小的精神指导下，农场五小工业经营转制，1997 年 5 月由原砖厂工人自愿出资，集体承包经营。由于红砖市场销售低迷、产品质量等各种因素的影响，砖厂盈利减少。

1985 年，农场在坛井地区利用原汽车队修理房生产复合肥料，从广东省肇庆市购进一台复合肥料混合机，经过生产数月，因设备质量差，技术性能不良于当年停产。1987 年投资 10 万元，在原地址重办复合肥料厂，并聘请区化工研究所技术人员指导，于 1987 年 8 月投产，生产能力为年产 1 万吨复合肥，由于产品质量好，广为农户喜用，工厂连年增盈。

1986 年，农场投资 540 万元引进国外先进设备和技术，筹建饲料厂和塑料编织袋厂，1988 年 8 月两个厂同时建成投产。饲料厂设计能力为年产 3 万吨，主要生产各种猪、鸡、鸭全价颗粒饲料产品，产品除优先满足本场需要外，还向区内各市场销售，经济效益较好。塑料编织袋厂设计能力为年产 300 万条袋，跨入 20 世纪 90 年代后，塑料编织袋产品价格受到市场制约，工厂盈利减少。

建场以来，农场先后办过磷肥厂、糖厂、塑料编织袋厂、复合肥厂、淀粉厂、红砖厂、修配厂、粮油加工厂、食品加工厂等场办工业。由于经济体制改革和经营效益原因，先后停办了一些工厂，截至 2014 年，场办工业只保留了复合肥厂。2004 年，全场工业已初具规模，全场工业产值 4121 万元，占全场工农业总产值 27.3%。至 2014 年，全场工业总产值 22662 万元，占全场工农业总产值 30.31%，至 2020 年，全场工业总产值 3314 万元，占全场工农业总产值 7.13%，工业总产值占比相较 2004 年有所减少（不含金光制糖有限公司）。

第二节 糖厂（广西农垦糖业集团金光制糖有限公司）

1956 年，农场当年种植甘蔗面积 1340 亩，同年在罗阳分场（场部所在地）管区建一座日榨蔗量 15 吨的小型糖厂，1958 年场部迁居坛井地区后同年停产。1959 年又在坛井地区建一座日榨蔗量为 100 吨的糖厂，由于设备不适宜糖业生产发展趋势需要，该厂于 1963 年淘汰。1964 年以后农场的原料蔗全部运往南宁糖厂。1975 年国家投资 1127.97 万元筹建金光糖厂，厂址位于场部东南面，离场部 2 千米，设计压榨能力为日榨 1000 吨。1977 年 12 月 21 日建成投产。采用压榨法提汁，亚硫酸法清净工艺。为提高处理量，提高糖分收回，1980 年 2 月，糖厂采用高效甘蔗破碎设备进行压榨。因这套设备设计合理，调整方便，运行安全，动力消耗低，破碎效果好，达到规划中 1978 年至 1980 年对压榨法和压渗法撕裂机的指标要求。

糖厂建成投产后，随着蔗区甘蔗产量不断增多，自 1983—1984 年榨季开始，依靠糖厂内部资质基础，对制糖主要设备进行技术改造、扩建，逐年提高压榨、制炼的能力，提高产品产量和质量，提高经济效益。这一期技术改造，增加 850 米^3 蒸发罐 2 台，30 米^3 煮糖罐 1 台，投资 85.16 万元。至 1987—1988 年榨季，糖厂压榨能力由上榨季日榨 1540 吨提高到日榨 1880 吨，日榨量增加 340 吨。

1983 年以后随着日榨量的不断提高，为了适应制糖生产，酒精车间也相应进行技改。经多次的设备更新和技术改造由原日产酒精 12 吨扩大到日产酒精 45 吨，产品市场占有率高，经济效益好。1984 年 3 月，糖厂在广西电子科学研究所的协助下，应用微型电子计算机控制煮糖，煮糖优级结晶率比人工操作提高 37.4%。1985 年投资 30 万元建糖果车间，设计生产能力为日产糖粒 3 吨，因经济效益差，于 1991 年 6 月停产。

1988 年，检修期进行了重大的技术改造，经过加大蔗刀机功率，由 240 千瓦加大到 280 千瓦；增大加热器，由 80 米^2 改为 120 米^2 1 台；增大蒸发罐，由 3800 米^2 改为 4650 米^2；增加 25 吨/时蔗渣煤粉锅炉 1 台；增设 3 台煮糖罐共 90 米^3，3 台助晶箱共 90 米^3；1500 千瓦汽轮发电机组 1 台。共投资 124.72 万元，使压榨能力由日榨 1880 吨提高到 2000 吨。

1990 年，检修期进行 1988 年扩建的填平补齐的技术改造，主要是配套提高榨量和供汽量。增大蒸发罐 1 台 1200 米^2，日榨能力由 2000 吨提高到 2400 吨，技改投资 79.47 万元。

1992 年，投资 1200 万元建冰醋酸车间，建成投产 4 年，由于加工每吨冰醋酸耗用酒精原料过大，成本高，效益差，于 1996 年下半年停产。

1995 年，根据甘蔗渣市场行情，采取以产品偿付的投资方式，由南宁市糖纸厂投资兴建一座日产 400 吨的甘蔗渣打包车间和对锅炉进行烧甘蔗渣改烧煤的改造，两项工程共投资 250 万元，当年榨季期已偿付完毕，还有几十万元收入。

1997 年检修期，根据蔗区甘蔗产量的迅速增加，经决策班子研究决定，对整条生产线含酒精生产设备进行技术改造，扩大生产能力。压榨车间输蔗机从 1.37 米改到 1.67 米，榨机增设强制入辘装置，改交流电机为直流电机拖动，动力从 300 千瓦增大到 400 千瓦。锅炉部分进行扩容改造，主要是升高炉膛，增加曝光管，能力从产汽 90 吨/时增大到 110 吨。制炼部分增加蒸发罐 3 台共 4800 米^2。加热器从 120 米^{2}增大到 200 米^2，共增加加热面积 640 米^2。增加 90 米^{3}煮糖罐、90 米^{3}助晶箱、种子箱、分蜜机等相应设备。发电部分增加 3000 千瓦时热电站一座。酒精的蒸馏、发酵等也相应增大，日产酒精提高到 45 吨规模。这次技改对设备更新改动较大，总投资为 6500 万元，技改后日榨量从 2800 吨提高到 4500 吨以上。

糖厂自建厂以来名称和行政隶属关系有过不同的变化。建厂时定名为广西国营金光农场糖厂，1986 年改为广西国营金光糖厂，1992 年改为广西金光制糖化工厂。此前，糖厂行政隶属农垦局直接领导，与农场同是正处级单位。党团组织关系属金光农场党委、团委领导。1994 年 5 月 11 日，垦办字〔1994〕第 38 号文批复，同意成立广西金光实业总公司。总公司下设农林公司、畜牧水产公司、工业公司、商贸公司、制糖化工总厂，5 月 28 日正式挂牌成立广西金光实业总公司，糖厂与农场合并，属总公司的分公司，改为广西金光实业总公司制糖化工厂。糖厂原班子成员改任总公司的总经理、副总经理，糖厂机关和各车间的机构不变。生产经营活动由担任总公司领导的原糖厂领导负责，经济上独立核算。1997 年，总公司机关搬到糖厂办公大楼合并办公，总公司实行统一经营管理，统一核算。1999 年总公司投资 9000 多万元在武汉市兴建广西武汉大厦。2001 年 8 月 8 日，广西武汉大厦建成开业，资产归糖厂管理。

为做强做大支柱产业，从 2002 年开始，自治区农垦局对农垦糖业进行了资产重组。2002 年 6 月 4 日，广西农垦集团有限责任公司下发《关于同意设立广西农垦糖业集团金光制糖化工有限公司的批复》（垦企改发〔2002〕22 号），同意由广西农垦糖业集团有限公司出资控股设立广西农垦糖业集团金光制糖化工有限公司，确定该新设公司的注册资本为 2109 万元人民币，其中广西农垦糖业集团有限公司出资 1898 万元，约占注册资本的 90%，广西金光实业总公司出资 211 万元，约占注册资本的 10%。公司经营运作按《中华人民共和国公司法》和国家有关政策规定进行。广西金光实业总公司制糖化工厂改制为广西农垦糖业集团金光制糖化工有限公司，归广西农垦糖业集团管辖。2002 年 10 月，金光制糖化工有限公司与广西金光实业总公司（农场）分离（简称场厂分离）。2003 年 9 月 5 日，自治区农垦局下发《广西壮族自治区农垦局关于变更企业名称的通知》（垦办发〔2003〕73 号），要求糖业集团所属 8 家糖厂变更企业名称，规范管理。为此，金光制糖化工有限公司变更为广西农垦糖业集团金光制糖有限公司，该名称一直沿用至 2014 年 12 月。糖厂改制与农场分离后，系广西农垦糖业集团股份有限公司属下的子公司之一，与农场同是正处级单位，为独立法人企业，归农垦糖业集团直管领导，党、工、团组织关系由农场领导和管理。2003 年 9 月，农场机关从糖厂搬回农场办公。2004 年，广西武汉大厦拨给广西农垦糖业集团股份有限公司管理。

2004 年，金光制糖公司有职工 685 人，其中，干部 61 人、代干 38 人、工人 586 人，另有临时工 205 人。职工中有各类专业技术人员 89 人，其中，工程师 12 人、助理工程师 16 人、工程技术员 7 人；农艺师 3 人、助理农艺师 1 人；经济师 2 人、助理经济师 5 人；助理统计师 1 人；会计师 4 人、助理会计师 6 人、会计员 11 人。

2006 年 12 月 21 日，因广西农垦糖业集团整体改制上市需要，广西农垦糖业集团与农场签订了《股权转让协议》，农场将持有的 10％股权受让给金光制糖有限公司，金光制糖有限公司持有公司 100％股权，成为广西农垦糖业集团股份有限公司属下的全资子公司。金光制糖公司工商登记类型为有限责任公司，管理层级为第三级，为自治区农垦局下属正处级单位，隶属广西农垦糖业集团股份有限公司直接管理，党、工、团组织关系由农场领导和管理。为提高产品质量管理和企业信息化水平，公司于 2007 年 6 月成立了品质保障部和信息中心。2007 年 10 月，按照"精简并岗，交叉兼职，同岗同酬，易岗易薪"的原则，根据糖业集团"三化一中心"方案的要求，结合公司生产经营管理工作的实际，本着"高效、多能、协调"的原则，对机构设置进行了调整：机关部门设置为行政事业部（即原办公室）、农务部、生产技术部、供销储运部、财务部、品质保障部。生产车间设置为压榨车间、锅炉车间、制炼车间、发电车间、机修车间。撤销南宁办事处招待所、酒精车间及生产线，撤销供销储运部下辖的货运车队，货车司机全部安排到车间一线。将信息中心、经警队划归行政事业部管理，原办公室的基建职能划归生产技术部管理。2008 年 11 月，品质保障部更名为质量管理部，主要职责是监督管理进厂原辅材料、制糖生产过程的质量安全和体系建设，主管公司的经营考核、体系管理和检测中心（化验室）以及和生产体系相关的证件监督年审。原属生产部管理的化验检测检验职能划归质量管理部。2010 年 10 月，撤销机修车间设置，成立维修中心，岗位及人员划归生产部管理。2012 年

11月，撤销维修中心机构设置，原有维修中心职工分流到各车间安排工作岗位。2013年4月，生活污水泵站及相关设施由公司生产技术部负责管理维护。2013年7月，原属生产部管理的污水处理站日常运行和维护工作划归压榨车间管理；原属供销部管理的桔水保管岗位划归制炼车间管理。2013年10月，生产技术部仪表室岗位及人员划归发电车间管理。

截至2014年，金光制糖公司生产车间设置为压榨车间、锅炉车间、发电车间、制炼车间。公司管理人员、职工总人数519人，其中，男363人，女156人；其中，管理人员99人，工人420人。大专以上学历人员占总人数的14.07%。公司退休干部及职工人数218，临时工人数174。

截至2014年，金光制糖公司各类专业技术人员67人，其中，副高2人，工程师14人，助理工程师16人，工程技术员3人；农艺师4人，助理农艺师2人；助理经济师7人；会计师1人，助理会计师4人，会计员3人；统计员1人；政工师4人，助理政工师3人，政工员3人。

2003年9月，糖厂改制为广西农垦糖业集团金光制糖有限公司。为扩大生产规模，提高日榨量，公司在2004年以后进行过多次技术改造。2005年6月至11月，公司投资450万元进行制炼车间的丙糖、吸滤机真空系统，发电车间2号发电机组、锅炉车间4号锅炉除尘器的改造，新增一台处理糖膏1.5米^3/次全自动刮刀机，各项技术改造项目均取得预期效果。2006年5月至11月，公司投资1亿元进行扩建，压榨车间新建一条日榨4000吨的压榨线；锅炉车间配套新上一台75吨/小时锅炉，替换原来老式的20吨/小时锅炉；新增3只3000米^{2}的蒸发罐及附属管路阀门，三只400米^{2}加热器，一只直径2500毫米的降温器；煮糖新增两只80米^{3}的结晶罐及附属阀门，配套新增两台80米^{3}助晶箱；甲糖分蜜两台XJZ1600-N全自动刮刀机，配套新增四台B1800震动输送槽，两条B1600皮带输送机，两级白砂震动分类筛TZD2000，新增两台LIT2300C丙糖连续分蜜机，一台高压清洗机及一台空气压缩机；所有技改项目于当年11月底完成，试产一次成功，公司处理甘蔗能力由日榨4500吨提高到8000吨。从此，公司进入更大规模的生产。2007年6月至11月，公司投资2000万元，新建7台1000吨/时循环水冷却塔，处理能力8000吨/时蔗糖废水污水处理站，试车一次成功；投资450万新增一只煮糖罐及一台助晶箱，两台乙糖全自动括刀上悬式离心机，一套振动流化床干燥器系统。2008年6月至11月，公司投资750万元，压榨增加干油站一套，制炼燃硫系统和硫熏中和器改造，增加蒸发一效二罐捕汁器，清汁加热增加一套板式换热器，甲糖增加一台全自动括刀上悬式离心机，丙糖增加一台大容量进口连续离心机，甲糖分蜜旧机台增加一套振动流化床干燥器，压缩空气站增加一台 20 米³/分钟螺杆压缩机，澄清蒸发自控系统新增 4 套蒸发煮糖真空喷淋器，各技改项目均取得预期效果。2009 年 6 月至 11 月，公司投资 600 万元进行制炼车间减温减压装置、糖厂 DCS 自动控制系统乙膏结晶罐自动控制技术改造，新增一台糖浆上浮器，改造取得预期效果。2010 年 6 月至 11 月，公司投资 600 万元进行制炼车间硫黄炉、高效热水冷却塔、1♯蒸发罐高效捕汁器、中和汁快速沉降器的改造，新增一台高效石灰乳化系统，一台 60 米³种子箱，白砂糖包装间系统亮化。2011 年 6 月至 11 月，为了节能减耗，淘汰落后产能，公司投资 8000 万元新上一台 75 吨/时锅炉、丙糖连续煮糖罐、改建 6000 千瓦发电机组，技改于当年 11 月底完成，试产一次成功；投资 450 万，新增磷酸塔及磷酸自动系统，1~3 号蒸发罐罐身升高改造，改造 2 号罐为自动煮糖系统，新增一台 80 米³种子箱，新增一台全自动括刀上悬式离心机，新增一套振动流化床干燥器系统，新增两级白砂糖震动分类筛，对赤砂包装间进行亮化。2012 年 6 月至 11 月，公司投资 600 万元进行制炼车间甲糖煮糖罐强制搅拌装置、三效蒸发汁汽煮糖、锅炉车间 3 号炉省煤器的改造，压榨车间新上二线甘蔗自卸平台，新增一台管道降温器，新增两台糖浆过滤器，新增一台空气压缩机。近年来的多次技改，使公司在日榨量、工艺、质量、产能、节能、减耗等方面取得了很好的效果和一定的经济效益。2013 年和 2014 年因市场环境不好，公司只进行设备维修，没有进行技术改造。

环境保护工程从 1985 年开始，糖厂就注重环保工作，从酒精废液开始进行三废治理。建设有 50000 米³废液氧化池，300 米³/小时灰水分离设施一座，废液浓缩、干燥车间一座，15 吨废液燃烧锅炉一座，洗滤布水沉降设施一套。经过逐年投资改造环保工程，15 年来环保工程总投资 2250 万元，2001 年 1 月经自治区环保部门验收，糖厂达到"一控双达标"验收标准。经过 15 年时间对主要设备更新改造，至 2000—2001 年榨季，原建厂时日榨 1000 吨的设备绝大部分已更新改造，仍保留下来并有使用价值的真空吸滤机 1 台，1500 千瓦时汽轮发电机组 1 台，离心分蜜机 2 台和一部分维修、抽水设备。2004 年以后金光制糖有限公司围绕着"节能、降耗、减污、增效"的目标，逐年增加环保投入建设新设施和改造旧设备，以适应国家、自治区对制糖工业提出的新标准和新要求。2005 年至2014 年共投入了 2975.7 万元资金用于水资源节约及水污染防治治理，经过环保治理达到了很好的效果：水重复利用率由原来的 89% 提高到 99.6%，新鲜水用量由原来的 4.0 吨/吨蔗下降到 0.1 吨/吨蔗，主要污染物重铬酸盐指数排放量由原来的 0.59 千克/吨蔗，下降到 0.02 千克/吨蔗，达到了节能减排的目的。2007 年投资 2508 万元建设治污和清洁生产工程，该工程主要建设项目内容有建设 400 米³/小时锅炉，冲灰除尘水闭环使用设施及配套锅炉烟气碱液脱硫设施；更换 4 台制糖无滤布真空吸滤机及制糖真空系统改造；重新建设规范化排污口及排污管网改造，安装废水化学耗氧量在线监控设备；完善清、污水分流系统；建设 7000 米³/时工艺冷却及真空系统用水的冷却降温设施；建设处理能力 800 米³/时的污水生化处理系统。这些环保改造新工艺的建设和使用使外排污水达到 GB 8978—1996《污水综合排放标准》一级标准，主要污染物化学耗氧量排放量比建设前减少 565.7 吨，水循环利用率达 95％以上。每年减少新鲜水用量 140 万吨，年节约资源费和排污费 126.6 万元。该工程项目于 2008 年 10 月 30 日通过了自治区财政厅、自治区环保局联合验收。2011 年投资 350 万元建设废水净化回用工程。利用活性污泥法将生产生活污水处理到达标排放的基础上，将外排的废水回收，采用一体化净水器＋连续膜过滤装置对废水进行深度处理，处理能力为 200 吨/小时。净化回收废水水质达到生活饮用水标准，制糖生产全部使用净化后回收的清水，不再取用新鲜水源，真正实现了糖厂生产零取水的目标，达到了节约水资源、保护生态环境的目的。2013 年投资 82.7 万元建设 2 套锅炉烟气在线自动监测系统，实现了锅炉外排烟气实时监控数据与南宁市环保局重点污染源自动监控中心联网。该工程项目于 2014 年 3 月 18 日通过了南宁市环保局的验收。

1976 年至 2004 年，国家累计投入资金 9458.71 万元。（其中建厂时投资 1127.97 万元，流动资金 600 万元，以税还贷 335 万元）。糖厂上缴国家利税 495444.49 万元（其中利润 3714.69 万元，税金 34120.59 万元，折旧资金 10762.99 万元，教育费附加 643.32 万元，能源交通建设基金 212.5 万元，预算调节基金 90.4 万元），资金回收率为 100％。

2004 年，金光制糖有限公司固定资产净值 7692.61 万元，有 45 座客车 1 辆，小汽车 6 辆，双排座汽车 2 辆，75 东方红链轨拖拉机 1 台，手扶拖拉机 2 台，胶轮式铲车 1 台。主要维修设施有 C650 车床 1 台，C630、C620 车床各 2 台。牛头刨 2 台，3 米轻型龙头刨床 1 台，25 毫米、40 毫米摇臂钻床各 1 台，以及地磅微机装置 2 台等。2004 年以后，金光制糖有限公司每年投入一定资金对生产设备设施进行技术更新改造，不断提高生产效率，取得了明显的效果，公司的固定资产逐年得到了相应增加（表 10-1）。

表 10-1 2005—2014 年金光制糖有限公司固定资产情况表

年份	固定资产总额（万元）	固定资产净值（万元）	年份	固定资产总额（万元）	固定资产净值（万元）
2005	23768.2	12309.09	2011	37231.87	23289.28
2006	26482.87	16015.96	2012	39163.82	24020.95
2007	29204.53	18722.40	2013	39226.24	22655.85
2008	33690.90	22088.91	2014	39373.68	21098.87
2009	35567.20	22404.16			
2010	34755.76	21407.92	累计	338465.10	204013.39

糖厂采用优惠政策鼓励蔗农种蔗、种好蔗，先后与农场及乡村蔗区签订双方互利的发展甘蔗协议书，帮助蔗区群众搞好科学种蔗，主攻提高甘蔗单产，促进甘蔗稳产高产，截至 2004 年累计无偿投资 1050 万元用于修筑蔗区道路 500 千米，奖励超产蔗区乡（镇）、村公所和蔗农奖金 500 万元。2004 年以后，金光制糖有限公司每年在肥料、蔗种、机耕、地膜、农药、废液、煤灰、滤泥、土地整合、农场基地建设、定点收购、种植补贴、奖励、道路维修等方面对蔗区进行无偿扶持和垫资扶持，积极引导和鼓励蔗区大力发展种植高产高糖新品种。2004 至 2014 年公司扶持蔗区发展甘蔗生产资金累计 14405.56 万元，其中垫支资金 7108.12 万元，无偿扶持资金 7297.45 万元。2004 年至 2014 年制糖公司累计投入蔗区道路维修资金 990 万元，维修蔗区道路 9950 千米（表 10-2）。

表 10-2　2004—2014 年金光制糖有限公司扶持蔗区资金种类总表

项目	垫资扶持（万元）	无偿扶持（万元）	小计（万元）
肥料	5290.97	1008.34	6299.31
蔗种	705.47	146.03	851.49
机耕	83.71	12.50	96.21
地膜	656.60	852.26	1508.86
农药	371.37	260.11	631.48
废液、煤灰、滤泥		668.1	668.10
土地整合		314.76	314.76
农场基地建设		230.00	230.00
定点收购		264.21	264.21
种植补贴		772.97	772.97
奖励		1777.90	1777.90
道路维修		990.27	990.27
合计	7108.12	7297.45	14405.56

截至 2004 年，金光制糖有限公司原有砖木、瓦面结构的职工住房已全部改为水泥钢筋结构楼房 23 栋，面积共 18000 米²。厂区内道路全部硬化，楼房林立，环境绿化优美。2011 年 10 月，危房改造工程分期分批在农场管区开工建设，在这次危房改造工程中，公司共改造 343 户，改造面积 15308.09 米²。危房改造工程的完成，大大改善了职工的居住条件和居住环境。

糖厂在生产中一直积极推广应用新技术、新工艺，推广应用工作取得了一定的经济实效。在 20 世纪 70 至 80 年代，糖厂在加工生产中就先后推广应用了糖浆上浮法、运用微机控制煮糖等多项先进工艺技术，有效地提高了糖分的收回率，使产品质量在国内享有盛誉。

2005 年至 2014 年，金光制糖有限公司也先后多次投入大量资金不断改进、新增设备和应用生产新技术、新工艺。通过应用新技术、新工艺，使制糖公司在节能增效、提高产品质量、降低劳动强度、提高生产力、有效环保治理等诸多方面上获得了较大的效益回报。2005年7月至2011年7月，制糖公司投入900万元新增甲糖自动刮刀机7台。该设备为全自动上悬式刮刀机，其处理糖膏能力为1.5米^3，与老式吊篮机比，处理能力增大，筛糖效果提高，溶糖少，入料阀卸糖时无滴蜜，提高生产能力，节能降耗，提高产品质量及煮炼收回。2006年7月，制糖公司投入300万元用于快速沉降器滤汁沉降器系统，该系统的应用缩短了澄清时间，减少了糖分损失，提高了煮炼收回率。2007年3月，制糖公司投入20万元用于工业过程实时数据集成系统，该系统消除信息孤岛，提高制糖生产自动化水平，提高工作效率。2007年至2011年7月，制糖公司投入100万元新增2台震动流化床干燥机系统，该系统的使用保证了产品质量。2007至2014年7月，制糖公司投入400万元用于糖浆箱、煮糖罐、物料箱、助晶箱内衬不锈钢生产设备，该设备改善了通罐效果，减少了通罐污水及外排水，缩短了洗罐通罐时间，减少了通罐频次。2008年6月，制糖公司投入150万元用于糖厂澄清、蒸发自动控制系统，该系统实现对澄清、蒸发工段的控制和监控，确保蒸发水、气压、物料稳定，保证三大平衡，达到节能降耗、提高煮炼收回目的，起到节能减排的作用。2008年和2009年，制糖公司投入230万元实施电机节能变频技术应用，收到了节电明显，运行频率下降，减少设备磨损，提高设备运行寿命的效果。2008年至2011年，制糖公司投入150万元用于蒸发真空喷淋器，有效地减少了耗电量，降低了设备维修费，提高了煮炼收回效率，减少了煮制时间，提高了产品质量。2009年7月，制糖公司投入300万元用于糖浆上浮技术，该技术能除掉糖浆大部分悬浮物、钙盐，提高糖浆纯度和质量，提高成品糖质量。2010年5月，制糖公司投入150万元用于煮糖自动控制系统，该技术能规范统一煮制过程操作，保证入料稳定，提高煮炼收回率，降低能耗，提高产品质量。2010至2011年7月，制糖公司投入150万元用于蒸发捕汁器改造，升高蒸发罐罐体高度，减少一二效汁汽含糖量，提高入炉水质量。2010年8月，制糖公司投入200万元实施废水净化综合利用，降低化学耗氧量/生化耗氧量的排放，提高生产用水循环利用率，实现生产上零取水。2011年7月，制糖公司投入900万元实施丙糖自动连续煮糖罐运用，使用该技术，可以将原来煮丙糖使用高压汁汽改用低压汁汽，达到节能，保证结晶率，提高煮炼收回效果。2011年7月，制糖公司投入80万元改造磷酸添加系统，2012年7月，制糖公司投入75万元实施锅炉省煤器节能技术改造，2012年7月，制糖公司投入100万元实施管道降温器运用。2013年7月，制糖公司投入157万元使用压榨自动卸蔗输送机，实现了全自动卸蔗，节省了大量的人力物力，降低了劳动强度，提高了生产安全率。2013年7月，制糖公司投入400万元应用煮糖强制搅拌装置，提高了传热系数与蒸发强度，加快了结晶速度，节约蒸汽用量，达到提高煮炼收回节能目的。制糖公司多项新技术、新工艺在生产中的应用，达到了降本增效的目的。制糖公司在抓好新技术、新工艺应用的同时，积极做好质量体系认证工作。制糖公司从2000年7月开始启动 ISO 9001 质量管理体系认证工作，2001年3月15日通过了 ISO 9001 质量管理体系认证；2003年12月"三冠"牌一级白砂糖通过绿色食品资格认证；2005年4月8日通过了环境 ISO 14001 和职业健康安全管理 GB/T 28001 体系认证；2006年3月21日通过了食品安全管理 ISO 22000 体系认证（图 10-1 至图 10-3）。

图 10-1 原料蔗压榨生产车间

图 10-2 制炼车间煮糖罐

图 10-3 蔗糖产品

糖厂建厂以来获得过多项殊荣。1981年获轻工业部"高效甘蔗破碎设备（斩撕机）研究三等奖"；1983年一级白砂糖被农牧渔业部评为优质产品；1983—1984年榨季获全国大型甘蔗糖厂第一协作组"亚硫酸法白砂糖质量评比第三名"；1984—1985年榨季获全国大型甘蔗糖厂第一协作组"亚硫酸法厂一级白砂糖质量评比第二名"；1986年自治区经委、计算机推广应用领导小组授予"计算机推广应用成果一等奖"；1987年一级白砂糖评为自治区"优秀食品"。1985年、1986年荣获"全国包装改进先进单位"称号，1986年和1987年连续两年实现产值、税金、利润同步增长，1986年被评为自治区经济效益"先进单位"，同年还获得自治区"职工教育先进单位"和"全国计划生育先进单位"称号。2004年金光制糖有限公司获中国绿色食品2004年上海博览会组委会授予畅销产品奖。2013年获中国糖业协会授予全国甘蔗糖厂"甘蔗单产标杆企业"称号。

糖厂从1977年至2014年累计压榨蔗量14793367吨，压榨蔗量由建厂初期的3.67万吨提高到现在的71万吨，压榨蔗量随着生产规模的扩大和原料蔗种植面积的增加而逐年增加，压榨蔗量最高为2007—2008年榨季，共压榨922437吨；吨糖耗蔗比平均为8.2吨，蔗糖分在12%～14.89%（表10-3、表10-4）；累计生产混合糖1797648.95吨，最高为2007—2008年榨季，共生产混合糖114576吨；累计工业总产值539762.34万元，累计上缴税金54890.57万元；1977年至2014年，糖厂有29年盈利，盈利总额42140.81万元，有8年亏本，亏本总额12215.8万元，盈亏相抵后尚盈利29925.05万元（表10-5）。

2004年至2014年，金光制糖有限公司累计经营总收入374362.11万元，其中，2004年经营总收入22631.53万元，2005年经营总收入23007.96万元，2006年经营总收入31827.92万元，2007年经营总收入30328.71万元，2008年经营总收入36021.14万元，2009年经营总收入39319.12万元，2010年经营总收入29705.66万元，2011年经营总收入37809.61万元，2012年经营总收入47485.29万元，2013年经营总收入44362.07万元，2014年经营总收入31863.1万元。

1975—2014年历任领导见表10-6、表10-7。

表10-3　1977—2004年金光制糖有限公司各榨季主要经济指标完成情况表

榨季	蔗糖分（%）	吨糖耗蔗（吨）	合格率（%）	混合糖率（%）	等折白砂糖（%）	一级白砂糖（%）	生产安全率（%）	压榨回收率（%）	煮炼收回率（%）	总收回率（%）	标准煤耗率（%）	吨蔗耗电（千瓦时）
1977—1978	14.32	8.01	90.86	12.48	11.98	33.59	77.56	99.47	88.57	83.67	11.00	36.95
1978—1979	14.00	8.43	93.03	11.85	11.69	31.08	76.40	95.49	87.29	83.36	10.95	22.22
1979—1980	14.43	8.01	98.22	12.48	12.29	43.92	96.67	97.07	87.49	84.92	8.57	23.98
1980—1981	14.29	7.92	99.78	12.61	12.43	71.86	96.64	97.14	89.39	86.83	8.89	20.92
1981—1982	13.67	8.25	99.64	12.11	11.18	77.19	96.73	96.60	89.03	86.01	7.67	20.58
1982—1983	12.30	9.37	99.31	10.66	10.36	70.40	96.53	96.01	87.56	84.07	7.58	19.58
1983—1984	12.41	9.49	99.81	10.53	10.20	72.13	96.99	94.62	86.69	82.02	7.03	25.50
1984—1985	13.26	8.79	99.80	11.37	11.10	74.99	96.93	94.44	88.47	83.55	6.92	24.83

（续）

榨季	蔗糖分（%）	吨糖耗蔗（吨）	合格率（%）	混合糖率（%）	等折白砂糖（%）	一级白砂糖（%）	生产安全率（%）	压榨回收率（%）	煮炼收回率（%）	总收回率（%）	标准煤耗率（%）	吨蔗耗电（千瓦时）
1985—1986	13.27	8.83	82.38	11.31	11.21	65.59	94.08	93.48	88.56	84.35	6.92	26.04
1986—1987	13.82	8.47	89.66	11.79	11.57	75.56	93.26	95.23	87.72	83.54	6.54	24.97
1987—1988	12.48	9.26	84.20	10.79	10.54	70.41	94.78	96.09	87.7	84.27	9.26	24.83
1988—1989	12.78	10.16	26.25	9.83	9.64	26.32	83.40	94.60	79.57	75.28	6.04	32.93
1989—1990	12.15	10.91	32.57	9.16	9.87	28.97	94.29	94.48	85.78	81.05	6.71	32.63
1990—1991	12.57	9.60	75.64	10.41	10.35	64.79	92.88	94.56	86.94	82.21	6.22	37.94
1991—1992	12.47	9.42	80.82	10.60	10.34	69.01	98.24	94.43	87.65	82.37	6.14	35.85
1992—1993	12.66	9.57	98.28	10.44	10.54	52.75	95.07	96.05	86.52	83.10	5.78	35.85
1993—1994	12.80	9.20	75.54	10.86	10.81	69.32	95.81	95.79	87.40	83.92	5.92	33.62
1994—1995	12.31	9.30	97.76	10.74	10.46	77.42	96.94	96.39	88.05	84.86	5.58	36.05
1995—1996	12.64	9.51	100	10.51	10.45	65.45	98.19	96.31	86.32	83.71	5.80	33.43
1996—1997	13.23	9.04	99.49	11.05	11.04	72.84	98.99	96.32	86.46	83.28	5.60	34.97
1997—1998	12.33	9.43	100	10.60	10.50	68.56	97.79	96.35	88.17	84.95	5.64	30.05
1998—1999	13.39	8.62	100	11.61	11.52	78.30	99.1	96.05	89.40	85.87	5.50	32.47
1999—2000	12.07	9.39	100	10.64	10.52	78.30	99.94	96.25	90.30	86.99	5.37	31.08
2000—2001	13.83	8.32	100	12.19	12.04	88.90	99.31	96.77	89.58	86.92	5.61	32.84
2001—2002	14.23	7.89	100	12.57	12.42	91.37	100	96.49	90.21	87.04	4.94	28.02
2002—2003	14.18	7.53	100	13.10	12.43	90.56	100	96.50	90.25	87.23	4.90	28.00
2003—2004	14.89	7.58	100	13.20	13.01	90.67	100	96.61	90.39	87.33	4.88	27.63

表 10-4　2004—2014 年金光制糖有限公司各榨季主要经济指标完成情况表

榨季	蔗糖分（%）	吨糖耗蔗（吨）	合格率（%）	混合糖率（%）	等折白砂产率（%）	一级糖产率（%）	安全率（%）	抽出率（%）	煮炼收回率（%）	总收回率（%）	标煤耗对蔗比（%）	吨蔗耗电（千瓦时）
2004—2005	14.54	7.8	100	13.05	12.85	100	100	96.93	90.95	88.16	4.8	27.7
2005—2006	14.32	8.1	100	12.51	12.34	100	100	96.59	88.99	85.96	4.86	27.6
2006—2007	13.97	8.4	100	12.22	11.93	100	100	96.29	88.52	85.23	4.87	27.6
2007—2008	14.21	8.1	100	12.67	12.47	100	96.46	90.83	87.61	4.62	27.2
2008—2009	14.56	7.8	100	12.90	12.83	91.1	100	96.68	90.89	87.87	5.11	27.7
2009—2010	14.64	7.7	100	13.04	12.90	100	99.96	96.60	90.97	87.87	5.15	27.9
2010—2011	13.89	8.2	100	12.26	12.15	99.3	98.98	96.55	90.36	87.24	4.98	27.8
2011—2012	13.65	8.4	99.15	12.08	11.94	97.3	99.99	96.71	90.23	87.26	4.65	27.5
2012—2013	13.05	8.9	99.7	11.39	11.25	92.7	99.44	96.80	88.86	86.01	4.10	27.7
2013—2014	13.77	8.3	100	12.08	12.06	98.9	98.71	96.81	90.28	87.40	4.10	26.8

注：由于各项主要经济指标有所变化，表中的各项主要经济指标与上表有所不同。

表 10-5　1977—2014 年金光制糖有限公司各榨季产量产值利税表

榨季	压榨蔗量（吨）	混合糖产量（吨）	工业总产值（万元）	税金（万元）	利润（万元）	万吨蔗利润（万元）
1977—1978	36701	6850.80	668.64	264.00	40.90	10.90
1978—1979	73139	8315.20	793.15	300.66	72.13	9.84
1979—1980	74106	9227.40	1092.78	278.25	139.65	18.76

（续）

榨季	压榨蔗量（吨）	混合糖产量（吨）	工业总产值（万元）	税金（万元）	利润（万元）	万吨蔗利润（万元）
1980—1981	58733	9135.80	992.28	274.76	107.54	18.22
1981—1982	104391	12640.10	1282.94	365.59	201.14	19.25
1982—1983	136165	12634.90	1294.47	369.89	100.10	7.34
1983—1984	91235	11477.45	1173.57	304.40	100.09	10.96
1984—1985	113201	12068.00	1317.28	269.73	140.99	12.37
1985—1986	142448	17099.70	1873.77	383.35	219.59	15.37
1986—1987	185128	20383.60	2244.22	462.94	302.78	16.31
1987—1988	153216	13899.70	1528.44	336.40	333.29	21.73
1988—1989	204425	25376.15	2668.58	604.17	372.85	18.19
1989—1990	247438	26003.25	2747.89	720.20	619.32	25.02
1990—1991	267992	28673.35	7174.37	657.80	653.00	24.36
1991—1992	274408	33053.25	9069.44	450.16	−218.26	−7.94
1992—1993	372170	40515.10	11537.80	1601.67	800.64	21.49
1993—1994	336667	43098.50	12191.00	1399.50	1162.80	34.51
1994—1995	214144	30948.60	8617.00	1092.00	1338.00	62.48
1995—1996	348863	43222.95	18162.00	1834.00	558.00	15.99
1996—1997	264836	29285.53	8387.00	1715.50	−315.50	−11.89
1997—1998	551470	63689.90	18048.40	2295.00	−1040.00	−18.65
1998—1999	590322	68447.40	19287.32	2491.00	−987.00	−16.71.00
1999—2000	535420	61248.90	17005.00	2379.60	1217.00	22.73
2000—2001	408912	49859.70	13717.00	2227.00	1830.00	44.75
2001—2002	731933	90154.05	24380.00	3203.00	1840.00	25.14
2002—2003	812010	102059.45	27934.00	2658.00	1503.00	18.51
2003—2004	749997	98965.22	27137.00	2755.00	3520.00	46.93
2004—2005	607015	79219.00	21286.00	1650.00	3110.00	0.78
2005—2006	650910	81413.00	22308.00	2210.00	6546.00	1.35
2006—2007	756270	92400.00	24960.00	2268.00	4511.00	0.90
2007—2008	922437	114576.00	29265.00	1344.00	656.00	0.22
2008—2009	709863	90646.00	27496.00	1899.00	−431.00	0.21
2009—2010	519322	67044.00	27634.00	2101.00	2709.00	0.93
2010—2011	564281	69124.00	39465.00	3091.00	7436.00	1.87
2011—2012	580166	70084.00	29755.00	2878.00	−1312.00	0.27
2012—2013	686518	78197.00	39186.00	3914.00	−2946.00	0.14
2013—2014	717115	86612.00	36082.00	1842.00	−4966.00	−0.44
累计	14793367	1797648.95	539762.34	54890.57	29925.05	20.22

表 10-6　1975—1994 年历任糖厂党政正副职名录

姓名	性别	民族	籍贯	职务	任职时间
田文润	男	汉族		党总支书记	1975.4—1978.4
朱亭恩	男	汉族	江苏淮阴	党总支书记	1978.8—1979.2
王志新	男	汉族	河北	副厂长　厂长	1978.4—1979.4
袭普贵	男	汉族	河北	副厂长　厂长	1979.9—1983.7
张东生	男	汉族		党总支书记	1981.3—1984.3
李高荣	男	汉族	广西	副厂长　厂长	1983.7—1984.3
陈洪	男	汉族	广西	厂长	1984.3—1986.3
玉华相	男	汉族	广西	党总支书记	1984.3—1986.7
邓志宁	男	汉族	广东肇庆	副厂长　厂长	1986.5—1987.3
申涤球	男	汉族	湖南邵东	副厂长	1986.4—1992.2
黄元安	男	汉族	广西南宁	副厂长	1986.4—1994.3
韦永上	男	壮族	广西邕宁	副厂长　厂长	1987.3—1994.3
金小燕	男	汉族	辽宁	党总支副书记	1990.10—1994.3

表 10-7　2001—2014 年历任金光制糖有限公司正副职名录

姓名	性别	民族	籍贯	职务	任职时间
何维克	男	汉族	广东中山	董事长	2001.7—2011.9
黄元安	男	汉族	广西南宁	总经理	2001.7—2007.5
金宣勇	男	汉族	贵州普安	副总经理	2001.9—2007.5
李春伟	男	汉族	广西北流	副总经理	2002.9—2008.9
覃定春	男	瑶族	广西都安	副总经理	2002.11—2005.6
甘耀明	男	汉族	广西桂平	副总经理	2005.2—2011.10
黄忠泊	男	壮族	广西上思	副总经理	2005.9—2014.12
罗汝超	男	汉族	广东珠海	总经理	2007.5—2011.10
杨洪	男	壮族	广西横县	副总经理	2010.11—2014.12
徐杰荣	男	汉族	广西桂平	董事长	2011.9—2014.12
甘耀明	男	汉族	广西桂平	总经理	2011.10—2013.11
农皓	男	汉族	广西平南	副总经理	2012.3—2014.12
韦红桥	男	壮族	广西马山	总经理	2013.11—2014.12

注：因金光制糖有限公司不属农场管辖单位，2015 年以后不再将该公司有关情况编入《金光农场志》。

第三节　饲　料　厂

　　饲料厂于 1986 年筹建，厂址位于场部地区东北面，距场部办公大楼 300 米，与东风分场邻居。投资 540 万元施建厂房和购置生产设备，设有饲料生产车间和塑料编织袋生产车间，设计生产能力为饲料生产车间年产 3 万吨饲料产品，塑料编织袋生产车间为年产

500 万米²的各种不同规格塑料袋产品。1988 年 8 月建成投产，投产即日自治区原主席覃应机亲临参加剪彩仪式。同年，由泰国正大集团帮助设计，农场投资 120 万元，从瑞士、美国引进了主要的机械设备和电脑配套等设施投入饲料厂生产，饲料厂生产过秤全部采用电脑控制，具有 20 世纪 80 年代先进水平。

饲料生产车间主要设备有圆筒仓、1.5 吨/时锅炉、粉碎机、混合机、分级筛、制粒机、中控室、冷却系统等，除少量设备属国产配置外，大部分是向瑞士布勒公司和部分美国公司购买。同时引进先进生产技术，采用泰国正大集团提供的优良配方，生产各种猪、鸡、鸭等畜禽全价浓缩饲料 50 多个品种，是自治区内大型综合饲料厂之一。塑料编织袋生产车间主要设备有 2 套拉丝机，12 台园织机，一套吹膜机。2 套拉丝机其中只用 ST-90 一套拉丝机，年生产能力为 600 吨塑料丝；年产 500 万米²园织塑料袋；年生产塑料膜 300 吨。全厂产品以供应场内为主，其次向自治区内各市场销售。

饲料厂的建立是根据农场调整产业结构，以适应市场经济发展的需要，是根据自治区国民经济"七五"发展纲要和自治区 1986 年至 1990 年饲料工业发展计划以及自治区农委、计委、经委桂农字〔1986〕47 号文件和国家经委饲综〔1986〕15 号文件要求的精神而决定的，它的建成对农场养猪业的发展起到了重要作用，不但能解决农场几个万头猪场的饲料供给，还支援了南宁地区附近畜牧业的发展。为改善生产经营管理，1992 年两个车间分立厂建制，分别叫称饲料厂和塑料编织袋厂，一个厂区大门挂两块牌子，各自实行自主经营，独立核算，自负盈亏，定额上交的管理机制。

1995 年下半年饲料厂归畜牧水产公司领导，1996 年生产经营、财务核算归并畜牧水产公司统一管理，组织关系直属畜牧水产公司管理。

2003 年 5 月，饲料厂归广西农垦永新畜牧集团金光有限公司管理。

2004 年全厂职工人数 102 人，其中，干部（含代干）20 人，工人 82 人。职工中各类专业技术人员 6 人，其中，工程师 2 人，助理工程师 2 人，技术员 2 人。

2004 年卢植勤任厂长。

1988—2004 年饲料厂产量产值利润见表 10-8。

表 10-8 1988—2004 年饲料厂产量产值利润表

年份	产量（万吨）	产值（万元）	利润（万元）
1988	0.45	370.00	−2.10
1989	1.67	1712.00	50.40
1990	1.72	1703.00	74.60
1991	2.53	2586.00	107.20

（续）

年份	产量（万吨）	产值（万元）	利润（万元）
1992	2.95	3423.00	148.10
1993	3.30	4100.00	154.10
1994	3.30	5110.00	145.00
1995	2.99	5883.62	39.79
1996	2.09	4441.64	62.23
1997	2.18	4285.64	31.51
1998	2.40	4777.37	−51.46
1999	2.30	4033.12	−6.91
2000	1.73	2946.50	−36.99
2001	1.70	3188.90	−228.00
2002	1.30	2377.00	1.20
2003	1.00	1888.00	−63.70
2004	0.90	2000.00	−60.50

注：按现阶段国家有关政策规定饲料产品免税。

第四节　塑料编织袋厂

塑料编织袋厂前身是饲料厂的一个附属车间建制。为改善经营管理，适应市场发展需要，1992年与饲料厂分立经营，取名塑料编织袋厂，1995年归属工业公司行政管理。

主要生产设备有2套拉丝生产线，其中一条是建厂时于1988年购进台湾地区玻璃公司生产的ST-65拉丝机一套；另一条是1991年扩建时购进汕头金砂塑料机械厂出产的ST-90拉丝机一套。从1991年起只用ST-90一套拉丝机，年生产能力为600万吨成品丝。圆织机12台，均属常州市塑料机械厂产品，年可生产各种规格塑料编织袋500万米^2。吹膜生产机组一台，是上海挤出机厂出品，可生产幅宽4070厘米工业用膜，年生产能力为300吨膜料。使用拉丝级聚丙烯作原料可生产规格为幅宽400～750毫米的编织袋，适合于白糖、淀粉、饲料、盐等产品包装用袋，用吹膜级高低压聚乙烯作原料，可生产规格为幅宽40～70厘米的各种高低压聚乙烯工业用膜。

塑料编织袋厂的产品除供应场内糖厂、淀粉厂、饲料厂、复合肥料厂等工业、农副产品加工业用袋外，还向附近农副产品加工业及自治区内各市场销售。20世纪90年代中期后，塑料编织袋产品受到市场价格制约，盈利严重减少。

塑料编织袋厂为农场工业产值增长、农场收入增加作出了贡献。由于长期以来塑料编织袋厂机器设备陈旧，生产工艺技术落后，产品质量不稳定，产品单一，市场竞争力低，维修费用大，能耗高，生产成本大，生产资金短缺，订单生产少，经济效益差等诸多原因，于 2008 年 12 月 8 日关闭停产。关闭停产前，2007 年 9 月至 2008 年 12 月编织袋厂由个体承包经营。关闭停产后，管理人员和职工分流安置到示范园、东风、前进分场承包农业岗位和淀粉公司食品厂就业，或自谋出路。关闭停产后，农场为盘活国有资产，将厂房对外租赁。2012 年 1 月至 2016 年，编织袋厂由南宁市肥而壮饲料有限公司租赁生产加工饲料，2017 年至 2018 年厂房空置，2019 年租给金光畜牧公司用于饲料加工。

2007 年塑料编织袋厂职工人数 46 人（含长期临时工），其中，管理人员 7 人，工人 39 人。具有各类专业技术人员 5 人，其中，政工师 1 人，工程师 2 人。2004 年至 2006 年 2 月，兰荣辉任厂长兼党支部书记。2006 年 2 月至 2007 年 5 月，孙贵任厂长兼党支部书记。

1995—2014 年产量产值税利见表 10-9。

表 10-9 1995—2014 年塑料编织袋厂产量产值税利表

年份	产量（套）	产值（万元）	税金（万元）	利润（万元）	年份	产量（套）	产值（万元）	税金（万元）	利润（万元）
1995	225	333	21.70	−85.70	2006	205	315	均无记载	均无记载
1996	131	139	9.00	−47.70	2007	118	209	2.72	3.37
1997	180	158	12.00	−55.40	2008	74	122	均无记载	均无记载
1998	301	275	13.60	−37.40	2009	均无记载	均无记载	均无记载	均无记载
1999	2998	219	13.90	−15.80	2010	均无记载	均无记载	均无记载	均无记载
2000	310	280	14.70	−14.70	2011	均无记载	均无记载	均无记载	均无记载
2001	216	235	9.00	−34.00	2012	对外租赁	对外租赁	对外租赁	对外租赁
2002	244	247	11.00	−3.00	2013	对外租赁	对外租赁	对外租赁	对外租赁
2003	255	261	13.00	2.00	2014	对外租赁	对外租赁	对外租赁	对外租赁
2004	306	322	12.00	−1.29					
2005	243	964	3.56	3.24	累计	5806	4079	136.18	−286.38

第五节 广西南宁金光淀粉有限公司

广西南宁金光淀粉有限公司（以下简称淀粉公司）前身由中意、青年、"食品厂"（淀粉厂）三家木薯淀粉加工厂组成。

中意淀粉厂于 1958 年 4 月筹建，位于中意分场辖区西面，距离场部 16 千米。厂房土建面积 1100 米^2，烘干房 600 米^2，成品仓库 2100 米^2。1959 年 12 月建成投产，设计生产能力为日产干粉 18 吨。1990 年以前采用流糟方法提粉生产，年均总产干粉 802.25 吨。1991 年以后改用机制（碟片分离机）生产，提粉设备较先进，日产干粉由原来日产 18 吨提高到 60 吨，年均总产干粉 2115 吨。厂房及附属配套设施（含设备）通过多年来的扩建和设备更新改造，至 2000 年累计投入资金 203 万元。

2014 年，中意淀粉厂年产淀粉 6000 多吨。累计固定资产 1020 万元，累计环保设施投入资金 971 万元。2014 年，中意淀粉厂有职工 20 人，其中管理人员 4 人，各类专业技术人员 2 人。2014 年，覃邕才任厂长。

由于原料、资金逐年严重短缺，2018 年至 2019 年中意淀粉厂陆续停工停产。至 2019 年，中意淀粉厂累计固定资产 1246.54 万元，累计环保设施投入资金 1021.1 万元。2019 年，中意淀粉厂有职工 14 人，其中管理人员 1 人，专业技术人员 1 人。2019 年，许留海（兼）任厂长。

青年淀粉厂于 1959 年 10 月筹建，位于青年分场辖区东北面，距离场部 36 千米。厂房土建面积 2000 米²，烘干房 394.3 米²，成品仓库 577.68 米²。1960 年 12 月建成投产，设计生产能力为日产干粉 18 吨。1990 年以前采用流槽提粉方法生产，年均总产干粉 789.30 吨。1991 年后改用机制（碟片分离机）生产，提粉设备较先进，日产干粉由原来日产 18 吨提高到日产 60 吨，年均总产干粉 3115.60 吨。厂房及附属配套设施（含设备）通过多年来的扩建和设备更新改造，至 2000 年累计投入资金 495.00 万元。

2014 年，青年淀粉厂年产淀粉 6000 多吨，累计固定资产 1724 万元，累计环保设施投入资金 1100 万元。2014 年，青年淀粉厂有职工 20 人，其中管理人员 3 人，各类专业技术人员 1 人。2014 年，卢清山任厂长。

由于原料、资金逐年严重短缺，2018 年至 2019 年青年淀粉厂陆续停工停产。至 2019 年，青年淀粉厂累计固定资产 1774.2 万元，累计环保设施投入资金 1153.86 万元。2019 年，青年淀粉厂有职工 4 人，其中管理人员 1 人，各类专业技术人员 1 人。2019 年林飞（兼）任厂长。

中意、青年两个淀粉厂建成投产后，至 1961 年淀粉原料来源绝大多数是农场提供（图 10-4）。1962 年因农场经营方针定为以种植粮油作物为主，1964 年全场水稻播种面积达 11676 亩，木薯种植面积大幅度减少。1975 年筹建金光糖厂后，农场经营方针改为以种植甘蔗为主，停止木薯种植生产，同年实施"改田造畲"，大力扩大种植甘蔗面积，淀粉生产原料来

图 10-4　木薯种植基地

源全部靠向附近农村及相邻县乡购买。由于淀粉质量多达优级产品，在淀粉市场中占据优势，深受用户欢迎，取得了较好的经济效益。

中意和青年淀粉厂建成投产至 2000 年分别有 41 和 40 年。在此期间，随着时势发展的变化，隶属管理关系曾有几次变更，1990 年以前属所在分场管理，1991 年后分立经营，独立核算。

"食品厂"（淀粉厂）是工业公司为适应生产规模和市场需求，于 1995 年利用原食品厂饼干车间（1994 年停止饼干生产）改建的淀粉厂。淀粉厂位于场部西面，距离场部 1 千米。改建时厂房（原饼干车间）981 米²，烘干房 66.22 米²。淀粉厂当年改建当年投产，设计生产能力为日产干粉 60 吨，年均总产干粉 2754.159 吨。厂房及其他附属配套设施（含设备）

图 10-5　淀粉生产车间

逐年更新改造，至 2000 年累计投入资金 454.00 万元（图 10-5）。

2014 年，"食品厂"（淀粉厂）年产淀粉 6000 多吨。累计固定资产 1775 万元，累计环保设施投入资金 1003 万元。2014 年"食品厂"（淀粉厂）有职工 29 人，其中管理人员 3 人，各类专业技术人员 1 人。2014 年，潘有志任厂长。

由于原料、资金逐年严重短缺，2018 年至 2019 年"食品厂"（淀粉厂）陆续停工停产。至 2019 年，"食品厂"（淀粉厂）累计固定资产 1728.33 万元，累计环保设施投入资金 1201.14 万元。2019 年"食品厂"（淀粉厂）有职工 21 人，其中管理人员 1 人，无各类专业技术人员。2019 年李政勇（兼）任厂长。

1995 年，农场成立工业公司，三家木薯淀粉加工厂归属工业公司直辖单位。1998 年底，财务核算统一由工业公司管理。

2001 年，根据自治区党委、人民政府关于加快五小企业改革的文件精神，公司进行了"退国进非"的企业改制。工业公司在原管辖的中意淀粉厂、青年淀粉厂、"食品厂"（淀粉厂）三家木薯淀粉厂的基础上，于 2004 年 6 月由国有五小企业改制为有限责任公司，成立广西南宁金光淀粉有限公司，具有独立法人资格。淀粉公司初始注册资金 168.8 万元，2012 年 2 月变更注册资金为 500 万元。淀粉公司出资股东由金光农场和 46 位职工组成，农场占出资总额的 40%，职工占出资总额的 60%。公司实行自主经营、自负盈亏的经营模式，党、工、团关系归属农场管理。淀粉公司年生产食用木薯淀粉 25000 吨，年产值 7000 多万元。至 2014 年，淀粉公司累计固定资产 4577 万元，累计环保设施投入资金 3074 万元。淀粉公司产品注册商标为"新强"牌，产品种类有食用木薯淀粉、预糊化变性淀粉和麦芽糖浆。

2005 年 11 月，淀粉公司生产的"新强"牌食用木薯淀粉通过国家 QS 认证，2008 年 1 月，淀粉公司通过了 ISO 9001 国际质量管理体系认证。2003 年、2006 年连续两次荣获"广西名牌产品"称号，是广西食用木薯淀粉中唯一获此殊荣的企业。自 2007 年以后，淀粉公司自筹资金 3300 万元进行"生产三废"设施的建设与改进，将生产过程中产生的废气、废水、废渣变成生产能源，减少了生产煤耗，节约了成本，提高了公司的综合竞争力。

木薯淀粉生产属季节性生产，2004 年，淀粉公司三家淀粉厂年均总产干粉超过 1 万吨。累计完成（1996 年至 2000 年）总产值 9616.91 万元，税金 781.58 万元，利润 73.57 万元，亏损 199.99 万元，盈亏相抵亏损 126.42 万元。

2005 年至 2014 年，公司累计总产值 62645 万元，累计上缴税金 3240 万元，累计利润 167.5 万元。至 2014 年公司在职职工 80 人，其中各类专业技术人员 10 人。2004 年至 2010 年 10 月，卢志炽任董事长兼经理；2010 年 11 月至 2014 年，李政勇任董事长、林历英任党支部书记、林飞任经理。

2015 年以后，淀粉公司由于受生产资金、原料逐年严重短缺及沉重历史债务等种种原因影响，经济效益逐年下滑，公司连年亏本。2018 年至 2019 年，淀粉公司生产经营陷入严重困境，三家工厂相继停工停产。至 2019 年，淀粉公司累计固定资产 5059.09 万元，累计环保设施投入资金 3376.1 万元。2019 年，淀粉公司在职职工 47 人，其中管理人员 10 人，各类专业技术人员 8 人。2019 年，许留海任党支部书记兼董事长，林飞任经理。2020 年淀粉公司停工停产（表 10-10）。

2019 年 12 月 27 日，淀粉公司召开临时股东会，作出向人民法院申请破产清算决议。2020 年 5 月 21 日，淀粉公司以严重资不抵债，无力清偿到期债务为由向南宁市中级人民法院申请进行破产清算。2020 年 6 月，南宁市中级人民法院受理淀粉公司的破产清算申请。

表 10-10　淀粉公司 1996—2018 年产量产值利税表

榨季年份	压榨量（吨）	出粉率（%）	淀粉产量（吨）	工业产值（万元）	税金（万元）	利润（万元）
1996	27257.82	27.35	7454.75	2012.78	91.00	−60.49
1997	36483.82	25.82	9419.00	2354.75	130.00	−57.37
1998	24954.01	28.37	7080.27	1628.46	220.54	73.57

（续）

榨季年份	压榨量（吨）	出粉率（%）	淀粉产量（吨）	工业产值（万元）	税金（万元）	利润（万元）
1999	36578.06	24.89	9106.05	1593.56	185.00	−4.48
2000	40865.06	25.44	10396.73	2027.36	155.04	−126.42
2001	42748.00	26.20	11200.00	2190.00	150.00	−36.00
2002	44519.00	25.80	11486.00	2256.49	140.00	95.20
2003	56420.00	25.70	14500.00	2937.91	200.00	72.24
2004	74552.00	25.60	19086.00	3438.00	258.00	107.00
2005	89589.00	25.94	23237.00	4711.00	251.50	115.40
2006	88379.00	24.20	21392.00	5515.00	240.90	62.30
2007	69106.00	27.91	19288.00	5990.00	300.30	106.90
2008	70187.00	25.34	17786.00	6168.00	511.10	441.20
2009	92925.00	22.98	21354.00	6755.00	302.00	−83.40
2010	80132.00	25.88	20738.00	5805.00	316.90	43.80
2011	79273.00	24.70	19584.00	6946.00	488.70	179.50
2012	71177.00	23.41	16660.00	8116.00	355.50	−274.30
2013	70957.00	24.37	17292.00	7098.00	231.00	130.00
2014	47545.00	28.42	13517.00	5541.00	242.40	−553.90
2015	54268.72	22.59	12260.43	5200.00	269.10	−508.50
2016	62011.50	20.64	12797.30	4489.00	185.90	114.00
2017	20412.78	24.08	4915.65	2776.00	218.50	−857.00
2018	499.68	20.94	104.625	1422.00	87.40	−651.00
累计	1280840.45		320654.80	96971.31	5530.78	−1671.75

第六节　红砖厂

　　红砖厂建于 1982 年冬，位于场部西北面的向阳分场辖区内，距离场部 3 千米。投资 21 万元建设砖窑和购置制砖设备。生产规模为 28 门轮窑，1983 年秋点火投产，设计生产能力为年产 500 万块红砖。

　　红砖厂投产后，由于泥场浅层土壤中三氧化铝和三氧化二铁含量高，经取土采样送自治区建材产品监督检验中心站化验，山坡泥三氧化铝含量高达 31.81%，三氧化二铁含量达 6.91%，山脚泥三氧化铝含量达 32.43%，三氧化二铁含量达 9.84%，塘泥三氧化铝含量达 24.79%，三氧化二铁含量达 8.81%。试样标记：山坡泥烧失量为 13.62%，山脚泥烧失量为 13.9%，塘泥烧失量为 11.78%（表 10-11）。从三处不同位置不同深浅取土采样化验比较，塘泥制砖较好，但达到质量标准比例仍不太高，特别是山坡、山脚泥还原性能差，砖块表层外观差，生产不够正常，经营连年亏损。1997 年 5 月砖厂实行经营转制，由原厂职工出资集体承包经营。1998 年 10 月更新制砖机，由总公司及下属工业公司援助 15 万元（其中总公司 10 万元），购买一台江苏省如皋市磨头镇国营如皋市砖瓦机械总厂产的 JZK450 型双级真空制砖机，生产能力为年产标准砖 2000 万块，年产 1.7 砖 600 万块。制砖原料同在原泥场取土，但掺进南宁氮肥厂的煤灰和河沙改善泥质，制出砖坯坚实，表层光滑平整，三氧化铝含量降低到 12.97％，烧失量降低，产成品质量有所提高，有一定的生产潜力。据取土采样化验数据表明，5 米以下深层土壤化学成分含量比较接近制砖原料要求，但由于红砖市场和其他因素的影响，经济效益不好，无法继续经营，于 2000 年下半年停产。

表 10-11　制砖原料取土采样化验分析表

化学成分含量（％） 土层	二氧化硅	氧化铝	氧化铁	氧化钙	氧化镁	三氧化硫	烧失量
5 米以上	42.78	31.81	9.61	0.59	0.77		13.62
5 米以下	53.46	24.79	8.81	0.39	1.04		11.78

2000 年砖厂有职工人数 68 人，其中，干部（含代干）3 人，工人 65 人。2000 年，杨如坤任砖厂厂长，林新能任党支部书记，农荫东、莫青琴任副厂长。

第七节　修 配 厂

修配厂建于 1958 年 4 月，厂址位于场部西北面，距离场部 1 千米，与建筑工程公司（原基建队）木工厂一墙之隔，建厂初期厂房和设备简陋，只能进行一般常规性的修理。为适应农场机械化生产发展和面向社会扩大服务的需要，逐年扩大生产规模。1963 年金工（车工）车间扩建面积达到 447.48 米²，累计投资 26848.8 元。1972 年建翻砂车间（砖木结构），土建面积 198 米²，投资 15556.91 元。1973 年建锻工车间（砖木结构），面积 242 米²，投资 20943.32 元。1974 年建发电车间（砖木结构），面积 259 米²，投资 5789.28 元。1977 年建电工车间（砖木结构），面积 150 米²，投资 14407.68 元。1977 年建大修车间（砖混结构），面积 840 米²，投资 197365.25 元。1979 年建钳工车间（砖木结构），面积 415 米²，投资 43409.12 元。全厂厂房土建总面积达 2551.48 米²，总投资 32.43 万元。全厂设备已有 25 毫米万向摇臂钻床 2 台，B665（650 毫米）牛头刨床 1 台，B250 龙门刨 1 台，Z535 立式钻床 1 台，B5020 扦床 1 台，X62W 万能铣床 1 台，C620 车床 2 台，C630-1（直径 615 毫米）车床 1 台，CW6163（直径 630 毫米）最大工件长度 3000 毫米车床 1 台，高压油泵试验台 2 台，M4215（直径 150 毫米）立式珩磨床 1 台，T716 立式金刚石镗床（最大镗孔直径 165 毫米）1 台，MQ8260（最大回转直径 580 毫米）曲轴磨床 1 台，150（C41-150A）KG 空气锤 1 台，75 千瓦发电机组 1 台，汽车装配吊车 1 辆。设备配置具有一定规模，具备对国产各类型汽车、拖拉机的大修和农机具制作的能力。20 世纪 80 年代中期，修配厂曾为福建省援外承制 6 台甘蔗平茬机，分别出口塞拉利昂、多哥，承制 5 台甘蔗种植（播种机）机、1 台甘蔗培土机，出口扎伊尔等非洲国家，供国家出口创汇，谱写了农场历史新篇章。

根据中华人民共和国交通运输部对汽车大修企业专用、通用、试验和检测、专业修理、计量器具等设备率达到 90％以上的标准要求，至 2000 年全厂已具备的设备配备率如表 10-12。

表 10-12　修配厂设备情况表

种类名称	种数	配备率（%）	种类名称	种数	配备率（%）
专用设备	9	100	计量设备	12	100
通用设备	4	100	专业修理设备	3	100
试验检测设备	2	100	允许外协设备（自有）		

1993 年 11 月，为便于面向社会扩充服务，适应外涉需要，修配厂改名为"金光修造厂"。1996 年以后，修造厂由于不能顺应时代发展趋势的要求，以及缺乏市场竞争力，于 2000 年 5 月，经金光实业总公司领导研究决定，批准"金光修造厂"改变经营管理机制。采取主体投资多元化的形式，在国有资产保持完好的前提下，由该厂职工集体承包，实行自主经营、自负盈亏、定额上交的经营机制。行政隶属工业公司管理。

2000 年修配厂在职职工有 43 人，其中干部（含代干）5 人。在职职工中各类专业技术人员 3 人，其中，助理经济师 1 人，助理工程师 1 人，技术员 1 人。

2000 年陈宏任厂长，符可辉任党支部书记。

2001 年后由陈宏个人承包。至 2003 年以后，修配厂除房屋框架外，机器及其他设备等全部流失。

1995—2000 年修配厂产值利税见表 10-13。

表 10-13　1995—2000 年修配厂产值利税表

年份	总产值（万元）	利润（万元）	税金（万元）
1995	24.62	8.69	1.25
1996	108.18	−25.60	3.70
1997	41.02	−14.88	2.59
1998	85.09	0.20	4.57
1999	58.02	−9.43	3.27
2000	4.46	−11.07	4.19

第八节　粮油加工厂

粮油加工厂建于 1958 年，1959 年春建成投产，位于场部东北面。距离场部 1 千米，与全价饲料厂邻居。建厂初期仅有一台打米机和一台木制卧式人力花生油压榨机，日生产能力很低。1967 年以后，更新设备，购置过频筛、磨谷机、震动（摇筛）筛、打米机、统糠机等各一台，成为一条龙生产线，生产能力（三班制）达到日产 30 吨大米。压榨花生油改用电动压榨机，单班产量达到 1 吨。此外，还增置一台面条机，单班产量为 0.5 吨面条。

大米、花生油、面条以供应场内职工家属为主，兼营场外来料加工。随着改革开放形势的发展，国家粮食政策放开，允许粮油产品投放流通市场，农场职工可以自行到市场选购粮油，1997 年农场粮油加工厂停办。

第九节　食品加工厂

食品加工厂建于 1959 年，厂址与旧糖厂相连，位于场部西面，离场部 1 千米。建厂初期以酿酒为主。1976 年后增置食品生产设备，经营业务以酿酒、加工干、湿米粉为主，兼营酥饼、月饼、果脯、酱油等多种食品。

20 世纪 80 年代后期，农场食品生产规模有较大发展。1986 年食品厂迁移板栗山（又名花果山），位于场部西面，离场部 2 千米，并于当年新建饮料车间，主要生产设备有卧式 0.5 吨/时锅炉、洗瓶机、灌浆机、灌水压盖机，生产设备较先进，生产饮料品种有橙汁、菠萝汁及其他果汁饮料。同年兼营果脯生产，有芒果条、木瓜丝、桃片、马铃薯片等品种。1988 年新建饼干车间，主要生产设备有和麦机、冲印机和烤炉机，设计生产能力为日产饼干 3 吨。生产葱油饼、奶油饼、鸳鸯饼等多个品种。1989 年新建酒精车间，主要生产设备有卧式 2 吨/时锅炉（自动排渣）一台。6 个发酵罐、2 座蒸馏塔，设计生产能力为日产食用酒精 8 吨，附设生产 35°～50°白酒设施。食品厂搬居新建的三项工程总投资 239 万元。

食品厂产品除供应场内职工外，积极参与自治区内各市场销售，曾有几年取得较好的经济效益。到 20 世纪 90 年代初期，由于食品市场不景气，三条食品加工生产线效益连续下降，出现连年亏损，1994 年停止食品生产。1995 年饼干车间改建为淀粉加工厂，2000 年下半年酒精车间出租给外来客商承办酒精生产。

第十一章　服务业

第一节　商业发展概况

建场初期，环境条件差，农场没有办商业，职工日常生活必需品大都是去距场部（场部设在罗阳分场）3千米以外的罗阳街和中东街等地购买。为方便职工家属购买日用品，1957年农场开始在罗阳分场（场部所在地）设立小卖店，货源由中东和坛洛供销社供应，营业员2人，主要经营一些日用品和副食品。1958年场部搬迁到坛井地区设置后，坛井地区成为政治、经济、文化建设发展的中心，同年建立国营金光农场商店。1960年百货和副食品等物质属南宁市百货站和食品站供应，纳入国家物资供应计划，享受二级批发站的批发价，此后商店货源比较稳定。随着农场人口的发展，商店经营项目和业务也同时增加，"文革"过后，即1978年移到"旧水塔"附近，利用原农场计划搞淀粉加工厂的旧房改建为商店扩展经营。1982年8月，农场为了方便职工生活，自筹资金在场部办商店，建圩亭。根据金光市场需求量的增加，商店经营项目分设为日用百货、五金交电、机动车辆配件、文化用品、日杂生资、糖烟酒副食品等门市部，各分场并设立代销店，由农场商店给各代销店提供物资，商店下属还设有理发、车缝、饮食、钟表修理、照相室等服务业，营业额迅速增长。1983年销售额达150万元。1984年农场成立农、工、商公司，下设一科、二科、三科，分工管理对内对外的经营范畴，下属商业网点24个，在南宁市设办事处，成为农场产、供、销成龙的经营配置机构。1993年改名商贸公司，梁毓斌任经理，原各科室及驻南宁办事处编制不变，商店内部各门市部、代销店和各服务业均实行承包责任制，销售额有较大幅度增长。至1995年上半年，商贸公司实现盈利20万元，1995年下半年因工作调动变更商贸公司领导，由于经营不善，到1996年经营亏损200万元。1997年商贸公司实行经营转制，取消商贸公司名称，商店恢复原来编制。至2002年11月止，商店职工47人，因商店各门市部和各服务业已实行自主经营，自负盈亏，按规定上交费用，商店不设经理，只设党支部，党支部书记由陆锦峰担任。2004年1月15日，商店由劳动服务公司代管，2004年1月15日以后，商店职工分流，从事个体经营。

第二节　金光街

1979年原坛井晒坪边群众自然形成的圩场搬到旧水塔区域集市，群众俗称为金光街（旧街）。当时，金光街沿袭当地乡镇的风俗习惯自发形成了三日一街，一直沿袭至今。金光街日与坛洛、金陵、中东等附近街日错开。随着经济发展和职工日常生活的需要，2000年5月10日，总公司投资690万元（含排洪沟工程）建设金光大道工程。工程从旧金光街坡底到制糖化工有限公司大门口，全程1.9千米。金光大道由原来6米宽柏油路面改建为20米宽混凝土结构路面。2001年5月30日竣工，同年7月4日交付使用。这条金光大道成东西走向，经总公司大门口通过，东与前往南宁柏油路接通，西接南宁至扶绥公路。在金光大道两边区域，总体规划建设小城镇，配套区划农贸市场和职工住宅区。2002年5月，农贸市场及职工住宅区动工建设。广西南宁金光建筑工程有限公司投资320万元，建设农贸市场及其配套设施工程（其中水泥钢筋结构圩亭102.88万元；出租铺面169.33万元；市管办公室、铁皮圩亭及配套设施24.95万元；出租公房22.91万元）。农贸市场占地总面积20336米^2，经过2年建设，2004年1月（春节前）农贸市场开市营业，成为新的金光街，群众俗称新街。集市也由坛井旧街搬到现在的新街。场部在没有形成金光街之前，每逢街日职工都是到附近坛洛、下愣或中东街赶集。场部自形成金光街和建成新的金光街后，每逢街日农场职工和附近周边的坛洛镇、金陵镇、中东镇、下愣村等乡镇村屯的商贩和群众前来金光新街赶集，人数最多时达3000人次。

金光新街有青年路、跃进路、罗阳路、昌平路、四和路、双甲路、向阳路等多条以分场名称为名的街道，街上楼房、公营私营商铺林立。至2014年，金光新街商铺有360间，有一个占地面积1000米^{2}的私营超市，农贸市场有商铺80间，零散摊位1400个，屠宰场1个。

金光新街除农场社区经营有商铺和摊位外，职工自建楼房私人商铺有460多间，由职工出租或自己经营。新街商铺和摊位经营项目逐年增多，由单一经营变为多种经营。商铺经营有日杂、五金、百货、裁缝、书店、餐饮、鞋店、牙科、渔具、通信器材、家电及家电维修、眼镜店、服装裁剪、理发、摩修、汽修、乳品销售、桶装饮用水、农药、肥料、饲料、灯具、建材、装修、银行、酒楼、美发美容、旅馆、医疗等，摊位经营项目有青菜、猪肉、鸡鸭、海鲜、熟食、粮食品、水果、衣服、鞋子、杂货、电器、厨具、灯具、烧烤等，能完全满足职工群众生活和生产日常需求。

2015年9月，农场投资1150万元在金光新街建设金光商贸中心楼一栋。金光商贸中心楼占地面积 1907 米²，总建筑面积 7196 米²。该楼为框架结构，总共分四层，一层为农贸市场，二、三层为超市，四层为成衣市场及餐厅。金光商贸中心楼于 2017 年 6 月竣工，2018 年 1 月正式投入使用。

至 2020 年金光新街商铺总共有 369 间，金光商贸中心楼 1 栋，新建屠宰场 1 个（2019 年原旧屠宰场关停）。金光街的商铺主要以个人自建居民楼商铺和农场商铺为主，其中个人自建居民楼房商铺 256 间；农场商铺 113 间，在农贸市场内商铺仍为 80 间，每间面积 44 米²。农贸市场外商铺 49 间，每间面积为 50～130 米²不等。

农贸市场内总摊位 1233 个，其中建筑棚和楼层内的固定摊位及商铺 924 个，占地面积 8004 米²；零散在道路上的地摊位有 309 个，占地面积 1236 米²。

2015 年至 2020 年，金光新街市场商铺和摊位逐年增多，经营项目比以前有所增加，但总体上没有发生大的变化。至 2020 年商铺经营有日杂、五金、百货、裁缝、书店、餐饮、服装、牙科、渔具、通信器材、家电及家电维修、眼镜店、服装裁剪、理发、摩修、汽修、乳品销售、桶装饮用水、农药、肥料、饲料、灯具、建材、装修、银行、旅馆、医疗、茶叶、幼儿教育培训、电脑维修、电动自行车、物流等，摊位经营项目有青菜、肉类、家禽、海鲜、熟食、米粮、水果、衣服、鞋子、杂货、电器、厨具、灯具、烧烤等，能完全满足职工群众生活和生产日常需求。

第三节 银行驻金光营业所

建场后，为方便职工存款储蓄，1957 年中国人民银行扶绥县支行派一名业务员到农场（场部设在罗阳分场）设储蓄代办点。1958 年场部搬迁到坛井地区，并借用场部招待所一间房继续开展储蓄业务。随着金融业务的增加，1961 年中国人民银行南宁市西郊坛洛营业所增派一名业务员，在原储蓄代办点的基础上，组建金光营业所，组建时配备职工 3 人，黄桂生任营业所主任。1961 年至 1978 年这段时期，农场的生产发展资金，是根据国家下拨的计划指标，按定额向银行借款。1979 年后改属中国农业银行金光营业所，专营信贷、存款、结算等业务。1980 年下半年国家金融制度改革，国营企业资金来源由原来定额借款，改为项目审批贷款，农场根据企业生产发展规模的必要款额直接向农行申请贷款。1997 年营业所改称中国农业银行南宁市支行金光分理处，至 2004 年人员增至 9 人，邓乾康任主任，孟财升任副主任。

第四节　南宁市邮电局郊区分局驻金光邮政所

1976 年以前，农场寄递信件包裹，办理汇兑，征订报纸杂志等均属邕宁县邮电局下楞邮电所代办。1977 年后，由于农场邮电业务大幅度增加，1980 年邕宁县邮电局下楞邮政所派两名邮递员到农场开办邮政所，名为金光邮政所，开展邮政业务。邮政所设立后，业务繁多，工作量大，1987 年搬迁至新建办公楼，改名为南宁市邮电局郊区分局金光邮政所，配备职工 2 名。仅以 1991 年为例，全年收订发行各类报刊 263 种 10200 份（报纸 7044 份，杂志 3156 份）。以月平均计，收发各类电报 3 份，入口传递电报 3 份。出口挂号 153 件，入口挂号 360 件。收发各类包裹 50 件。汇款总金额 13 万元，汇款手续费以 1% 计，收入 1300 元，日均收发平信 136 件。2004 年驻金光邮政所职工 2 人。

第五节　南宁市税务局征收三分局驻金光征收处

农场税务征收处建于 1984 年 6 月，配备职工 2 人，负责农场范围内日常有关业务和农场集市贸易税务、个体工商纳税户的管理。南宁市郊区坛洛税务所还派员负责审核征收农场各纳税单位的征收业务。建立征收处至 2000 年，在完成国家征收任务的前提下，按照国家税法和有关政策，1993 年给农场砖厂免征税金 13 万元。

第六节　金光农场加油站

1993 年 11 月成立金光农场加油站，1994 年 5 月加油站正式建成开业。加油站前身先后是广西农垦国有金光农场物资供应站、广西金光实业总公司加油站。1993 年 11 月农场加油站成立前，加油站由物资供应站经营管理。1993 年 11 月，农场加油站成立时接管了金光农场机械仓、五金仓。第一任站长是韦组佳，全站人员有 13 人。当时全场的柴油供应全部是由加油站的一台 5 吨车负责调拨配送到各个分场油库，再由各分场供应给拖拉机使用。整个加油站设备设施非常简陋有限。加油站除给各个分场的农机等供应油品外，也供应给周边村屯及其他用户。从而解决了在计划经济时期下，农场及周边村屯方圆几十里车辆加油难、用油难的问题。农场加油站成立后的几年，由于当时农场及周边村屯车辆数量很少，经营效益不好，职工收入低，只能勉强维持日常生活费用开支。

1997 年，加油站改制为全员职工集体承包。实行自主经营、自负盈亏、自筹资金、不上缴利润。职工每月工资按加油站的经营效益盈亏情况发放。1997 年至 2010 年加油站一直以集体承包方式进行经营活动，由于诸多原因影响，加油站整体经营效益一直不佳。2010 年农场收回加油站经营权，由农场经营管理。2011 年改为国有全资经营，实行站长负责制，财务单独核算。由于近几年国际市场的好转，农场及周边村屯农机、私家车辆数量剧增，加油站效益逐年递增，连年获利。加油站固定资产 40 万元，在职人员 10 人。2014 年 12 月 8 日，新建加油站落成开业，该站共投入改造建设资金 220 多万元。2019 年 6 月加油站移交至南宁金佳园置业公司管理。

2009 年梁天茂任站长，2010 年林振邕兼任站长，2011 年至 2014 年莫建伟任站长。

2015 年至 2019 年 6 月莫建伟任站长。2019 年 6 月之后，农场公司不再设加油站站长职务。

2004 年至 2020 年加油站产值利税见表 11-1。

表 11-1　2004—2020 年加油站产值利税表

年份	产值（万元）	税金（万元）	利润（万元）	年份	产值（万元）	税金（万元）	利润（万元）
2004	/	/	/	2013	936.05	18.56	14.73
2005	220.00	/	/	2014	942.63	15.35	3.41
2006	230.00	/	/	2015	1340.68	35.45	111.19
2007	294.00	/	/	2016	1320.88	51.94	200.75
2008	/	/	/	2017	1234.82	54.32	144.56
2009	/	/	/	2018	1447.37	54.41	129.14
2010	936.05	18.56	14.73	2019	1236.50	35.90	150.16
2011	942.63	15.35	3.41	2020	998.56	29.03	105.23
2012	1231.08	13.72	23.44	累计	13311.25	342.59	900.75

注：1997 年到 2010 年前为职工集体承包，经营数字均无记录。

第十二章 交通运输

第一节 交通概况

1955年9月建场至1957年，场部设在扶绥县中东（九区）区原天西农场罗阳分场，因农场附近公路尚未修好和缺乏交通工具，从场部到扶绥县城22千米，到扶南火车站25千米，到中东区公所6千米，到政府办事都靠步行或骑自行车，在坑洼不平的道路艰难奔波，就是骑自行车到扶绥县城也要超过2小时。往南宁则先步行25千米到扶南火车站再转乘火车，到各生产队检查工作也得步行，交通极不便利。1958年春，场部乔迁到坛井地区（邕宁县坛洛乡境地）设置，场部地区毗邻左江畔，与左江中楞渡口相距5千米，同年老口渡和中楞渡的渡车船开通，南宁至隆安县扶绥县贯穿农场的省级公路修筑通车，货物运输颇为改善，但仍未有客运班车往返。场部地区，飞机分场（现示范园）以及场部地区附近分场职工，往南宁市或探亲访友，则步行到江西村火车站乘坐火车或到下楞港口乘客船。1960年南宁至隆安、扶绥等县城每日一班客运班车往返，农场机车车辆也逐年增加，交通闭塞的状况才逐步改善，水陆交通越来越方便。

2004年农场有各种类型公用车辆（小汽车、大客车）共26辆。至2014年农场有各种类型公用车辆（小汽车、大客车）14辆，比2004年减少。随着农场经济的飞速发展和职工收入的逐年增加，据不完全统计，至2014年全场有各种私家小汽车约500辆。私家小汽车进入千家万户，大大改变和方便了农场广大职工日常的交通出行。至2020年农场公司拥有公用车辆10辆。

第二节 运输概况

1955年9月建场至1957年，三年中广西垦殖厅农垦局仅调给农场三辆载重4吨的吉斯150汽车，调给4台Z-25K型胶轮式拖拉机，由于汽车、拖拉机较少，工农业生产发展所需运输量显然不足，农业生产的农忙季节运肥运种下地，绝大部分靠人力肩挑和使用牛车、马车运送。随着农场经济建设的发展，运输量的不断增加，1963年后，农场汽车、拖拉机逐步增多，运输能力有所提高。1963 年至 1974 年间，农场各种载重汽车增至 12 辆 1020 马力共 57 吨位，大中型胶轮式拖拉机姆特斯-45、热托-45 和 25、尤特斯-45 丰收-37 等增至 30 台，田间运输基本取代了人力和畜力运输。

1975 年，筹建金光糖厂，发展蔗糖生产，运输量相应增强，农场汽车、拖拉机大幅度增长，1976 年至 1979 年各种载重汽车增到 31 辆共 2790 马力 155 吨位。1980 年后，由于农工商经营规模扩大发展，物资运输增加量更大，到 1989 年各种载重汽车达 65 辆（其中饲料厂 5 辆，职工个人汽车 13 辆），共 5850 马力 325 吨位，胶轮式拖拉机增至 106 台共 5450 马力 409 吨位。保证了糖厂原料蔗进厂运输及其他物资运输。

2004 年，全场拥有各种类型载重汽车 45 辆，4348 马力，222 吨位，胶轮式铁牛、中拖 75 台，5175 马力，320 吨位，基本上保证了全场工农业生产、商贸和职工交通、生活运输的需求。由于经营体制改革，农场除有部分大型农机外，很多汽车、客运车、小型农机为私营车辆。至 2014 年全场拥有大中型农用拖拉机 65 台（其中个体 40 台），共 6300 马力。各类私营载重汽车约 80 辆，主要用于榨季甘蔗运输使用，服务甘蔗生产，能满足榨季甘蔗运输的需求。

其余汽车、客运车、小型农机为私营车辆。至 2014 年全场拥有大中型农用拖拉机 65 台（其中个体 40 台），共 6300 马力。各类私营载重汽车约 80 辆，主要用于榨季甘蔗运输使用，服务甘蔗生产，能满足榨季甘蔗运输的需求。

至 2020 年，全场拥有大中型农用拖拉机 116 台，共 14800 马力（其中个体 80 台，6800 马力），共有收割机 30 台及装蔗机 26 台（含个体）。各类私营载重汽车 30 辆，主要用于榨季甘蔗运输使用，服务甘蔗生产，能满足榨季甘蔗运输的需求。

第三节　水上运输

水上运输有机动船，1962 年购进机动船头一艘，90 马力，配有两艘驳船 100 吨位，1971 年卖去机动船头和驳船一艘，留下一艘驳船改装为 60 马力的机动运输船，后因不能满足农场运输量的要求，1980 年将改装的机动船卖掉。1981 年另购进"金光 01 号"80 马力机动运输船，运载能力为 60 吨，每次可运载生猪 250 头，长期配合农场运送生猪出口，1988 年由于生猪出口任务增多，又购进"金光 02 号"150 马力的机动运输船，运载能力为 110 吨，每次可运载生猪 350 头。运输航线上至百色，下至梧州，下航线是以运送生猪到梧州口岸出口为主，兼运其他货物，为农场经济建设和为国家生猪出口创汇做出优异成绩。由于水路运输线畅通，农场的运输环境大有改善。1989 年，因与自治区外贸

（厅）局关于生猪出口的有关要求发生矛盾，自治区外贸（厅）局停止安排金光农场生猪出口任务，因此，同年"金光01号"和"金光02号"两艘机动船全部卖掉。虽然减少了水上运输，却增强了陆地运输力量，而且大幅度增长，没有影响农场货物运输。

第四节　汽车队

农场汽车队成立于1966年初，队址位于场部西面，距场部1千米。各种载重汽车9辆790马力共44吨位。1983年春汽车队乔迁新址，东面与东风分场相邻，西面与场部住宅区连接。1983年以前车队隶属关系反复变更，分别属基建队、供销科、工业科等管理。1984年车队新班子成立，全车队工人数73人。在党的改革开放政策的指引下，车队曾实行单车营运承包责任制，但由于各方面的条件欠佳，对提高车队经济效益弊多利少，三个月后撤销营运承包制。随后改制实行驾驶员按产值工资、节约油料、节约零件、单车利润等按给定的比例综合计发收入的办法，修理工则实行计件工资，各工种责任明确，充分调动了车队职工的积极性，1985年至1989年的5年期间，车队每年赢利分别为15至20万元，并不断扩大了车队自有资金的积累，曾是农场经济效益较好的单位之一。

经过有关部门批准，1966年至1989年，汽车队举办了汽车驾驶员培训班，派出技术较好的老师傅担任教练，共办了五期65人受训，从培训班受训出来的汽车驾驶员服务于单位，服务于社会。

在党的十五大抓大放小精神指导下，农场五小工业实行经营转制，1997年车队进一步深化改革，将大部分货运汽车折价转让给内部职工经营，或转卖给社会个体户经营，留下4辆解放牌带挂汽车，由本车队12个职工（包括修理工和管理人员）集体出资承包经营。至2000年，黄美秀任车队队长，曾祥旭任车队党支部书记，马才麟任车队副队长。2002年车队改制为个体承包。

第五节　金光客运站

1996年农场在金光旧街建立金光客运站（以下简称客运站），是南宁市第一个农村客运站，由农场工业公司管理。当时客运站规模较小，停车场及站务用房占地面积约1000米²，有71辆小型客运车辆（16～19座）营运，管理人员6人。客运车辆每天10分钟一班往返金光至南宁，每天60班次，乘客约1000人次。1997年南宁至场部金光街增至61辆中巴客运班车往返，隆安县龙虎山旅游区公路修筑通车后，除有部分中巴客运班车分流到龙虎山线路接运旅客外，仍有 40 辆往返南宁至金光的客运中巴班车，职工乘车极为方便。由于旧车站候车室、停车场、车辆检测设备简陋和车辆出入、乘客上下车地点存在较大安全隐患，易发生交通安全事故，达不到乡镇四级客运站的标准。根据上级交通主管部门的整改要求和客运业发展需要，2004 年 5 月，南宁市交通局同意农场重新规划建设新的客运站。

按照农场小城镇建设总体规划要求，2005 年农场投资 200 万元（其中南宁交通局农村客运专项资金 50 万元）在金光小学旁建设新的客运站，2006 年 10 月 10 日建成投入使用。新建客运站占地面积 13 亩，建筑面积 1360 米^2，设计单日发送旅客 2000 人。新建客运站按照国家三级客运站标准建设，设计有二层综合楼 1 栋，面积 1550 米^2。中型停车场一个，面积 4000 米^2。设有办公用房、候车厅、售票厅、发车位 4 个，客车安全检验台 1 个，洗车场、修理间等配套设施。客运站有铺面 7 间，全部对外出租经营。2007 年客运站增开金光—扶绥班线，每天对开 3 班。金光—南宁每 30 分钟一班，共 41 班次。至 2014 年，客运站有金光—南宁、金光—扶绥 2 条往返客运班线，共有中巴车 40 辆（33 座）投入营运，日均发 40 班次，日运送旅客 800 至 1000 人次，能满足农场职工及周边群众的出行需求。新客运站建成投入使用后由农场管理，实行承包经营。2010 年农场将客运站内部划归社区管理，是社区下属的一个独立核算单位，实行分包经营，自负盈亏，年经营总收入 20 多万元。

2015 年至 2018 年，客运站有营运客车 41 辆，全部采用大型普通客车营运。日发客车 30 班次，运送旅客 300 人次，节假日运送旅客 500 人次。由于私家车的不断增多，职工群众出行方式的不断改变分流了客运站的大量客源，影响了客运站的经营效益。客运站每年经营总收入约 24 万元左右，每年亏损 5 万～9 万元，经营效益一直不佳。2018 年 12 月，农场办社会职能改革后，客运站移交给南宁盛都城市开发有限责任公司经营。

客运站在职人员 5 人，其中站务员 3 人。2006 年至 2011 年 3 月，劳以邕任站长。2011 年 1 月至 2012 年 6 月，梁添茂任站长。2018 年，客运站有管理人员 3 人，临时工 2 人。2012 年 6 月至 2018 年 12 月，客运站日常工作由严忠保负责。

第十三章 生活设施

第一节 电力建设概况

1958年，农场场部从罗阳搬迁到坛井地区设置后，同年4月修配厂用7.5千瓦电动机加装电容器组成发电机，使用动力机带动产生电磁感应发电，农场局部单位开始使用电力照明。1959年，修配厂又改用48千瓦柴油发电机发电，当时仅限于修配厂生产用电和供场部地区照明用电。

1963年底，国家在邕宁县（后改属南宁市郊区管辖）坛洛乡上中村择地投资建成变电站，开始接用西津电厂高压电源。1964年初，农场从上中变电站接用10千伏高压电源经坛蓬村分线至场部，线路总长5千米，16毫米^{2}钢芯铝绞线，同年，从坛蓬村分线处接线至团结（现示范园）分场剪刀河边电灌站使用电力抽水，总长2千米，16毫米^{2}钢芯铝线。

1965年，从场部高压线路接至淋油分场石洞（旧分场）电灌站，总长5千米，16毫米^{2}铝导线。

1966年兴建青年分场至料塘边泉井电灌站，从邕宁县坛洛乡变电站接用高压电源至站，线路总长16千米，25毫米^{2}铝导线。同年青年淀粉厂从青年分场接线到厂，总长0.6千米，16毫米^{2}铝导线。1966年天堂生产队（属青年分场管理）从坛洛乡上正村接用高压电源至天堂电灌站，总长2千米，16毫米^{2}铝导线。

1967年，昌平分场从扶绥县昌平乡接用高压电源至分场抽水站，总长2.5千米，16毫米^{2}钢芯铝导线。

1968年，建成中意分场电灌站，从淋油分场接至站，总长11千米，16毫米^{2}铝导线。同年中意淀粉厂接线0.3千米16毫米^{2}铝导线至厂，罗阳分场从中意分场接用高压电源至分场，总长2千米，16毫米^{2}铝导线。后来，因电力不足，1987年改接中东变电所电源至中意分场及淀粉厂，总长2.5千米，25毫米^{2}铝导线。

1975年，为兴建糖厂，从坛洛乡上中村变电站接线3千米，25毫米^{2}铝导线至厂，同年建成下楞新村（左江）电力抽水站，从糖厂接4千米16毫米^{2}铝导线至站。1980年改从坛洛供电所接 30 千伏高压电源至厂，专线供糖厂生产用电，线路总长 18 千米，35 毫米^{2}钢芯铝线。1976 年前进分场建场，同年兴建泉水电灌站，从场部线路接线至站，总长 2.75 千米，16 毫米^{2}铝线。

1978 年，兴建双甲分场抽水站，从扶绥县昌平乡接用高压电源，线路总长 5 千米，25 毫米^{2}铝导线。1979 年双甲分场兴建甘蔗喷灌站，从分场接线至站，总长 0.8 千米，16 毫米^{2}铝线。

1966 年，东风分场二级抽水站从场部接线 1 千米 16 毫米^{2}铝线至二级站。

1981 年，兴建淋油分场第一喷灌站，从分场接电源至站，总长 0.5 千米，16 毫米^{2}铝线。同年青年分场兴建甘蔗喷灌站，从分场接线至站，总长 2 千米，16 毫米^{2}铝线。

1982 年，兴建那浪分场喷灌站，从分场接线至站，总长 0.4 千米，16 毫米^{2}铝线。

1984 年，兴建淋油分场第二喷灌站，从分场接线至站，总长 0.3 千米，16 毫米^{2}铝线。

1988 年，兴建罗阳分场甘蔗喷灌站，从分场接线至站，总长 1 千米，35 毫米^{2}铝线。

同年兴建罗阳饲料（改为果树）喷灌站，从分场接 0.5 千米，35 毫米^{2}铝线至站；兴建创业分场甘蔗喷灌站，从分场接线至站，总长 1 千米，25 毫米^{2}铝绞线；兴建跃进分场饲料喷灌站，从场部接线至站，总长 6 千米，35 毫米^{2}铝绞线。兴建青年分场饲料喷灌站，从分场接线至站，总长 1.5 千米，16 毫米^{2}铝线。兴建前进场部果园喷灌站，从分场接线至站，总长 2.75 千米，35 毫米^{2}铝线。

1989 年，兴建同正分场果园喷灌站，从扶绥县中东乡高压线路接线至站，总长 2 千米，16 毫米^{2}铝线。同年双甲分场四和果园喷灌站建成，从双甲分场接线 2 千米 16 毫米^{2}铝线至站。

1990 年，兴建东风分场喷灌站，从场部接线至站，因农场小城镇建设用地，于 1997 年拆除喷灌道停用。同年兴建罗阳分场果园喷灌站，从分场接线 0.4 千米 16 毫米^{2}导线至站；兴建坛井分场（现已归并向阳分场）甘蔗喷灌站，从食品加工厂接线至站，总长 0.3 千米，16 毫米^{2}铝线。

1999 年，兴建原跃进分场（现改名农业科技示范园）固定喷灌站，从场部接线至站，总长 6 千米，35 毫米^{2}铝绞线；同年兴建卷盘式喷灌站，从场部接线 7 千米 16 毫米^{2}铝导线至站；兴建四号机井喷灌站，从场部接线至站，总长 7 千米，35 毫米^{2}铝线。

全场从 20 世纪 70 年代开始工农业生产用电及职工照明用电全部使用西津电厂供电。

2004 年，全场高压线路总长 128.9 千米，其中 50 毫米^{2}铝绞线 5.5 千米，35 毫米^{2}铝线 48.25 千米，25 毫米^{2}铝线 27.5 千米，16 毫米^{2}钢芯铝线 48.65 千米。糖厂安装 7500 千瓦发电机组，生产期间，除供本厂生产用电外，还可以与电网并网，全场年均用电量 350 万～520 万千瓦时（自行发电除外）。

第二节　农网改造

为改善农村电网现状，保证用电质量，减轻用户负担，根据国家有关政策要求，农场纳入当地农村农网改造范围，改造工作按计划分期分批进行。2007 年 7 月，农场开始实施农网改造工程。全场农网改造工作先从扶绥片分场开始，参加改造的用户每户交纳 200 元的户表钱后，由当地供电部门按计划负责实施改造。扶绥县的双甲、同正、中意、昌平、罗阳、龙山、友谊、那浪、谷龙等分场首先开始改造工作，当年农网改造户数约 1400 户。2009 年，场部、东风分场、金光新街、旧街、坛井等开始农网改造工作，参加改造的用户每户交纳 500 元的户表钱后，由当地供电部门按计划负责实施改造，当年改造户数约 1600 户。至 2014 年全场改造户数达 3000 户。截至 2014 年 12 月，青年、示范园、前进、东风分场向阳点、创业等分场未完全实施农网改造工作。农网改造后，电费收入、用电线路设施、供电归当地供电部门管理。农场水电所只负责未改造的原属农场资产的用电线路设施及农业生产用电设施的维护管理工作。

截至 2014 年全场高压线路总长 120 千米，其中 35 毫米^{2}铝绞线 30 千米。全场生产、生活年均用电量 1476 万度。农网改造后，生产、生活用电属农场收取的电费收入年均约 130 万元。

2018 年农场办社会职能改革，于 2018 年 12 月将农场水电所移交至政府指定企业——南宁市盛都城市开发有限责任公司，此后水电所不再属于农场管理。2018 至 2019 年期间政府对东风分场向阳点 51 户、创业分场 56 户以及团结分场 58 户，共计 165 户，实施农网改造。

第三节　污水处理厂

金光污水处理厂工程项目名称为南宁市坛洛镇污水处理一期及配套管网工程。工程项目是农场根据《关于开展全区"十二五"后两年镇级污水处理厂建设项目调研工作的通知》（桂污水垃圾函〔2014〕38 号）、《关于印发广西"十二五"后两年污水处理设施实施方案的通知》（桂污水垃圾〔2014〕13 号）精神及广西壮族自治区住建厅领导到农场调研工作要求建设。2014 年 7 月 18 日工程项目正式启动，2015 年 10 月 11 日正式开工建设，

2016 年 12 月 1 日竣工通过验收投入使用。工程项目位于金光农场场部东北角，建设面积 3300 米² （含二期工程预留用地），总投资 1089 万元，其中环保投资 115 万元，由自治区财政资金支持。污水处理厂建（构）筑物包括调节池、格栅、IBR 综合生化反应池、储砂池、污泥池、污泥脱水及加药间、生产管理用房及通讯、交通、供水、供电等配套基础设施。项目包括 1 座污水处理厂及污水收集管网的建设。污水处理厂主要负责收集处理农场场部生活污水。设计处理规模为一期 1000 米³/天（二期 2000 米³/天），配套管网总长 3 千米，采用 IBR 生物处理工艺，尾水消毒采用加氯法处理污水，污水处理后排入剪刀河。2018 年 7 月农场办社会职能改革后，污水处理厂移交给西乡塘区人民政府指定的南宁市盛都城市开发有限责任公司接管。

第十四章　企业经营管理

第一节　经营体制变革

金光农场从建场初期到 20 世纪 80 年代初期，实行高度集中的管理方法，在领导体制上政企合一，人、财、物、产、供、销的管理权限统一集中在国家管理机构；经营方式按照上级机关的规定、指示办；产业结构是单一的生产型结构，不参加流通领域的活动；分配制度实行统一分配，劳动报酬、劳动福利均按国家规定的工资制度和劳保福利制度执行；调节方式靠上级指令和计划调配，企业吃国家"大锅饭"，职工吃企业"大锅饭"，不负盈亏责任。农场只是按照农垦局下达的年度生产计划任务制订相应的经营管理方案，将任务分解到农场各单位后落实执行。在全民所有制统一经营体制下，企业没有生产经营自主权，生产经营处于被动地位。

党的十一届三中全会以后，国营农场开始逐步实行一系列经济体制改革。随着经济体制改革的深化，金光农场对管理模式逐步进行改革，先后实行了财务大包干，推行各种承包责任制和经济责任制，进而实行大农场套小农场"统分结合"的双层经营体制；实行多层次的产业结构，从第一产业到第二、第三产业逐步推进发展，农场既是产品生产者，又是产品经营者，直接参与流通；分配形式多元化，总原则是结合生产经营成果进行分配；调节方式采取多样形式，农场的运行机制、计划、决策有独立自主权，农场内部实行民主管理等。

建场以来，1956 年至 1983 年农场是按高度集中、统一模式的经营管理机制运行，1984 年兴办家庭农场后，农场的经营管理体制从根本上实行了变革，发生了质的飞跃。突破了几十年来的经营管理体制的束缚，打破了长期以来企业吃国家"大锅饭"，职工吃企业"大锅饭"的生产经营模式。兴办家庭农场后，极大地提高了职工的生产积极性。

建场以来，农场的经营管理体制形式多样，由等级工资制、联产计酬、责任制演变为职工家庭农场承包责任制和场长负责制。从 1984 年以后，职工家庭农场承包责任制这种主要经营管理方式一直沿用至 2020 年。

随着经济社会的发展，农场的生产经营管理方式也随之发生变化。在职工家庭农场经营承包责任制的大框架下，农场根据生产经营目标任务要求，结合实际，每年对经营管理方案、管理制度等进行适度调整，补充和完善，经当年职工代表大会讨论通过后在全场贯彻实施。

2018 年开展农场办社会职能改革，将国有农场承担的社会管理和公共服务职能全部移交给当地政府，于同年 10 月底完成全部移交工作。

2018 年起，农场开始进行企业化改革，同年 12 月 18 日农场正式更名为广西农垦金光农场有限公司。2018 年 11 月 23 日集团通过了农场公司上报的《广西农垦国有金光农场公司制改制方案》，新公司的整体框架开始建立；在 2019 年 5 月 15 日农场公司印发《广西农垦金光农场有限公司组织架构及职能设置方案》《广西农垦金光农场有限公司定岗定编方案》《广西农垦金光农场有限公司竞聘上岗方案》，确定了内部组织架构及人员架构。农场公司正式开始按照企业化方式运作。

第二节　等级工资制

1955 年至 1978 年，全场干部、工人统一实行等级工资制度。无论能力、贡献大小，企业经济效益如何，每月均按国家规定的各类工资级别标准发放工资。

全场工农业生产工人等级工资标准共分 14 级，最低为 1 级（月工资 18 元），最高为 14 级（月工资 40 元）；1957 年前参加工作的工人，最低起点为 6 级（月工资 27 元），1958 年后参加工作的工人，最低为 3 级（月工资 21 元），安排就业的职工子女，从一级起点（月工资 18 元）。

等级工资制的实施，形成了劳动管理定额而无考核，生产、财务管理年初有计划、有任务，但年终算账不负盈亏责任，照领工资。

第三节　联产计酬

1981 年，全场农牧业生产工人实行联产计酬责任制，工副业生产单位实行利润分成或增盈减亏分成的经营责任制。

场部对各农业分场实行"四定一奖"（定任务、定人员、定支出、定收入、超产奖），增盈减亏部分 50％留成给分场支配。分场对农牧业班组实行承包，联产计酬，农业班组所承包的耕地面积，按照自然条件和生产条件，分成一、二、三类区分年核定产量指标。实行联产计酬的职工，取消原等级工资，按劳动标准日计算发放工资，保留粮差及副食品等项补贴，同时按种植面积、产量、用工、成本等直接以队、班组为单位进行经济核算，年终按照规定产量指标，实行超产奖。工副业单位采取核定生产年度利润指标，奖金提成比例和超利润指标"三三二"分成的办法，年终财务结算后计奖罚。

第四节　责　任　制

1984年开始，农场在种植业、养殖业方面全面兴办职工家庭农场，实行"统一领导，单独经营，自负盈亏"的管理责任制。工副业生产实行单位独立核算、定额上交、超支不补、超额分成的管理办法，打破了吃"大锅饭"的传统习惯，多劳多得，体现了勤与懒的收益区别。

第五节　职工家庭农场

1984年起农业实行大包干，试办家庭农场。初时共有1150个，总人口2377人，其中职工1540人，承包土地面积29244亩，主要种植甘蔗和柑橘。

1984年至1993年，甘蔗家庭农场实行自负盈亏、定额上交、利润分成，农场给予预借或垫支生产、生活费，按每人18～20亩为一个承包岗位定额无偿上交甘蔗（实物交费）。柑橙家庭农场实行小组承包，责任到人，定额管理，以产计酬，超产奖励，欠产受罚，农场给予预借或垫支生产、生活费。

1994年以"三个有利于"为原则，农场除对猪场全程承包和对甘蔗实行生产和生活费用"两费"自理外，对长期经济作物柑橙实行产权制度改革，实行经营权有偿转让，所有权与经营权彻底分离（即把国家投资种植的2582亩柑橙，按品种、地力评出等级，作价一次性转让给职工，期限30年）。1994年至2001年实行长期作物经营权作价转让，主要是柑橘作物，果树岗位以7～8亩为标准岗，以现金形式上交土地承包费。家庭农场承包经营实行"两费"（生活费、生产费）自理，自负盈亏，定额上交，利润全归家庭农场。

2003年至2010年，承包甘蔗岗位的家庭农场交纳承包费方式由实物交费改为现金交费，果树岗位按现金交费方式不变。其间，从2006年开始，农场按国家政策对农业岗位（甘蔗、香蕉）实行税费改革，减免农工承担的类似乡镇收取的"五项统筹"费用（即九年义务教育、计划生育、优抚、民兵训练和乡村道路建设等五项），并每年在国家财政补贴金额里拿出一部分钱直接补贴给农工。

2011年以后，农场恢复甘蔗实物收费制度，承包甘蔗岗位的家庭农场交纳承包费方式由现金交费改为实物交费。按地块类型不同，甘蔗岗位每年每亩按0.8～0.9吨原料蔗上交管理费。香蕉等果树岗位按现金交费方式不变，每年每亩按680元上交管理费。

职工家庭农场自实行以来，一直是农场主要的经营管理方式。职工家庭农场一般以经营甘蔗和香蕉等果树岗位为主，至 2014 年全场共有职工家庭农场 2230 个。2020 年全场共有职工家庭农场 1275 个。

职工家庭农场情况及经济效益见表 14-1、表 14-2。

表 14-1　1984—1988 年职工家庭农场情况表

年份 项目	1984	1985	1986	1987	1988
农牧工人总数（人）	1978	1715	1582	1810	2235
职工家庭农场（个）	1402	1390	1390	1399	1564
职工家庭农场总人口数（人）	2377	3272	3947	3964	3935
职工家庭农场工人数（人）	1602	1648	1562	1738	2067
职工家庭农场占农牧工人总数（%）	80.99	96.09	98.73	96.02	92.48
每个农牧工人年标准工资及补贴等收入（元）（注：未加补贴）	926	738	1535	2298	2101

表 14-2　1984—1988 年职工家庭农场经济效益统计表

年份 项目	1984	1985	1986	1987	1988
家庭农场总产值（含承包和非承包）（万元）	351.43	503.19	673.40	1112.76	1115.56
劳均产值（元）	2194.00	3053.00	4313.00	6403.00	5397.00
比上年增长（%）		39.15	41.27	48.46	−15.71
家庭农场纯收入（含承包和非承包）（万元）	99.32	57.42	143.43	203.04	495.04
劳均纯收入（元）	620.00	348.00	918.00	1168.00	2395.00
比上年增长（%）		−43.87	163.79	27.23	125.05
家庭农场承包部分总产值（万元）	351.43	503.19	673.69	1112.76	1115.56
劳均产值（元）	2194.00	3053.00	4313.00	6403.00	5397.00
比上年增长（%）		39.15	41.27	48.46	−15.71
总收入（按农场结算价计）（万元）	487.30	631.24	1136.85	1511.94	2086.27
上交国家税金（万元）	4.82	4.61	4.38	15.1	49.3
上交农场金额（万元）	30.16	46.8	97.7	147.11	205.23
其中：利润（万元）		9.01			
劳保福利费（万元）		5.97			
企业管理费（万元）		31.82			
家庭农场生产费用（万元）	353.00	522.41	891.34	1146.69	1336.7

注：总产值按 1980 年不变价格计算。

第六节 场长负责制

1986 年，农场实行场长负责制，1988 年又开始实行第一届场长任期目标责任制（1988—1990 年）。场长对分场主任和工副业单位厂长（经理）也实行任期目标管理，每届任期 3 年。任期间，场长对国家主管部门（区农垦局）下达的生产财务计划目标负责，分场主任及厂长（经理）对场部下达的任务目标负责。1991 年实行第二届场长任期目标责任制。第二届场长任期目标责任制 3 年结束后，以后不再实施这一责任制形式。

第七节 税费改革

2005 年，国家全面取消农业税（包括农业特产农业税）。2006 年，国务院办公厅、自治区人民政府分别下发《关于深化国有农场税费改革的意见》（国办发〔2006〕25 号）和《广西壮族自治区深化国有农场税费改革实施方案》（桂政发〔2006〕46 号）文件通知，要求做好深化国有农场税费改革工作，切实减轻农场和农工的负担。2007 年，农场根据区农垦局《关于印发广西农垦深化国有农场税费改革操作方案的通知》（垦企管发〔2007〕13 号）要求出台了税费改革实施办法。2007 年 6 月 1 日，第十七届三次职工代表大会表决通过《广西农垦国有金光农场深化税费改革实施办法》。农场实施税费改革从 2006 年开始算起。

税费改革主要内容是全部免除农工承担的类似农村乡镇"五项统筹"（包括九年义务教育、计划生育、优抚、民兵训练和农场道路建设）收费。2006 年起，由农工承担的"五项统筹"收费全部予以免除。免除方式根据农场农业承包经营形式，采取绝大多数农工愿意接受的方式确定。全额退还 2006 年已向农工收取的"五项统筹"费。税费改革后，农场面向有劳动合同关系的农工的收费项目统一规范为四项，即农工自身受益的社保福利费、生产经营费、农场管理费、社政管理费。

税费改革前，甘蔗岗位（定额为 21 亩/岗），人均负担 6400 多元，柑橘岗位（定额为 8 亩/岗），人均负担 6700 多元，香蕉岗位（定额为 10 亩/岗），人均负担 6700 多元。从 2006 年起，农场按照农工承担"五项统筹"费的水平，通过免除部分收费项目、调整收费标准和补贴等办法相应减轻了农工的负担。税费改革后，全场农工减负总额 383 万元，平均每人减负 2361 元，减负幅度为 38.3％。

农场消除农工承担的"五项统筹"费用后，国家每年给予农场一定的财政补贴金额，

2006 年农场每年获国家财政补贴金额 283 万元，2007 年至 2013 年农场每年获国家财政补贴金额 680 万元。为进一步减轻农工的负担，农场又每年从国家财政补贴金额里拿出一部分钱直接补贴给农工，甘蔗岗位得到农场补贴一般为 1000～2000 元，香蕉岗位得到农场补贴一般为 300～360 元。2006 年，农场按进厂甘蔗 3 元/吨、香蕉 10 元/亩的标准给予适当补贴，当年补贴农工总额 37 万元；2007 年农场按进厂甘蔗 10 元/吨、香蕉 10 元/亩的标准给予适当补贴，当年补贴农工总额 215 万元；2008 年农场按进厂甘蔗 13 元/吨、香蕉 45 元/亩的标准给予适当补贴，当年补贴农工总额 147 万元；2009—2013 年补贴标准按 2008 年不变，当年补贴农工总额 128 万元；2010 年补贴农工总额 129 万元；2011 年补贴农工总额 161 万元；2012 年补贴农工总额 167 万元；2013 年补贴农工总额 130 万元；2014 年农场按进厂甘蔗 15 元/吨、香蕉 60 元/亩的标准给予适当补贴，补贴农工总额 142 万元；2015—2019 年补贴标准按 2014 年不变，当年补贴农工总额 140 万元；2016 年补贴农工总额 117 万元；2017 年补贴农工总额 132 万元；2018 年补贴农工总额 116 万元；2019 年补贴农工总额 94 万元。2006—2019 年全场累计补贴农工 1855 万元。税费改革的实施切实减轻了农工和农场的负担，利场利民，促进了农场经济的发展。

第八节　农业岗位与"市场田"收费制度改革

"两田制"收费制度改革以职工家庭农场为主。2003—2014 年，由于企业为职工交纳的养老、医疗、工伤等社保福利费每年以 10%～17% 的幅度递增后，农场和职工的负担也随之相应增加。2014 年《农场经营管理方案》适度调整提高农业承包岗位经营规模。甘蔗标准岗位定额面积由原来的 20 亩提高到 25 亩，香蕉标准岗位定额面积由原来的 8 亩香蕉地改为以 8 亩香蕉地加 10 亩甘蔗地作为一个标准岗位。农业岗位承包面积少于标准岗位定额面积的，要服从分场安排补足面积。鼓励有条件的家庭农场通过参加竞标、土地流转等途径扩大承包面积，实现适度规模经营，每户经营规模 100～200 亩。

2014 年，在保持现有土地承包、租赁关系不变的基础上，参照农垦系统多数农场的做法，农场对承包、租赁岗位和土地实行"两田制"收费制度改革，"两田"是指职工"标准岗"和"市场田"。"标准岗"是甘蔗岗位标准岗由原来的 20 亩改为以 25 亩为一个标准岗；果树岗位改为混合岗，混合岗标准岗以 8 亩果树加 10 亩甘蔗作为一个标准岗位。"标准岗"收费由原来的综合收费改为农场只收取基本管理费，甘蔗地 34 元/亩、香蕉 84 元/亩，养老、医疗等社保福利费改为由职工直接负责，农场代收代交。"市场田"是指除职工"标准岗"之外应实行市场定价收费的土地。甘蔗岗位职工承包甘蔗地超过 25 亩以外的面积和香蕉岗位职工承包香蕉地超过 8 亩以外的面积和承包甘蔗地超过 10 亩以外的面积定为"市场田"。职工家属、子女及外来人员租赁的土地一律定为"市场田"。"市场田"甘蔗岗位收费标准为 0.8~0.9 吨/亩，香蕉岗位收费标准 680 元/亩。2015 年起，香蕉岗位收费标准改为 850 元/亩。农场根据实际情况采取竞标等方式实行市场定价收费。

第九节　甘蔗种植模拟股份制试点经营

2011 年 5 月，农场根据《广西农垦关于在甘蔗农场开展模拟股份制土地承包经营改革试点的意见》（垦企管发〔2011〕5 号）要求，结合实际情况，转变经营方式，制定了《广西农垦国有金光农场开展农业模拟股份制改革试点方案》。方案将友谊分场列入模拟股份制经营试点单位。2011 年 7 月 25 日，农场第十八届一次职工代表大会主席团会议审议通过了改革试点方案。

2011 年 8 月，农场按照《中华人民共和国公司法》相关规定，制订了《广西农垦国有金光农场友谊甘蔗种植模拟股份制公司章程》，并做好公司成立前宣传发动、募股和股东大会等各项筹备工作。

2011 年 9 月 28 日，农场成立友谊甘蔗种植模拟股份制公司，召开了第一届一次股东大会，大会表决通过了公司章程。大会按照公司章程投票选举产生了第一届董事会成员、监事会成员，投票选举产生了董事长和副董事长、监事会主席。公司建立"三会一层"的内部管理机构。"三会一层"分别为股东会、董事会、监事会和分场管理层。公司设董事会成员 5 人，董事长、副董事长各 1 人；设监事会成员 3 人，主席 1 人；设分场管理层（类似于公司经营层，执行董事会决议）成员 3 人，主任、技术员、核算员各 1 人。董事、监事任期 3 年，可连选连任。公司以 3 年为一个模拟周期，在一个周期内，股东不得退股，农场管理人员股和农业职工股股权不得相互转让，3 年期满后重新入股。股东大会每年召开 1 次，临时股东大会由董事会或监事会提议，或代表 10% 以上表决权的股东提议后召开。公司不进行工商登记注册，不具有法人资格，是农场内部单独核算的生产经营实体。

公司成立后按方案承包经营友谊分场 2200 亩公家甘蔗地，参照职工交费标准，公司每年每亩按 0.8 吨原料蔗上交管理费。公司按每亩甘蔗所需生产资金数额设置股权 2200 股（一亩为一股），每股 1300 元。股东总人数为 83 人，其中自然人股东 82 人（主要是农场管理人员），法人股东 1 个（广西农垦国有金光农场）。股东以现金出资入股，农业职工和农场管理人员入股以自愿为原则，个人入股要求最少不低于 10 股，最高不超过 50 股。

公司股份总额共 286 万元，其中，农场管理人员认购 1275 股，占总股份的 57.95％；农场认购 925 股，占总股份的 42.05％。

公司自成立后，在第一个经营周期内，通过不断狠抓成本管理，加强生产管理措施，取得了良好的经济效益。2011—2012 年榨季盈利 1328776.06 元，每股分红 603.99 元，投资回报率 46.4％；2012—2013 年榨季年盈利 618767.56 元，每股分红 281 元，投资回报率 21.6％；2013—2014 年榨季盈利 778544.4 元，每股分红 353.88 元，投资回报率 27.2％。三年累计每股分红 1238.87 元，平均每年投资回报率 31.77％。

2014 年是公司第二个经营周期的第一年，因甘蔗经营面积增加，按新增面积数量需扩股 177 股。总股数由原来的 2200 股增至 2377 股，股份总额由原来的 286 万元增至 309.01 万元。按方案规定 3 年一个周期满后，需要重新募股。股东总数由原来的 83 人增至 115 人。其中，自然人股东 114 人（主要是农场管理人员），认购 1590 股，占股份总额的 66.9％；法人股东 1 个（广西农垦国有金光农场），认购 787 股，占股份总额的 33.1％。2014—2015 年榨季盈利 394911.42 元，每股分红 157.83 元，投资回报率 12.1％；2015—2016 年榨季盈利 1513333.2 元，每股分红 604.82 元，投资回报率 46.52％；2016—2017 年榨季盈利 1695109.96 元，每股分红 677.47 元，投资回报率 52.11％。三年累计每股分红 1440 元，平均每年投资回报率 36.92％。

2017 年是公司第三个经营周期的第一年，总股数 2377 股，其中自然人股东 121 人，认购 1585 股，占股份总额的 33.32％；法人股东 1 个（广西农垦国有金光农场），认购 792 股，占股份总额的 66.68％。2017—2018 年榨季盈利 3020508.03 元，每股分红 1207.19 元，投资回报率 92.86％。2018 年自然人股东 128 人，认购 1765 股，占股份总额的 74.25％；法人股东 1 个（广西农垦国有金光农场），认购 612 股，占股份总额的 25.75％。2018—2019 榨季利润总和 2337736.86 元，每股分红 934.31 元，投资回报率 71.87％。两年累计每股分红 2141.5 元，平均每年投资回报率 82.36％。

甘蔗模拟股份制试点工作开展 8 年，为探索甘蔗模拟股份制改革试点工作积累了实践经验。由于甘蔗模拟股份制模式已不适合新的发展要求，为了建立管理规范、产权清晰、运行顺畅的现代企业管理体系，农场公司根据广西农垦集团《关于清理、整合所属企业减少管理层级的通知》精神，开展股权清理工作，整合所属三、四级企业。2019 年 10 月 14 日，友谊模拟股份制公司召开第三期三次股东大会，股东大会作出了停止甘蔗模拟股份制试点工作的决定。农场公司决定于 2018—2019 榨季结算截止日起解散友谊甘蔗种植模拟股份制公司，清退职工股份，将友谊甘蔗种植模拟股份制公司收归农场公司经营，壮大国有经济。

第十节 农场办社会职能改革

为贯彻落实《中共中央 国务院关于进一步推进农垦改革发展的意见》(中发〔2015〕33 号)精神,2017 年 2 月 3 日,广西壮族自治区党委、广西壮族自治区人民政府印发了《中共广西壮族自治区委员会 广西壮族自治区人民政府关于进一步推进广西农垦改革发展的实施意见》(桂发〔2017〕3 号)文件,对进一步推进广西农垦改革发展提出实施意见。2017 年 9 月 6 日,广西壮族自治区农垦局、财政厅、教育厅、自治区卫生计生委、民政厅和中国人民银行南宁中心支行印发了《广西农垦国有农场办社会职能改革实施方案的通知》(桂垦发〔2017〕11 号),对广西农垦国有农场办社会职能改革工作制定了实施方案,提出了总体要求、改革目标、改革任务和实施步骤。按照自治区党委、政府和自治区农垦局统一部署,金光农场在南宁市西乡塘区党委、政府的指导下开展办社会职能改革工作,将国有农场承担的社会管理和公共服务职能移交给当地政府统一管理。

《广西农垦国有农场办社会职能改革实施方案》明确要求改革目标:在基本完成公安派出所、义务教育、医疗卫生机构改革的基础上,到 2018 年年底,基本完成将国有农场承担的社会管理和公共服务职能移交所在地政府统一管理,实现国有农场与周边区域社会公共服务资源共享共建,统筹协调推进社会管理和公共服务水平不断提高。改革任务:将国有农场办社会职能移交地方政府统一管理。国有农场办社会职能是指国有农场承担的属于政府职能范围的非企业经营性事务,主要包括社会综合治理、环境保护、计划生育管理、森林防火;道路、市政、给排水污水处理、绿化亮化等基础设施建设及养护;侨务、移民事务管理,自然村管理,民政、人武、基本医疗、公共清洁卫生、居民社会保险、离退休人员管理,社区管理,劳动力就业与培训;"三供一业"(供水、供电、供气、物业管理)等全部社会行政性、事业性和服务性职能。改革任务明确要求根据国有农场区位条件等因素,采取多种方式推进国有农场社会管理和公共服务职能移交地方政府统一管理,妥善解决其机构编制、人员安置、所需经费等问题,确保工作有序衔接,职能履职到位。解决中小学移交遗留问题。改革实施步骤分 4 个阶段进行:调查摸底阶段(2017 年 8 月前)、方案制定阶段(2017 年 9 月至 2017 年 12 月)、组织实施阶段(2018 年 1 月至 2018 年 6 月)、总结验收阶段(2018 年 7 月至 2018 年 12 月)。

2017 年 12 月 29 日,南宁市西乡塘区人民政府印发《西乡塘区接收广西农垦国有金光农场办社会职能改革实施方案》的通知(西府发〔2017〕26 号),进一步明确了接收金光农场办社会职能改革工作实施方案、指导思想、基本原则、任务目标、组织领导机构、改革任务、职责分工和时间安排。2018 年 5 月 3 日，金光农场印发《关于成立移交筹备工作领导小组的通知》（金场发〔2018〕16 号）文件，成立移交筹备工作领导小组，负责推进农场办社会职能剥离工作，确保金光社区以及坛蓬、草塘两村实现"两委"选举和顺利移交。2018 年 7 月 31 日，金光农场与南宁市西乡塘区人民政府签订了《广西农垦国有金光农场农场办社会职能分离移交协议书》。移交社会管理职能共 30 项，其中，社会行政性职能 15 项，社会事业性职能 6 项，社会服务性职能 8 项，代管自然村 1 项。2018 年 10 月 28 日，金光农场与南宁市西乡塘区人民政府签订了《广西农垦国有金光农场办社会职能资产移交协议书》。移交资产有：金光客运站、污水处理厂、垃圾中转站、垃圾焚烧场、铁凌桥防洪闸门、道路、路灯、小城镇排污管、体育活动中心、社区办公楼及办公设备、环卫与绿化等农场办社会职能项目形成的非经营性资产，以及相应的土地。

在农场办社会职能改革中，金光农场与地方政府及相关部门签订社会职能移交协议 11 份和职能交接单 20 份，将农场承担的 30 项社会职能及相关资产、人员、档案等全部移交给地方政府相关部门或指定的企业管理。

2018 年 7 月成立金光社区，2018 年 9 月，金光社区正式挂牌，按照城镇社区标准配备社区专职人员 16 人。在南宁市西乡塘区民政局以及坛洛镇人民政府的协助和指导下，金光农场顺利完成了社区"两委"选举工作，并根据实际情况将社区党支部升级为党委。2018 年 7 月，坛洛镇人民政府接管农场代管的坛蓬村和草塘村，将这两个自然村合并成立一个行政村，改称"南宁市西乡塘区坛洛镇坛塘村民委员会"，按照城镇行政村标准配备村级干部 8 人。2018 年 11 月 21 日，将符合移交条件的农场退休党员、社区党员及代管自然村党员共 309 名移交给南宁市西乡塘区组织部，并按就近原则转入村党支部和金光社区党委管理。2018 年 8 月 31 日，将 2440 名退休职工档案移交坛洛镇社保服务中心管理。2018 年 10 月，将客运站、铁凌桥防洪闸门、垃圾中转站、垃圾焚烧场、环卫站的资产、人员移交坛洛镇人民政府统一接管。2018 年 10 月，将污水处理厂及"三供一业"供水设施及人员移交给政府指定的南宁市盛都城市开发有限责任公司统一接管；供水设施移交实行先移交后改造，供电改造涉及 857 户，供水改造涉及 4900 户。2018 年 8 月，将供电设施移交广西电网有限责任公司南宁市供电局接管。2018 年 10 月，将原农场社区使用的办公楼及新配备的办公设备移交坛洛镇人民政府，转入金光社区使用，农场为金光社区预留了 5 亩建设用地。农场职工住宅小区因不具备成立业主大会基本条件，通过成立自管小组方式完善小区物业管理，2018 年 12 月，由金佳园置业公司代管。农场办社会职能改革解决了金光中小学移交遗留问题。2018 年 12 月底，金光农场完成农场办社会职能改革工作，将国有农场承担的社会管理和公共服务职能全部移交给当地政府统一管理。

第十一节　农场企业化改革

为贯彻落实《中共中央　国务院关于进一步推进农垦改革发展的意见》（中发〔2015〕33 号）以及《广西壮族自治区党委　广西壮族自治区人民政府关于进一步推进广西农垦改革发展的实施意见》（桂发〔2017〕3 号）精神，2018 年 8 月 8 日，自治区农垦工委、农垦局、农垦集团党委及农垦集团公司联合印发了《广西农垦农场企业化改革和企业优化重组方案》（桂垦工委发〔2018〕51 号），明确了农场企业化改革和企业优化重组总体要求和农垦集团企业架构设置。2018 年 11 月 19 日，自治区农垦局、农垦集团下发《关于同意广西农垦国有金光农场公司制改制方案和公司章程的批复》（桂垦发〔2018〕45 号），金光农场企业化改革正式开始实施。

按照《广西农垦国有金光农场公司制改制方案》和《广西农垦金光农场有限公司章程》要求及规定，农场企业化改革工作有序开展。本次改制为公司制改制，农场由全民所有制企业改制为有限责任公司，改制后新公司名称为"广西农垦金光农场有限公司"（国有独资，下称新公司）。本次改制实施整体改制，人员、业务、资产进入新公司，确保职工队伍稳定和各项生产经营工作的连续性。改制范围包括本部或本部需要改制的下属企业。改制后，公司全部员工共计 981 名，全部进入新公司，相关的社会保险变更至新公司。

新公司注册资本 5558.4 万元，股东为广西农垦集团有限责任公司，持股比例为100％。新公司经营范围以糖料、蔬菜、水果、坚果种植及销售等为主。

按照公司章程有关规定，新公司董事会由 3 人组成，2 人由股东委派，另 1 人为职工董事，由职工代表大会或职工大会选举产生。董事任期 3 年，任期届满，可以连任。董事会设董事长 1 人，由股东委派，董事长为公司法定代表人。新公司监事会成员 3 人，除 1名职工代表监事外，均由股东委派。公司职工代表监事经职工代表大会或职工大会选举产生。监事任期 3 年，任期届满，可以连任。监事不得兼任公司董事、高级管理人员。监事会设主席 1 人，由股东委派。新公司经营管理层设总经理 1 名，副总经理若干名，由农垦集团提名、董事会聘任或解聘，总经理对董事会负责。

按照《中国共产党党章》以及有关规定，新公司设立中国共产党党组织、纪律检查组织，共青团、工会等组织，建立职工代表大会制度，开展相应的组织活动，加强和改善党的领导，充分发挥党组织政治核心和领导核心作用，保证党和国家方针政策、重大部署在公司的贯彻执行。

2018年12月18日，新公司完成工商注册登记，取得新的营业执照，金光农场正式更名为"广西农垦金光农场有限公司"（以下简称"农场公司"）。

根据农垦集团《关于广西农垦金光农场有限公司"三定"方案的批复》（桂垦发〔2019〕58号），2019年5月15日，农场公司印发了《广西农垦金光农场有限公司组织架构及职能设置方案》等3个机构改革方案的通知（金司党发〔2019〕9号），制定落实农场公司组织架构及职能设置方案、定岗定编方案及竞聘上岗方案（简称"三定方案"），实施企业化改革。

一、机构改革

农场公司总部设"六部一室"：办公室（党委办公室、董事会办公室、总经理办公室）、党群工作部、纪检监察部、企划发展部、经营管理部、财务部、农业事业部。

直属分场设15个：青年分场、团结分场、东风分场、前进分场、创业分场、那浪分场、罗阳分场、同正分场、中意分场、龙山分场、双甲分场、昌平分场、友谊分场、谷龙分场、龙山猪场。

子公司设3个：南宁金农源农业投资有限公司、南宁金佳园置业有限公司、广西南宁壮禾肥业有限公司。

二、定岗定编改革

总部部室以及下属分场子公司的岗位进行定编，除正副职以外管理岗位分为初级、中级、高级主管。

三、实行竞聘上岗

以定岗定编方案为基础，采取竞聘上岗的方式，个人志愿、组织决定、人随业务走，适当交流，稳步推进。

广西农垦金光农场有限公司总部组织架构见图14-1，总公司及各单位定岗定编见表14-3至表14-6。

党　委

纪委

监事会

董事会

经营管理层

党群工作部

企划发展部

经营管理部

财务部

农业事业部

纪检监察部

办公室
（党委办、董事办、
总经理办）

直属分场

子公司

农机服务队
（农机合作社）

青年分场

那浪分场

双甲分场

团结分场

罗阳分场

昌平分场

东风分场

同正分场

友谊分场

前进分场

中意分场

龙山猪场

创业分场

龙山分场

谷龙分场

南宁金农源农业
投资有限公司

南宁金佳园置业
有限公司

广西南宁壮禾肥业
有限公司

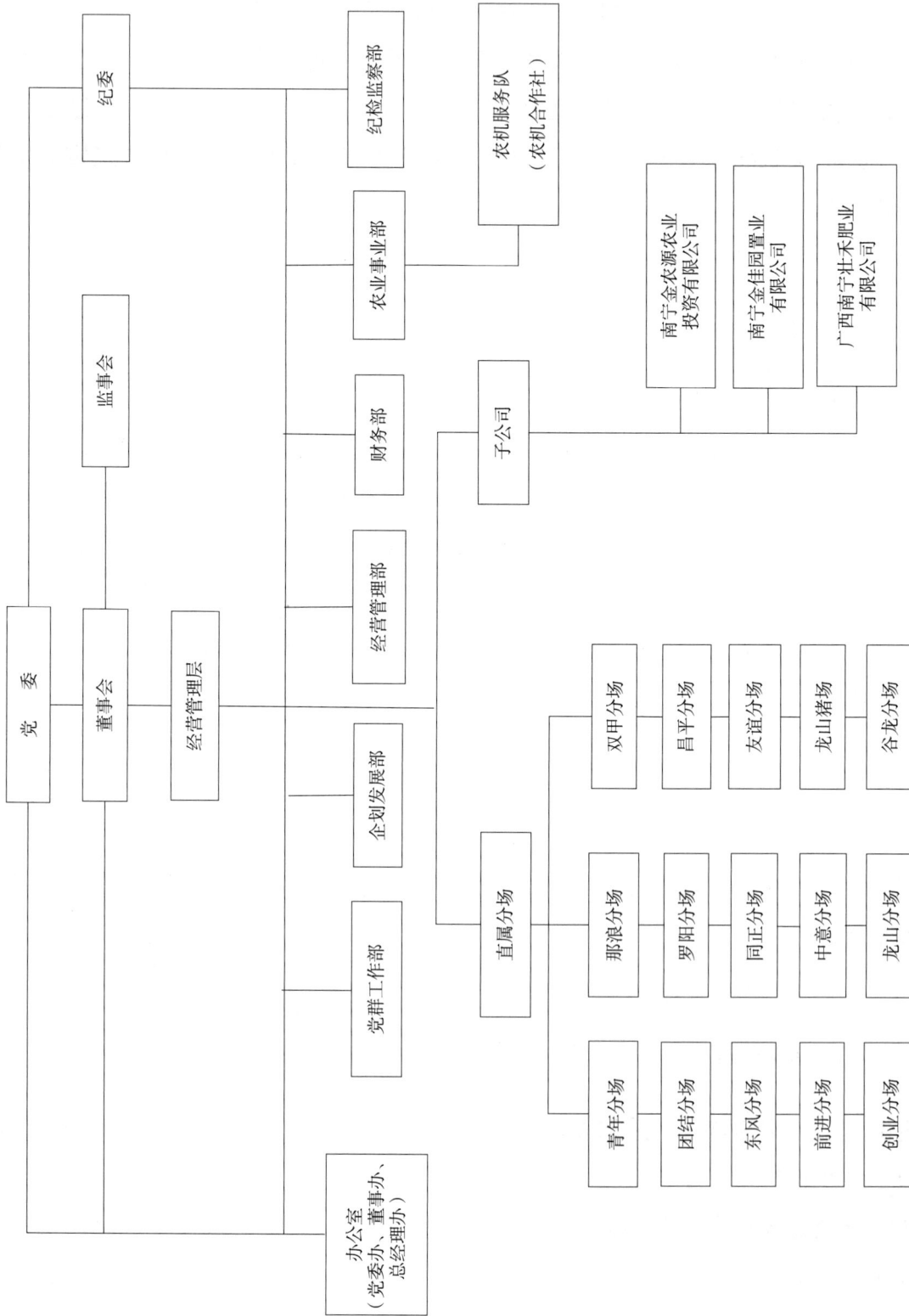

图14-1　广西农垦金光农场有限公司组织架构图

表 14-3　公司总部定岗定编表（人）

部门	正职	副职	管理岗位	工勤岗位	小计
办公室	1	2	12	7	15
党群工作部	1	2	5	—	8
纪检监察部	1	1	1	—	3
企划发展部	1	2	3	—	6
经营管理部	1	2	8	—	11
财务部	1	2	7	—	10
农业事业部	1	2	10	—	13
合计	7	13	46	7	66

注：工勤岗位指司机、文印，不包括在合计内。

表 14-4　直属分场定岗定编表（人）

单位名称	主任	副主任	管理岗位	小计
青年分场	1	1	2	4
团结分场	1	1	2	4
东风分场	1	1	1	3
创业分场	1	1	1	3
前进分场	1	1	2	4
那浪分场	1	1	1	3
罗阳分场	1	1	2	4
同正分场	1	1	2	4
中意分场	1	—	2	3
龙山分场	1	3	5	9
双甲分场	1	2	1	4
昌平分场	1	1	1	3
友谊分场	1	1	1	3
龙山猪场	1	2	2	5
谷龙分场	—	—	1	1
合计	14	17	26	57

表 14-5　子公司定岗定编表（人）

单位名称	正职	副职	管理岗位	小计
南宁金农源农业投资有限公司	1	3	5	9
南宁金佳园置业有限公司	1	4	3	8
广西南宁壮禾肥业有限公司	1	—	2	3
合计	3	7	10	20

表 14-6　农机服务队（农机合作社）定岗定编表（人）

单位名称	队长（副职待遇）	管理岗位	小计
农机服务队（农机合作社）	1	2	3
合计	1	2	3

2019年7月8日，农场公司印发《广西农垦金光农场有限公司管理人员薪酬绩效管理办法（试行）》的通知（金司发〔2019〕43号）文件，建立适应市场经济和现代企业管理制度的薪酬绩效管理制度。2020年3月，农场公司再次修订薪酬绩效管理办法，形成了新的《广西农垦金光农场有限公司管理人员薪酬绩效管理办法（试行）》的通知（金司发〔2020〕19号），进一步完善薪酬绩效管理制度。

第十二节 企业管理规章制度

随着市场经济体制和企业改革的发展和深化，农场推行的企业管理体制也要适应新时期形势发展的需要。2008年和2009年，农场按照区农垦局的要求，深入开展管理体系系统化、管理方法规范化、管理环节精细化、以成本核算为中心的"三化一中心"企业管理年活动，不断完善和制订企业管理各项规章制度。2008年制定落实了各级领导、各部门和各单位人员岗位职责，明确了领导层、部门、单位和个人的岗位职责范围。2009年，农场编纂印刷了《广西农垦国有金光农场管理规章制度汇编》，为规范企业管理，提供了制度保障。

农场的企业管理机制主要从领导决策层管理、人力资源管理、生产管理、财务管理、行政管理等方面进行规范。

决策层管理订立5项管理规定：①领导会议制度；②农场议事规则；③场级领导工作制度；④场级领导干部绩效考核制度；⑤绩效奖惩制度。

人力资源管理订立9项管理规定：①目标管理考核实施办法；②薪酬奖惩制度（暂行）；③员工招聘管理办法；④专业技术人员管理办法；⑤员工解聘与辞职管理办法；⑥员工学习培训管理制度；⑦员工劳动合同管理办法；⑧员工福利管理办法；⑨员工考勤、加班、请假管理办法。

生产管理订立11项规定：①作物生产管理制度；②作物病虫害防治管理制度；③安全生产管理制度；④生产资料采购和供应管理办法；⑤农业技术服务管理制度；⑥甘蔗砍运管理制度；⑦农工收费管理制度；⑧农工及土地承包（租赁）管理制度；⑨土地管理办法；⑩二、三产业管理制度；⑪农机管理制度。

财务管理订立14项规定：①财务管理办法（试行）；②投资管理办法；③现金收支管理制度；④固定资产管理制度；⑤资产处置管理办法；⑥农场资金预算管理制度；⑦成本核算管理制度；⑧借款和各项费用开支标准及审批制度；⑨内部审计工作制度；⑩会计管理制度；⑪财务分析报告制度；⑫银行存款管理制度；⑬备用金管理办法；⑭票据管理

制度。

行政管理订立 14 项规定：①行政办公规范管理制度；②办公室设备管理办法；③办公设备及用品采购管理办法；④会议管理制度；⑤档案管理办法；⑥重要文件保管处理制度；⑦收发文管理办法；⑧印章使用管理办法；⑨员工出差及差旅费报销管理制度；⑩行政办公费用管理办法；⑪接待及接待费用管理制度；⑫清洁卫生管理制度；⑬住宅管理制度；⑭小车使用管理制度。

此外，农场还订立了小城镇建设管理办法、水电管理办法、社区管理试行办法等其他管理规章制度。以上制度沿用至 2018 年 12 月。

2018 年 12 月，农场企业化改革后，农场公司根据农垦集团有关通知要求，结合工作实际，在原有制度基础上重新制定或修订出台新的各项管理制度。至 2020 年共出台 33 项管理制度，为农场公司高质量发展提供了制度保障。

行政管理类制度有 14 项：《广西农垦金光农场有限公司业务接待管理办法》《广西农垦金光农场有限公司员工考勤休假管理办法（试行）》《广西农垦金光农场有限公司差旅费管理办法（修订）》《广西农垦金光农场有限公司公文处理办法》《广西农垦金光农场有限公司"三重一大"决策制度实施细则》《广西农垦金光农场有限公司协同办公系统管理办法（试行）》《广西农垦金光农场有限公司会议管理办法》《广西农垦金光农场有限公司公务用车管理办法》《广西农垦金光农场有限公司办公设备及用品采购设备管理办法》《广西农垦金光农场有限公司总经理办公会议事规则（试行）》《广西农垦金光农场有限公司董事会议事规则（试行）》《广西农垦金光农场有限公司差旅费管理办法》《广西农垦金光农场有限公司印章管理办法（试行）》《广西农垦金光农场有限公司党委会议事规则（试行）》。

经营管理类制度有 1 项：《南宁金农源农业投资有限公司 2020 年生产经营管理年终考核（试行）办法》。

纪检监察类制度有 10 项：《广西农垦金光农场有限公司领导干部廉洁从业实施办法（试行）》《广西农垦金光农场有限公司容错纠错实施办法（试行）》《广西农垦金光农场有限公司中层以下管理人员函询制度》《广西农垦金光农场有限公司中层以下管理人员诚勉谈话暂行办法》《广西农垦金光农场有限公司中层以下人员约谈暂行办法》《广西农垦金光农场有限公司领导干部任前廉政鉴定制度》《广西农垦金光农场有限公司领导干部任前廉政谈话制度》《广西农垦金光农场有限公司巡察工作管理办法》《广西农垦金光农场有限公司纪委会议事规则》《纪委书记、副书记、纪委委员工作职责》。

人力资源管理类制度有 4 项：《广西农垦金光农场有限公司 2020 年定薪制人员薪酬管

理办法（试行）》《广西农垦金光农场有限公司 2020 年执行力考核办法（试行）》《广西农垦金光农场有限公司管理人员薪酬绩效管理办法（试行）》《广西农垦金光农场有限公司企业负责人履职待遇以及业务支出管理实施细则》。

财务管理类制度有 3 项：《广西农垦金光农场有限公司财务开支管理办法》《广西农垦金光农场有限公司资金管理办法》《广西农垦金光农场有限公司财务基础业务管理制度》。

安全生产管理类制度有 1 项：《广西农垦金光农场有限公司安全生产管理制度》。

第十五章　土地管理

第一节　土地承包租赁管理

1984年自兴办家庭农场以后至2014年，农场不断加强土地承包和租赁管理，重点做好职工家庭农场甘蔗和果树岗位地，外来人员租赁土地种植的承包或租赁管理。按照农场经营管理方案及管理规章制度有关规定，职工和外来人员承包土地或租赁土地必须与农场签订承包或租赁合同，实行"先交费、后经营"的政策，服从农场管理相关规定，按时上交各项费用。签订合同承包或租赁的土地不能擅自出卖、转租、转包和抵押。职工因调离农场、死亡、退休、退职等一律退出承包土地，由农场另行安排。合同到期后，双方重新签订。承包或租赁甘蔗岗位地合同期一般为4年，果树岗位地一般为3年。其他土地承包或租赁依据种植不同作物类型，按照农垦局、农场有关规定签订3～15年，其中3～4年合同占98%。

2004年至2014年，在农场承包或租赁土地种植的农作物主要有甘蔗、香蕉、木瓜、坚果、经济林等长期作物。

2015年至2020年，在农场承包或租赁土地种植的农作物主要有甘蔗、香蕉、木瓜、坚果、沃柑、火龙果、经济林等长期作物。

第二节　土地资源管理

农场土地资源管理主要从土地核查、土地总体规划修编对接、土地利用、建设土地管理系统、登记发证、确认权属、明确地界、解决侵权、土地纠纷收复、维护合法权益等方面开展土地资源管理。1955年，建场时农场场界范围内土地总面积为174000亩。1958年，接收青年（原青年志愿垦荒队）分场、谷龙（咖啡场）分场，全场土地总面积增为214000亩。1976年，南宁地区派出场界工作组，把谷龙分场划出40000亩土地给凤凰山林场经营，农场土地总面积又减少到174000亩。

1999年农场开始土地登记发证工作，至2007年土地登记发证基本完成。农场土地发证总面积 131760.74 亩。《国有土地使用权证书》37 宗农用地、42 宗建设用地，《山界林权证》2 宗。土地登记发证工作的完成，有效维护了国有土地的合法权益，土地侵权案件明显减少。2006 年自治区人民政府授予农垦局相当于地级市的计划、财政、税收、土地管理、建设规划、国资管理的经济管理权限，对农垦土地资源授权主要体现在"土地利用年度计划指标"和"垦区土地出让"两大块，而土地确权发证、土地规划等仍主要实行属地管理。故农场的土地利用规划，建设用地变性、出让等仍按属地管理原则执行。

2006 年 10 月，全场共成图（除谷龙外）16 个分场，1:5000 农用地专用图 86 幅、1:2000 区块专用图 16 幅。农场首次实现全场范围内农用地图纸与现状经营的统一，并实现土地面积管理精确化，每块土地都有面积、图斑编号、界址点坐标、种植作物及种植户名称。2007 年，农场聘请专业测量机构采用 GPS 卫星测绘技术对土地进行测量，重新核查全场土地面积真实情况，规范土地资源管理。将核查多出来的土地面积，设定为标准甘蔗岗位（20 亩）或 100 亩的面积规模，通过内部职工优先竞标后确定土地承包经营权。在首先满足农场职工及职工子弟就业土地需求后，再向社会招租。2008 年，根据《国土资源部 农业部关于加强国有农场土地使用管理的意见》（国土资发〔2008〕202 号）精神，农场参与地方"土地利用总体规划实施评价""土地利用现状与潜力分析"等多个专题的调研及规划成果评审，整个农场已全部纳入地方土地利用总体规划，规划预留建设用地 139.8 公顷，能基本满足今后几年农场建设发展的用地需求。2008 年 5 月 21 日，农场第十七届四次职工代表大会，审议通过了《广西农垦国有金光农场建设规划（2008—2025）》，同年，7 月 8 日，农垦局下文批复同意农场建设规划。以后农场在建设总体规划的基础上，结合小城镇建设和危房改造工程实际情况，作了一些适度修改，保持总体规划不变。

至 2014 年，农场土地总面积 132725.2 亩，主要分布在南宁市西乡塘区、崇左市、隆安县的"两市一县"。其中农用地 119705.1 亩（原农用地 121500 亩减东风、示范园区、创业分场被征用 1794.89 亩），建设用地 4500 亩，其他用地 8500 亩。农场土地使用权现状为土地已发证面积 131800 亩，其中有国有土地使用证的面积为 121200 亩，土地使用权性质为划拨；有山界林权证的面积为 10610 亩，总发证率 98%。

为贯彻落实《中共中央 国务院关于进一步推进农垦改革发展的意见》（中发〔2015〕33 号），用 3 年左右时间基本完成农垦国有土地使用权确权登记发证任务，2016 年 12 月 30 日，国土资源部、财政部、农业部联合印发了《关于加快推进农垦国有土地使用权确权登记发证工作的通知》（国土资发〔2016〕156 号），明确指出加快推进农垦国有土地使用权确权登记发证的重要意义，对全国农垦国有土地确权发证工作的目标及步骤进行了指导，对下一步工作进行了安排。

2017年1月26日，中共广西壮族自治区委员会、广西壮族自治区人民政府联合印发《关于进一步推进广西农垦改革发展的实施意见》（桂发〔2017〕3号），对加强农垦土地资源管理、强化农垦土地权益保护提出了要求。2017年6月9日自治区国土资源厅、财政厅、农垦局联合印发《关于加快推进全区农垦国有土地使用权确权登记发证工作方案》（桂国土资金发〔2017〕27号），确定了广西农垦土地确权登记发证工作的目标原则，要求各地国土资源、农垦单位要全面开展权籍调查工作，加快登记发证进度，加大争议调处力度，开展农垦国有土地管理信息库建设以及建立统计上报制度，对工作进度进行了安排并建立了保护措施。依照文件要求，金光农场未确权登记发证总任务为5731亩，其中南宁市西乡塘区715.6亩，南宁市隆安县1612.33亩，崇左市扶绥县3403.07亩；2017年，金光农场需要完成权籍调查面积的70%，4011.7亩；完成确权登记面积60%，3438.6亩。

为做好农场国有土地确权登记发证工作，2017年8月7日，农场印发《关于印发加快推进国有土地使用权确权登记发证工作实施方案的通知》，明确农场土地确权登记发证工作的目标任务，要求全面开展权籍调查工作，加强土地争议调处力度，加快土地登记发证工作步伐，要求到2018年年底全面完成权属清晰、无争议的农场国有土地使用确权登记发证任务。2017年9月18日，自治区农垦局印发《关于加快推进各类土地办理不动产登记工作的通知》（桂垦发〔2017〕13号），对农垦各单位确权登记发证工作提出了新要求，将垦区山界林权证、登记不规范的土地证换发不动产权证的任务下达到农垦各单位，金光农场国有土地确权登记发证总任务数变为13610亩。2017年年底，农场完成权籍调查4011.7亩，确权发证3438.6亩，全部完成2017年度的权籍调查以及确权登记面积任务。

2018年5月16日，自治区农垦改革工作领导小组办公室印发《全区农垦国有农场办社会职能移交和土地确权登记发证工作责任书》，要求相关人民政府、区直有关部门要确保2018年年底完成中央提出的"两个三年"（两个三年指用3年左右的时间，基本完成农垦国有土地使用权确权登记发证任务；用3年左右的时间将国有农场承担的社会管理和公共服务职能纳入地方政府统一管理）重点工作任务，对工作举措以及工作目标进行了明确，将完成农垦土地确权登记发证任务情况纳入绩效考核。责任书中提出农场要在10月20日前完成农垦无纠纷土地确权登记发证；将山界林权证和不规范的旧证据实登记为不动产权证；加大纠纷土地调处力度，依法依规发证，确权一宗，发证一宗。金光农场"两个三年"农垦国有土地确权登记发证考核任务数为13405.48亩，其中南宁市西乡塘区

715.6 亩，南宁市隆安县 1612.4 亩，崇左市扶绥县 11077.48 亩（包括山界林权证换证 7879 亩）。

至 2018 年年底，农场共核发不动产权证书 15907.02 亩，完成发证任务的 118.66%。其中无纠纷争议土地发证情况为南宁市西乡塘区发证 743.41 亩，南宁市隆安县发证面积 1600.17 亩，崇左市扶绥县发证面积 462.35 亩；有纠纷争议土地发证涉及扶绥县三个乡镇 21 个村屯，发证面积为 3184.94 亩；山界林权证换发不动产权证面积 9916.15 亩。

2019 年农场为谷龙分场剩余的山界林权证换发不动产权证。原山界林权证登记面积为 267 亩，后经扶绥县不动产登记局组织农场及凤凰山林场进行实地踏勘调查，确认两本证重叠部分为当年发证失误，最终确定农场拥有权属 70.73 亩并办理了不动产权证书。至此，农场全部土地完成发证，确立了权属范围。

截至 2019 年年底，农场公司权证 136 本共 135272.79 亩，其中国有土地使用证 68 本共 119030.39 亩，不动产权证书 68 本共 16242.4 亩；农用地面积 133189.08 亩，建设用地面积 2083.71 亩。谷龙分场山界林权证已全部换成不动产权证，面积共 9986.88 亩。

2019 年，广西农垦集团有限责任公司要求在 2020 年 6 月 30 日前，依法依规将农垦集团下属农场、企业持有的土地权证全部转移登记到广西农垦集团有限责任公司名下。金光农场公司是转移登记工作的试点单位之一，为贯彻落实《中共中央　国务院关于进一步推进农垦改革发展的意见》（中发〔2015〕33 号）和自治区党委、自治区人民政府《关于进一步推进广西农垦改革发展的实施意见》（桂发〔2017〕3 号）精神，根据自治区人民政府《关于印发广西农垦国有土地资源资产化资本化实施方案的通知》（桂政办函〔2019〕24 号）和自治区农垦局、自治区自然资源厅《关于印发加快推进全区农垦国有土地使用权转移登记工作方案的通知》（桂垦发〔2019〕106 号）的要求，2019 年 11 月，农场公司印发《关于印发广西农垦金光农场有限公司加快推进国有土地使用权转移登记工作方案的通知》（金司发〔2019〕69 号），组织开展国有土地使用权转移登记工作。因农场公司有 9736.9 亩土地证发证时就已经发在广西农垦集团有限责任公司名下，因此转移登记工作任务总数为 125535.89 亩。

2020 年 1 月 17 日，农场公司从扶绥县不动产登记中心领取 3 本不动产权证书，提前完成首批 29474.91 亩国有土地使用权由金光农场公司转移登记到广西农垦集团有限责任公司名下的试点工作。2020 年 4 月自治区人民政府发布《关于同意将自治区农垦局下属企业（国有农场）国有划拨土地使用权划转到广西农垦集团有限责任公司的批复》（桂政函〔2020〕38 号），转移登记工作开始全面实施。转移登记过程中农场公司配合南宁市、扶绥县不动产登记中心进行权籍调查，对各宗地的边界及面积进行重新核实，由于土地划转分割、行政界调整、旧证发证时测量设备精度有限以及旧证证书面积填写错误等原因，部分宗地面积存在不同程度的增减。截至 2020 年年底，农场公司完成土地权证转移登记 76 本，转移到广西农垦集团有限责任公司名下土地 119166.61 亩。因转移登记工作在 2020 年年底尚未完成，最终面积尚未确定，因此，农场公司在本农场志中继续沿用 2019 年年底的总面积数据。

第三节　农田土地整治管理

2003—2005 年农场利用国家财政专项资金在东风、向阳分场开展甘蔗土地整理项目，主要是修建田间道路、水利设施、土地翻耕复垦等，项目建设规模 303.8 公顷，新增耕地面积 15.19 公顷，总投资 430 万元。2012 年 8 月 23 日，同正、中意分场土地整治项目开工建设，主要实施甘蔗田间土地平整工程、农田水利工程、田间道路工程和其他工程，总投资 1913.99 万元。2013 年 3 月 31 日完成项目主体施工。项目属 2011 年第一批自治区整村推进土地整治重大工程。土地整治面积 626.6 公顷，其中，中意分场为 408.02 公顷，同正分场为 218.58 公顷，规划预计新增耕地面积 8.32 公顷。新建改建田间道路 34 千米，建设喷灌设施 7000 亩。农田水利工程主要建设节水、节能的喷灌设施，共建河边抽水泵 3 组及其泵房 1 座，蓄水池 8 座，喷灌泵及泵房 8 座，埋设喷灌管道包含输水管总长约 9.8 万米。土地整治后，甘蔗农田形成"路成网、田成块"的田园化景象。

2019 年为贯彻落实自治区党委、政府《关于进一步推进广西农垦改革发展的实施意见》（桂发〔2017〕3 号）以及广西农垦集团有限公司《关于印发金光农场、明阳农场、龙北农场土地综合整治项目工作实施方案的通知》（桂垦资发〔2019〕7 号）精神，农场在团结分场开始实施"旱改水"项目建设。农场根据项目区分三个片区的实际情况，分片区分组同时开展土地清收工作，分别于 2019 年 4 月 1 日、5 月 4 日和 5 月 17 日，将项目区土地全部移交广西悦桂田园文化旅游投资有限责任公司进场施工；4 月 3 日开始进场施工，于 9 月 5 日完成工程建设。9 月 29 日，项目通过南宁市西乡塘区自然资源局组织农业农村局、财政局及评审专家初验评审。2019 年 11 月 1 日，项目通过项目工程竣工验收评审。团结分场"旱改水"项目总投资 2450.2 万元，每亩投资约 1.31 万元，建设规模 1875 亩，其中 A 片区 577 亩，B 片区面积 459 亩，C 片区 839 亩，新增水田面积 1650 亩，2020 年 4 月 1 日交于农场公司管护。

第四节　项目征用土地管理

2005 年，南宁至百色高速公路项目征用农场土地 41.8 亩。2010 年 4 月，坛洛人饮工程征用农场团结分场土地 24.72 亩。2010 年 8 月，云桂铁路建设项目征用农场土地面积 172.83 亩，涉及青年、示范园和金光淀粉公司青年淀粉厂三个单位的部分土地，包括农用地 170.049 亩，建设用地 2.777 亩。其中征用示范园区农用地 39.79 亩，青年分场农用地 130.26 亩，青年分场建设用地 2.777 亩。2010 年 12 月，云桂铁路建设项目征用土地和补偿等相关工作基本结束。

2013 年 4 月，广西郁江老口航运枢纽工程项目征用农场土地实物分解总面积（含坛蓬村、草塘村）为 2410.90 亩，其中耕地 1604.23 亩，园地 62.51 亩，林地 37.2 亩，草地 156.54 亩，工矿仓储用地 2.48 亩，交通运输用地（机耕路）13.14 亩，坑塘水面 249.97 亩，沟渠 173.94 亩，河流水面 110.53 亩，其他土地 0.36 亩。淹没面积为东风分场 1092.29 亩，范园区 645.34 亩，创业分场 57.26 亩。坛蓬村 399.39 亩，草塘村 216.61 亩。于 2016 年 1 月签订安置补偿协议。

2014 年 6 月，坛洛镇合志小学项目征用农场那浪分场土地 12.85 亩。2015 年 3 月，云桂铁路项目在青年分场补充征地 2.3034 亩。2015 年 12 月，南昆铁路南宁至百色段增建二线项目征用农场青年分场土地 43.59 亩。2019 年吴隆高速公路建设项目征用农场前进分场及团结分场土地 163.33 亩。

第五节　场群关系与土地收复维权管理

农场地处邕宁、扶绥、隆安三县交界（现南宁市、崇左市管辖）地方，农场的土地与以上周边县市的许多乡镇农村的土地接壤相连。各分场与附近农村的土地交界相连的情况如下：①与青年分场毗邻的有大腾、那光、定顿（坛古、兰群、那客）、富庶、上正、定旧、工交；②与示范园（跃进分场与团结分场）毗邻的有大林、圩中（四东、圩中、丢板）马伦、下楞、那排、坛恩、坛蓬、草塘；③与东风分场毗邻的有上中、那塘、那花、坛蓬、草塘、岩和；④与创业分场毗邻的有邕善、新地、淋油、岩和、那榜、那揽；⑤与那浪分场毗邻的有平姜、叫角、百合、岩泉、必池、增关、那浪、岩院、合志；⑥与淋油分场毗邻的有淋油、联豪、肖汉；⑦与前进分场毗邻的有岩和、淋油、那花、那塘；⑧与龙山分场毗邻的有淋油、东哨、邕庙、罗阳；⑨与罗阳分场毗邻的有岩院、那浪、增关、罗阳、东哨；⑩与同正分场毗邻的有中东、必池；⑪与中意分场毗邻的有岜模、罗阳、中东；⑫与双甲分场毗邻的有常乐、罗阳、岜中、双甲、八联；⑬与四和分场毗邻的有双甲、岑林、小童、龙锦、叫泉、四和、窄爱；⑭与昌平分场毗邻的有昌平、凤庄、永安、旧庄；⑮与谷龙分场毗邻的有岑旺、新陵、坝河、岑口、思同、麓划；⑯与菠萝场毗邻的有那楼、仍丰、楞福、万丰。

建场初期，附近农村的人口还不算多，农场与农村各耕其田，各种其地，相安无事，友好来往。农场为密切与周边农村的关系，主动做好各方面工作。逢年过节，邀请毗邻乡村的有关部门的主要领导和群众代表到农场召开座谈会，交心通气，互通情报，促膝谈心。有时则是农场的领导主动到有关乡镇或农村登门座谈，沟通感情，加深友谊。农场和周边乡镇农村相处和睦，场群关系一直较好。随着农村人口的不断增加，人均土地面积逐年减少，因而附近的农民伺机向农场扩张、侵占土地，使原本较好的场群关系逐步逐年变为十分复杂和紧张。建场以来，农场土地被农村侵占的现象时有发生。但均得到了较好的处理，至 2013 年，许多被侵占土地陆续收回。

第六节　土地发证面积与土地总面积统计

金光农场土地发证面积统计表与土地总面积统计表见表 15-1、表 15-2。

表 15-1　金光农场发证土地面积统计表

发证土地总面积	土地证分类	
	农用地权证（65 本）	建设用地权证（71 本）
135272.79	133189.08	2083.71

注：1. 面积包含部分被征用或已移交土地。
　　2. 因转移登记工作未完成，面积数据未能最终确定，因此沿用 2019 年年底的数据。
　　3. 包含谷龙分场面积。

表 15-2　金光农场土地总面积统计表

名称	其中	面积（亩）
土地权证面积 135272.79 亩	农用地土地证	133189.0800
	建设用地土地证	2083.7100
已划转、移交土地 3492.22 亩（部分未分割）	金光畜牧公司	737.8500
	金光糖厂	733.7200
	金光乳业公司	1790.3000
	金光小学、金光中学	126.3700
	金光卫生院	66.0300
	社会职能移交	32.5600
	其他	5.3900

（续）

名称	其中	面积（亩）
	南宁（坛洛）至百色高速公路项目	41.8260
	坛洛人饮工程	24.7200
	云桂铁路建设项目	175.1304
被征用面积 2256.5077 亩（部分未分割）	坛洛镇合志小学项目	12.8500
	南昆铁路南宁至百色段增建二线项目	43.5924
	广西郁江老口航运枢纽工程	1794.8940
	吴隆高速公路建设项目	163.4949

注：1. 部分尚未分割的已划转、移交或征用土地还包含在 135272.79 亩内。

2. 数据统计时间为 2019 年底。

3. 2013 年广西郁江老口航运枢纽工程项目征用东风分场 1092.29 亩、示范园区 645.34 亩、创业分场 57.26 亩。此表不含坛蓬村和草塘村已被征用面积。

4. 已划转、移交土地中的其他包括金光邮政所、金光农业银行、金光电信、金光旧税所。

第十六章　安全生产管理

建场以来，农场一直重视安全生产工作。尤其是 2004 年以后，农场根据安全生产法律法规不断制定和完善各项管理规章制度、各项应急预案，在全场贯彻实施，逐步规范全场安全生产管理工作。坚持"安全第一、预防为主、综合治理"的方针，把安全生产工作列入日常议事日程，加强工作领导和各类安全检查、隐患整治，严防各类安全事故的发生。建立健全各级组织领导机构，负责领导和日常监督管理工作。签订安全生产责任状，明确责任主体，落实责任，强化责任意识。2009 年制订落实《各级领导、各部门及生产经营单位安全生产职责》，实施安全生产"一岗双责"。制订落实安全生产检查与整改、用电安全、防火安全、危旧房管理、农药使用安全、重大动物疫病防控、农机交通安全、食品安全、建筑施工安全、生产安全事故报告等 10 多个各项制度，进一步规范安全生产管理工作。2009 年、2011 年和 2014 年先后制订和完善了突发公共事件、安全生产事故、处置森林防火、甘蔗防火、汛期地质灾害、防汛抗灾、重大动物疫病防控、特大灾害天气救灾、农产品质量安全突发事件、自然灾救助等 10 多个应急预案。2011 年印发《广西农垦国有金光农场安全生产目标管理奖罚考核暂行办法》（金场发〔2011〕43 号），明确工作目标任务，实施工作年度考核和安全生产"一票否决"。每年落实工作方案，每月定期组织开展建筑施工、车间生产、生产用电、甘蔗林木防火、农机交通、危房、防汛、农药使用、消防、重大节假日和重要政治会议活动、危险化学物品及易燃易爆物品等各类安全大检查或专项检查，整治各类安全隐患，坚持做到"先安全后生产，不安全不生产"。经常开展安全宣传和安全责任教育，强化安全意识，营造良好的安全生产环境。

2015 年农场制定《广西农垦国有金光农场消防安全管理暂行办法》（金场发〔2015〕51 号），对消防安全管理进行了详细的规定。2018 年农场出台《广西农垦国有金光农场事故隐患排查治理制度》（金场发〔2018〕25 号），对事故隐患的排查和治理过程进行了规范。2020 年农场公司出台《安全生产管理制度》（金司发〔2020〕11 号），进一步完善安全生产管理制度。

多年来，农场的安全生产监督管理工作为农场经济社会和谐发展创造了良好的条件，有效地遏制、防范和减少了重特大安全事故的发生，有效地保障了职工的生命财产安全。

中国农垦农场志丛

第三编

组织机构

中国农垦农场志

第十七章　农场党组织

第一节　农场党组织建设

1955 年 9 月，金光建场时有党员 13 人，全部为男性。当时尚未建立党支部，只编为"金光垦殖场党小组"，参加扶绥县委农村工作部过组织生活，张承滨任书记兼场长（兼任党小组长）。

1955 年 11 月，中共广西省委农村工作部调孙永禄到金光垦殖场任副书记。其间，垦殖场尚未成立党委，只配书记 1 人，副书记 1 人。1957 年上级党委调冯绍华任书记。1958 年 12 月，农场成立党委，并于 12 月 26 至 29 日召开中国共产党金光农场第一次代表大会，选举产生了农场党委第一届领导班子。至此，农场党委正式成立，同时设置党的监察委员会。时有党员 94 人。

一、场党委及办事机构

1958 年 12 月，农场成立"中共广西金光农场委员会"，同时设置党的监察委员会。党委分工组织委员具体负责党务日常工作。1964 年设立党委办公室，日常党务工作归口管理。1966 年"文化大革命"运动开始，农场党委受到冲击并处于瘫痪状态。1968 年 9 月 12 日，农场成立新的领导班子——"广西金光农场革命委员会"取代农场党委和农场行政，实行"一元化"领导，下设"政工组"，管理党务工作。1974 年恢复党委办公室建制，政工组改为政工科，1977 年撤销党委办公室建制，改为政工科。1984 年恢复党委办公室，撤销政工科。1991 年 3 月，党委设置组织部、宣传部、统战部，后因不适应企业发展的需要，于 1994 年 5 月撤销。1981 年，保卫科改为金光农场派出所，业务管理归属南宁市公安局郊区分局。1999 年 8 月，转为行政派出所，归属南宁市公安局管理。1999 年撤销了团结跃进、汽车队、糖厂车队、砖厂、修配厂和商店等 7 个支部。

2002 年至 2008 年 2 月前，党委办事机构有办公室、纪律检查委员会、监审部、法制保卫部、武装部等部门。2008 年 3 月，农垦局印发垦区内部机构改革意见的通知后，原法制保卫部改为土地管理保卫部，后又改为土地司法部。2011年4月监审部并入财务部，其业务职能仍由党委管辖。至2014年止，党委办事机构有办公室、纪律检查委员会、土地司法部、武装部等部门。

2017年6月，设立广西农垦国有金光农场纪检监察室。6月在直属各支部、金糖党总支设置纪检委员，由组织委员兼任。根据《关于在企业管理费中列支党建、纪检监察工作经费的通知》（金党发〔2017〕26号），农场财务部设置科目，按照上年度职工工资总额的1‰列支党建、纪检监察工作经费。

至2020年党委办事机构有办公室、党群工作部、纪检监察部等部门。

二、党的基层组织

1955年，全场有党员13人，建为一个党小组。1956年，全场党员发展到29人，原来的党小组变为场部党支部。同年建立淋油分场党支部、同正分场党支部。1957年，全场党员为43人，增建坛井分场党支部。1958年初，场部机关搬迁到坛井地区，同年12月组建第一届党委会，全场党员发展到94人。当时农业单位有淋油、同正、坛井、飞机、罗阳、青年、谷龙分场7个党支部，工副业单位有食品厂、修配厂、基建队3个党支部。1959—1964年党员人数发展到104人，增设昌平分场党支部、中意分场党支部和坛蓬大队、草塘大队4个党支部。1964—1970年四清和"文革"期间发展党员工作中断。1971—1989年，增设向阳、团结、跃进、东风、双甲、龙山、那浪、前进、创业9个分场党支部和菠萝场党支部，增建小学、中学、医院、砖厂、复合肥厂、饲料厂、汽车队、商店8个党支部。糖厂设党总支，其下设有机关支部和6个车间党支部。1994年撤销糖厂党总支，糖厂的车间各党支部直属金光实业总公司党委领导。1992年以后，增设四和分场、塑料编织袋厂、中意淀粉厂、青年淀粉厂、畜牧公司等党支部；撤销菠萝场党支部，分设友谊、新谊、永谊3个分场党支部；撤销团结、跃进2个党支部，合并成立示范园党支部；2003年3月撤销永谊分场党支部，改为广西农垦金光乳业公司党支部；期间，撤销中意淀粉厂、青年淀粉厂、饲料厂、修配厂、汽车队、砖厂、复合肥厂、商店8个党支部，撤销这些支部后的党员划归其他党支部管理。2004年，金光农场党委的基层组织设置为：青年、示范园、东风、向阳、创业、淋油、前进、那浪、龙山、罗阳、中意、同正、双甲、四和、昌平、友谊、新谊17个分场党支部，坛蓬、草塘2个村委党支部，以及畜牧公司、建筑工程有限公司、乳业有限公司、塑料编织袋厂、工业公司、压榨车间、制炼车间、锅炉车间、发电车间、酒精车间、机修车间、糖厂机关、糖厂老干、中学、小学、医院、农场机关、农场老干 18 个党支部，全场共有 37 个党支部，党员人数 734 人。

2014 年，金光农场党委的基层组织设置为：青年、示范园、东风、创业、前进、那浪、龙山、罗阳、中意、同正、双甲、昌平 12 个分场党支部，坛逢、草塘 2 个村委党支部，以及畜牧公司、建筑工程有限公司、乳业有限公司、淀粉公司、社区、压榨车间、制炼车间、锅炉车间、发电车间、糖厂机关第一、糖厂机关第二、糖厂老干，农场机关第一、农场机关第二、农场老干 16 个党支部，全场共有 28 个党支部，党员人数 738 人。

2016 年 12 月，成立中国共产党广西农垦糖业集团金光制糖有限公司总支部委员会，下辖 7 个党支部，分别是：机关第一党支部、机关第二党支部、制炼车间党支部、压榨车间党支部、锅炉车间党支部、发电车间党支部、离退休老干部党支部。

2017 年 3 月，中共金光乳业公司支部委员会调整为隶属中共广西农垦糖业集团金光制糖有限公司总支部委员会，同年 7 月，撤销中共广西农垦国有金光农场金光畜牧有限公司支部委员会，党支部成员职务自行免除，原党员组织关系转移至中共广西农垦永新畜牧集团有限公司总支部委员会。

2018 年 6 月，成立中共广西农垦国有金光农场金光社区委员会，党委设委员 7 名，其中，书记 1 名，兼专职副书记各 1 名，委员 4 名。于 2018 年 6 月 28 日召开中国共产党广西农垦国有金光农场金光社区委员会党员大会。

2018 年 12 月，成立中共广西农垦金光农场有限公司委员会、中共广西农垦金光农场有限公司纪律检查委员会。

2019 年 4 月，撤销国有金光农场机关第一、第二党支部，青年、示范园、东风、前进、创业、那浪、同正、中意、罗阳、龙山、双甲、昌平 12 个分场党支部，建筑公司、淀粉公司、老干 3 个党支部，以及 1 个金光制糖党总支，糖厂机关第一、糖厂机关第二、发电车间、压榨车间、锅炉车间、制炼车间、乳业公司、金糖老干 8 个党支部，成立金光农场公司机关第一、第二党支部及青年、团结、东风、前进、创业、那浪、同正、中意、罗阳、龙山、双甲、昌平 12 个分场党支部，建筑公司、淀粉公司 2 个党支部。5 月，撤销金光农场机关第一、第二以及龙山分场党支部；成立金光农场公司办公室、党群工作部、企划发展部、经营管理部、农业事业部 5 个职能部室党支部，金农源农业投资公司、金佳园置业公司 2 个子公司党支部。

2020 年 9 月，撤销建筑公司党支部，成立壮禾公司党支部。

三、党员发展概况

1955 年建场时有党员 13 人，全部为男性；1956 年从干部和新工人中吸收 13 人，加上从其他垦殖场转入 4 人，共 29 人；1957 年成立党支部后，从团员中吸收 14 人，发展到 43 人；1958 年底建立党委时，党员数迅速增至 94 人。1971 年年初，新一届场党委成立，第一批从生产积极分子和业务、管理骨干中吸收党员，全场党员数发展到 173 人。20 世纪 80 年代以后，发展党员工作正常、稳步、有序地进行。特别是 20 世纪 90 年代以后，农场党委注意培养吸收大中专毕业生及其他层次的积极分子，加入党组织，使农场的党员层次结构更趋合理丰富。1994 年农场转制为实业总公司时，实有党员 655 人。2004 年，全场党员 734 人，其中正式党员 722 人，预备党员 12 人；男党员 577 人，女党员 157 人；大中专以上学历的党员 195 人。

2004 年以来，农场党委按照党章要求，不断大力培养和吸收思想进步，政治素质高的管理、业务骨干、优秀大中专加入党组织，发展壮大党员队伍，加强党组织建设。至 2014 年底，全场党员 738 人，其中，正式党员 731 人，预备党员 7 人；男党员 567 人，女党员 171 人；大专以下学历的 367 人。大学本科以上学历 86 人，占党员总数的 11.67%，青年党员 88 人，占全场党员总人数的 11.94%。

截至 2020 年底，全公司党员 147 人，其中，正式党员 143 人，预备党员 4 人；男党员 126 人，女党员 21 人；大专以下学历的 97 人。大学本科以上学历 50 人，占全公司党员总数的 34%，青年党员 146 人，占全场党员总人数的 99%。

四、党组织归属

农场党组织关系曾先后划归扶绥县委、邕宁县委、南宁市委、南宁市郊党委以及永新区党委管理。其中：1955—1958 年归属扶绥县委；1958—1982 年归属邕宁县委；1982—1989 年归属南宁市委直属；1989—2002 年归属南宁市郊区党委；2002 年 3 月郊区政府撤销，金光党委划归南宁市永新区党委、南宁市西乡塘区委管理。2012 年 5 月从南宁市西乡塘区委划入自治区农垦工委管理。

第二节　农场党员代表大会

中国共产党金光农场第一次代表大会：第一次代表大会于 1958 年 12 月 26 日至 29 日

在坛井新场部召开，到会代表 40 人，代表全场党员 94 人。大会选举朱亭恩、黄南源、郭清牛、张承滨、黄颂春、李莹、黄兴鉴组成中共广西金光农场第一届委员会；选举朱亭恩为书记；大会同时选举产生了第一届监察委员会，选举朱亭恩为监察委员会第一任书记，苏义为副书记。

中国共产党金光农场第二次代表大会：第二次代表大会于 1959 年 10 月 18 日至 19 日在场部召开。出席大会正式代表 51 人，代表全场党员 104 人。朱亭恩作工作报告；大会选举朱亭恩、侯建唐、郭清牛、刘良德、黄实卿、黄颂春、郑久发、林九、黄进奇组成中共国营金光农场第二届委员会；选举朱亭恩为书记；大会同时选举朱亭恩、侯建唐、刘良德、郭清牛、黄实卿组成第二届监察委员会，选举朱亭恩为监察委员会第二任书记。

据史料记载，中国共产党金光农场第三、四、五次代表大会分别于 1960 年、1961 年和 1962 年召开一次。三次会议均没有按党员代表大会的议程和程序召开，也没有选举产生新一届委员会和监察委员会。权充每年一次的职代会，总结上年工作，研究部署今年工作。直到 1964 年 2 月召开的党员代表大会才按正规的议程和程序召开，并选举产生了新一届党委和监委。

中国共产党金光农场第六次代表大会：第六次代表大会于 1964 年 2 月 26 日至 27 日在场部召开。出席大会正式代表 52 人，代表全场党员 109 人。大会选举朱亭恩、侯建唐、董庆科、张怡、王志新、林九、郭清牛、黄实卿、苏桂英组成中国共产党广西金光农场第六届委员会；选举朱亭恩为党委书记；大会同时选举产生了本届监察委员会，委员有朱亭恩、张怡、林九、苏桂英、黄孝荣；选举朱亭恩为监察委员会书记，张怡为副书记。

当时，自治区党委规定，区直属机关（包括直属厂矿、农林场）的正副科级以上干部无论提拔、调整、调动、任免均由区党委统一管理直接报自治区党委组织部批准，农场党委书记、副书记报经自治区党委组织部审查后，于 1964 年 3 月 31 日行文同意朱亭恩继任中共国营金光农场党委书记并兼任监察委员会书记；张怡兼任监察委员会副书记。这届党委实质上也是金光农场"文革"前最后一届党委。

1966 年，"文革"全面开始，农场党委受到冲击，之后逐渐处于瘫痪状态，第六届场党委被撤销，党委书记同时被撤销。1968 年 9 月，农场成立新的领导班子"广西金光农场革命委员会"，王志远任场革委会主任，宋维忱任副主任，并由王志远、宋维忱、郭清牛、汤汝营、李泉光、李耀彰、莫建峰等七位组成革委会，实行"一元化"领导，全面主持金光农场工作。

中国共产党金光农场第七次代表大会：第七次代表大会于 1971 年 2 月 27 日至 3 月 1日在场部召开。出席大会正式代表 58 人，代表全场党员 173 人。大会选举杨鹏飞、王志远、宋维忱、樊继乐、汤汝营、杨炳禄、梁吉堂、曾振飞、王德往、伍素杰、杨玉新、黄福基、李耀彰组成中共广西金光农场第七届委员会；选举杨鹏飞为党委书记，王志远为副书记。本届没有选举产生监察委员会。

1972年5月，南宁地委调吴宝山到金光农场任革委会副主任（后改为副书记）。

1974年4月，邕宁县委调蔡日恒到金光农场任党委书记直到1977年10月。

1977年10月，中共南宁地区委员会调李成鸿到金光任场党委书记（任职到1979年11月）。

1974年至1976年，分别调石桥、黄定中到金光任场党委副书记。

1979年11月，区农垦局调金福赞到金光任场党委书记。

中国共产党金光农场第八次代表大会：第八次代表大会于1980年1月29日至31日在场部召开，出席大会正式代表127人，代表全场党员381人。大会选举金福赞、宋维忱、田文润、袭普贵、张耀廷、劳士良、汤汝营、黄福基、李高荣、陈歧斌、李耀彰、黄刚、谭美清、莫建峰、卢大容、王德往组成中共金光农场第八届委员会，金福赞、宋维忱、田文润、袭普贵、张耀廷选为党委常委；选举金福赞为党委书记，宋维忱、田文润为副书记。本届没有选举产生监察委员会。

中国共产党金光农场第九次代表大会：第九次代表大会于1984年12月18日至19日在场部召开。出席大会正式代表122人，代表全场党员366人。大会由金福赞作工作报告；大会选举金福赞、黄甲秋、李荫平、苏信和、李耀彰、李荣丽（女）、玉华相、陈洪、韦海银组成中共金光农场第九届委员会；选举金福赞为书记，黄甲秋为副书记。

1987年，金福赞改任场长，黄甲秋任党委书记。

中国共产党金光农场第十次代表大会：第十次代表大会于1989年11月16日至18日在场部新会议室召开。出席大会正式代表84人，代表全场党员584人。大会选举金福赞、吉禹平、傅长庆、李荫平、李荣丽、李统绵、玉华相、韦永上组成中共国营金光农场第十届委员会；空缺书记一名，选举吉禹平为副书记。会后，区农垦局派任韦小明为场党委书记。

中国共产党金光农场第十一次代表大会：第十一次代表大会于1994年1月25日至27日在场部召开，出席大会正式代表98人，代表全场党员650人。大会由方仁彬主持，吉禹平作党委工作报告，方仁彬作纪委工作报告；大会选举王力刚、韦永上、方仁彬、玉华相、文万清、吉禹平、李荫平、陆建积、黄元安、梁庆章、覃俭太组成中共金光农场第十一届委员会；选举吉禹平为党委书记，方仁彬为副书记，大会同时选举第十一届纪律检查委员会，选举方仁彬为纪委书记，韦海银为副书记。

中国共产党金光农场第十二次代表大会（总公司第一届）：第十二次代表大会于1998年7月9日至10日在糖厂大礼堂召开。出席大会正式代表101人，代表全场党员701人。大会由黄文武主持；由黄昌成作党委工作报告；由黄文武作纪委工作报告；大会选举黄昌成、黄元安、黄文武、陈世峰、王力刚、王国佳、覃定春、文万清、张智铭组成中共金光农场第十二届委员会；选举黄昌成为党委书记，黄文武为副书记；大会同时选举黄文武、刘康评、卢清桐、李复达、吴月珍（女）组成中共金光农场第十二届纪律检查委员会；选举黄文武为纪委书记，刘康评为副书记。

中国共产党金光农场第十三次代表大会：第十三次代表大会于2003年9月10日在场部召开。出席大会正式代表108人，代表全场党员731人，占全场党员总数14.77％。列席代表11人，特邀代表2人。大会由何维克、王国佳主持；党委委员覃定春致开幕词，党委书记何维克代表第十二届委员会在大会上作《为率先实现跨越式发展全面建设垦区现代农业和农业现代化示范基地以及糖业样板企业而努力奋斗》的工作报告；农场纪委书记黄文武代表第十二届纪委会在大会上作《以"三个代表"重要思想为指导不断加强党风廉政建设和反腐败工作为促进金光经济发展提供有力保障》的工作报告；黄党源致闭幕词。大会选举何维克、黄党源、覃定春、王国佳、黄小来、黄元安、黄忠泊等7人组成中共金光农场第十三届委员会，何维克当选为党委书记，副书记空缺。同时，选举王国佳、黄小来、卢清桐、郑建强、罗荣美等5人组成中共金光农场第十三届纪律检查委员会，王国佳当选为纪委书记。

金光农场党委自召开第十三次党员代表大会后，曾多次提议、请示城区党委进行换届选举工作，但都因为农垦工委职务任命与南宁市西乡塘区党委组织关系衔接和城区党委几次更名，没有同意开展这些工作。因此，至2016年仍保留中共金光农场第十三届委员会人员和纪委会人员。

2003年9月20日，自治区农垦局（垦党组发〔2003〕24号），任命徐坤为金光农场党委副书记，同时免去黄文武第十二届党委副书记职务。

2004年2月27日，中共南宁市永新区委员会（永委会〔2004〕13号），同意徐坤任金光农场党委副书记、纪委书记（兼）；免去王国佳金光实业总公司纪委书记职务。

2004年4月19日，金光农场党委（金党字〔2004〕9号）任命罗荣美为金光农场纪委副书记。

2009年1月9日，自治区农垦工委（桂垦工委发〔2009〕3号）任命黄小来为金光农场党委副书记。

2010年10月12日，自治区农垦工委（桂垦工委发〔2010〕26号）任命陈强为金光农场党委副书记。

2011年12月1日，自治区农垦工委（桂垦工委发〔2011〕89号）任命徐杰荣为金光农场党委副书记。

2011年9月，党委书记何维克调到广西农垦糖业集团股份有限公司总部工作后至2014年底，金光农场党委书记一职空缺。

2004年至2014年，党员代表大会均没有按程序召开，也没有选举产生新一届委员会和纪委委员会。至2014年底，党委副书记为陈强、徐杰荣、黄小来，党委委员为陈强、徐杰荣、黄小来、王国佳、黄忠泊；纪委书记为黄小来，纪委副书记为罗荣美，纪委委员为黄小来、郑建强、罗荣美、卢清桐。

2014年底至2016年5月，农场党委书记一职空缺。

中国共产党金光农场第十四次代表大会：第十四次代表大会于2016年9月21日在场部召开。出席大会正式代表105人，代表全场党员738人，占全场党员总数14.23%。列席代表22人。大会由陈强、黄小来主持。金光制糖有限公司董事、总经理致开幕词，党委书记陈强代表第十三届委员会在大会上作《适应新常态 开创新局面 为实现"两个率先"目标而努力奋斗》的工作报告。农场纪委书记黄小来代表第十三届纪委会在大会上作《围绕中心工作，突出主责主业，为金光管区改革发展稳定保驾护航》的工作报告。陈强致闭幕词。大会选举王祖斌、韦红桥、李廷化、李剑钊、杨洪、陈强、黄小来等7人组成中共金光农场第十四届委员会，陈强当选为党委书记，副书记空缺。同时，选举韦文成、劳丽娟、李勇光、罗荣美、黄小来等5人组成中共金光农场第十四届纪律检查委员会，黄小来当选为纪委书记，罗荣美当选纪委副书记。

2016年5月，自治区农垦工委（桂垦工委发〔2016〕19号）任命陈强为农场党委书记。

2016年11月，自治区农垦工委（桂垦工委发〔2016〕49号）任命韦红桥为金光农场党委副书记。

2016年10月至2018年10月，黄小来任金光农场纪委书记。

2018年3月至2018年8月，农场党委书记一职空缺。

2018年8月，自治区农垦工委（桂垦工委发〔2018〕69号）任命李添文为农场党委书记。

2018年12月18日，农场企业化改革后，金光农场改制为"广西农垦金光农场有限公司"。

2018年12月，广西农垦集团党委（桂垦党发〔2018〕19号）任命李添文为金光农公司党委书记，任命黄永华、黄小来为党委副书记，任命李剑钊为纪委书记。

2019 年 7 月，广西农垦集团党委（桂垦党发〔2019〕40 号），任命何少波为金光农场公司党委副书记。

中国共产党广西农垦金光农场有限公司第一次代表大会：第一次代表大会于 2019 年 9 月 25 日在场部召开。出席大会正式代表 70 人，代表全场党员 159 人，占全场党员总数 44％。列席代表 14 人。大会由李添文、黄小来主持。广西农垦集团公司副总经理、总会计师李东发言，党委书记李添文代表第十四届委员会在大会上作《深化改革，破立并举为推进企业高质量发展而努力奋斗》的工作报告。纪委书记李剑钊代表第十四届纪委会在大会上作《坚定不移，推进新时代全面从严治党向纵深发展为公司高质量发展保驾护航》的工作报告。李添文致闭幕词。大会选举韦文成、李廷化、李剑钊、李添文、何少波、陈枫、黄小来等 7 人组成中共广西农垦金光农场有限公司第一届委员会，李添文当选为党委书记，何少波、黄小来当选副书记。同时，选举劳丽娟、李剑钊、杨敏丽、罗荣美、潘开先等 5 人组成中共广西农垦金光农场有限公司第一届纪律检查委员会，李剑钊当选为纪委书记，罗荣美当选纪委副书记。

中国共产党广西农垦金光农场有限公司第二次代表大会：第二次代表大会于 2020 年 11 月 3 日在场部召开。出席大会正式代表 65 人，代表全场党员 147 人，占全场党员总数 45％。列席代表 21 人。大会由黄小来主持。大会选举兰荣辉、劳丽娟、李剑钊、李添文、陈志成、凌忠、黄小来、谭建能等 8 人为出席中国共产党广西农垦集团有限责任公司第一次代表大会代表。

2020 年 3 月，广西农垦集团党委（桂垦党发〔2020〕29 号），任命陈志成为金光农场公司党委副书记。

2020 年 12 月，广西农垦集团党委（桂垦党发〔2020〕103 号）任命黄志强为金光农场公司纪委书记。

第十八章　行政组织

第一节　行政归属

1955 年 9 月建场时，归属于华南垦殖总局广西分局，1958 年广西农垦局成立以后归广西农垦局领导，1958 年至 1959 年下放南宁地区行署领导；1959 年又回广西农垦局系统内领导；1970 年至 1978 年再次下放南宁地区行署领导；1979 年以后重新归属广西农垦局领导至 2020 年。

第二节　场部行政管理机构

建场以来，场部机关办公地点搬迁过几次。1955 年 9 月，建场初期，场部机关在罗阳分场办公；1958 年初，场部机关搬迁到坛井地区办公；1989 年 9 月 8 日，场部机关搬到新建的办公大楼办公（即现在的办公大楼）；1997 年 1 月，场部机关搬到糖厂和糖厂机关合署办公；2003 年 9 月，农场和糖厂分离，场部机关又从糖厂搬回场部办公大楼办公至 2020 年。

1955 年 9 月，建场初期，场部机关设在原天西农场罗阳分场旧址。行政部门有正场长 1 人，副场长 2 人，另设秘书室、保卫科、生产科、会计室、经理室和卫生室等机构，1957 年，根据华南垦殖局广西分局精简机构的精神，将所有科室全部撤销，一切均通过场长直接领导。1959 年，由于农场规模不断扩大，分场由原来 3 个增加到 9 个，职工由 300 多人增加到 1700 多，为此，农场于 1959 年 8 月上报南宁地委组织部，要求增设机关机构，地委组织部经研究于 9 月 8 日批复，同意设立以下科室：财务计划科，下设会计、计划员共 4 人；加工供销科，下设采购、保管共 3 人；基建科（后称基建队），下设技术员、统计、会计共 4 人；生产科，下设统计、技术员共 4 人；秘书科，下设文印，管理员共 2 人；保卫科，下设干事 1 人；组织人事科，下设干事 1 人，加上各科室负责人共计 29 人。这套场部机关行政管理机构从 1959 年 9 月 8 日开始运作，同年 9 月南宁地委组织部调侯建堂到金光农场任场长。

1962年，国家进行机构精简，农场动员职工回乡务农，部分科室人员下设到基层，场部行政管理机构将生产科、畜牧、机务科、兽医室合并为一个生产科，设科长1人，副科长2人，农技2人、畜牧兽医1人、农机1人、气象员1人；财务科和供销科合并为财供科，设科长1名，副科长2名，会计3名，计划统计1人，保管3名采购2人，调拨员1人；保卫科改为派出所，设所长1人，保卫干事2人，党委设办公室不设科，配主任1人，人事干事1人，青年干事1人；工会另设；秘书科不变；分场、生产队不变。

1962年，区农垦局调董庆科到金光农场任场长，侯建堂、张怡、王志新、温振为副场长。机关行政管理机构也随之调整为场长办公室、秘书科、财务科、供销科、生产科、工会、行政办公室、工业科。

1966年，"文化大革命"运动在全国展开，农场场部党政管理机构处于瘫痪状态。1967年5月中国人民解放军介入地方，进行"三支两军"（支工、支农、支左；军管，军训）。同年3月，农场成立"抓革命促生产委员会"，作为农场行政领导机构。"抓革命促生产委员会"成员共5人，由王志远任主任，汤汝营、宋维枕任副主任。办公室下设政宣组、增节组、政治组。

1968年9月12日，经南宁地区革命委员会批准（南革发〔68〕第135号）成立广西国营金光农场革命委员会，实行"一元化"领导，农场"抓革命促生产委员会"同时撤销。场革命委员会由25人组成，并由王志元、宋维忱、郭清牛、汤汝营、李泉光、李耀彰、莫建峰7人组成常委，王志远任主任，宋维忱任副主任。革委会下设办事组、政工组、生产指挥组。

1971年1月南宁专区革委会调杨鹏飞到金光任场革委会主任（后改为党委书记）；王志远、樊继乐任副主任。

1974年，场革委会下设办公室、政工科、生产科。

1979年恢复原设的科室建制。同年11月，区农垦局调金福赞到金光任书记。行政机构增设工业科、基建科、畜牧科。

1979年区农垦局任劳士良、张耀廷两人为农场副场长。

1980年任陈烈夫、李荫平为副场长。

1984年8月，国家进行机构改革和经济体制改革，农场场部机关党政职能分开，并将生产科、工业科、供销科、畜牧科分别改为农业生产技术公司、工交机电公司、供销公司、畜牧水产公司和劳动服务公司。1984年，区农垦局任李荫平为农场场长，任苏信和、李荣丽、李彰华三人为农场副场长。1985年，自治区农垦农工商联合企业总公司又增任傅长庆为副场长。至此，农场行政领导增至9人，为农场历史之最。

1986年，随着改革的不断深化，部分公司已经不适应形势发展的需要，除劳动服务公司外，其他公司均撤销，分别成立生产科、工业科、供销科、畜牧科、计划生育办公室，增设行政科、劳动工资科。同年，区农垦局任邓志宁为副场长。

1987年，根据中共中央发〔1986〕21号文件《全民所有制工业企业厂长工作条例》精神，成立"国营金光农场管理委员会"，增设经营管理办公室、宣教卫科；同年自治农垦局区任金福赞为农场场长，李统绵、吉禹平为副场长，李荫平为总农艺师。

1989年，农场增设审计科、监察室，并设场长助理1人（黄洁玲）。同年，南宁市郊区检察院在农场挂牌设立检察室（1997年撤销）。

1991年场长金福赞离休，农垦局调苏信和到场代理场长职务，同年李荫平继任场长。1994年5月28日，国营金光农场转轨转制为"广西金光实业总公司"。按《公司法》来管理和运作。区农垦局任韦永上为总公司董事长兼总经理。原场部机关管理机构同时撤销，并精简分流部分科室人员，分别设董事长兼总经理1人，副董事长兼副总经理1人，副总经理5人，总经理助理1人，设公关部、财务计划部、经营管理部、劳动人事部、计划生育办公室；农林科改为农林公司；工业科改为工业公司，管理原农场下属的"五小工业"和水电管理所、建筑公司、劳动服务公司；畜牧科改为畜牧水产公司，管理各猪场和饲料厂；供销科改为商贸1公司；南宁办事处改为南宁分公司。

1997年1月20日，区农垦局任黄昌成为总公司党委书记、董事长，韦永上为总经理。同年，原农场机关和糖厂机关合署办公，并将机关总部搬到糖厂，同时将机关管理机构再次进行调整，机关管理人员再次精简。调整后的机关管理机构为：董事长1人；总经理1人；副总经理4人；总经理助理2人（另设书记助理1人）；公关部、财务计划部、经营管理部、劳动人事部、法制保卫部、工会、计划生育办公室不变；增设生产技术部、土地房产管理所、监审部、供销部、经警队、汽车队，农林公司改为农务部；2001年10月，公关部改为行政办公室，汽车队划入行政办公室，同年7月设专职秘书1人。

2003年9月，农场和糖厂分离，农场机关从糖厂搬回农场办公，恢复原管理机构，设办公室、党委办公室、群工部、财务部、生产经营部、法制保卫部、项目管理办公室、监审部、计划生育办公室。2005年5月17日，农场成立金光农场社区管理委员会，2007年10月，办公室原后勤人员分开，增设机关后勤服务中心。2008年3月，农垦局印发垦区内部机构改革意见的通知后，原法制保卫部改为土地管理保卫部，后又改为土地司法部，原项目管理办公室更名为开发建设部。2008年4月设企业管理办公室，2011年4月撤销。2008年5月13日，成立农业试验站，纳入机关管理。2010年9月30日，撤销原农场社区管理委员会，成立新的社区管理职能机构，机构名称为"广西农垦国有金光农场社区管理委员会"，下设社区办公室、社会事业管理科（2011年1月改为物业管理部，实行市场化运作）和武装保卫科3个科室。2011年4月监审部并入财务部。

根据《关于垦区农场内部机构改革的意见》（垦企管发〔2008〕10号）要求，2014年，机关设置生产经营部、财务部、土地司法部、开发建设部和综合管理办公室"四部一室"。金光社区管理委员会、农业试验站、机关后勤服务中心纳入机关机构管理。其中，综合管理办公室属于大部制建制，设有行政办公室、党委办公室、工会、计生办、金光社区管理委员会（社区办公室）等5个职能部门。场部机关"四部一室"人员编制共37人。2008年以后，场部机关和各分场（厂、站）全体管理人员实行"三年一聘，聘期内实行动态管理"的选人用人机制。

2015—2018年，农场机关设置生产经营部、财务部、土地司法部、开发建设部和综合管理办公室"四部一室"，其中综合管理办公室属于大部制建制，设有行政办公室、党委办公室、工会、计生办，农业试验站、机关后勤服务中心纳入机关机构管理。2018年10月之后，金光社区移交给地方管理。

农场改制为广西农垦金光农场有限公司后，2019年5月，农场公司总部设置办公室、党群工作部、纪检监察部、财务部、农业事业部、企划发展部、资产经营部"六部一室"。其中，办公室属于大部制，设有党委办公室、董事会办公室、总经理办公室。

1998年10月，自治区农垦局成立糖业集团公司，调韦永上到糖业集团公司工作，任黄元安为总公司总经理。

1999年8月，自治区农垦局任命黄启通为副总经理，其总经理助理身份自然取消。

1999年11月，总公司内部任李春伟为副总经理。

1999年11月，总公司内部任马步为副总经理。

2000年1月，总公司内部任王力刚为副总经理。

2000年5月，总公司投资湖北武汉市建"广西大厦"，调副总经理黄启通到武汉，任武汉广西大厦总经理，任张海光、陈元康、覃海军为副总经理。其他管理部门人员大多数聘用外单位人员。

2001年7月，自治区农垦局调黄昌成到农垦糖业集团公司工作，甘羽翔到金光任总公司董事长。

2001年9月，总公司内部任金宣勇为副总经理；

2002年7月，自治区农垦局调甘羽翔到农垦集团工作，任何维克为总公司董事长。

2002年9月，广西农垦集团有限公司总经理助理黄党源兼任金光实业总公司董事长、总经理，覃定春为常务副总经理，黄忠泊为副总经理。

2003年9月20日，黄党源任金光农场场长，覃定春、黄忠泊、覃福超为副场长。

2005年2月，自治区农垦局任命陆建光为金光农场副场长。

2005年8月，自治区农垦局任命黄兑武为金光农场副场长（挂职）。2007年1月，挂职结束调回区农垦局科技产业处工作。

2007年5月，自治区农垦局任命李廷化为金光农场副总农艺师。

2009年1月，自治区农垦局任命王祖斌为金光农场副场长。

2009年7月，自治区农垦局任命何维克为金光农场代理场长。2010年10月调到农垦糖业集团公司总部工作。

2010年10月，自治区农垦局任命陈强为金光农场场长。

2018年3月，自治区农垦局（桂垦人发〔2018〕6号）任命陆建光为金光农场法定代表人。

2018年8月，自治区农垦局（桂垦人发〔2018〕105号）任命李添文为金光农场场长。

2018年8月，广西农垦集团有限责任公司印发《关于成立金光农场公司筹备组的通知》（桂垦人发〔2018〕104号），李添文为金光农场公司筹备组组长，黄永华、覃锡辉为副组长，黄小来、李廷化为筹备组成员。

2018年8月，广西农垦集团有限责任公司（桂垦人发〔2018〕106号）任命陆建光为金光农场公司副协理员。

2018年10月，广西农垦集团有限责任公司（桂垦人发〔2018〕196号）任命李添文为金光农场公司董事、董事长，任命黄永华为金光农场公司董事，提名黄小来为金光农场公司职工董事人选。

2018年10月，广西农垦集团有限责任公司（桂垦人发〔2018〕197号）提名黄永华任金光农场公司总经理，提名李廷化、陈枫任副总经理。

2018年10月，广西农垦集团有限责任公司（桂垦人发〔2018〕198号）任命覃锡辉为金光农场公司监事会主席。

2019年7月，广西农垦集团有限责任公司（桂垦人发〔2019〕101号）任命何少波为金光农场公司董事，提名何少波任金光农场公司常务副总经理。

2019年11月，广西农垦集团有限责任公司（桂垦人发〔2019〕182号）提名何少波为金光农场公司总经理。

2019年11月，广西农垦集团有限责任公司（桂垦人发〔2019〕164号）任命宋运军为金光农场公司副协理员。

2019 年 12 月，广西农垦集团有限责任公司（桂垦人发〔2019〕202 号）任命苏万里为金光农场公司监事会主席。

2020 年 3 月，广西农垦集团有限责任公司（桂垦人发〔2020〕35 号）任命陈志成为金光农场公司董事，提名任总经理。

第三节　历任场级党政领导

历任场级党政领导名录见表 18-1 至表 18-9。

表 18-1　历任金光农场党委正副书记名录表

姓名	性别	民族	籍贯	职务	任职时间
张承滨	男	汉	山东莱芜	党委书记	1955.9—1957.11
孙永禄	男	汉		党委副书记	1955.11—1958.12
冯绍华	男	汉	河北涉县	党委书记	1957.11—1958.3
朱亨恩	男	汉	江苏淮阴	党委书记	1958.3—1968.1
杨鹏飞	男	汉	河北昌黎	党委书记	1971.2—1974.4
王志远	男	汉	辽宁庄河	党委副书记	1971.2—
蔡日恒	男	汉	湖南常德	党委书记	1974.4—1977.10
石桥	男	壮	广西	党委副书记	1974.4—
黄定中	男	壮	广西	党委副书记	1974—1976
李成鸿	男	汉	河北昌黎	党委书记	1977.10—1979.11
金福赞	男	满	辽宁营口	党委书记	1979.11—1987.6
田文润	男	汉		党委副书记	1980.1—
宋维忧	男	汉	辽宁庄河	党委副书记	1980.1—
张东生	男	汉		党委副书记	1982—1986
黄甲秋	男	汉	广西宾阳	党委副书记、书记	1984.12.19—1987.6—1989.11
袭普贵	男	汉	河北	党委副书记	1985—1987
韦小明	男	壮	广西大化	党委书记	1989.11—1994.1
吉禹平	男	汉	贵州紫云	党委副书记、书记	1989—1994.2—1997.1
方仁彬	男	壮	广西	党委书记	1992—1994
何维克	男	汉	广东中山	党委书记	2002.7—2011.9
徐坤	男	汉	广西陆川	党委副书记	2003.9—2008.7
黄小来	男	汉	广西贵港	党委副书记	2009.1—2016.10
陈强	男	汉	广西合浦	党委副书记	2010.10—2016.6
徐杰荣	男	汉	广西桂平	党委副书记	2011.12—2015.2
陈强	男	汉	广西合浦	党委书记	2016.6—2018.3
韦红桥	男	壮	广西马山	党委副书记	2016.11—2018.12
李添文	男	汉	广西北流	党委书记	2018.8—2018.12

表 18-2 历任金光农场场长名录表

姓名	性别	民族	籍贯	职务	任职时间
张承滨	男	汉	山东莱芜	场长	1955.9—1958.9
侯建堂	男	汉	江苏睢宁	场长	1959.9—1963.10
董庆科	男	汉	河北乐亭	场长	1962.10—1965
宋维忧	男	汉	辽宁庄河	场长	1976.7—1980.6
李荫平	男	汉	广西桂平	代理场长	1983.4—1987.6
金福赞	男	满	辽宁营口	场长	1987.6—1991.10
苏信和	男	汉	广西防城	代理场长	1991.10—1991.12
李荫平	男	汉	广西桂平	场长	1991.12—1994.5
黄党源	男	壮	广西钦州	场长	2002.9—2009.7
何维克	男	汉	广东中山	代理场长	2009.7—2010.10
陈强	男	汉	广西合浦	场长	2010.10—2018.3
陆建光	男	汉	广西贵港	法定代表人	2018.3—2018.8
李添文	男	汉	广西北流	场长	2018.8—2018.10

表 18-3 历任金光农场副场长名录表

姓名	性别	民族	籍贯	职务	任职时间
温振	男	汉	广东	副场长	1955.9—1964
王有堂	男	壮	广西	副场长	1955.9—
劳清禄	男	汉	广西	副场长	1955.9—
黄南源	男	汉	广西	副场长	1956—
王志新	男	汉	河北	副场长	1960.8—1964
张怡	男	汉	广西	副场长	1963.11—1968.8
劳士良	男	汉	广西	副场长	1979—1984
苏信和	男	汉	广西	副场长	1980.10—1984.7
陈烈夫	男	汉	广西	副场长	1980.10—1984.7
张耀廷	男	汉	黑龙江	副场长	1984—1985
李彰华	男	汉	广西	副场长	1984—1985
李荣丽	女	壮	广西	副场长	1984—1986
申涤球	男	汉	湖南邵东	副场长	1984—1986.3
傅长庆	男	满	辽宁	副场长	1985—1990.1
邓志宁	男	汉	广东肇庆	副场长	1965—1986
李统绵	男	汉	广西	副场长	1987—1992
吉禹平	男	汉	广西	副场长	1988.1—1992
张智铭	男	汉	广西	副场长	1991—2002
覃定春	男	瑶	广西都安	常务副场长	2003.9—2005.6
黄忠泊	男	壮	广西上思	副场长	2002.9—2017.4
陆建光	男	汉	广西贵港	副场长	2005.2—2018.8
黄兑武	男	汉	广西岑溪	副场长（挂职）	2005.8—2007.1

（续）

姓名	性别	民族	籍贯	职务	任职时间
覃定春	男	瑶	广西都安	副场长	2006.10—2008.12
王祖斌	男	汉	广西兴安	副场长	2009.1—2018.10

表 18-4　历任场革委会正副主任名录表

姓名	性别	民族	籍贯	职务	任职时间
王志远	男	汉	辽宁庄河	主任	1968.9—1971.2
宋维忱	男	汉	辽宁庄河	副主任	1968.9—1977
杨鹏飞	男	汉	河北昌黎	主任	1971.2—1976.4
樊继乐	男	壮	广西	副主任	1971—1977
汤汝营	男	汉	广西合浦	副主任	—
黄福基	男	汉	广西	副主任	—
吴宝山	男	满	辽宁	副主任	1972—1977

表 18-5　1994—2002 年金光实业总公司党政正副职名录表

姓名	性别	民族	籍贯	职务	任职时间
韦永上	男	壮	广西邕宁	董事长、总经理	1994.1—1997.1
吉禹平	男	汉	广西	党委副书记、书记	1994—1996
黄元安	男	汉	广西	副总经理	1994—1997
张智铭	男	汉	广西	副总经理	1994—2001
方仁彬	男	壮	广西	党委副书记	1994—1995
梁庆章	男	壮	广西	副总经理	1995—1997
黄昌成	男	汉	广西宾阳	董事长、书记	1997.1—2001.7
黄文武	男	汉	广西	党委副书记	1997—2002
韦永上	男	壮	广西	总经理	1997—
陈世锋	男	汉	广西	副总经理	1997—2002
黄元安	男	汉	广西	总经理	1998—2002
覃定春	男	瑶	广西都安	副总经理	1999—2002
黄启通	男	汉	广西	副总经理	2000—
玉华相	男	汉	广西	副总经理	
甘羽翔	男	汉	广西梧州	董事长	2001.7—2002.1
金宣勇	男	汉	贵州普安	副总经理	2001—2002
何维克	男	汉	广东中山	董事长、书记	2002.8.9—
黄党源	男	壮	广西钦州	董事长、总经理	2002.9—2003.9
黄忠泊	男	壮族	广西上思	副总经理	2002.9—2003.9

表 18-6　2018—2020 年广西农垦金光农场有限公司党委正副书记名录表

姓名	性别	民族	籍贯	职务	任职时间
李添文	男	汉	广西北流	党委书记	2018.12—2020.12

（续）

姓名	性别	民族	籍贯	职务	任职时间
黄永华	男	壮	广西上林	党委副书记	2018.12—2019.4
黄小来	男	汉	广西贵港	党委副书记	2018.12—2020.12
何少波	男	壮	广西龙州	党委副书记	2019.7—2020.3
陈志成	男	汉	湖南永州	党委副书记	2020.3—2020.12

表 18-7　2018—2020 年广西农垦金光农场有限公司董事长、正副总经理名录表

姓名	性别	民族	籍贯	职务	任职时间
李添文	男	汉	广西北流	董事长	2018.10—2020.12
黄永华	男	壮	广西上林	总经理	2018.10—2019.3
李廷化	男	汉	广西扶绥	副总经理	2018.10—2020.12
陈枫	男	汉	广西桂林	副总经理	2018.10—2020.12
何少波	男	壮	广西龙州	常务副总经理	2019.7—2019.11
何少波	男	壮	广西龙州	总经理	2019.11—2020.3
陈志成	男	汉	湖南永州	总经理	2020.3—2020.12

表 18-8　2018—2020 年广西农垦金光农场有限公司纪委书记名录表

姓名	性别	民族	籍贯	职务	任职时间
李剑钊	男	壮	广西贵港	纪委书记	2018.12—2020.11
黄志强	男	汉	湖南衡阳	纪委书记	2020.12—2020.12

表 18-9　2018—2020 广西农垦金光农场有限公司监事会主席名录表

姓名	性别	民族	籍贯	职务	任职时间
覃锡辉	男	汉	广西防城	监事会主席	2018.10—2019.10
苏万里	男	汉	广西横县	监事会主席	2019.12—2020.12

第十九章　工会组织

第一节　会员代表大会

1955年9月3日，国营金光垦殖场建场时，党政工主要领导同时由华南垦殖局广西分局任命，其中聂世端被任命为工会主席。从此，有了工会组织。聂世端是金光农场首任工会主席。1956年2月25日，据垦人干〔1956〕第58号，调宁明县三星垦殖场工会主席苏义到扶绥县金光垦殖场任工会主席。苏义为第二任主席（后来苏义调任隆安县委书记、南宁地区专员）。第三任主席是徐禧堂。第四任主席是郑久发。第五任主席是傅长庆。这五任主席属金光工会第一、第二届委员会主席。

根据材料记载，1973年7月召开的工会代表大会为第三次。理应在1973年前还有第二次和第一次工会代表大会。但经查询没有材料反映，也没有哪位同志能确认这两次大会的情况，所以无法记载。

第三次工会代表大会于1973年7月上旬在场部召开。大会选举吴宝山、林大昭、兰焕山、杨玉新、蒙大套、黄其珊、林杰、曾振飞、林建南、蔡汉妮、伍素杰、刘石仙、韦继祥、孙永雄、张德成为委员，吴宝山为工会主席，兰焕山、杨玉新为工会副主席。第三届委员会先后有卢大容、马连贵、伍学云、周新、曾振飞担任过副主席。

第四次工会代表大会于1986年8月12日在场部召开。大会由副主席陈振文主持，副主席曾振飞作《加强工会整顿建家活动，为建设一支四有职工队伍而努力奋斗》的工作报告。大会选举产生第四届委员会。黄甲秋、陈振文、朱河瑞、杨振立、韦恒英、郭建成、高庆、刘伟森、黄广宁为委员，陈振文为工会副主席。

第五次工会代表大会于1991年11月15日至16日在场部召开。会议代表109人。场党委书记韦小明，代理场长苏信和，副场长李统绵、吉禹平、傅长庆，工会主席陈振文，糖厂工会主席谭德初参加大会，自治区农林水利工会冯主任、南宁市总工会组织部谭部长15日到会祝贺指导。大会主席团由韦小明、苏信和、李荫平、李统绵、吉禹平、李荣丽、傅长庆、陈振文、谭德初、刘伟森、宋桂玲、谭美清、李正天、王国佳、吴月珍、朱河瑞、韦艳芳17人组成。大会由工会秘书王国佳主持，副主席刘伟森作工作报告，主席陈振文作大会总结。大会有 3 项主要内容：一是听取和审议刘伟森所作工作报告；二是韦小明和苏信和发表重要讲话；三是选举产生第五届工会委员会和工会经费审查委员会。大会选出陈振文、刘伟森、宋桂玲、王国佳、朱河瑞、吴月珍、梁毓斌、李复达、曾振强 9 人为第五届工会委员；黄洁玲、韦海银、黄能载、王国佳、陈瑞漓为经费审查委员会委员。

第五届第一次委员会会议于 1991 年 12 月 28 日在场部召开。选举王国佳为工会副主席，主持工会日常工作。在第二次委员会上增选覃秀华为委员；第三次委员会上增选谭美清为委员、主席；第四次委员会上增选陈世峰为委员、主席。

第六次工会代表大会与总公司第十五届职代会合并召开，2000 年 1 月 11 日至 12 日为工代会，13 日至 14 日为职代会。工代会主持人是工会副主席王国佳，陈世峰主席代表第五届委员会作题为《高举邓小平理论伟大旗帜，深入贯彻工会工作总体思路，把金光工会工作提高到一个新阶段》的工作报告。大会审议并通过第五届委员会工作报告，选举产生第六届委员会及领导班子。总公司党委书记、董事长黄昌成，总经理黄元安，副书记黄文武，副总经理张智铭、陈世峰、黄启通、覃定春、王力刚、马步、李春伟，书记助理郑建强参加大会。市总工会组织部刘部长到会指导，郊区总工会主席李省军到会祝贺并讲话。大会选举王国佳、吴月珍、罗威雄、尹文举、申丁球、白荣森、李达民、朱河瑞、黄少勤、黄和书、黄振忠为工会委员，苏爱群、吴月珍、卢清桐为经费审查委员会委员，苏爱群为经审委主任。六届一次委员会选举王国佳为主席，吴月珍为副主席。

第七次工会代表大会于 2004 年 9 月 1 日在场部召开，到会正式代表 179 人，代表全场工会会员 3508 人，占总会员人数的 5.1％，特邀代表 6 人。大会主席团成员有黄党源、何维克、黄元安、覃定春、王国佳、黄忠泊、徐坤、金宣勇、李春伟、吴月珍、白荣森、李达民、黄和书、朱河瑞、罗威雄、黄振忠、申丁球、尹文举、黄菲等 19 人。大会主持人王国佳，场党委副书记徐坤致开幕词，场工会主席王国佳代表场工会第六届委员会作《团结动员广大职工为全面建设垦区现代农业、农业现代化示范基地以及糖业样板企业而努力奋斗》的工作报告。与会代表讨论审议并通过了大会工作报告。大会选举王国佳、罗威雄、申丁球、黄和书、黄菲、尹文举、马克强、林历英、黄利萍等 9 人组成农场工会第七届工会委员会，王国佳当选为农场工会主席，黄菲为工会副主席。选举朱宁、苏爱群、卢清桐等 3 人组成工会第七届审查委员会，苏爱群当选为场工会第七届审查委员会主任委员。大会还表彰了 2003 年度先进工会分会、先进职工之友、优秀工会积极分子。

第七届工会委员会届满后，2005 年至 2014 年未召开过会员代表大会。其间，除原工会副主席黄菲调离后，2006 年 6 月申瑞球任工会副主席，委员黄和书、朱宁、苏爱群退休外，工会主席及其他委员不变。2014年9月18日工会主席王国佳退休后，至2014年底工会主席一直空缺。

2015年至2018年，农场未召开过会员代表大会。

2018年12月，广西农垦集团党委（桂垦党发〔2018〕20号）提名黄小来为广西农垦金光农场有限公司工会主席。

广西农垦金光农场有限公司第一次会员代表大会于2019年5月31日在公司总部二楼会议室召开，到会正式代表56人，代表全公司工会会员990人，占工会会员数的5.7%。大会主席团成员有李添文、覃锡辉、黄小来、李剑钊、李廷化、陈枫、韦金凡、蒙伟文、梁秀章、黄海平、刘良军、潘开先、申瑞球、赖红群（女）、杨敏丽（女）等15人。党委副书记黄小来作《坚持思想引领，凝心聚力谋发展，带领广大职工为建设幸福金光建功立业》的工作报告，财务部副经理梁德林作第八届经费审查报告。与会代表讨论审议通过工会工作报告决议和经费审查报告决议。大会选举黄小来、韦金凡、梁秀章、赖红群（女）、蒙伟文、刘良军、凌忠、周宏丽（女）、陈铭海等9人组成农场公司工会第一届工会委员会，黄小来当选为农场公司工会主席，韦金凡为工会副主席。选举杨梅萍（女）、潘开先、蒙院芳（女）等3人组成农场公司工会第一届审查委员会，潘开先当选为农场公司工会第一届审查委员会主任委员。选举张益美（女）、劳丽娟（女）、杨敏丽（女）等3人组成农场公司工会第一届女职工委员会，劳丽娟当选为农场公司第一届女职工委员会主任。

广西农垦金光农场有限公司第一届二次会员代表大会于2020年7月1日在场部召开，到会正式代表人数65人，列席代表8人。大会主席团成员名单有韦文成、卢日潘、劳丽娟（女）、苏万里、李廷化、李剑钊、李添文、陈志成、陈枫、唐莉莹（女）、黄小来、梁秀章、蒙伟文、谭建能、潘开先等15人。大会选举了杨伟林、李添文、陈志成、黄小来、劳丽娟（女）、谭建能、卢日潘、蒙伟文为出席广西农垦集团工会第一届会员代表大会暨第一届职工代表大会代表。

第二节　职工代表大会

农场每年都要召开职工代表大会，审议和讨论场长工作报告、财务工作报告和生产经营管理方案等，召开职工代表大会总结和讨论审议企业有关重大事项已经形成制度化。

第一届职工代表大会于1979年1月15日在场部召开，田文润致开幕词，宋维忧作《紧急动员、全力以赴，为把农场办成现代化企业而奋斗》的工作报告。

第二届职工代表大会于1979年8月6日在场部召开。

第三届职工代表大会于 1979 年 11 月 27 日在场部召开。

第四届职工代表大会于 1980 年 12 月 5 日在场部召开，正式代表 241 人，其中女代表 66 人，到会的正式代表和列席代表共 284 人。副场长劳士良作工作报告，李荫平、陈烈夫、袭普贵做大会发言，党委书记金福赞作大会总结。大会肯定了 1980 年预留产量工资和实行四定一奖生产责任制的成果，赞同加强和改善 1981 年生产责任制所采取包定奖的三种形式，一致同意 1981 年的生产计划和财务计划。

第五届职工代表大会于 1981 年 11 月 16 日至 19 日在场部召开。李荫平作《总结经验、继续前进，要把农场甘蔗低产变高产》的大会发言。

第六届职工代表大会暨 1981 年度先进代表大会，于 1982 年 4 月 16 日在场部召开。金福赞作大会工作报告。六届二次职代会于 1982 年 11 月 11 日召开，张耀庭作工作报告。六届三次职代会于 1983 年 11 月 28 日召开，李荫平作工作报告，金福赞作大会总结。六届四次职代会于 1984 年 11 月 18 日召开，苏信和作工作报告，金福赞作会议总结。

第七届职工代表大会于 1985 年 11 月 20 日至 22 日在场部召开。李荫平作工作报告，金福赞作大会总结，傅长庆作经营责任制说明。大会主席团由金福赞、李荫平、黄甲秋、李荣丽、傅长庆、梁庆章、周家霖、吉禹平、吕石芬、冼翠群、陈钦坚、黄奉范、陈世峰、陈友诚、覃雁辉组成。大会选举产生了场管理委员会委员：金福赞、李荫平、黄甲秋、傅长庆、李荣丽、李统绵、方仁彬、陈振文、郑建强、韦海银、覃雁辉、张智铭、盘日灵、莫建峰、杨振立、周家霖、黄元盛、吉禹平、林爵赫、卢桂森、黎明。

第八届职工代表大会于 1987 年 11 月 24 日至 26 日在场部召开。陈振文主席主持会议，李统绵副场长作《总结经验，深入改革，继续前进》的工作报告。金福赞场长作大会总结。经营办主任覃雁辉作 1988 年承包经营方案说明。八届二次职代会于 1989 年 3 月 22 日至 24 日在场召开。工会主席陈振文主持。吉禹平副场作《深化改革，开拓奋进，再展宏图》的工作报告，黄甲秋书记做大会总结。

第九届职工代表大会于 1990 年 3 月 1 日在场部召开。陈振文主席主持会议。金福赞场长作工作报告。

第十届职工代表大会于 1992 年 2 月 11 日至 13 日在场部召开。李荫平场长作《总结经验，增强信心，依靠科技进步，为确保农场经济持续稳定发展而努力》的工作报告，黄洁玲场长助理（财务科长）作财务报告，韦小明书记作重要讲话，梁文昌主任（经营办）作 1992 年承包方案说明。

第十一届职工代表大会于 1993 年 12 月 8 日至 11 日在场部召开。王国佳副主席主持会议，李荫平场长作《用建设中国特色社会主义的理论武装头脑，开创农场经济建设新局面》的工作报告，刘康南财务科长作财务报告，梁庆章经营办主任作 1994 年承包方案说明，吉禹平书记作大会总结。农垦局侯副局长、陆副局长到会祝贺，侯副局长作重要讲话。大会选举产生了金光农场第十一届管理委员会：主任李荫平，副主任吉禹平、张智铭，委员有李统绵、方仁彬、陆建积、梁庆章、刘康南、王国佳、陆绵锋、梁毓斌、覃俭太、文万清、卢志介、黄统民、余世荣、赖起富、罗祖松、朱光锦、覃秀华、莫兰。

第十二届职工代表大会（总公司第一届）于 1995 年 5 月 15 日至 18 日在场部召开。大会主持人为总公司副总经理兼工会主席陈世峰，秘书长为工会副主席王国佳。董事长、总经理韦永上作《统一思想、转变观念、同心协力、艰苦奋斗，开创精神文明、物质文明新纪元》的工作报告。财务部长刘康南作财务工作报告，经营部副部长陈瑞漓作承包方案说明。大会审议并通过 1994 年工作报告、1994 年财务工作报告、1995 年财务计划和 1995 年经营承包方案。

第十三届职工代表大会（总公司第二届）于 1996 年 3 月 19 日至 22 日在场部召开。主持人为总公司副总经理兼工会主席陈世峰，秘书长为工会副主席王国佳。董事长、总经理韦永上作《继续深化改革、加强经营管理、努力提高经济效益，为完成九六年各项工作任务而奋斗》的工作报告。财务部刘康南作财务报告，陈世峰主席作实施全员劳动合同说明，经营部副部长陈瑞漓作 1996 年承包方案说明。大会审议并通过 1995 年工作报告、1995 年财务工作报告、1996 年财务计划、1996 年经营承包方案及全员劳动合同制实施方案。本届主席团人员名单：韦永上、吉禹平、张智铭、玉华相、黄元安、梁庆章、陈世峰、陆建积、文万清、覃俭太、刘康南、王国佳、梁校修、夏德常、陈瑞漓、罗祖松、覃定春、刘荣才、黄运娟、韦秀环、谭红华。十三届二次职代会于 1997 年 2 月 27 日至 28 日在场部召开，大会主持人为陈世峰主席，秘书长为王国佳副主席。韦永上总经理作工作报告，刘康南部长作财务报告，党委书记、董事长黄昌成作大会总结。二次职代会主席团人员名单：黄昌成、韦永上、张智铭、黄元安、梁庆章、陈世峰、黄文武、王力刚、文万清、梁校修、郑建强、王国佳、刘康南、卢志标、李达民、李仕娇、罗祖松。

第十四届职工代表大会（总公司第三届）于 1998 年 1 月 3 日至 5 日在糖厂召开。正式代表 201 人，列席 66 人，特邀 3 人。大会主持人为总公司副总经理兼工会主席陈世峰，秘书长为工会副主席王国佳。总经理韦永上致开幕词，董事长、书记黄昌成作《落实十五大精神，推进金光经济全面发展》的工作报告，财务部长刘康南作财务报告，经营部长陈德坚作 1998 年经营管理方案说明，大会圆满完成上述议程。大会主席团人员名单：黄昌成、韦永上、张智铭、梁庆章、黄元安、陈世峰、黄文武、王力刚、郑建强、王国佳、陈德坚、李达民、罗祖松、韦秀环、伍学钦、梁文昌、周焕营、金宣勇。十四届二次职代会于 1999 年 1 月 24 日至 26 日在糖厂召开。大会主持人为总公司副总经理兼工会主席陈世峰，秘书长为工会副主席王国佳。总经理黄元安致开幕词，党委书记、董事长黄昌成作 1998 年工作报告，财务部长苏爱群作财务报告，经营部长作经营管理方案说明，黄昌成作大会总结。大会还进行了民主测评总公司领导班子与成员。本次职代会主席团人员名单：黄昌成、黄元安、张智名、陈世峰、黄文武、黄启通、李春伟、王力刚、郑建强、王国佳、苏爱群、陈德坚、李达民、罗祖松、韦秀环、伍学钦、梁文昌、周焕营、金宣勇。

第十五届职工代表大会于 2000 年 1 月 13 日至 14 日在糖厂召开（与第六次工代会合并），正式代表 199 人，列席 57 人，特邀 3 人，大会主持人为副总经理陈世峰，秘书长为新当选的工会主席王国佳。黄元安总经理致开幕词，农垦局侯兆强副局长到会祝贺并讲话。党委书记、董事长黄昌成作《新世纪、新起点，努力实现经济稳步增长》的工作报告，苏爱群部长作财务报告，陈德坚部长作经营管理方案说明。会议议程：选举金光实业总公司职工代表董事，审议并通过总公司 1999 年工作报告、1999 年财务工作报告和 2000 年财务计划以及 2000 年经营管理方案。大会圆满完成了上述议程。会上王国佳被选为职工代表董事。本届主席团人员名单：黄昌成、黄元安、张智铭、陈世峰、黄文武、黄启通、王力刚、马步、李春伟、覃定春、王国佳、郑建强、苏爱群、李达民、莫兰、马英华、金宣勇、黄超英、张志毅、甘静敏、陈德坚。十五届职代会共召开 6 次会议。第二次于 2000 年 10 月 24 日上午在糖厂召开，工会副主席吴月珍主持大会，黄昌成董事长总结第一届董事会工作，农垦局人事处张聪讲话，全体代表民主推荐新一届董事会成员，民主测评厂务公开情况。第三次于 2001 年元月 9 日至 11 日在糖厂大礼堂召开，工会主席王国佳主持大会，黄元安总经理致开幕词，黄昌成董事长作工作报告，苏爱群部长作财务报告，陈德坚部长作 2001 年经营管理方案说明。第四次于 2001 年 7 月 23 日在糖厂召开，副书记黄文武主持会议，董事长黄昌成总结第一阶段"三讲"情况。农垦局人事处长李观华讲话，会议议程是：民主测评领导班子成员。第五次于 2001 年 9 月 6 日上午在糖厂召开，副书记黄文武主持会议。董事长甘羽翔上午就金光今后发展的方向、农垦糖司重组的问题、武汉大厦投资情况及当前财务状况四大内容，向职工代表进行专题汇报，下午书记何维克作"七一"讲话和学习"三个代表"会议发言，总经理黄元安就糖司重组和总公司改制以及当前生产工作作了讲话。第六次于 2002 年 3 月 11 日至 13 日在糖厂召开。王国佳主席主持大会并致开幕词，总经理黄元安作工作报告，苏爱群作财务报告，陈德坚部长作 2002 年经营管理方案说明，党委书记、董事长何维克进行大会总结，大会还通过了《职工基本医疗统筹管理制度（试行）》。

第十六届职工代表大会第一次会议于 2003 年 3 月 29 日至 30 日在场部召开，到会正式代表 142 人，列席代表 49 人，特邀代表 5 人。大会成立主席团主持会议。主席团成员由黄党源、何维克、覃定春、黄文武、王国佳、黄忠泊、覃福超、王力刚、黄小来、吴月珍、黄志新、陆建光、韦明宇、宋树德、李富山、莫兰、马英华等 17 人组成。党委书记何维克致开幕词。董事长兼场长黄党源作《加快改革，开拓创新，奋发图强》工作报告，场长助理兼经营部部长陆建光作《关于 2003 年经营管理及经济责任制方案》的说明，财务部部长黄志新作《关于 2002 年财务执行情况及 2003 年财务计划》的报告。大会讨论审议并通过了两个报告和一个说明。常务副场长覃定春作会议总结。

第十六届职工代表大会二次会议于 2004 年 2 月 28 日至 29 日在场部召开，到会正式代表 142 人，列席代表 50 人，特邀代表 9 人。大会主席团名单有黄党源、何维克、覃定春、王国佳、黄忠泊、覃福超、徐坤、黄文武、陆建光、黄小来、黄伟、吴月珍、黄志新、卢志介、张恒博、宋树德、卢桂森、莫兰、马英华。党委书记何维克致开幕词，场长黄党源作《大力调整产业结构，努力优化整合资源，全面建设现代农业和农垦小康社会示范样板农场》的工作报告，场长助理兼经营部部长陆建光作《2004 年经营管理方案的补充规定》的说明，财务部部长黄志新作《2003 年财务执行情况及 2004 年财务计划》的报告。大会讨论审议并通过了两个报告和一个说明。大会还专项审议了 2003 年业务招待费的报告。大会选举黄党源、何维克、覃定春、王国佳、黄忠泊、覃福超、徐坤、黄文武、陆建光、黄小来、黄伟、吴月珍、黄志新、卢志介、卢桂森、莫兰、马英华、周学光等 18 人组成金光农场第十六届管理委员会。常务副场长覃定春作大会总结。

第十六届职工代表大会三次会议于 2005 年 3 月 30 日至 31 日在场部召开，到会正式代表人数 134 人，列席代表 62 人，特邀代表 13 人。大会主席团成员名单有黄党源、何维克、覃定春、王国佳、黄忠泊、徐坤、陆建光、吴道新、黄小来、黄伟、吴月珍、黄志新、卢志介、张恒博、宋树德、卢桂森、莫兰、马英华。党委书记何维克致开幕词，场长黄党源作 2004 年工作报告，财务部部长黄志新作财务工作报告，副场长陆建光作 2005 年经营管理方案补充规定说明。大会讨论审议并通过了两个报告和一个说明。大会选举黄党源、何维克、王国佳、陆建光、黄忠泊、徐坤、覃定春、黄志新、吴道新、黄小来、卢志介、卢桂森、莫兰、马英华等 14 人组成金光农场第十六届管理委员会。常务副场长覃定春作大会总结。

第十七届职工代表大会第一次会议于 2006 年 2 月 22 日至 23 日在场部召开，到会正式代表人数 128 人，列席代表 62 人，特邀代表 13 人。主席团成员名单：黄党源、陈峰云、何维克、王国佳、黄忠泊、徐坤、陆建光、黄兑武、李建华、黄志新、黄小来、林振邕、宋树德、卢桂森、隆学林、林历英、黄菲、张益美、黄爱媚。党委书记何维克致开幕词，场长黄党源作《做大做强优势产业，实现金光经济新跨越，为建设社会主义新农场而奋斗》职代会工作报告，财务部部长黄志新作 2005 年财务执行情况和 2006 年财务计划报告，经营部部长林振邕作 2006 年经营管理及经济工作责任制方案说明。大会讨论审议并通过了两个报告和一个说明。大会选举黄党源、何维克、王国佳、陆建光、黄忠泊、徐坤、覃定春、黄志新、黄小来、刘康评、林振邕、梁雅菁、卢志介、卢桂森、隆学林、张益美、黄爱媚、黄菲等 18 人组成金光农场第十七届一次管理委员会。副场长黄忠泊作大会总结。

第十七届职工代表大会二次会议于 2007 年 3 月 22 日至 23 日在场部召开，到会正式代表人数 130 人，列席代表 55 人，特邀代表 13 人。大会主席团成员名单：黄党源、何维克、覃福超、黄忠泊、王国佳、徐坤、覃定春、陆建光、黄志新、黄小来、刘康评、申瑞球、林振邕、宋树德、卢桂森、隆学林、梁雅菁、林历英、黄菲、张益美、黄爱媚。党委书记何维克致开幕词，场长黄党源作《把握机遇，做大做强农业产业化，努力建设富裕文明和谐新农场》职代会工作报告，财务部部长黄志新作 2006 年财务执行情况和 2007 年财务计划报告，经营部部长林振邕作 2007 年金光农场经营管理补充方案说明。大会讨论审议并通过了两个报告和一个说明。大会选举黄党源、何维克、王国佳、陆建光、黄忠泊、徐坤、覃定春、黄志新、黄小来、刘康评、林振邕、梁雅菁、卢志介、卢桂森、隆学林、张益美、黄爱媚、黄菲等 18 人组成金光农场第十七届二次管理委员会。党委副书记徐坤作大会总结。

第十七届职工代表大会三次会议于 2007 年 6 月 1 日在场部召开，到会正式代表 130 人，列席代表 32 人，特邀代表 7 人。大会主席团成员名单：黄党源、何维克、覃福超、黄忠泊、王国佳、徐坤、覃定春、陆建光、黄志新、黄小来、刘康评、申瑞球、林振邕、宋树德、卢桂森、隆学林、梁雅菁、林历英、黄菲、张益美、黄爱媚。党委书记何维克致开幕词，场长黄党源作 2007 年工作报告，财务部部长黄志新作财务工作报告，副场长陆建光作 2007 年经营管理方案补充规定说明，介绍广西农垦国有金光农场深化税费改革实施办法。大会讨论审议并通过了两个报告和一个说明。大会选举黄党源、何维克、王国佳、陆建光、黄忠泊、徐坤、覃定春、黄志新、黄小来、刘康评、林振邕、梁雅菁、卢志介、卢桂森、隆学林 、张益美、黄爱媚、黄菲等 18 人组成金光农场第十七届三次管理委员会。党委副书记徐坤作大会总结。

第十七届职工代表大会四次会议于 2008 年 5 月 19 日至 20 日在场部召开，到会正式代表人数 123 人，列席代表 57 人，特邀代表 12 人。大会主席团成员名单有黄党源、何维克、覃福超、黄忠泊、王国佳、徐坤、陆建光、覃定春、李廷化、黄志新、黄小来、刘康评、申瑞球、林振邕、宋树德、卢桂森、隆学林、黄菲、林历英、张益美、黄爱媚、梁雅菁。副场长黄忠泊致开幕词，场长黄党源作《科学发展，调整优化产业结构，全面推进现代农业示范基地建设》工作报告，场长助理兼财务部部长黄志新作2007年财务执行情况和2008年财务计划报告，经营部副部长宁理顶作2008年经营管理实施方案说明。大会讨论审议并通过了两个报告和一个说明。大会选举黄党源、何维克、王国佳、陆建光、黄忠泊、徐坤、覃定春、李廷化、黄志新、黄小来、刘康评、林振邕、卢志介、卢桂森、隆学林、张益美、黄爱媚、梁雅菁、黄菲等19人组成金光农场第十七届四次管理委员会。副场长陆建光作大会总结。

第十七届职工代表大会五次会议于2009年3月30日在场部召开，到会正式代表人数123人，列席代表57人，特邀代表12人。大会主席团成员名单：黄党源、何维克、覃福超、黄忠泊、王国佳、徐坤、陆建光、覃定春、李廷化、黄志新、黄小来、刘康评、申瑞球、林振邕、宋树德、卢桂森、隆学林、黄爱媚、林历英、张益美、梁雅菁、黄菲。党委书记何维克致开幕词，场长黄党源作《深入贯彻落实科学发展观，全力推进农场经济又好又快发展》工作报告，场长助理兼财务部部长黄志新作2008年财务执行情况和2009年财务计划报告，副场长陆建光作2009年经营管理实施方案说明。大会讨论审议并通过了两个报告和一个说明。大会选举黄党源、何维克、王国佳、陆建光、黄忠泊、徐坤、覃定春、李廷化、黄志新、黄小来、刘康评、林振邕、卢志介、卢桂森、隆学林、张益美、黄爱媚、梁雅菁、黄菲等19人组成金光农场第十七届五次管理委员会。副场长黄忠泊作大会总结。

第十七届职工代表大会六次会议于2010年3月30日在场部召开，到会正式代表人数123人，列席代表57人，特邀代表12人。大会主席团成员名单：何维克、覃福超、黄忠泊、陆建光、王国佳、黄小来、王祖斌、李廷化、黄志新、刘康评、申瑞球、林振邕、宋树德、卢桂森、隆学林、蒋振南、林历英、梁雅菁、张益美、黄爱媚。党委副书记黄小来致开幕词，党委书记何维克作《科学发展、和谐发展、跨越发展、全力打造富裕文明和谐新农场》工作报告，场长助理兼财务部部长黄志新作2009年财务执行情况和2010年财务计划报告，副场长陆建光作2010年经营管理实施方案说明。大会讨论审议并通过了两个报告和一个说明。大会选举何维克、王国佳、陆建光、黄忠泊、徐坤、覃定春、李廷化、黄志新、黄小来、刘康评、林振邕、卢志介、卢桂森、隆学林、张益美、黄爱媚、梁雅菁、黄菲等18人组成金光农场第十七届六次管理委员会。副场长黄忠泊作大会总结。

第十八届职工代表大会一次会议于2011年1月18日在场部召开，到会正式代表人数114人，列席代表31人，特邀代表7人。大会主席团成员名单：陈强、何维克、覃福超、黄忠泊、陆建光、王国佳、黄小来、王祖斌、李廷化、黄志新、梁能辉、申瑞球、黄高英、卢桂森、隆学林、李政勇、黄爱媚。党委副书记黄小来致开幕词，场长兼党委副书记陈强作《开好局、起好步，为推动农场战略调整科学发展努力奋斗》工作报告，场长助理兼财务部部长黄志新作2010年财务执行情况和2011年财务计划报告，副场长陆建光作2011年经营管理实施方案说明。大会讨论审议并通过了两个报告和一个说明。大会选举陈强、何维克、陆建光、王国佳、黄忠泊、黄小来、王祖斌、李廷化、黄志新、梁能辉、黄高英、卢桂森、莫元新、梁雅菁、黄爱媚等15人组成金光农场第十八届一次管理委员会。副场长黄忠泊作大会总结。

第十八届职工代表大会二次会议于2012年4月26日在场部召开，到会正式代表人数104人，列席代表21人，特邀代表8人。大会主席团成员名单：陈强、徐杰荣、黄忠泊、陆建光、王国佳、黄小来、王祖斌、李廷化、黄志新、梁能辉、申瑞球、黄高英、卢桂森、隆学林、李政勇、梁琼鹤、黄大连。党委副书记徐杰荣致开幕词，场长兼党委副书记陈强作《抓好产业建设，规范内部管理，为全面提高农场经济效益而努力奋斗》工作报告，场长助理兼财务部部黄志新作2011年财务执行情况和2012年财务计划报告，副场长陆建光作2012年经营管理补充方案说明。大会讨论审议并通过了两个报告和一个说明。大会选举陈强、陆建光、王国佳、徐杰荣、黄忠泊、黄小来、王祖斌、李廷化、黄志新、梁能辉、黄高英、卢桂森、莫元新、梁琼鹤、黄大连等15人组成金光农场第十八届二次管理委员会。副场长黄忠泊作大会总结并宣读表彰决定。

第十八届职工代表大会三次会议于2013年5月8日在场部召开，到会正式代表人数103人，列席代表25人，特邀代表8人。大会主席团成员名单：陈强、徐杰荣、黄忠泊、陆建光、王国佳、黄小来、王祖斌、李廷化、黄志新、梁能辉、申瑞球、黄高英、卢桂森、隆学林、李政勇、梁琼鹤、黄大连。党委副书记徐杰荣致开幕词，场长兼党委副书记陈强作《树立"两个率先"新标杆，建设和谐美丽金光》工作报告，场长助理兼财务部部长黄志新作2012年财务工作报告，副场长陆建光作2013年经营管理补充方案说明。大会讨论审议并通过了两个报告和一个说明。大会选举陈强、陆建光、王国佳、徐杰荣、黄忠泊、黄小来、王祖斌、李廷化、黄志新、梁能辉、黄高英、梁琼鹤、卢桂森、莫元新、黄大连等15人组成金光农场第十八届三次管理委员会。党委副书记黄小来宣读表彰决定，党办副主任劳丽娟宣读劳动竞赛倡议书，场长陈强作大会总结。

第十九届职工代表大会一次会议于2014年5月22日在场部召开，到会正式代表人数89人，列席代表26人，特邀代表7人。大会主席团成员名单：陈强、徐杰荣、黄忠泊、陆建光、王国佳、黄小来、王祖斌、李廷化、黄志新、梁能辉、申瑞球、黄高英、李政勇、刘俊、谭建能、宁理顶、唐莉莹。党委副书记徐杰荣致开幕词，场长兼党委副书记陈强作 2013 年工作报告，场长助理兼财务部部长黄志新作财务工作报告，副场长陆建光作 2014 年经营管理补充方案说明。大会讨论审议并通过了两个报告和一个说明。大会选举陈强、陆建光、王国佳、徐杰荣、黄忠泊、黄小来、王祖斌、李廷化、黄志新、梁能辉、黄高英、罗荣美、刘俊、谭建能、唐莉莹等 15 人组成金光农场第十九届一次管理委员会。党委副书记黄小来宣读表彰决定，场长陈强作大会总结。

第十九届职工代表大会二次会议于 2015 年 5 月 20 日在场部召开，到会正式代表人数 82 人，列席代表 32 人，特邀代表 1 人。大会主席团成员名单：陈强、黄忠泊、陆建光、黄小来、王祖斌、李廷化、黄志新、梁能辉、申瑞球、黄高英、李政勇、刘俊、谭建能、宁理顶、唐莉莹（女）。副场长王祖斌致开幕词，场长兼党委副书记陈强作 2014 年工作报告，场长助理兼财务部部长黄志新 2014 年财务决算及 2015 年财务预算报告，副场长陆建光作 2015 年经营管理补充方案说明。大会讨论审议并通过了两个报告和一个说明。大会选举陈强、黄小来、陆建光、黄忠泊、王祖斌、李廷化、黄志新、梁能辉、黄高英、罗荣美、刘俊、谭建能、唐莉莹（女）等 13 人组成金光农场第十九届二次管理委员会。场长陈强作大会总结。

第十九届职工代表大会三次会议于 2016 年 5 月 18 日在场部召开，到会正式代表人数 87 人，列席代表 32 人，特邀代表 3 人。大会主席团成员名单：陈强、黄忠泊、陆建光、黄小来、王祖斌、李廷化、黄志新、梁能辉、申瑞球、黄高英、李政勇、刘俊、谭建能、宁理顶、唐莉莹（女）。副场长王祖斌致开幕词，场长兼党委副书记陈强作 2015 年工作报告，场长助理兼财务部部长黄志新作财务工作报告，副场长陆建光作 2016 年经营管理补充方案说明。大会讨论审议并通过了两个报告和一个说明。大会选举陈强、黄小来、陆建光、黄忠泊、王祖斌、李廷化、黄志新、梁能辉、黄高英、罗荣美、刘俊、谭建能、唐莉莹（女）等 13 人组成金光农场第十九届三次管理委员会。黄小来代表农场领导班子作述职报告，场长陈强作大会总结。

第十九届职工代表大会四次会议于 2017 年 4 月 18 日在场部召开，到会正式代表人数 88 人，列席代表 35 人，特邀代表 4 人。大会主席团成员名单：陈强、韦红桥、陆建光、黄小来、王祖斌、李廷化、黄志新、陈枫、黄高英、申瑞球、许留海、谭建能、宁理顶、刘俊、唐莉莹（女）。党委书记韦红桥致开幕词，副场长王祖斌作 2016 年工作报告，场长助理兼财务部部长黄志新作财务工作报告，副场长陆建光作 2017 年经营管理补充方案说明。大会讨论审议并通过了两个报告和一个说明。大会选举陈强、黄小来、陆建光、韦红桥、王祖斌、李廷化、黄志新、陈枫、黄高英、罗荣美、谭建能、刘俊、唐莉莹（女）等

13 人组成金光农场第十九届四次管理委员会。黄小来代表农场领导班子作述职报告，场长陈强作大会总结。

第十九届职工代表大会五次会议于 2018 年 4 月 26 日在场部召开，到会正式代表人数 88 人，列席代表 32 人，特邀代表 5 人。大会主席团成员名单：陆建光、韦红桥、黄小来、王祖斌、李廷化、黄高英、黄志新、陈枫、李剑钊、申瑞球、许留海、谭建能、宁理顶、刘俊、唐莉莹（女）。党委书记韦红桥致开幕词，副场长陆建光作 2017 年工作报告，场长助理兼财务部部长黄志新作 2017 年财务工作报告，生产经营部副部长宁理顶作 2018 年经营管理补充方案说明。大会讨论审议并通过了两个报告和一个说明。大会选举陆建光、黄小来、王祖斌、韦红桥、李廷化、黄志新、陈枫、黄高英、李剑钊、罗荣美、谭建能、刘俊、唐莉莹（女）等 13 人组成金光农场第十九届五次管理委员会。黄小来代表农场领导班子作述职报告，副场长陆建光作大会总结。

第十九届职工代表大会六次会议于 2018 年 10 月 12 日在场部召开，到会正式代表人数 90 人，列席代表 32 人，特邀代表 5 人。大会主席团成员名单：李添文、黄永华、韦红桥、黄小来、覃锡辉、陆建光、李廷化、申瑞球、许留海、刘俊、黄志新、陈枫、黄高英、宁理顶、唐莉莹（女）、谭建能、李剑钊。广西农垦金光农场有限公司筹备组副组长黄永华就《广西农垦国有金光农场公司制改制方案》和《广西农垦金光农场有限公司章程》作解读说明。大会讨论审议并通过《广西农垦国有金光农场公司制改制方案》《广西农垦金光农场有限公司章程》和增补代表人选。大会选举李添文、黄永华、黄小来、覃锡辉、韦红桥、陆建光、李廷化、黄志新、陈枫、黄高英、李剑钊、罗荣美、谭建能、刘俊、唐莉莹（女）等 15 人组成金光农场第十九届六次管理委员会。党委书记、场长李添文作总结讲话。

第十九届职工代表大会七次会议于 2018 年 11 月 26 日在场部召开，到会正式代表人数 89 人，列席代表 32 人。大会主席团成员名单：李添文、黄永华、韦红桥、黄小来、覃锡辉、陆建光、李廷化、申瑞球、许留海、刘俊、黄志新、陈枫、黄高英、宁理顶、唐莉莹（女）、谭建能、李剑钊。党委书记、董事长李添文介绍职工董事、职工监事候选人。大会讨论审议并通过黄小来为职工董事，梁德林为职工监事。党委书记、董事长李添文作总结讲话。

2019 年未召开职代会。

广西农垦金光农场有限公司第一届职工代表大会一次会议于 2020 年 7 月 1 日在场部召开，到会正式代表人数 65 人，列席代表 8 人。大会主席团成员名单：韦文成、卢日潘、劳丽娟（女）、苏万里、李廷化、李剑钊、李添文、陈志成、陈枫、唐莉莹（女）、黄小来、梁秀章、蒙伟文、谭建能、潘开先等 15 人。大会选举了杨伟林、李添文、陈志成、黄小来、劳丽娟（女）、谭建能、卢日潘、蒙伟文为出席广西农垦集团工会第一届会员代表大会暨第一届职工代表大会代表。

广西农垦金光农场有限公司第一届职工代表大会二次会议于 2020 年 11 月 3 日在场部召开，到会正式代表人数 65 人，列席代表 21 人。大会主席团成员名单：韦文成、卢日潘、劳丽娟（女）、苏万里、李廷化、李剑钊、李添文、陈志成、陈枫、唐莉莹（女）、黄小来、梁秀章、蒙伟文、谭建能、潘开先。党委书记、董事长李添文作《勇担使命，再扬新帆，奋力开创金光高质量发展新局面》的报告，公司财务部经理潘开先作 2018—2019 年财务决算和 2020 年财务预算报告，总经理陈志成作 2020—2021 年农场公司经营管理方案（草案）的说明。大会讨论审议并通过了两个报告和一个说明。

金光制糖公司每年在新榨季开始前也要召开职工代表大会，审议和讨论公司总经理工作报告、财务工作报告和榨季生产管理方案等，召开职工代表大会总结和讨论审议企业有关重大事项已经开成制度化。

金光制糖公司第十四届二次职工代表大会于 2004 年 10 月 28 至 29 日在公司大礼堂召开，到会正式代表 74 人，列席代表 18 人。大会主席团成员名单：何维克、黄元安、黄党源、覃定春、金宣勇、李春伟、王国佳、徐坤、郑建强、苏爱群、陈德坚、刘锦捷、林宁章、张志毅、张小明。公司副总经理金宣勇致开幕词，公司总经理黄元安作《转变观念，抓住机遇，迎难而上，推进改革》工作报告，财务部长苏爱群作 2003 年度财务决算说明及 2003—2004 年榨季财务分析报告，经营办主任陈德坚作 2004—2005 年榨季生产管理责任制方案说明。大会讨论审议并通过了两个报告和一个说明。公司董事长何维克作大会总结。

金光制糖公司第十四届三次职工代表大会于 2005 年 10 月 25 至 26 日在公司大礼堂召开，到会正式代表 74 人，列席代表 14 人，大会主席团成员名单：何维克、黄元安、黄党源、金宣勇、李春伟、甘耀明、王国佳、徐坤、黄忠泊、郑建强、苏爱群、陈德坚、刘锦捷、林宁章、张志毅、张小明。公司副总经理金宣勇致开幕词，公司总经理黄元安作《加压奋进、乘势而上，努力推进金光制糖业可持续发展》工作报告，财务部长苏爱群作 2004 年度财务决算说明及 2004—2005 年榨季财务分析报告，经营办主任陈德坚作 2005—2006 年榨季生产管理责任制方案说明。与会代表对两个报告和一个说明进行了充分讨论审议并通过。工会主席王国佳致闭幕词，公司总经理黄元安作大会总结。

金光制糖公司第十四届四次职工代表大会于 2006 年 10 月 30 日在公司大礼堂召开，到会正式代表 74 人，列席代表 12 人。大会主席团成员名单：何维克、黄元安、黄党源、金宣勇、李春伟、甘耀明、王国佳、徐坤、黄忠泊、郑建强、苏爱群、陈德坚、刘锦捷、林宁章、张志毅、张小明。公司副总经理金宣勇致开幕词，公司总经理黄元安作《立足新起点，谋求新突破，实现新跨越，为开创公司8000T/D技改扩建新局面而努力奋斗》工作报告，财务部长苏爱群作2005年度财务决算说明及2005—2006榨季财务分析报告，经营办主任陈德坚作2006—2007年榨季生产管理责任制方案说明。大会讨论审议并通过了两个报告和一个说明。工会主席王国佳致闭幕词，公司总经理黄元安作大会总结。

金光制糖公司第十五届一次职工代表大会于2007年11月15日在公司大礼堂召开，到会正式代表71人，列席代表13人。大会主席团成员名单：何维克、罗汝超、甘耀明、李春伟、黄忠泊、王国佳、徐坤、郑建强、李建华、梁小亮、张志伟、陈德坚、黄光珍、梁玉成、王学忠。公司副总经理甘耀明致开幕词，公司总经理罗汝超作《强化管理，坚定不移地推进"三化一中心"管理科学化进程》工作报告，财务部长苏爱群作2006年度财务决算说明及2006—2007年榨季财务分析报告。公司总经理罗汝超作2007—2008年榨季经营管理方案说明。大会讨论审议并通过了两个报告和一个说明。工会主席王国佳致闭幕词并作大会总结。

金光制糖公司第十五届二次职工代表大会于2008年11月18至19日在公司大礼堂召开，到会正式代表68人，列席代表29人，特邀代表5人。大会主席团成员名单：何维克、罗汝超、甘耀明、黄忠泊、王国佳、郑建强、李建华、刘锦捷、杨洪、张志伟、陈德坚、黄光珍、梁玉成、王学忠。公司副总经理甘耀明致开幕词，公司总经理罗汝超作《继续深化"三化一中心"管理，实现公司管理工作新跨越》工作报告，财务部长苏爱群作2007年度财务决算说明及2007—2008榨季财务分析报告。副总经理甘耀明进行了关于职工住房公积金缴存比例调整的说明。大会讨论审议并通过了两个报告和一个说明。工会主席王国佳致闭幕词并作大会总结。

金光制糖公司第十五届三次职工代表大会于2009年11月24日在公司大礼堂召开，到会正式代表65人，列席代表31人，特邀代表5人。大会主席团成员名单：何维克、罗汝超、甘耀明、黄忠泊、王国佳、郑建强、李建华、刘锦捷、杨洪、张志伟、陈德坚、黄光珍、梁玉成、王学忠。公司副总经理甘耀明致开幕词，公司总经理罗汝超作《科学管理、精益求精，实现公司经济快速发展》工作报告，财务部长苏爱群作2008年度财务决算说明及2008—2009榨季财务分析报告，经营办主任陈德坚作2009—2010年榨季生产管理责任制方案说明。大会讨论审议并通过了两个报告和一个说明。工会主席王国佳致闭幕词并作大会总结。

金光制糖公司第十六届一次职工代表大会于2010年11月1至2日在公司小礼堂召

开，到会正式代表 73 人，列席代表 30 人，特邀代表 5 人。大会主席团成员名单：何维克、罗汝超、甘耀明、黄忠泊、王国佳、郑建强、李建华、刘锦捷、杨洪、张志伟、陈流坚、黄光珍、钟庆宁、骆荣贞。公司副总经理甘耀明致开幕词，公司总经理罗汝超作《内强素质、外塑形象，走有金糖特色的精品兴企之路》工作报告，财务部长黄光珍作 2009 年度财务决算说明及 2009—2010 年榨季财务分析报告，经营办主任陈德坚作 2010—2011 年榨季生产管理责任制方案说明。大会讨论审议并通过了两个报告和一个说明。副总经理黄忠泊致闭幕词并作大会总结。

金光制糖公司第十六届二次职工代表大会于 2011 年 11 月 18 至 19 日在公司小礼堂召开，到会正式代表 71 人，列席代表 30 人，特邀代表 5 人。大会主席团成员名单：徐杰荣、甘耀明、黄忠泊、杨洪、王国佳、郑建强、刘锦捷、张志伟、陈流坚、刘红梅、黄程、农志民、邓培容、王泽军、钟庆宁、唐寿兴、骆荣贞。公司副总经理黄忠泊致开幕词，公司总经理甘耀明作《沿着金光闪闪的大道，继续把金光制糖各项事业不断推向前进》工作报告，财务部长邓培容作 2010 年度财务决算说明及 2010—2011 年榨季财务分析报告，质管部部长刘红梅作 2011—2012 年榨季生产管理责任制方案说明。大会讨论审议并通过了两个报告和一个说明。总经理助理郑建强致闭幕词，董事长徐杰荣作大会总结。

金光制糖公司第十六届三次职工代表大会于 2012 年 11 月 16 日在公司小礼堂召开，到会正式代表 69 人，列席代表 27 人，特邀代表 5 人。大会主席团成员名单：徐杰荣、甘耀明、黄忠泊、杨洪、农皓、王国佳、郑建强、刘锦捷、张志伟、陶瑞华、黄程、农志民、邓培容、林宁章、刘红梅、钟庆宁、唐寿兴。公司副总经理黄忠泊致开幕词，公司总经理甘耀明作《凝心聚力，共谋发展，为建设富裕文明和谐的新金糖而努力奋斗》工作报告，并作 2012—2013 年榨季生产管理责任制方案说明。财务部长邓培容作 2011 年度财务决算说明及 2011—2012 年榨季财务分析报告。大会讨论审议并通过了两个报告和一个说明。副总经理杨洪致闭幕词，董事长徐杰荣作大会总结。

金光制糖公司第十七届一次职工代表大会于 2013 年 11 月 14 日在公司大礼堂召开，到会正式代表 48 人，列席代表 25 人，特邀代表 5 人。大会主席团成员名单：徐杰荣、韦红桥、黄忠泊、杨洪、农皓、王国佳、郑建强、林以宋、张志伟、陶瑞华、黄程、农志民、邓培容、林宁章、刘红梅、林宗桂、骆荣贞。公司副总经理黄忠泊致开幕词，公司总经理韦红桥作《深入开展精细化管理，促进公司持续健康发展》工作报告，财务部长邓培容作 2012 年度财务决算说明及 2012—2013 年榨季财务分析报告，质管部部长刘红梅作 2013—2014 年榨季生产管理责任制方案说明。大会讨论审议并通过了两个报告和一个说明。副总经理杨洪致闭幕词，董事长徐杰荣作大会总结。

第十七届二次职工代表大会于 2014 年 11 月 21 日在公司大礼堂召开，到会正式代表 48 人，列席代表 25 人，特邀代表 4 人。大会主席团成员名单：徐杰荣、韦红桥、黄忠泊、杨洪、农皓、黄小来、郑建强、林以宋、张志伟、陶瑞华、黄程、农志民、邓培容、林宁章、刘红梅、林宗桂、骆荣贞。公司副总经理黄忠泊致开幕词，公司总经理韦红桥作《一心一意谋指标，为全面夺取榨季生产新胜利而努力奋斗》工作报告，财务部长邓培容作 2013 年度财务决算说明及 2013—2014 榨季财务分析报告，质管部部长刘红梅作 2014—2015 年榨季生产管理责任制方案说明。大会讨论审议并通过了两个报告和一个说明。副总经理杨洪致闭幕词，董事长徐杰荣作大会总结。

第三节　女职工委员会

第一届女职工委员会成立之前，先由妇联女工干事负责女职工工作。女职工委员会成立后，全面负责女职工工作。

第一次女职工代表大会于 1993 年 5 月 19 日召开，女代表 43 人。工会主席谭美清作报告，选举产生了第一届女职工委员会，主任谭美清，副主任吴月珍，委员为俞卓华、覃秀华、李萍珠、马英华、何来。

第二次女职工代表大会于 2000 年 1 月 12 日召开。女代表 44 人，与六次职工代表大会同时换届选举，主任吴月珍，副主任覃秀华、黄光霞，委员为陈燕琼、马英华、黄碧银、林历英。

第三次女职工代表大会于 2004 年 9 月 1 日在场部召开，大会应到会代表 56 人，实到会代表 54 人。大会选林历英、黄菲、黄光霞、黄碧银、覃秀华 5 人组成女职工委员会。黄菲当选为女工委员会主任，黄光霞、覃秀华当选为女工委员会副主任。

农场工会女职工委员会负责农场女职工工作和对上级女职工委员会、妇联联系工作。

2005—2014 年未召开过女职工代表大会，也没有成立女职工委员会。其间，历任农场女工委员会副主任的有吴月珍、潘翠玲、梁雅菁、贺雯。

2015—2018 年未召开过女职工代表大会，也没有成立女职工委员会。2019 年 5 月 31 日，金光农场公司召开第一届工会会员代表大会之后，劳丽娟当选为公司工会第一届女职工委员会主任。

第二十章　共青团组织

1955 年建场时，全场有共青团团员 7 人，因团组织机构未设立，共青团的工作由党组织指定赖善教负责组织和开展团的活动。1957 年天西农场等各场增调职工来场后，全场共青团团员增加到 150 人，共分 4 个团支部。1958 年全场共青团团员总数达到 190 人，同年成立"共青团国营金光农场总支委员会"，于玉德任团总支书记。

1959 年 3 月，向共青团南宁地委报告要求成立"共青团国营金光农场委员会"，经共青团南宁地委组织部批准，于 5 月上旬成立"中国共产主义青年团国营金光农场委员会"，于玉德任团委书记。从 1960—2004 年的 45 年中，全场共发展团员 460 人。2004 年 7 月，金光中小学和农场分离后，团员组织发展工作随之转移到中小学校管理。历任团委正副书记名录见表 20-1。

表 20-1　历任团委正副书记名录表

姓名	性别	民族	籍贯	职务	任职时间
于玉德	女	汉	广西	团委书记	1956—
容启朝	男	汉	广西	团委书记	1959—
卢大容	男	壮	广西	团委书记	1973—1978
曾振飞	女	汉	湖南	团委副书记	1973—1981.10
谭美清	女	壮	广西	团委书记	1981.11—1985.5
黄海	男	汉	广西	团委书记	1985.6—1987.7
王志娟	女	汉	广西	团委副书记	1985.6—
郑建强	男	汉	广东	团委书记	1986.2—1991
曾振强	男	汉	湖南	团委副书记	1987.8—
曾振强	男	汉	湖南	团委副书记	1992.2—1992.12
刘康评	男	汉	广西	团委副书记	1993.1—1994.7
黄小来	男	汉	广西	团委副书记	1994.8—2004.3
吴声瑞	女	汉	广西	团委副书记	2004.4—2005.8
李剑钊	男	壮	广西	团委副书记	2005.10—2014.4
劳丽娟	女	壮	广西	团委副书记	2014.4—2019.12
陈铭海	男	汉	广西	团委副书记	2019.12—2020.12

中国农垦农场志

第四编

文体卫生

中国农垦农场志

第二十一章　普通教育

金光农场地处邕宁、扶绥、隆安三县毗邻的交界处，既不近城镇，也不近乡村，处在这样一个偏僻、独特的"小社会"环境里，农场必须同时相应发展教育、卫生、文娱、体育事业。农场的文化教育，主要以职工子女为对象，从托儿所到幼儿园进行基础教育，从小学到中学进行文化教育。

专业知识培训，主要是提高职工素质，在普及教育的同时，从职工中选拔优秀人才，通过多种渠道，选送到区内外高等院校进行长期或短期的培训，为农场培养专业技术人员。随着农场经济的发展，不断重视对教育事业的投资，促进了教育事业的发展。

第一节　幼儿教育

农场从建场开始就建有托儿所和幼儿园，不论是职工人数多的单位或是几十个职工的分场，只要有适龄的儿童都同样建立托儿所、幼儿园，幼托人员的工资待遇由农场负责，家长适当负担一部分。托儿所吸收 3 个月至 3 岁以下小孩，幼儿园则吸收 3 岁以上至 6 岁小孩，幼儿园教师一般选择有一定文化的职工担任，有一些还送到有关学校去进行培训。2005年后农场不再办幼儿园，现有幼儿园全部由私人开办，基本集中在场部金光街一带。据不完全统计，至 2014 年全场约有 6 家私办幼儿园，每家幼儿园人数 30～60 人（表 21-1）。

表 21-1　1997—2004 年幼儿教育统计表

年份	幼儿园 （所）	幼儿教学点 （个）	幼儿班数 （个）	人数 （个）	入园率 （%）	幼师人数 （个）
1997	7	7	16	272	85	19
1998	7	7	16	265	87	18
1999	7	7	16	285	89	19
2000	7	7	16	290	88	22
2001	7	7	16	242	90	19
2002	7	7	16	256	90	18
2003	2	2	5	106		5
2004	2	2	5	105		5

第二节　小学教育

农场初建时，没有学校，适龄儿童只好到附近农村学校就读。1960 年 9 月，农场开始自己创办学校，利用当时坛井场部东面的牛棚作教室。小学最初有 5 个班，学生 240 人，5 个教师（黄如英、梁本如、李尧宗、李保言、梁毓玲），校址建在当时总场场部东面，后于 1979 年 9 月搬迁至现在地址。

为保证适龄儿童都能入学读书，除总场设立小学外，下面分场即使有几个学生，也设立一个小学（教学点）。分场小学一般采用复式班教学上课，一个教师担任几门课程。1989 年全场共有小学 18 所，教师 88 人，在校学生 1285 人。

1992 年，在总场建起了一座具有民族风格特色的五层教学大楼。8 月 31 日，举行教学大楼落成暨新学年开学典礼。同时将总场小学建制为中心小学。自此以后，农场的办学条件有了很大的改观。同年，青年分场小学因修建南昆铁路而迁移至分场场部的西北面，9 月 5 日，新建的青年分场小学举行新学校落成暨新学年开学典礼。

至 2004 年 7 月，中心小学占地面积共有 20008 万米^2，五层的教学楼一栋，20 套三房一厅的学生宿舍楼一栋，后又扩建了近 200 米^{2}的图书阅览室和文体艺术室各一间，建有投资近 30 万元的多媒体教室、电脑室各一间。每班教室均配有电视机、录放机、收录机、投影机，教师办公室全部配有计算机和音乐课教学用的钢琴。学校的环境较好，校园绿化覆盖面积达 80%。总资产 350 万元。

2004 年秋季学期全校共有教学班级 8 个，学生近 900 人，教职员工 58 人，其中专任教师 40 人，35 人已取得大专毕业证书，学历达标为 100%，1992 年，学校先后被分别评为广西农垦"文明学校"和自治区"文明学校"，自治区创新教育课题学校。

2004 年 7 月 6 日，南宁市人民政府办公厅以（南府办函〔2004〕74 号）将金光小学转交给南宁市永新区人民政府管理，更名为南宁市金光小学。当年移交符合在职入编人员 43 人。

小学历任校长（负责人）为盘日灵、吕俊兰、覃易超、陈友诚；现任校长为李子秀。

小学教育情况数据见表 21-2、表 21-3。

表 21-2　1961—2004 年小学教育情况表

年份	老师基本情况					在校学生		升初中人数（人）	年份	老师基本情况					在校学生		升初中人数（人）
	总人数（人）	文化程度（人）				班数（个）	人数（人）			总人数（人）	文化程度（人）				班数（个）	人数（人）	
		初中	高中	中专	大专						初中	高中	中专	大专			
1961	17	8	6	3		6	94		1983	63	10	32	20	1	21	915	157
1962	18	9	6	3		6	105		1984	67	10	38	18	1	23	897	151
1963	20	9	7	3		7	131		1985	68	10	38	19	1	23	907	160
1964	22	9	8	5		8	147		1986	68	10	38	19	1	23	991	167
1965	22	9	9	4		8	147		1987	71	10	38	20	1	24	987	171
1966	28	9	14	5		10	187		1988	71	10	38	20	1	24	926	157
1967	33	9	18	6		12	271		1989	72	10	38	21	1	25	1085	187
1968	34	10	18	6		13	301	27	1990	74	10	38	23	1	25	1107	199
1969	35	10	19	6		13	317	47	1991	76	10	38	25	1	25	1094	190
1970	39	10	23	6		14	334	81	1992	76	10	34	25	7	25	1103	201
1971	39	10	23	6		14	387	82	1993	77	4	26	36	11	25	1091	187
1972	43	10	25	8		15	401	87	1994	77	4	20	36	17	25	1087	191
1973	44	10	26	8		15	432	100	1995	77	4	16	35	21	25	1127	197
1974	45	10	27	8		15	471	108	1996	75	2	14	36	23	25	1164	161
1975	46	10	28	8		15	507	107	1997	75	2	11	36	26	25	1155	153
1976	51	10	28	13		16	601	117	1998	75	2	9	36	28	25	1151	204
1977	52	10	29	13		16	615	130	1999	74	2	6	36	30	25	1141	249
1978	52	10	29	13		16	637	140	2000	74	2	4	36	32	24	916	188
1979	53	10	31	13		17	707	141	2001	73	2	4	35	32	23	856	160
1980	54	10	31	13		17	806	145	2002	46		2	14	26	20	825	144
1981	54	10	31	12		17	837	157	2003	46		2	13	28	18	831	151
1982	54	10	31	12		19	843	160	2004	46		2	13	35	18	795	147

表 21-3　1971—2004 年小学教育"四率"统计表

年份	入学率			巩固率			毕业率			12~15 周岁少年儿童		
	应入学人数（人）	实入学人数（人）	比例（%）	年初入学人数（人）	年末在校人数（人）	比例（%）	应毕业人数（人）	实毕业人数（人）	比例（%）	总人数（人）	小学毕业人数（人）	比例（%）
1971	400	387	96.75	38	38	100	100	82	82	110	82	74.55
1972	417	401	96.16	401	397	99.00	110	87	79.1	112	87	77.68
1973	450	432	96.00	432	412	95.37	110	100	90.9	131	100	76.34
1974	480	471	98.13	471	462	98.09	113	108	95.6	132	108	81.82
1975	576	507	88.02	507	501	98.82	114	107	93.9	131	107	81.68
1976	608	601	98.85	601	595	99.00	134	127	94.8	140	127	90.71
1977	622	615	98.87	615	607	98.70	150	130	92.2	150	130	86.67
1978	643	637	99.07	637	626	98.27	150	140	93.3	153	140	91.50
1979	792	787	99.37	787	781	99.24	149	141	94.6	155	141	90.97
1980	812	806	99.26	806	801	99.38	151	145	96.0	160	145	90.63

（续）

年份	入学率			巩固率			毕业率			12~15周岁少年儿童		
	应入学人数（人）	实入学人数（人）	比例（%）	年初入学人数（人）	年末在校人数（人）	比例（%）	应毕业人数（人）	实毕业人数（人）	比例（%）	总人数（人）	小学毕业人数（人）	比例（%）
1981	843	836	99.17	837	834	99.64	163	157	96.3	172	157	91.28
1982	848	843	99.41	843	843	100	167	160	95.8	169	160	94.67
1983	920	915	99.46	915	895	97.81	162	157	96.9	165	157	95.15
1984	903	897	99.34	897	897	100	157	151	96.2	161	151	93.79
1985	911	907	99.56	907	902	99.45	170	160	94.1	171	160	93.57
1986	1003	991	98.80	991	983	99.19	170	167	98.2	173	167	96.53
1987	984	978	99.39	987	921	93.31	175	171	97.7	176	171	97.16
1988	930	926	99.57	926	924	99.78	160	153	95.6	157	153	97.45
1989	1087	1085	99.82	1085	1085	100	187	187	100	187	187	100
1990	1109	1107	99.82	1107	1107	100	199	199	100	199	199	100
1991	1096	1094	99.82	1094	1094	100	190	190	100	190	190	100
1992	1106	1103	99.73	1101	1101	100	201	201	100	201	201	100
1993	1093	1091	99.82	1091	1091	100	187	187	100	187	187	100
1994	1088	1087	99.91	1087	1087	100	191	191	100	191	191	100
1995	1127	1127	100	1127	1127	100	197	197	100	197	197	100
1996	1164	1164	100	1164	1164	100	161	161	100	161	161	100
1997	1155	1155	100	1155	1155	100	153	153	100	153	153	100
1998	1151	1151	100	1151	1151	100	204	204	100	204	204	100
1999	1141	1141	100	1141	1141	100	249	249	100	249	249	100
2000	916	916	100	916	916	100	188	188	100	188	188	100
2001	856	856	100	856	856	100	160	160	100	160	160	100
2002	827	825	99.76	825	825	100	144	144	100	144	144	100
2003	831	831	100	831	831	100	151	151	100	151	151	100
2004	795	791	99.50	791	791	100	147	147	100	147	147	100

注：此表统计不包括坛蓬、草塘两大队的学生（旧坛洛有备案）。

第三节　中学教育

农场创办之后，在相当长的一段时期内，农场自己未办有中学，场职工子女小学毕业后只好到附近的坛洛或中东去读初中或高中。1966年，总场小学开始创办（附设）初中，当时叫作"农中班"，地址设在坛井原酒厂的地方。1970年9月，根据当时形势发展的需要，农场利用坛井西北区（现创业猪场）的旧房子，创办起一所"五七中学"，开初只设立一个高中班，37人，教师4人（梁本如、骆伟彬、杨幼文、丛值）。后来，随着教育事业的发展，又设立了初中班。1976年后学校名称才改为现名——金光中学。为适应农场的经济和教育事业的发展，1985 年，农场决定将中学从西北区搬迁至场部地区，校址选在向阳分场对面的山头。初期，农场投资了 70 多万元，新建起主楼为五层的 20 间教室的教学大楼一栋，教职工住宅楼二栋，食堂一栋。1987 年 1 月 18 日，金光中学迁移至新校址（即现校址）。1988 年之后，又逐渐增建了学生宿舍楼。1989 年中学教职工 56 人，其中教师 33 人，在校学生 537 人。总资产 400 万元。

中学从西北区搬至场部地区后，教学环境和办学条件逐步得到改善。至 2004 年，中学学校占地面积已达 100 多亩，有两栋三层的学生宿舍可供 600 多学生住宿，一栋学生食堂可供 600 多人用餐。新建教学实验楼一栋，内设有语音室一间，电教室一间，化学、物理、生物实验室各一间，图书室、阅览室、美术室各一间，计算机教室有"奔腾"以上电脑 34 台。每个教室固定安装有 25 寸彩电一台，投影仪一部，收录机一台，高清晰音箱一个。图书室藏书近万册。各种实验仪器设备达到二类学校标准。另有三个水泥篮球场，一个水泥排球场，一个足球、田径运动场。学校四周有 2.5 米高以上的围墙。学校教学设备日臻完善。学校至 2004 年已培养出初、高中毕业生 4500 多人。

2004 年春季学期全校共有教学班级 9 个，在校学生 381 人，教师 24 人，其中中学高级教师 3 人，中学一级教师 14 人，中学二级教师 8 人。2004 年 7 月 6 日，南宁市人民政府办公厅（南府办函〔2004〕74 号）将金光中学转交给南宁市永新区人民政府管理，更名为南宁市金光中学，当年移交符合在职入编人员 28 人。

中学历任校长（负责人）：梁本如、朱光群、梁吉堂、李乾祺、林美堂、韦良才、陈世峰、王鲁陵、姚向东；现任校长罗祖松。

中学教育统计见表 21-4。

表 21-4　1969—2004 年中学教育统计表

年份	老师人数（人）	文化程度				初中学生		高中学生		考生场外高中人数（人）	年份	老师人数（人）	文化程度				初中学生		高中学生		考生场外高中人数（人）
		大专以上	中专	高中	初中	班数（个）	人数（人）	班数（个）	人数（人）				大专以上	中专	高中初中		班数（个）	人数（人）	班数（个）	人数（人）	
1969	3	1		1	1	1	46				1978	22	10	1	10	1	5	248	5	242	
1970	6	1		4	1	2	94				1979	22	10	1	10	1	4	196	5	242	
1971	9	2	1	5	1	3	142	1	40		1980	21	10		10		4	195	4	198	
1972	11	2	1	7	1	4	183	2	85		1981	24	14	2	8		5	250	3	151	
1973	12	3	1	7	1	4	181	2	87		1982	24	15	3	6		5	291	3	148	
1974	13	4	1	7	1	4	186	2	90		1983	26	17	5	4		7	338	2	102	
1975	15	5	1	8	1	5	248	2	96		1984	28	18	8	2		8	385	2	91	
1976	17	5	1	10	1	5	246	3	146		1985	28	18	9	1		8	381	3	105	
1977	18	6	1	10	1	5	245	3	146		1986	27	17	9	1		9	445	2	82	

（续）

年份	老师人数(人)	文化程度				初中学生		高中学生		考生场外高中人数(人)
		大专以上	中专	高中	初中	班数(个)	人数(人)	班数(个)	人数(人)	
1987	27	20	6	1		9	416	2	82	
1988	27	20	6	1		9	394	2	87	
1989	30	21	7	1		9	403	2	67	
1990	30	22	7	1		9	465	3	89	
1991	29	21	6	1		9	322	4	148	
1992	26	21	4	1		7	363	4	133	
1993	26	22	3	1		8	382	2	139	
1994	29	25	3	1		9	518	1	52	
1995	31	26	3	2		10	518		30	48

年份	老师人数(人)	文化程度			初中学生		高中学生		考生场外高中人数(人)
		大专以上	中专	高中初中	班数(个)	人数(人)	班数(个)	人数(人)	
1996	32	27	3	2	11	502			62
1997	32	27	3	2	11	495			45
1998	30	25	3	2	10	500			80
1999	31	26	3	2	11	539			75
2000	31	26	3	2	11	571			84
2001	28	23	3	2	11	466			75
2002	30	27	2	1	10	387			71
2003	28	26			9	375			67
2004	24	21			9	381			62

第四节　职工教育

为适应农场经济建设的需要，必须造就一批有文化、有知识、懂技术的人才，因此，农场十分注重职工的教育培训工作。经常从在职的职工中选拔优秀人才，采取各种形式进行培训：①选送到各地院校培训，有的 2～3 年，也有的 3～5 个月，场领导大多数曾到过北京中国农垦干校（现改为干部学院）或到广州学习；②选送到广西农垦职工大学（现广西职业技术学院）培训学习，有短期培训，也有 2～3 年的学习；③本场培训，按各专业进行，如汽车司机、拖拉机手、兽医防疫员等，还有不定期的培训，如糖厂在每年榨季结束后都要进行一次集中性的培训学习，农工则结合农事季节上技术课。总之，从各方面提高职工的专业知识。

1989 年秋，根据当时形势发展的需要，经广西壮族自治区教育委员会批准，农场还开办了成人中专教育，其全称为："中央农业广播电视学校广西农垦分校金光教学点"，简称"农广校中专班"。开设的专业为食品加工与储藏，教学点设在场中学内，行政组织管理隶属农场中学，招生指标由自治区教委批准，择优录取入学，学制三年，自费学习，毕业后，国家承认学历，不包分配。

首届"农广校中专班"于 1989 年 9 月 1 日开学，一个班学生 58 人，其中有本农场的职工子女 5 人，来自垦区其他农场的职工子女 11 人，来自地方扶绥、隆安、大化等县的农村知识青年 42 人。教学方式以面授讲学为主。专业课有农产品加工工艺学、饲料加工、粮油加工、饮料加工、食品加工、农产品储藏与运销、酿造工艺学、食品化学、食品微生物学、经营管理等。文化必修课有语文、数学、政治、文体等。文化必修课由本农场中学教师担任，专业课聘请广西农垦职工大学、广西农业大学、广西大学等高等院校的教师来讲授。1992年7月第一届"农广校中专班"学生58人全部毕业。学业成绩较好的6名学生得到了本场的录用，分配到本场的饲料厂、修配厂、糖厂、食品厂等工厂工作。

为了加强党员的教育工作，农场党委于1989年11月还创办了党校。党委办党校的指导思想是：党校是培训党员的学校，是培训干部的学校，是组织党员干部学习马克思列宁主义和毛泽东思想，学习党的路线、方针和政策，学习科学文化知识的学校。党校办学目的是：为提高党员的马克思主义理论素养和政治素质服务，为造就一支"四化"的基层干部队伍服务，为培养一支"四有"的职工队伍服务，为完成党委中心工作服务。从党校建立开始，党委就十分重视党校的建设，为党校设立了专门的机构，配备了专门的教学设备。党委书记亲自担任党校校长，副书记担任副校长，另外，还配备了一名专职副校长，党委委员全部参加党校校务委员。为了保证党校正常的办班教学需要，党校设有一名专职教师和若干名兼职教师，还配备了兼职的党校管理人员。党校有专用教室、兼用教室和教务处、办公室各一间，面积共390米^2；有专用课桌椅50套，藏书1500册；电教设备有摄像机、录像机和彩色电视机各一台；其他教学、办公用品与党委工作部门兼用；教学经费按实际需要，实支实报，保证了教学活动的需要。

为了加强对基层党组织的党员教育，下面还以片为单位设立了6个党校分校：糖厂分校、青年分校、跃进分校、罗阳分校、淋油分校和昌平分校。党校自1989年11月创办以来，截至1995年年底，根据工作的需要和结合本企业单位的实际情况，不定期地举办了各种不同类型的学习班73期，共培训轮训了党员干部9880人次。党校获评为南宁市郊区先进党校，1990年曾被评为南宁市先进基层党校。1990年8月19日，区党委领导潘琦在农场党校的材料上进行了批示："金光农场党委从本单位实际情况出发，积极办好党校的经验很好，可在全区农垦系统中推广，希望全系统今明两年党校建设出现一个新的面貌"。

金光制糖有限公司根据生产需要，先后每年开展各类职工教育培训，采取邀请南宁市卫生监督所、南宁市食品药品监督管理局等有关部门专家到厂或内培形式对职工进行集中培训。2004年和2005年组织末位淘汰人员参加岗位应知应会知识培训；2006年组织各部室、车间班组长以上人员进行消防安全知识培训；2007年至2010年对全厂一线工人进行了工人技能等级考证培训；2011年至2014年对直接接触高温、噪声、粉尘岗位和分蜜、装包工段岗位的人员、各部室、车间班组长以上的人员进行了职业健康知识、食品安全、安全生产标准化和一体化体系管理培训，得到了很好的效果。

第二十二章　科学技术发展

第一节　农业科研机构概况

金光农场是以种植业及饲养业为主，对主要经营的甘蔗、水稻、养猪、养牛、农业机械化的科研机构的设置，虽然因各时期的经营方针不同而有所改变，但基本上还是形成场部到生产队的科研网络，做到层层有人负责。场部曾设立农科所，各分场有农科组。场部的由分管科技工作的农场领导负责，由生产科、畜牧科、机务科具体负责各行业的科研项目。

1965年，成立甘蔗试验组，地点在场部，人数3人。从广东引进台糖134、爪哇2878、印度290等品种进行试种繁殖，选育适应本场甘蔗良种。该小组于1967年停止活动。

1964年，成立以水稻为主的科研小组，地点设在中余地生产队（现中意分场），人数6～7人。引进水稻品种30多个，并选择10个进行正规试验，表现好的有广选三号、珍珠矮等品种，同时还进行新改水田的栽培、肥料施用方法的研究。这个小组到1976年停止活动。

1970年后，凡有水稻的生产队，都成立农科组，一般5～7人，一直坚持到停止种水稻的1980年为止。其主要任务：一是种高产试验田，二是繁殖良种及进行一些栽培方法的试验。农科组的产量一般都比大田班的产量高。广选三号、团结一号等良种都经过农科组的试种繁殖，然后才推广到大田生产。分场的农科组，能坚持到最后，搞得比较好的有中意、同正、淋油、坛井、团结等小组。

1974年，以原向阳队为基础，成立农科站，1975年改名为农科所，专门进行农牧业的试验研究。重点是水稻杂优质种和常规品种的区间试验以及良种繁殖。畜牧方面对猪的饲养管理，杂交育种的研究，还有广西水牛（摩拉杂）的饲养管理等。1985年因实行家庭农场承包制，为适应体制改革，农科所又改名为向阳分场。

1985年后，各种试验项目由总场设置，分别下达到有技术能力能承担试验项目的分场进行。由分场技术人员组织家庭农场承包某一课题，由总场划拨经费给予补助。畜牧方面的科研，由畜牧科提出项目，在一些重点猪场进行，如向阳、罗阳、东风、跃进、青年等猪场进行。

农业机械的研究，由场部机务科（工业科）负责，农机修配厂抽专人成立试验小组承担试验任务，如甘蔗播种机、深松犁等都是以这种方式进行。

1977年，农场以甘蔗种植为主后，每年陆续引进了不少甘蔗新品种进行试种对比。经试种对比后，选择合适高产高糖品种进行大面积种植，优化品种结构。引进和试种甘蔗新品种工作没有间断过。2008年农场成立农业试验站，负责开展甘蔗新品种引进和技术培训指导等工作。

第二节　农业试验站

2008年5月，农场成立农业试验站（以下简称"试验站"）。试验站负责农场甘蔗新品种引进、试验和推广应用及甘蔗生产技术指导、培训，建立农场螟虫预测预报体系与综合防控技术等工作，并承担《国家测土配方施肥补贴项目》《国家甘蔗产业技术体系》、国家科技支撑建设项目（高产高糖糖料蔗选育及栽培应用、国家农产品质量安全检验检测站建设）等国家大项目的建设和实施。农业试验站又是《国家甘蔗产业技术体系》"金光综合试验站"和《国家测土配方施肥补贴项目》"测土配方施肥项目金光中心站"。试验站成立初期设站长和副站长各1名，试验员4名。到2010年发展到10名试验员。现试验站有化验室1个（面积为237.8米^2）及土样前处理器械、原子吸收分光光度计、紫外火焰光度计、高速离心机、纯水器等1套先进的检测仪器设备。

在甘蔗新品种推广应用工作中，2011年，试验站筛选出"桂糖02—208（桂糖32号）""桂糖02-281（桂糖31号）""柳城05-136"等品种供农场推广规模种植，建立了农场甘蔗螟虫预测预报体系与综合防控技术；在国家测土配方施肥项目中，试验站主要负责包括金光农场、热作所、九曲湾农场、东风农场、明阳农场、大明山农场、良圻农场、王灵农场、山圩农场、龙北农场、先锋农场、北耀农场、龙洲试验站南宁—崇左"两市五县"的13家农场、站、所的40多万亩耕地的测土配方施肥研究与推广应用工作。2014年采用自治区土肥站统一培训的分析方法，对全部采集样品进行检测，完成6000土壤个样品pH、水分、全氮、有机质、有效磷、有效硫、速效钾和缓效钾等12个测试项目的测定工作。

在国家甘蔗产业技术体系中，试验站负责与体系相应岗位科学家共同研发和试验示范甘蔗新品种选育及甘蔗生产技术，负责金光农场、新兴农场、良圻农场、昌菱农场和西江农场等 5 个示范农场的甘蔗生产试验示范，每年被评为优秀综合试验站，累计引进国家项目研发资金 430 万元。

2008—2011 年，试验站参与实施了国家科技支撑建设项目（高产高糖糖料蔗选育及栽培应用课题），完成了项目组下达的高产、高糖、抗逆性强甘蔗新品种引进和筛选、高产高效甘蔗良种繁育及栽培技术研究与示范、旱地甘蔗高效节本栽培技术集成技术研究与示范、特色经济作物化肥农药减施技术集成研究与示范、国家甘蔗良种重大科研联合攻关新品种展示等多项国家和地方科研项目的研究与试验示范，通过了国家科技部专家组的验收。

2009—2014 年，试验站按照甘蔗品种引进与筛选技术规程累计引进与筛选甘蔗新品种 54 个，并成功筛选出适宜金光农场及周边地区种植的桂糖 32（桂糖 02—208）、桂糖 31（桂糖 02-281）、柳城 05-136、福农 38 号、柳城 03-1137（桂柳 2 号）、福农 39 号，提供给农场和糖厂进行推广。

2014—2019 年，累计引进 106 个甘蔗优良新品种，其中，广西区内品种（品系）67个，包括农垦系统品系 10 个，区外品种（系）24 个，国外品种（系）5 个。引进技术包括：①机械化粉碎蔗叶还田，②大马力机车整地，③机械化种植，④测土配方施肥，⑤机械化深松施肥与低位培土，⑥水肥一体化，⑦光降解地膜覆盖，⑧螟虫预测预报与统防统治，⑨性诱剂防治甘蔗螟虫，⑩赤眼蜂防治甘蔗螟虫等。

试验站 2010 年被自治区授予"全区测土配方施肥先进单位"，韦艳芳、韦金凡 2 人被评为"全区测土配方施肥工作先进个人"。2011 年，韦金凡等 8 人获得广西农科院科学技术进步奖一等奖。韦金凡等 5 人分别获得 2013 年全区《测土配方施肥技术研究与示范推广》科技进步奖二等奖，2016 年获得《旱地甘蔗高效节本集成示范推广》全国农牧渔业丰收奖二等奖，2017 年获得《丰产高糖宿根性强甘蔗新品种桂糖 32 号选育与应用》广西科学技术进步奖三等奖、《强宿根性丰产高糖甘蔗新品种桂糖 31 号选育与应用》广西壮族自治区农业科学院科学技术进步奖一等奖，2020 年获得《适合机收的"双高"甘蔗新品种高效栽培关键技术研究与示范》广西壮族自治区农业科学院科学技术进步奖二等奖。至2020 年，试验站累计培训甘蔗生产技术人员和职工 95000 人次。

第三节　科技人员队伍

建场初期，科技人员较少，主要是农牧业方面的技术人员，也有工程技术人员。建场开始上级就派农业技师（农艺师）担任农场副场长。随着农场的发展，每年上级还从大中专学校毕业生中分配一些来农场工作，也派出一些人员到各类高等院校去进修学习各种专门技术，已拥有一支强大的科技人员队伍。据1990年年底统计，建场以来35年期间，在场任职期的具有高、中级专业技术职称的人员有75人，其中高级8人，中级66人，分别为：农艺专业21人（其中高级3人），畜牧专业2人（均属高级），兽医专业2人（其中高级1人），工程专业9人（其中高级1人），会计师8人，统计师1人，经济专业（农经）6人（其中高级1人），主治医师2人；中学一级教师15人，小学高级教师9人。1990年年底在职的职工中，共有303人取得各类专业技术职称，其中高级5人，中级51人，初级247人（其中助师级94人，员级153人），另未评17人。在职的各类专业人员中，有的担任场领导，有些是科室或分场的领导，他们担负着全场繁重的生产和科技工作，是农场的骨干力量。

2004年12月底统计各类专业技术人员共458人。其中：工程58人（高级1人，中级21人），农牧业77人（高级12人，中级39人），会计80人（中级21人），统计4人（中级1人），农经38人（高级1人，中级14人），政工50人（高级3人，中级34人）；中学教师35人（中级24人），小学教师55人（中级29人），卫生61人（中级16人）。

2014年12月底统计各类专业技术人员共494人。其中：工程77人（高级3人，中级42人），农牧业83人（高级15人，中级54人），会计81人（中级22人），统计4人（中级1人），农经39人（高级1人，中级15人），政工59人（高级6人，中级40人）；中学教师35人（高级7人，中级24人），小学教师55人（中级29人），卫生61人（中级16人）。

2020年12月底统计各类专业技术人员共554人。其中：工程86人（高级4人，中级44人），农牧业109人（高级20人，中级57人），会计97人（中级22人），统计5人（中级1人），农经40人（高级1人，中级15人），政工67人（高级6人，中级44人）；中学教师34人（高级7人，中级23人），小学教师55人（中级30人），卫生61人（中级16人）。

截至2020年12月底，曾在本场工作过的具有高、中级职称的各类专业技术人员名单如下。

农业推广研究员（正高技术资格）：李荫平。

高级政工师：韦小明、何维克、王国佳、黄小来、罗荣美、李添文。

高级工程师：莫建峰、农皓、韦泉、陈志成。

高级农艺师：李嘉杰、李荫平、陈荣冠、陆建积、梁文昌、张智铭、黄彬隆、黄党源、覃定春、陈强、李廷化、陈枫、李剑钊、韦金凡、雷崇华、伍荣冬。

高级兽医师：陈钦泳。

高级畜牧师：周家霖、周庆群、韦家周。

高级农经师：梁超凡。

中学高级教师：陈世峰、韦良才、潘如权、姚向东、罗祖松、林树新、梁凤卷。

小学高级教师：李子秀、韦恒英、王灵鹤、梁梧华、潘广有、吴文胜、吴赞柏、李杏敏、雷令春、陈正宗、卢庆华、黄荫芳、李一生、彭乃新、钟广禧、梁俭典、张雪芳、谢锦、黄伟政、施定南、韦宗养、孙子雄、陈燕琼、蒙美英、黄少勤、姚世武、林小青、卢深玉、谭翠娟、刘明杰。

政工师：郑建强、谭美清、曾振飞、张佑民、方仁彬、李耀彰、陈振文、黄元盛、何廉能、黄琪、谭德初、许献谱、庞正生、何树雅、玉华相、黄统民、覃俭太、黄彰隆、刘康评、黄文武、孙贵、何荣威、卢清珠、文增敏、思树明、韦海银、夏德常、梁毓斌、吴月珍、贺雯、覃善福、夏德祥、黄超忠、黄晓明、赖红群、詹镇宇、吴声瑞、罗威雄、宋海锋、李剑钊、苏万里、宋运军、韦文成、劳丽娟。

农经师：金福赞、傅长庆、劳士良。

经济师：杨振立、邓志宁、梁校修、张海光、符征和、兰荣辉、李统绵、吉禹平、郑贻勇、吴积庆、刘俊、宁理顶。

工程师：钟连瑞、陈廷芳、谢增现、李霍、潘大义、韦化学、陈荣溪、申涤球、杨福旺、黄元安、梁小亮、马步、赖允慈、张伟斌、甘耀明、梁金华、黄贵福、宋树德、吴道新、覃江、卢植勤、刘锦捷、周小红、黄雪根、覃甫壮、徐杰荣、林振邕、梁琼鹤、莫炳臣、兰荣辉、宋金业、蓝仙凡、李海流、韦红桥、农志民、陈流坚、黄伟、陶誉文、林宁章、谭长龙、覃朝励、陈立崇、苏在信、黄志强。

农艺师：温振、梁国桢、刘德胜、骆伟彬、蓝庆江、李乾祺、林文珍、李荣丽、尧歧、黄昌成、李可意、陆水豪、李建华、黄文清、梁家岳、黄高英、黄燃熙、李波、隆学林、郑安、李玉明、吕火培、王泽军、黄忠泊、梁雅菁、陆建光、王祖斌、农瑞绿、张益美、唐奕坚、刘良军、罗祺、陈海曲、卢日潘、江翠平、劳丽娟、李炳杨、覃莉淳、余凤良、谭建能。

畜牧师：卢淑英、周学光、羽庆杰、陈烈夫、李卓林、文万清、覃秀华、韦明宇、陆建明、颜观生、张宇、蒋振南。

兽医师：韦年丰、覃兆豪、蓝常力、张宁、赵东裕。

会计师：苏信和、刘馥、覃雁辉、盘日灵、黄洁玲、黄能载、梁庆章、刘康南、吴小丽、吴耘、黄增杰、苏爱群、李学飞、黄志新、卢清桐、陈瑞漓、陈新文、唐国琼、雷德芍、苏娟。

表22-1　2004年以前评审专业技术职务任职资格情况表

系列/职务	总计（人）					高级职务（人）				中级职务（人）				初级职务（人）合计				助理级			员级			
	国家干部	以工代干	大专以上学历	中专学历	女性	以工代干	大专以上学历	中专学历	女性	以工代干	大专以上学历	中专学历	女性	以工代干	大专以上学历	中专学历	女性	以工代干	中专学历	女性	以工代干	大专以上学历	中专学历	女性
合计	189	169	140	128	121		5	1		13	57	21	17	156	78	106	136	67	53	68	89	7	53	67
农业	42	10	31	21	10		1	1			13	3	1	10	17	17	9	5	12	6	5	1	5	3
工程	39	3	24	12	4						9			3	15	12	4	2	6	2	1	1	6	1
卫生	18	46	8	21	16					2	7	4	4	44	1	17	44	19	7	24	25	2	10	20
合计	19	45	8	37	37					1	2	4	4	44	6	33	33	15	19	13	29	2	14	20
统计	29	1	25	4	4		4			10	14	3	2	1	7	1	2			1	1	1	1	1
教育　中学	18	55	20	31	48									45	10	25	42	17	8	20	28		17	22
教育　小学																								
教育　幼儿																								
经济	24	9	24	2	2									9	22	1	2	9	1	2		2		

统计师：雷超源。

主治医师：郑丁辉、李仍姿、李文英、黄秀兰、陈广燕、李晟龙、吴大耀、黄盛萱、莫兰、马妹英、韦锡、张向敏、覃忠、覃学美、李成昆、莫乐辉。

主管护师：林建萍、罗荣珍。

中学一级教师：吴煜堂、林爵赫、王鲁陵、罗建平、黄肖雄、韦秀佳、漆佩云、朱河瑞、黄旭三、李彪、何永年、李雄才、甘智玲、黄秋明、杨世平、刘文海、徐行、李政勇、黄伟、韦达球、覃建军、陈琼、陆碧波。

历次评审专业技术职务任职资格情况见表 22-1、表 22-2 及表 22-3。

表 22-2　2014 年审评专业技术职务任职资格情况表（人）

项目		合计	性别	民族	政治面貌	学历				年龄						专业技术职务		
			女	少数民族	中共党员	研究生	大学本科	大学专科	中专	高中及以下	35岁及以下	36岁至40岁	41岁至45岁	46岁至50岁	51岁至54岁	55岁及以上	高级	中级	初级
具有职业资格的		5	1	2	2		1	3	1		4			1				1	4
专业技术职务	高级职务	4		1	4	1	2	1						2	1	1			
	中级职务	40	8	19	27	1	22	16	1		11	2	11	8	6	2			
	初级职务	68	23	37	45		21	34	7	6	24	6	10	19	7	2			
专业类别	工程技术人员	24	3	8	14	1	7	11	2	3	10	1	5	4	2	2		9	15
	农业技术人员	39	7	23	30		20	18	1		17	3	9	5	5		1	23	15
	卫生技术人员	1	1					1						1					1
	教学人员	3		3	1		2	1						1	2			1	2
	经济人员	6		3	5		5	1			2	2		1	1			1	5
	会计人员	26	16	13	14		6	15	3	2	3	1	6	14	1	1		1	25
	统计人员	1		1				1						1					1
	政工人员	12	4	6	5		3	6	1	1	2	2	1	3	2	2		5	4

表 22-3　2020 年审评专业技术职务任职资格情况表（人）

名称		合计	性别	民族	政治面貌	学历				年龄				专业技术职务		
			女	少数民族	中共党员	研究生	大学本科	大学专科	中专	高中及以下	40岁及以下	40至50岁	50岁以上	高级	中级	初级
专业技术职务	高级职称	8	1	2	7	2	6					4	4	8		
	中级职称	41	9	21	31	1	26	12	2		13	14	14		41	
	初级职称	47	10	28	37	1	17	23	3	3	22	7	18			47

（续）

名称		合计	性别	民族	政治面貌	学历				年龄				专业技术职务		
			女	少数民族	中共党员	研究生	大学本科	大学专科	中专	高中及以下	40岁及以下	40至50岁	50岁以上	高级	中级	初级
专业类别	工程	18	1	5	11	2	8	6	1	1	7	2	7	1	9	6
	农业	42	6	25	37		24	17	1		20	15	9	4	21	19
	经济	2		1	1		1	1				1	1		1	1
	会计	17	9	11	9		7	7	2	1	4	3	10		1	16
	统计	1		1				1					1			1
	政工	16	4	8	17	2	9	3	1	1	4	4	8	3	9	4

第四节　农业科技

一、甘蔗

1956年农场开始种植甘蔗，种植面积1340亩，亩产只有0.09吨。20世纪60年代开始，由于大种粮食作物，甘蔗种植面积减少，1962年只有551亩，1964年仅有416亩，到1965年扩大到9249亩，亩产2.54吨，是"文革"前面积、产量最高的一年。1966年至1976年，甘蔗种植面积2000至5000亩，亩产1吨左右。1977年建成日榨千吨糖厂后，甘蔗面积扩大到14000亩，但亩产仍然是1吨多。1980年适当调整面积，选择好地种蔗，面积缩小为12290亩。同时加强管理，加工加肥，亩产上到2吨。以后面积逐年扩大。加强了科学管理，面积、单产、总产三者同步上升。1981年亩产上3吨，徘徊5年后，1986年亩产超4吨，总产量突破10万吨。1987年种植面积27952亩，亩产4.98吨，总产量达13.9万吨。1988年种植面积3万亩，受到干旱的影响，亩产4.5吨，总产量达13.58万吨。1990年面积36000亩，总产量153015吨。

1978年以后，农场不断加强推广甘蔗栽培技术，逐步形成一套适宜农场甘蔗生产的栽培技术管理措施，促进甘蔗稳产高产。

（一）增加肥料投入，改土培肥，改进施肥方法

为了改变本场土壤有机质含量低、缺磷、缺钾、酸性大的状况，采取了增施有机肥的办法，大量施放猪粪、茶麸、桐麸、滤泥、蔗渣、绿肥压青、糖厂废水以及蔗叶还田等改良土壤，并增施化肥，改进施肥方法，特别是部分化肥用于基肥。2016年，通过测土配方技术，总结形成了以茶麸、桐麸为有机物混合化肥的有机无机复混肥（13-8-8），受到职工群众的一致好评。2019年，引进甘蔗噻虫嗪药肥，能够减少甘蔗苗期病虫害，提高出苗率。

（二）认真管好宿根蔗，扭转长期低产局面

宿根蔗低产的原因主要是缺肥、缺苗、管理粗放，因而相应采取了增肥、早管、深松等措施，做到及时破垄松蔸，增施肥料，蔗叶还田，行间深松等措施。

（三）坚持机械化生产，发挥机械作用

犁、耙、中耕、培土、破垄长期坚持机械化，特别是对土壤进行深耕、深松，以充分发挥农机设备的作用。

（四）合理搭配植期，适当扩大秋冬植蔗

本场秋植蔗产量一般都比春植蔗和宿根蔗高，更有早熟优点，利于糖厂早榨，且可调节冬春大忙季节劳力、机械的安排。又发展冬植蔗，冬种加地膜覆盖，产量更可提高。

（五）搞好水利建设，确保稳产高产

建场以来，大量投资建设水利，现在蔗地水利相当大部分是过去种水稻时期所建，2004年以前基本能正常使用，2004年以后大部分水利设施损坏不能使用。农场以建设甘蔗节水喷灌设施为主，2014年，全场甘蔗灌溉总面积24051亩，占甘蔗总面积的50%。至2020年，全场甘蔗灌溉总面积39000亩，占甘蔗总面积的85%，确保了甘蔗稳产高产，凡能喷灌的甘蔗产量和效益较为明显。

（六）大力推广良种，不断更新换代

20世纪50年代主要是爪哇2878、印度290，20世纪60年代至70年代以台糖134为主，少量桂糖1号、2号及粤蔗57-423，20世纪80年代则以桂糖11号、7号、8号以及63-237为主，还推广过福建种611及广东种71-210等品种，良种面积已占90%以上。2005年种植有"新台糖16、22、27、28号"及"台优、96-211、93-159"等10个品种。2007年引进种植福农95-1702、桂94-119、粤糖95-168、园林6号、台糖0432、台糖2817等6个品种。2009年种植品种有"新台糖22号"45868亩，"新台28号"2308.7亩，"0432号"35.2亩，"2817号"36.3亩，"园林6号"872亩，"良糖2号"24亩，"脱毒台糖22号"2335.8亩。2005年以后种植主要品种有"新台糖22号"，占全场甘蔗种植总面积的95%以上，"新台糖28号"有少量种植。2012年引进种植"桂糖02-208（桂糖32号）""桂糖02-281（桂糖31号）""柳城05-136""柳城03-1137（桂柳2号）""福农38""福农39""桂糖04-1001（桂糖42号）"等7个高产高糖甘蔗新品种，"桂糖02-208

（桂糖 32 号）""桂糖 02-281（桂糖 31 号）""柳城 05-136""柳城 03-1137（桂柳 2 号）"4 个品种当年种植 436 亩，其他品种没有种植。2013 年推广种植"桂糖 02-208（桂糖 32 号）"2696 亩，"桂糖 02-281（桂糖 31 号）"308 亩，"柳城 05-136"467 亩，"柳城 03-1137（桂柳 2 号）"384 亩，当年种植面积合计 3855 亩，比上年增加种植面积 3419 亩。

2016 年，开始推广种植"桂糖 42 号""桂糖 46 号"，至 2019 年"桂糖 42 号"种植面积占全场甘蔗总面积的 62.2%，代替了"新台糖 22 号"成为农场甘蔗种植的主要品种。

2018 年，试验站开始引进种植"桂糖 58 号""桂糖 55 号"。其中，"桂糖 58 号"在东风分场推广种植 500 亩，"桂糖 55 号"在东风分场推广种植 300 亩。

（七）开展甘蔗新品种试验，优化品种结构

甘蔗新品种试验结果见表 22-4 至表 22-8。

表 22-4　1992 年甘蔗新品种试验结果表

项目＼品种	株高（厘米）	茎径（厘米）	亩有效茎（条）	实收产量（千克）					比对照	11 月 11 日蔗糖分（%）	折亩含糖（千克）	比对照
				I	II	III	合计	折合亩产				
新台 10 号	230.8	2.38	4549	217	236	227	680	4198	−1.0	10.85	455.48	−4.3
新台 2 号	277.3	2.49	4858	348	296	302	946	5840	+37.7	10.47	611.45	+28.5
新台 1 号	300.0	2.59	3018	224	215	236	675	4168	−1.7	12.06	502.54	+5.6
引蔗 9 号	287.8	2.48	4747	243	250	233	726	4481	+5.7	11.03	494.25	+3.9
湛蔗 79-177	272.8	2.56	4981	335	337	358	1030	6358	+49.9	11.51	731.85	+53.8
粤糖 63-237	286.2	2.78	3062	224	218	245	687	4241	0	11.20	475.84	0

注：①田间设计：行长 10 米，行距 0.9 米，4 行区，小区面积 0.054 亩，三次重复。

②1992 年 3 月 16 日下种，亩 8000 芽。1993 年 1 月 7 日砍收。

表 22-5　1997 年甘蔗新品种试验结果表

项目＼品种	亩有效径（厘米）	茎径（厘米）	株高（厘米）	单径重（千克）	理论亩产（千克）	实际亩产（千克）	比对照	蔗糖分（%）			折亩含糖（千克）	比对照
								11 月 16 日	2 月 11 日	平均		
新台 10 号	48840	2.54	293	1.333	6510	6699	−0.1	14.30	15.68	14.99	1004	+25.5
新台 2 号	5088	2.51	325	1460	7428	7430	+10.8	11.26	14.12	12.69	943	+17.9
粤糖 83-271	3986	2.82	299	1.680	6697	6782	+1.1	13.02	15.70	14.36	974	+21.8
粤糖 85-117	4930	2.62	295	1.429	7044	6898	+2.8	12.98	13.37	13.18	909	+13.6
新台 16 号	5028	2.36	304	1.198	6024	6217	−7.3	14.02	16.18	15.10	939	+17.4
粤糖 63-237	4430	2.71	295	1.5287	6769	6708	0	10.56	13.30	11.93	800	0

注：①田间设计：行长 10 米，行距 1.2 米，4 行区，小区面积 0.072 亩。

②1997 年 1 月 12 日下种，亩下种量 4444 个双芽段，盖膜。

③1998 年 2 月 11 日砍收。

表 22-6　1991—1992 年甘蔗新品种比较试验结果表

项目\品种	类型	出亩率（%）	分蘖率（%）	亩有效茎（条）	株高（厘米）	茎径（厘米）	实收亩产（千克）	比对照	蔗糖分（%）11月24日	11月11日	折亩含糖（千克）	比对照
76-149	新植	62.5	18.8	6206	285	2.75	5813		12.76		741.7	
	1年宿根			5089	279	2.69	5216			11.05	576.4	
	平均			5648	282	2.72	5515	−8.9	11.91		659.1	+12.4
湛蔗 80-110	新植	58.3	12.4	4250	270	3.00	5503		13.85		762.2	
	1年宿根			4081	268	2.97	4877			8.74	476.2	
	平均			4166	269	2.99	5190	−14.2	11.30		594.2	−21.0
163	新植	45.8	36.1	4580	280	2.80	4406		11.71		515.9	
	一年宿根			3822	285	2.92	5255			11.14	585.4	
	平均			4201	283	2.86	4831	−20.2	11.43		552.2	−26.6
115	新植	47.5	44.7	5402	260	2.49	3703		1.85		512.6	
	一年宿根			3607	265	2.74	3878			10.02	388.6	
	平均			4505	263	2.72	3790	−37.4	11.94		452.5	−39.9

表 22-7　1991—1992 年甘蔗新品种比较试验结果表

项目\品种	类型	出亩率（%）	分蘖率（%）	亩有效茎（条）	株高（厘米）	茎径（厘米）	实收亩产（千克）	比对照	蔗糖分（%）11月24日	11月11日	折亩含糖（千克）	比对照
引蔗 9 号	新植	57.5	52.8	6843	297	2.83	6585		12.43		818.5	
	1年宿根			5222	285	2.75	6188			11.79	729.6	
	平均			6032	286	2.79	6386	+5.5	12.11		773.5	+2.8
粤农 191	新植	68.3	12.5	5158	267	2.81	5256		14.41		743.0	
	1年宿根			3963	273	3.03	5350			13.13	702.5	
	平均			4561	270	2.92	5253	−13.2	13.77		722.8	−9.9
湛蔗 79-177	新植	62.5	18.8	5436	300	2.94	6111		13.53		826.8	
	一年宿根			4548	310	2.99	6663			12.28	818.2	
	平均			4992	305	2.95	6387	+5.5	12.91		824.5	+9.6
湛蔗 81-101	新植	48.8	15.5	3601	265	3.10	5220		14.35		749.0	
	一年宿根			2778	262	3.09	3542			11.55	407.3	
	平均			3190	264	3.10	4381	−27.6	12.95		578.2	−23.1
粤糖 63-237（对照）	新植	65.0	17.9	4734	285	2.83	6268		11.56		724.6	
	一年宿根			5704	278	2.78	5835			11.30	776.1	
	平均			4905	282	2.81	6052	0	12.43	12.43	752.3	0

注：①田间设计：行长 10 米，行距 0.9 米，4 行区，小区面积 0.054 亩，三次重复，亩种量 8000 芽；

②1991 年 2 月 2 日下种，1992 年 2 月 27 日砍收，1 年宿根 1993 年 2 月 3 日砍收。

表 22-8　1998—1999 年甘蔗新品种比较试验结果表

项目／品种	类型	出亩率（%）	分蘖率（%）	亩有效茎（条）	株高（厘米）	茎径（厘米）	三小区产量（千克）	实收亩产（千克）	蔗糖分（%）比对照	11月24日	11月11日	折亩含糖（千克）	比对照
新台16号	新植	72.5	124.2	5450	388	2.38	2625	8413		14.91		1138	
	1年宿根			6547	376	2.36	1319	8455			15.15	1281	
	平均			6010	382	2.51	1972	8438	+21.37	15.03		1210	+19.23
新台20号	新植	65.0	134.2	4522	352	2.44	2042	6545		17.37		1137	
	1年宿根			4981	354	2.77	1145	7340			16.52	1213	
	平均			4751	353	2.61	1594	6943	-0.09	16.95		1175	+15.88
桂福88-20	新植	45.4	94.5	3744	308	2.60	1741	5580		15.12		766	
	一年宿根			3641	309	2.75	735	4712			13.51	637	
	平均			3692	308	2.68	1238	5146	-25.95	14.32		702	-30.77
日本农林8号	新植	57.6	67.8	4865	347	2.18	759	6465		15.54		1005	
	一年宿根			5308	345	2.62	952	6103			15.11	922	
	平均			5086	346	2.40	856	6284	-9.57	15.33		964	-4.93
90-10	新植	59.9	73.8	4641	319	2.59	2329	7465		13.39		1000	
	一年宿根			4679	282	2.70	922	5910			12.25	724	
	平均			4660	300	2.65	1626	6688	-3.76	12.82		862	-14.99
新台10号（对照）	新植	57.6	67.8	4205	326	2.48	2244	7192		14.71		1058	
	一年宿根			4558	311	2.67	1046	6705			14.47	970	
	平均			4381	318	2.58	1645	6949	0	14.59		1014	0

注：①田间设计：3行区，行长10米，行距1.15米，小区面积0.052亩，三次重复。

②1997年12月7日下种，每亩下种量4615个双芽段；新台16号、新台糖20号亩下种量2308个双芽段；新植蔗于1998年12月22日砍收，1年宿根于2000年3月24日砍收。

甘蔗深耕深松试验结果见表22-9、表22-10。

表 22-9　1992 年春植甘蔗深耕深松试验结果表

项目／处理	出亩率（%）	分蘖率（%）	亩有效茎（条）	株高（厘米）	茎径（厘米）	单茎重（千克）	单株根重（千克）	根系主要分布区	早期土壤含水量	容重（千克/米³）	蔗茎亩产（千克）	比对照	蔗糖分（%）	折亩含糖（千克）	比对照
深松45厘米	54.5	43.0	4215	272	2.96	2.0	46.0	28	16.54	1206.06	4753	+11.84	13.50	642	+11.85
深松35厘米	53.7	41.7	4148	274	2.99	1.8	39.0	25	15.84	1339.95	4528	+6.54	13.57	614	+6.97
深松25厘米（对照）	53.9	41.2	4075	268	2.90	1.9	35.7	20	13.62	1329.19	4250	0	13.51	574	0

注：①田间设计：4行区，行距1.1米，小区面积0.066亩，三次重复。

②1992年3月21日播种，亩8000芽，盖膜。1993年1月20日收获。

③1992年12月14日测糖分，品种粤糖63-237。

④1992年10月4日测旱期土壤含水量。

表 22-10　1992 年宿根蔗深耕深松试验结果表

项目\处理	亩有效茎（条）	株高（厘米）	茎径（厘米）	单茎重（千克）	单株根重（千克）	根系主要分布区	早期土壤含水量	容重（千克/米³）	蔗茎亩产（千克）	比对照	蔗糖分（%）	折亩含糖（千克）	比对照
行间松 35 厘米	3669	262.3	2.83	2.65	30.5	30	16.36	1053.96	3750	+16.71	14.57	546.4	+22.6
不深松（对照）	3169	254.5	2.96	2.30	24.0	25	16.35	1105.75	3213	0	13.87	445.6	0

注：①田间设计：顺序排列，6 行区，行长 137.5 米，行距 1.2 米，小区面积 0.25 亩，二次重复。
②第一年宿根砍收期 1992 年 3 月 1 日。3 月 4 日松蔸，3 月 17 日用"东方红"对 A 区行间深松 35 厘米。12 月 5 日测糖分。
③1993 年 12 月 14 日砍收。

表 22-11　2011 年柳城 05-136 等品种（新植）农艺性状品比试验表

品种	出苗率（%）	分蘖率（%）	株高（厘米）	茎径（厘米）	有效茎（条/亩）	产量（吨/亩）	糖分（%）
福农 40	47.4	204.6	328	2.53	4279	6.44	12.82
福农 38	73.6	89.7	313	2.40	5651	7.05	14.53
桂糖 30	62.8	80.8	315	2.57	5041	7.45	13.09
桂糖 29	62.3	139.4	276	2.24	6265	6.21	13.98
云蔗 01-1413	45.2	113.7	309	2.57	3914	5.67	12.09
云蔗 03-258	54.5	159.3	345	2.33	4907	6.59	13.50
粤甘 24	47.4	240.1	241	2.61	5158	5.79	13.74
柳城 05-136	69.2	115.9	335	2.50	4918	7.19	14.16
粤甘 26	60.8	185.7	288	2.53	5094	6.42	12.81
新台糖 22（对照）	71.8	130.2	327	2.41	5857	7.75	14.45

　　表 22-11 的调查数据显示：①出苗率最高的品种是福农 38，高达 73.6%，其次是新台糖 22，为 71.8%，出苗率最低的是云蔗 01-1413，仅为 45.2%。②分蘖率最高的品种是粤甘 24，高达 240.1%，其次是福农 40，为 204.6%，最低的是桂糖 30，仅为 80.8%。③株高最高的是云蔗 03-258，株高达到 345 厘米，其次是柳城 05-136，株高为 335 厘米，株高最低的是粤甘 24，株高为 241 厘米。④蔗茎最粗的品种是粤甘 24，达 2.61 厘米，其次是桂糖 30 号和云蔗 01-1413，为 2.57 厘米，蔗茎最细的品种是桂糖 29 号，仅为 2.24 厘米。⑤有效茎最高的品种是桂糖 29，高达 6265 株/亩，其次是新台糖 22，为 5857 株/亩，有效茎最低的品种是云蔗 01-1413，仅为 3914 株/亩。⑥蔗产量最高的品种是新台糖 22，高达 7.75 吨/亩，其次是桂糖 30，为 7.45 吨/亩，蔗产量最低的品种是云蔗 01-1413，仅为 5.67 吨/亩。⑦蔗糖分最高的品种是福农 38，为 14.53%，其次是新台糖 22，为 14.45%，蔗糖分最低的是云蔗 01-1413，为 12.09%。综合以上性状，柳城 05-136、福农 38、新台糖 22 具有较好的产量和糖分。

　　2011 年对柳城 05-136 等品种品比试验进行宿根性农艺性状和抗性调查，调查结果如表 22-12。

表 22-12 2011 年柳城 05-136 等品种（宿根）农艺性状品比试验表

品种	发蔸率（%）	分蘖率（%）	株高（厘米）	茎径（厘米）	有效茎（条/亩）	蔗产量（吨/亩）	糖分（%）
新台糖 22	61.7	7.3	299	2.56	3870	5.31	14.67
粤甘 26	55.9	24.2	276	3.20	2675	5.24	14.24
柳城 05-136	79.8	30.2	318	2.82	3668	6.43	15.43
粤甘 24	59.0	34.6	257	2.67	4482	5.63	14.57
云蔗 03-258	85.7	24.0	293	2.48	4537	5.71	14.68
云蔗 01-1413	69.2	18.0	258	2.80	3634	5.04	15.93
桂糖 29	91.2	29.3	303	2.59	3864	5.51	15.54
桂糖 30	69.7	33.4	301	2.41	4121	5.05	15.02
福农 38	74.1	25.1	315	2.65	3958	6.06	15.71
福农 40	81.0	14.6	322	2.64	3479	5.52	14.52

表 22-12 的调查数据显示：①发蔸率最高的品种是桂糖 29，高达 91.2%，其次是云蔗 03-258，为 85.7%，发蔸率最低的是粤甘 26，仅为 55.9%。②分蘖率最高的品种是粤甘 24，高达 34.6%，其次是桂糖 30，为 33.4%，最低的是台糖 22，仅为 7.3%。③株高最高的是福农 40，株高达到 322 厘米，其次是柳城 05-136，株高为 318 厘米，株高最低的是粤甘 24，株高为 257 厘米。④蔗茎径最粗的品种是粤甘 26，达 3.20 厘米，其次是柳城 05-136，为 2.82 厘米，蔗茎径最细的品种是桂糖 30，仅为 2.41 厘米。⑤有效茎最高的是云蔗 03-258，高达 4537 株/亩，其次是粤甘 24，为 4482 株/亩，有效茎最低的品种是粤甘 26，仅为 2675 株/亩。⑥蔗产量最高的品种是柳城 05-136，高达 6.43 吨/亩，其次是福农 38，为 6.06 吨/亩，蔗产量最低的品种是云蔗 01-1413，仅为 5.04 吨/亩。⑦蔗糖分最高的品种是云蔗 01-1413，为 15.93%，其次是福农 38，为 15.71%，蔗糖分最低的品种是粤甘 26，仅为 14.24%。

表 22-13 的调查数据显示：①出苗率最高的品种是新台糖 22，高达 86.7%，其次是粤甘 42，为 76.9%，出苗率最低的是柳城 03-1137，为 42.2%。②分蘖率最高的品种是柳城 03-1137，高达 105.1%，其次是云蔗 99-596，为 98.2%，最低的是新台糖 22，仅为 4.30%。③株高最高的是桂糖 32 号，株高达到 307 厘米，其次是柳城 03-1137，株高为 300 厘米，株高最低的是粤甘 42，株高为 223 厘米。④蔗茎径最粗的品种是柳城 03-1137，达 2.73 厘米，其次是粤甘 39 号，为 2.69 厘米，茎径最小的品种是福农 0335，为 2.48 厘米。⑤有效茎最高的品种是桂糖 31，高达 5926 株/亩，其次是粤甘 42，为 5278 株/亩，有效茎最低的品种是云蔗 05-49，为 4074 株/亩。⑥蔗产量最高的品种是柳城 03-1137，达 7.66 吨/亩，其次是桂糖 32 号，为 7.51 吨/亩，蔗产量最低的品种是云蔗 05-49，仅为 5.17 吨/亩。⑦蔗糖分最高的品种是桂糖 31，为 16.56%，其次是粤甘 39，为 15.63%，蔗糖分最低的是云蔗 99-596，为 12.93%。

表 22-13　2012 年桂糖 31 号等品种（新植）品比试验调查结果表

品种	出苗率（%）	分蘖率（%）	株高（厘米）	茎径（厘米）	有效茎（条/亩）	产量（吨/亩）	糖分（%）
福农 0335	49.2	49.10	286	2.48	4722	5.78	14.61
云蔗 99-586	58.1	98.20	276	2.59	4352	5.58	12.93
柳城 03-1137	42.2	105.10	300	2.73	5093	7.66	15.06
福农 1110	75.3	4.53	278	2.65	5185	7.02	14.72
云蔗 05-49	76.3	7.50	289	2.51	4074	5.17	13.24
桂糖 31	69.5	38.64	290	2.57	5926	7.43	16.56
粤甘 39 号	56.7	69.48	291	2.69	4893	6.69	15.63
桂糖 32	64.0	10.16	307	2.66	5000	7.51	15.11
粤甘 42 号	76.9	11.65	223	2.58	5278	5.24	15.37
新台糖 22	86.7	4.30	292	2.65	5122	7.14	14.85

综上所述，柳城 03-1137、桂糖 31 号、桂糖 32 号、新台糖 22 号、福农 1110 品种具有较好的产量和糖分。

表 22-14 的调查数据显示：①发株率最高的品种是桂糖 32，高达 85.2%，其次是粤甘 39，为 80.5%，发株率最低的是云蔗 99-586，为 66.4%。②分蘖率最高的品种是桂糖 31，高达 83.7%，其次是福农 0335，为 78.6%，最低的是云蔗 99586，仅为 46.2%。③株高最高的是柳城 03-1137，达到 312 厘米，其次是桂糖 32，株高为 309 厘米，株高最低的是云蔗 05-49，株高为 277 厘米。④蔗茎径最粗的品种是福农 0335，达 2.84 厘米，其次是粤甘 39，为 2.75 厘米，茎径最小的品种是云蔗 99-586，为 2.54 厘米。⑤有效茎最高的品种是桂糖 31，高达 4602 株/亩，其次是桂糖 32，为 4375 株/亩，有效茎最低的是云蔗 99-586，为 3998 株/亩。⑥蔗产量最高的品种是柳城 03-1137，达 6.81 吨/亩，其次是桂糖 22，为 6.66 吨/亩，蔗产量最低的品种是云蔗 99-586，仅为 4.97 吨/亩。⑦蔗糖分最高的品种是桂糖 31，为 15.05%，其次是新台糖 22，为 14.66%，蔗糖分最低的是云蔗 05-49，为 12.54%。

表 22-14　2012 年桂糖 31 号等品种（宿根）品比试验调查结果表

品种	发株率（%）	分蘖率（%）	株高（厘米）	茎径（厘米）	有效茎（条/亩）	产量（吨/亩）	糖分（%）
粤甘 39	80.5	46.6	282	2.75	4211	5.56	13.81
粤甘 42	78.2	58.7	290	2.66	4081	5.72	13.38
福农 0335	77.4	78.6	290	2.84	4207	5.91	13.32
福农 1110	68.2	66.3	289	2.70	4243	6.03	14.06
柳城 03-1137	73.8	59.4	312	2.70	4319	6.81	14.57
云蔗 05-49	69.4	53.0	277	2.58	4170	5.23	12.54

（续）

品种	发株率（%）	分蘖率（%）	株高（厘米）	茎径（厘米）	有效茎（条/亩）	产量（吨/亩）	糖分（%）
云蔗 99-586	66.4	46.2	282	2.54	3998	4.97	12.96
桂糖 32	85.2	67.9	309	2.67	4375	6.66	14.23
新台糖 22 号（对照）	70.6	61.1	297	2.57	4081	5.73	14.66
桂糖 31	75.4	83.7	302	2.55	4602	6.22	15.05

综上所述，柳城 03-1137、桂糖 31、桂糖 32、福农 1110 品种具有较好的产量和糖分。

2012 年宿根机械化深耕深松对比试验，试验结果见表 22-15。

表 22-15　宿根甘蔗深耕深松试验调查结果表

处理	发株率（%）	分蘖率（%）	株高（厘米）	茎径（厘米）	有效茎（条/亩）	产量（吨/亩）	糖分（%）
机械化深耕深松	87.7	64.0	310.7	2.84	4225	6.3	14.47
不深耕深松（对照）	71.4	33.4	302.8	2.69	3942	5.8	14.53
相差	16.3	30.6	7.8	0.10	283	0.5	−0.10

从调查数据可看出，宿根蔗进行机械化深耕深松有利于甘蔗的生长，发株率比不深耕深松的提高 16.3%，分蘖率提高了 30.6%，株高提高 7.8 厘米，茎径增大 0.1 厘米，有效茎增加 283 条/亩，产量提高了 0.5 吨/亩，糖分与不深耕深松相当。

2012—2013 年在甘蔗收获机械化示范区开展 1.2 米与 1.4 米行距对比及筛选，适宜机械化收获的品种（宿根）试验，参试品种有福农 38、桂糖 32、新台糖 22，调查不同行距情况下宿根甘蔗的各个农艺性状。调查结果见表 22-16。

表 22-16　农艺性状调查表

品种	行距（米）	发蔸率（%）	分蘖率（%）	株高（厘米）	茎径（厘米）	有茎径（条/亩）	亩产（吨/亩）	1.4 比 1.2 增减（吨/亩）	糖分（%）	抗倒伏	脱叶性
桂糖 32	1.2	52.45	104.34	312	2.62	3784	5.66	−0.14	13.76	倒伏	易脱叶
	1.4	50.76	111.75	309	2.55	3896	5.52		13.52		
福农 38	1.2	46.43	77.36	269	2.58	3603	4.63	−0.28	14.67	倒伏	一般
	1.4	42.81	88.29	270	2.53	3478	4.35		14.81		
新台糖 22	1.2	44.20	64.50	317	2.65	2967	4.78	−0.36	14.39	倒伏	易脱叶
	1.4	47.60	78.81	324	2.68	2634	4.42		14.52		

以上调查数据表明：①综合比较各个品种农艺性状，1.2 米行距的桂糖 32 宿根性综合性状表现比较好，产量达 5.66 吨/亩，比 1.2 米行距的台糖 22 增产 0.88 吨/亩，比 1.4 米行距的台糖 22 增产 1.24 吨/亩，较适宜进行 1.2 米行距机械化收获种植，可进一步扩大面积试验示范。②种植行距的产量对比：1.4 米行距的产量比 1.2 米行距的略低，表现

最明显的为新台糖22，1.4米行距比1.2米行距的产量低0.36吨/亩。③桂糖32田间农艺性状综合表现为发芽率、分蘖率高，早生快发，宿根发株多，有效茎多，产量高，适宜机械化收获。

2015年开展桂糖40号、桂糖44号等新品种的对比试验，试验结果见表22-17。

表22-17 2015年桂糖40、桂糖44号等甘蔗新品种调查结果表

品种	出苗率（%）	分蘖率（%）	株高（厘米）	茎径（厘米）	有效茎（条/亩）	产量（吨/亩）	11月15日锤度（%）
桂糖40	88.79	22.92	277	2.75	4797	6.73	21.6
桂糖44	80.20	70.99	258	2.86	5045	7.07	20.8
新台糖22	53.33	50.72	313	2.99	4829	8.43	20.2
粤甘43	71.10	34.06	258	2.98	4028	6.56	18.2
粤甘46	35.04	22.06	234	3.05	3478	4.50	21.8
云蔗08-1609	43.92	39.30	235	2.93	4106	5.19	20.1
云蔗09-1601	68.09	19.74	257	3.20	4058	6.83	21.7
福农09-4095	73.01	20.88	267	2.73	5370	7.22	20.6
福农07-3206	45.34	47.73	258	2.71	4541	5.81	19.9
柳城07-150	77.93	34.71	269	2.86	4879	7.38	21.4

调查数据显示：①出苗率最高的品种是桂糖40，为88.79%，其次是桂糖44，为80.20%，第三是柳城07-150，为77.93%。②分蘖率最高的品种是桂糖44，为70.99%，其次是新台糖22，为50.72%，第三是福农07-3206，为47.73%。③株高最高的是新台糖22，达313厘米，其次是桂糖40，株高为277厘米，第三是柳城07-150，为269厘米。④蔗茎径最粗的品种是云蔗09-1601，达3.20厘米，其次是粤甘46，为3.05厘米，第三是新台糖22，为2.99厘米。⑤有效茎最多的品种是福农09-4095，高达5370株/亩，其次是桂糖44号，为5045株/亩，第三是柳城07-150，为4879株/亩。⑥蔗产量最高的品种是新台糖22，达8.43吨/亩，其次是柳城07-150，为7.38吨/亩，第三是福农09-4095，为7.22吨/亩。⑦11月15日田间锤度最高的品种是粤甘46，为21.8%，其次是云蔗09-1601，为21.7%，第三是桂糖40，为21.6%。

2015年开展以桂糖42号为主的品种对比试验，试验结果见表22-18。

表22-18 2015年桂糖42号品种对比调查结果表

品种	出苗率（%）	分蘖率（%）	株高（厘米）	茎径（厘米）	有效茎（条/亩）	产量（吨/亩）	11月4日锤度（%）
福农41	77.0	30.60	283	2.93	3833	7.17	19.3
桂糖42	62.1	36.40	321	2.97	4058	8.04	18.5
桂糖31	61.7	16.70	259	2.91	4799	6.87	18.4
柳城05-136	73.8	23.70	277	2.81	4895	7.27	18.9

（续）

品种	出苗率（%）	分蘖率（%）	株高（厘米）	茎径（厘米）	有效茎（条/亩）	产量（吨/亩）	11月4日锤度（%）
桂糖32	80.3	34.17	325	2.66	4187	6.71	17.8

从表中数据可以看出：①各农艺性状表现较好为桂糖42，产量为8.04吨/亩，锤度为18.5%。②出苗率最高的品种是桂糖32，为80.3%，其次是福农41，为77.0%，第三是柳城05-136，为73.8%。③分蘖率最高的品种是桂糖42，为36.4%，其次是桂糖32，为34.17%，第三是福农41，为30.6%。④株高最高的是桂糖32，达325厘米，其次是桂糖42，株高为321厘米，第三是福农41，为283厘米。⑤蔗茎径最粗的品种是桂糖42，达2.97厘米，其次是福农41，为2.93厘米，第三是桂糖31，为2.91厘米。⑥有效茎最多的品种是柳城05-136，高达4895株/亩，其次是桂糖31，为4799株/亩，第三是桂糖32，为4187株/亩。⑦蔗产量最高的品种是桂糖42，达8.04吨/亩，其次是柳城05-136，为7.27吨/亩，第三是福农41，为7.17吨/亩。⑧田间锤度最高的品种是福农41，为19.3%，其次是柳城05-136，为18.9%，第三是桂糖42，为18.5%。

2017年，开展无人机防治甘蔗螟虫、防治杂草试验，试验结果见表22-19、表22-20。

表22-19　2017年无人机防治甘蔗螟虫试验结果表

防治方法	枯心率对比（%）		工作效率对比		防治成本对比（元/亩）	
	枯心率	对比	工作效率（亩/8小时）	对比（倍）	防治成本	对比
无人机飞防	3.7	1.6	150	6	12	-3.6
人工喷雾	2.1	—	25	—	15.6	—

表22-20　2017年无人机防治杂草试验结果表

防治方法	效果对比（棵/米²）		工作效率对比（亩/8小时）		防治成本对比（元/亩）	
	效果	对比	工作效率	对比（倍）	防治成本	对比
无人机飞防	3	-4	150	5	10	-3.4
人工喷雾	7	—	30	—	13.4	—

调查结果显示：使用无人机防治甘蔗螟虫，枯心苗率3.7%，比人工喷药提高1.6%；效率比人工喷药提高6倍；防治成本12元/亩，比人工减少3.6元/亩。使用无人机防治杂草，每平方米能防治3棵，比人工喷药减少4棵；效率比人工增加5倍；防治成本比人工降低3.4元/亩。可见无人机比较适合大面积作业，能够有效提高作业效率，降低生产成本。

2018年，开展高产高糖、强宿根、抗病、适合全程机械化的优良品种对比筛选试验，试验结果见表22-21。

表 22-21　2018 年高产、高糖、强宿根、抗病、适合全程机械化的优良品种调查结果表

品种	出苗率（%）	分蘖率（%）	株高（厘米）	茎径（厘米）	有效茎数（条/亩）	糖分（%）	产量（吨/亩）	抗病情况
桂糖 42	63.6	70.4	315.2	2.79	4394	14.79	6.9	黑穗病较多
桂南亚 09-336	64.5	91.7	290.3	3.03	4247	14.89	6.3	—
桂糖 44	50.9	95.1	285.9	2.78	5127	14.97	7.2	—
柳城 07-150	67.8	56.9	317.7	2.91	4151	14.28	6.6	—
桂糖 46	77.2	61.8	331.5	2.75	4468	14.51	6.6	白条病较多
桂糖 08-1180	70.6	79.2	314.0	2.77	4937	15.01	7.0	—
桂糖 06-2081	64.6	77.1	309.3	2.89	4590	14.38	6.8	—
新台糖 22	69.1	58.9	312.3	2.82	4419	14.79	6.6	黑穗病较多

调查结果显示：①出苗率最高的品种是桂糖 46，为 77.2%，其次是桂糖 08-1180，为 70.6%。②分蘖率最高的品种是桂糖 44，为 95.1%，其次是桂南亚 09-336，为 91.7%，第三是桂糖 08-1180，为 79.2%。③株高最高的是桂糖 46，达 331.5 厘米，其次是柳城 07-150，株高为 317.7 厘米，第三是桂糖 42 号，为 315.2 厘米。④蔗茎径最粗的品种是桂南亚 09-336，达 3.03 厘米，其次是柳城 07-150，为 2.91 厘米，第三是桂糖 06-2081，为 2.89 厘米。⑤有效茎最多的品种是桂糖 44，高达 5127 株/亩，其次是桂糖 08-1180，为 4937 株/亩，第三是桂糖 06-2081，为 4590 株/亩。⑥蔗产量最高的品种是桂糖 44，达 7.2 吨/亩，其次是桂糖 08-1180，为 7.0 吨/亩，第三是桂糖 42，为 6.9 吨/亩。⑦蔗糖分最高的品种是桂糖 08-1180，为 15.01%，其次是桂糖 44，为 14.97%，第三是桂南亚 09-336，为 14.89%。

2018 年，开展以桂糖 08—1589（58 号）、桂糖 08—120（55 号）为主的品种对比试验，试验结果见表 22-22。

表 22-22　2018 年开展桂糖 08—1589（58 号）、桂糖 08—120（55 号）品比试验调查结果表

品种	出苗率（%）	分蘖率（%）	株高（厘米）	茎径（厘米）	有效茎（条/亩）	产量（吨/亩）	糖分（%）
桂糖 08-1589	55.45	70.62	318.2	2.64	5600	8.87	14.28
云蔗 11-3898	62.76	46.38	301.4	2.87	4044	7.05	13.33
云瑞 10-187	49.69	47.92	296.8	2.86	4267	7.24	14.28
福农 09-7111	67.73	54.29	317.9	2.63	4978	7.74	12.38
福农 09-12206	44.45	46.43	329.8	2.40	5422	7.33	13.41
桂糖 08-120	60.85	29.12	256.3	2.75	5778	7.64	13.17
柳城 09-15	45.51	39.53	262.1	2.71	4763	6.30	13.07
粤甘 48	48.95	59.47	296.7	2.65	5111	7.42	13.24
粤甘 50	80.16	34.98	275.9	2.74	6000	8.76	13.79
新台糖 22（对照）	71.91	38.62	303.8	2.86	5317	7.07	13.67

调查结果显示：①出苗率最高的品种是粤甘 50，为 80.16%，其他品种均低于对照新

台糖22。②分蘖率最高的品种是桂糖08-1589，为70.62％，其次是粤甘48，为59.47％，第三是福农09-7111，为54.29％。③株高最高的是福农09-12206，达329.8厘米，其次是桂糖08-1589，株高为318.2厘米，第三是福农09-7111，为317.9厘米。④蔗茎径最粗的品种是云蔗11-3898，达2.87厘米，其次是云瑞10-187，为2.86厘米，其余品种均低于对照组新台糖22。⑤有效茎最多的品种是粤甘50，高达6000株/亩，其次是桂糖08-120，为5778株/亩，第三是桂糖08-1589，为5600株/亩。⑥蔗产量最高的品种是桂糖08-1589，达8.87吨/亩，其次是粤甘50，为8.76吨/亩，第三是福农09-7111，为7.74吨/亩。⑦蔗糖分最高的品种是桂糖08-1589、云瑞10-187，均为14.28％，其次是粤甘50，为13.79％。

2019年，引进宿根蔗平茬技术后，在东风、创业分场开展宿根平茬与常规处理对比试验，试验结果见表22-23。

表 22-23　2019 年平茬技术农艺性状调查统计表

地点	处理	出苗数（株/亩）	分蘖数（株/亩）	出苗率（％）	分蘖率（％）	株高（厘米）	有效茎（株/亩）
东风	平茬	4182.0	2437.0	79.210	76.590	243.0	4827.0
	对照	3248.0	1924.0	62.480	59.240	267.0	3876.0
创业	平茬	2291.0	1402.0	72.500	61.200	241.0	2176.0
	对照	1659.0	1076.0	58.120	64.860	258.0	1667.0
平均	平茬	3236.5	1919.0	75.855	68.895	242.0	3501.5
	对照	2453.5	1500.0	60.300	62.050	262.5	2771.5

调查结果显示：宿根蔗经过机械平茬后，出苗数和分蘖数均高于对照组，其中出苗率提高15.6％，分蘖率提高6.8％，株高降低20.5厘米，亩有效茎数增加730条。

（八）做好病虫害测报和统防统治

预测和发布螟虫发生预警信息。通过利用性诱剂诱捕螟蛾、田间调查、模拟环境饲养等途径，建立并逐步完善螟虫发生预测预报体系，及时发布螟虫预测预报信息预警信息。农场建立了较为完善的螟虫测报和统防统治的螟虫防控体系，并逐步在农村蔗区辐射。每年从3月初开始，在田间利用性诱剂诱捕螟蛾，通过诱捕到的螟蛾数量变化来判断螟虫成虫羽化产卵高峰期，进而判断螟虫卵块孵化的高峰期，从而指导螟虫有效防治。例如，采用化学防治方法，则需在螟虫卵块孵化高峰期前2日进行喷药；采用赤眼蜂防治方法，则需在螟虫成虫产卵高峰期进行释放赤眼蜂。农业试验站每年根据螟虫发生的情况发出预警和防治信息2～3次，并于2010年率先建立了最为有效的螟虫统防统治的防治模式，每年甘蔗苗期枯心率控制在6％左右。通过螟虫预测预报和统防统治，能有效降低甘蔗苗期螟虫危害造成的枯心率10％以上，降低防治成本35元/亩以上。

（九）制订完善生产技术规程，实施生产标准化和规范化管理

多年来，农场不断制订和完善了甘蔗、水果生产技术规程，此项工作主要由生产部负责。2007年7月制订了甘蔗、柑橘、香蕉、木瓜、坚果标准化技术规程，2014年1月制订了甘蔗高产高糖栽培技术规程。这些技术规程的贯彻实施，对生产标准化和规范化管理起到了积极的作用，取得了很好的效果。

二、水稻

水稻生产，1959年开始小面积种植，到20世纪60年代，农场大面积扩大种粮食作物，实行粮食自给，以水稻为主，大搞平整土地，旱地改种水稻，到1964年播种面积达到11676亩，总产量达199万多斤，但亩产很低。以后不断改进栽培技术，增施肥料，推广良种。1975年平均亩产达487斤，特别是开始推广杂优品种，小面积单产超千斤，创本场历史最高纪录。全场除坛蓬、草塘两个大队以外，到1982完全停止了水稻生产。口粮由国家供应，种甘蔗超产粮作养猪饲料粮（以1979年甘蔗总产1.4万吨为基数，超1吨，国家供应饲料粮100斤）。

主要生产技术：

①推广良种。在不同的年代曾经推广过的良种有：陆财号、矮脚南特、南京一号、珍珠矮5113、广场矮、白谷糯、团结一号、包选二号。

②推广杂优。1974年冬派出一名技术人员和四名工人到海南岛与区农科院协作繁育杂优种，1975年夏带回杂优种和水稻三系（不育系、保持系、恢复系）在场农科所繁殖和制种，1975年晚造杂优10亩，平均亩产980斤（其中矮优1号2亩超千斤），创农场单产最高纪录。1976年继续推广，并为浪湾、九曲湾、北耀、先锋等农场推广三系种子和培训杂优科技人员数十人。

③栽培技术的不断改进。推广化学除草，适度密植，施足基肥，合理追肥，合理用水，适时晒田等措施。

④旱地改水田栽培技术的试验。

三、水果

建场后，农场曾先后种植过柑、橙、荔枝、龙眼、梨子、李果、沙田柚、木菠萝、芒果、菠萝、澳洲坚果、番木瓜、香蕉等水果作物。有的水果只是零星种植，有的水果是规

模种植。1978 年开始，农场把水果作为一项经营作物进行管理。2002 年底至 2003 年后，农场开始实施"2155"工程，大规模种植红光橙、澳洲坚果、番木瓜和香蕉，把优质水果作为优势产业来经营发展，获得了较好的经济效益。

（一）柑橙

首先是在前进、坛井分场种植 40 亩（其中前进 12 亩），之后逐年发展。到 1989 年，种植面积已达 3200 亩，投产已有 1000 多亩，资金来源主要是向农行及国际银行贷款。果树面积主要在前进、淋油、青年、罗阳、同正、双甲 6 个分场，坛井只保留 1978 年种的 28 亩，其他几个分场发展到 500 亩左右，多的 700 多亩，2004 年全场总面积达 6476 亩，已投产和试产 2624 多亩。主要品种有：温州柑 650 亩，椪柑 1105 亩，蕉柑 44 亩，大红柑 26 亩，扁柑 19 亩，新会橙 265 亩，化州橙 269 亩，年橘 141 亩，其他小品种有柳橙、红光橙、脐橙、书田桔、南丰蜜橘等。种植时要严格，绝大多数果园挖沟宽、深 80 厘米，平均每株下基肥 50 斤，有桐麸及糖厂蔗渣、煤灰等，果苗要求粗壮，其中双甲、罗阳分场是采用九曲湾农场所育无病苗圃的果苗。

（二）菠萝

1958—1967 年曾种过菠萝，主要是菲律宾品种，1958 年种植面积 527 亩。1961 年是种植面积最多的一年，共有 1326 亩，但由于产量低，而且高峰收获期销售有困难，因而停止生产。1983 年，农场与南宁市农工商公司为一方，与澳大利亚合营的"琼斯—南宁有限公司"坛洛菠萝场，1986 年 6 月双方经营终止。1987 年农场和南宁市农工商公司正式接管菠萝场。菠萝种植面积 5000 多亩，品种为无刺卡因，产量高，1987 年产量 6000 多吨，1988 年产量 3000 多吨，1989 年产量 6900 吨。

菠萝栽培，管理是关键。在认真做好菠萝定植质量的基础上，进行科学栽培管理，才能获得高产稳产。南宁菠萝良种场以种植无刺卡茵菠萝为主，十几年来，产量变幅较大。

菠萝高产区在本场三队一区，面积 14.139 公顷，即 212.85 亩，种植日期为 1989 年 10 月 13 日至 26 日，顶苗种植，种植密度为 3800 株/亩，1991 年 4 月 18 日催花，10 月 14 日开始采收，总产量 827.95 吨，每公顷平均产量 58.558 吨。

（三）澳洲坚果

1990 年 3 月农场开始种植澳洲坚果，基地设在四和分场。开始种植面积为 310 亩，以后逐年扩大，2004 年种植 2350 亩，2014 年种植 3805 亩，2020 年种植面积已扩大至 5500 亩。

澳洲坚果（光壳型和粗壳型澳洲坚果）原系澳大利亚本土的树种，现已发展成为商品化的食用作物。澳洲坚果所特有的风味是别的坚果所不能代替的。光壳型澳洲坚果，枝条每节三叶轮生，叶长 4～12 英寸（10.2～30.5 厘米），无刺，花乳白色。粗壳型澳洲坚果，枝条每节四叶轮生，叶长 5～20 英寸（12.7～50.8 厘米），叶缘有刺，花粉红色或乳白色。这两种类型混植时，可以互相传粉受精，大多数澳洲坚果是自花授粉植物（能结自花授粉果实），但两个或多个栽培种混植，产量更高。澳洲坚果需要一个无霜冻的生态环境，而且应该进行覆盖，以保护浅根性的树体，减少树枝的枯死，从而提高产量。

（四）龙眼

农场种植龙眼主要是在四和分场。1992 年开始种植 230 亩，1993 年种植 586 亩。品种主要有石硖、储良、大乌圆、九月乌、东壁、普明庵等七个品种。1994 年因受霜、寒灾害冻死了 168 亩，现保留有 648 亩，实有苗面积为 427 亩。

1995—1999 年来的产量情况是：1995 年 26 吨，1996 年 8.5 吨，1997 年 27 吨，1998 年 56.5 吨，1999 年 23.5 吨。1999 年 12 月份，因遭受严重霜冻，全园龙眼大部分枯死至一级分枝，少部分整株死亡，导致 2000 年全部失收。

（五）香蕉

香蕉最早在淋油、前进分场有少量种植，以后很多分场有规模种植。品种有巴西蕉、威廉斯 B6、威廉斯 8818 等优良品种，其中威廉斯 B6 是香蕉主栽品种。

选择适合所在地种植的巴西蕉、威廉斯 8818、威廉斯 B6 等香蕉优良品种。选用正规育苗单位培育的香蕉优良品种脱毒组培苗种植，苗木生长健壮，无病虫害，质量达到 NY/T357 的育苗出圃标准。根据地块不同进行种植，平地种植采用东西向栽植，起畦开沟，香蕉种植在畦上。

（六）番木瓜

2002 年之前农场基本没有种植过番木瓜，2002 年 10 月开始引进种植新品种水果型夏威夷番木瓜，当年种植 39 亩，主要分布在示范园、青年分场，以上两个分场种植较早。品种以我国台湾改良型日升水果番木瓜品种为主。

（七）沃柑

沃柑对土壤的适应性较广，但要高产稳产应具备土层深厚、疏松肥沃、pH 在 5.5～6.5、地下水位在 60 厘米以下的土壤条件。沃柑枝梢生长期和果实膨大期需要大量水分，因此园地应靠近水源，便于灌溉。

沃柑耐寒性中等，适宜年均温 17.5℃以上的柑橘产区种植。结霜期，挂果树需在树冠上覆膜防冻。

（八）火龙果

火龙果为多年生攀缘性的多肉植物。植株无主根，侧根大量分布在浅表土层，同时有很多气生根，可攀缘生长。火龙果为热带、亚热带水果，喜光耐阴、耐热耐旱、喜肥耐瘠。可耐 0℃ 低温和 40℃ 高温，生长的最适温度为 25～35℃。

第五节 工业科技

一、制糖工业

20 世纪 50 年代农场曾建有小糖厂，厂址设在罗阳（当时总场所在地），日榨 10 多吨甘蔗，因不适应生产的需要，于 1963 年淘汰。1959 年在坛井曾建过一座日榨 100 吨的糖厂，由于制糖生产工艺设备落后，还是不适应制糖工业的发展。后来，于 1977 年又重新建起了一座日榨千吨的糖厂，即现在金光糖厂，1978 年 1 月 21 日投产。后经两次扩建，1988 年日榨达 1500 吨，1989 年日榨达 2200 吨。1997 年再次进行技改扩建，日榨量达 4500 吨，制糖技术不断改进。农场场糖厂制糖的制炼流程采用亚硫酸法，建场初期用人工操作，1986 年部分车间开始采用微机电脑控制。

（一）制糖生产工艺

制糖采用压榨提汁，亚硫酸法澄清，五效真空蒸发浓缩，三段间歇结晶法全产一级白砂糖，赤砂糖回溶（图 22-1）。

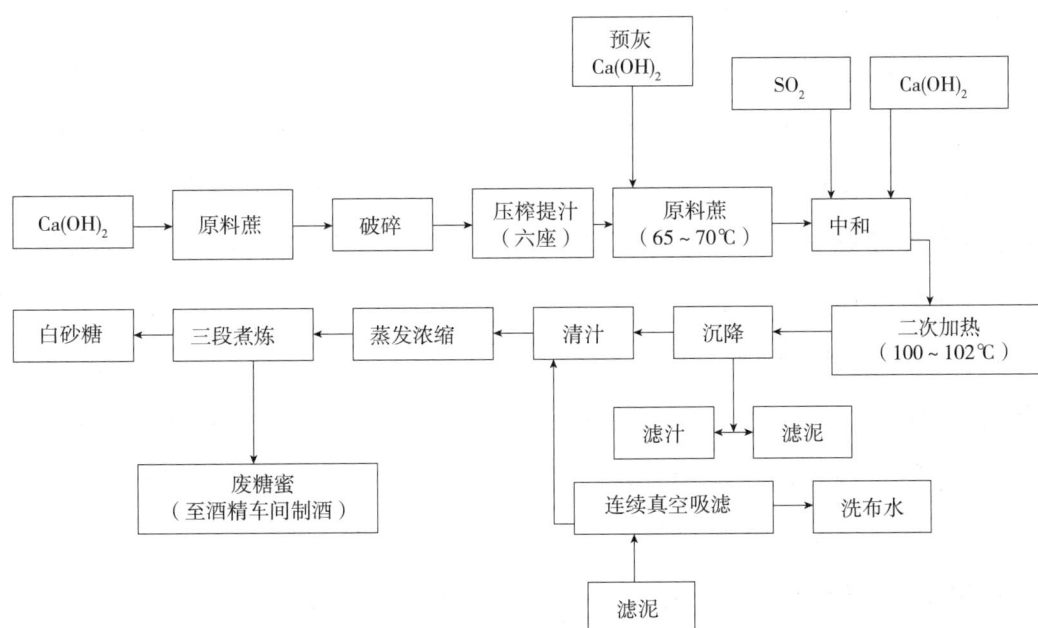

图 22-1 制糖生产工艺流程简图

（二）制酒生产工艺

制酒采用双流连续发酵，间接三塔连续蒸馏全产普食酒精及优级酒精（图 22-2）。

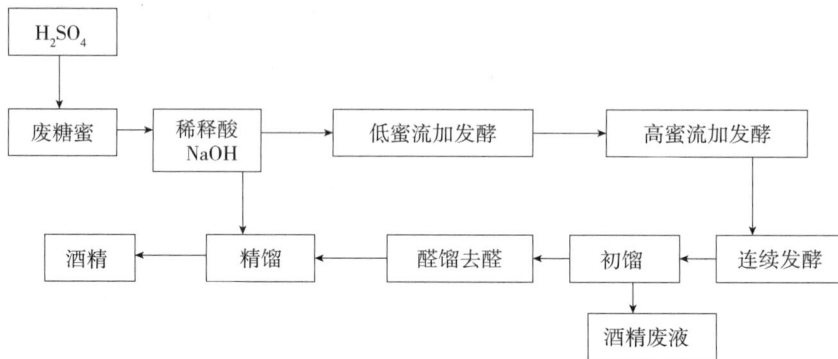

图 22-2　制酒生产工艺流程简图

热电站以蔗渣作燃料（图 22-3）配备 4 台蔗渣煤粉锅炉，其中两台 SHS25-25/400GAI，两台 SHS30-25/400GAI，总产汽量 110 吨/时，4 台汽轮发电机组，总发电数量 7500 千瓦。

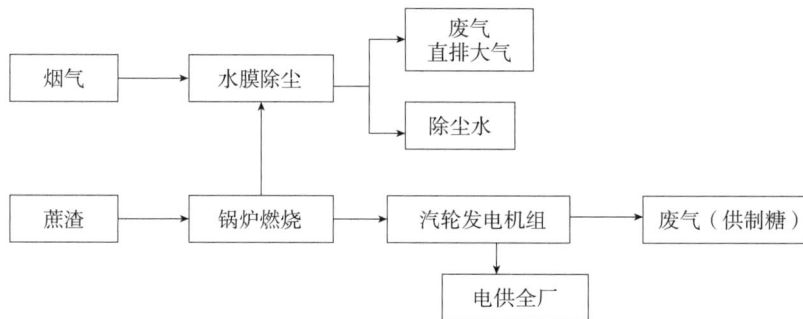

图 22-3　蔗渣作燃料发电流程简图

（三）糖厂的环境保护综合治理措施

糖厂生产所用的水资源取自左江，电以自发电为主，维修及停榨期间辅以外电，燃料以自产甘蔗渣为主，辅以那龙矿务局原煤，外排污染物为锅炉烟气及制糖工艺废水，两污染物均经处理达二级排放标准，锅炉烟气除尘后经 50 米烟囱直排大气，制糖工艺废水排入农业分场农灌渠灌溉蔗田，外溢经自然排洪沟入左江支流——剪刀沟。榨季期间剪刀沟旱季干涸，水仍由当地农民提取灌溉。

（四）糖厂的三废综合治理设施

1. 废气治理设施　工厂废气主要来源于热电站四台蔗渣煤粉锅炉烟气，4 台锅炉均采用麻石水膜除尘器对烟气进行除尘处理，为提高除尘效率，1997 年在原水膜除尘器基础上加高，并在入烟口加装一套淋洒器。

2. 酒精废液治理设施　1988—1990 年 3 年中共建酒精废液氧化塘三个，总容积 35000 米^3，按当时的环保要求，酒精废液经一年以上自然氧化后外排农灌。随着环保要求的提高，达不到综合治理目标要求，现已闲置或作为酒精废液的暂存场所。

酒精废液综合治理工程始建于 1994 年，采用中和浓缩混蔗渣糠干燥制有机肥系统，当时酒精生产能力仅日产酒精 20 吨，废液量少，投入的一整套设备较小，另外有机肥销售仅能面对各农业工区，随着酒精生产能力提高，原有设备不适应，除反应桶及沉降器、石灰消和器保留外，其余设备 1997 年废弃并投入二期建设。

1997 年酒精废液综合治理二期工程仍采用浓缩制肥系统，加大浓缩处理能力，能满足日产酒精 40 吨以上所产废液的处理能力，蒸发罐采用糖厂常用的通用式蒸发罐，节能、易操作、易清洗，投入比旁热式蒸发罐要大些。干燥采用塔式离心喷雾热风干燥。整个系统生产灵活性强，可生产液体减水剂（浓缩液），可生产固体减水剂（干粉），既可添加钙镁磷肥产有机钙镁磷肥，又可添加尿素和少量氯化钾有机复合肥，实现以销定产。两年来均以产干粉为主，投放各分场作基肥用。

1999 年三期酒精废液治理工程采用新技术，应用新设备，变废料为可用资源，废液浓缩燃烧产蒸汽，依傍原有废液浓缩设备，建一台时产蒸汽 15 吨的废液燃烧锅炉，产蒸汽满足废液自身浓缩及制酒外，仍有少量供制糖用，企业内部节能降耗，开创一条新的综合治理之路。

3. 制糖工艺废水治理设施 制糖工艺废水以吸滤机洗布水为主要成分，含有较高的有机物，悬浮物较高，是一种农灌有机肥水，一直来都以农灌为主，因富含有机物，化学需氧量、悬浮物均超过排放标准数倍之多，2000 年农场厂针对工艺水超标问题，增设一套滤布水过滤沉降设备，以回收水重复使用，滤渣作肥料出售。

4. 锅炉冲灰水治理设施 1997 年扩建按环保要求和节水原则，冲灰除尘水回收使用，投资建造了一套沉降过滤冲灰除尘水设备，按当时四台炉冲渣、冲灰、除尘水量较大，过滤器能力偏小，只能过滤一半沉降清水，另一半外排。2000 年再投资改造旧过滤器和增加一台新过滤器，同时锅炉免除冲渣水，改出干渣，另冷却水亦回收，减少了冲灰除尘水量。

废渣有滤泥、灰渣、石灰渣和炉渣，滤泥及灰渣作为有机肥出售给周边农户，石灰渣及炉渣用于蔗区道路修筑，无环境污染。

（五）在用环保治理工艺及参数

1. 锅炉烟气及冲水除尘处理工艺（图 22-4）

处理后废气含尘浓度＜250 毫克/米^2，清水化学需氧量＜50 毫克/升，悬浮物＜80 毫克/升。

2. 滤布洗涤水处理工艺（图 22-5）

整个工艺中清水回收再利用，不外排。

3. 酒精废液处理工艺（图 22-6）

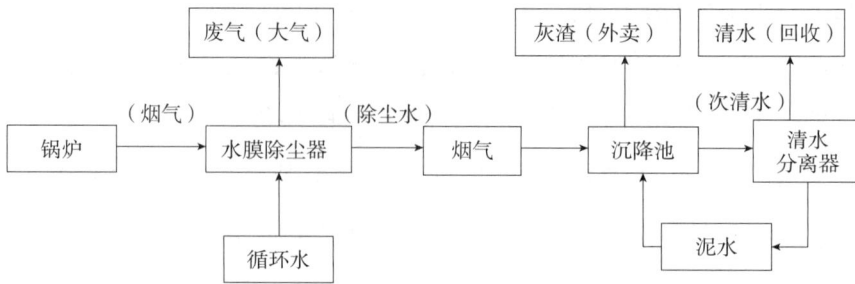

图 22-4　锅炉烟气及冲水除尘处理工艺图

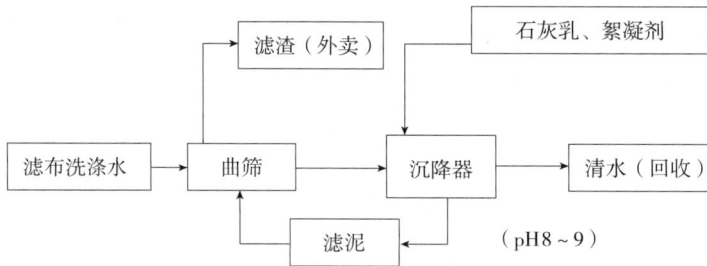

图 22-5　滤布洗涤水处理工艺图

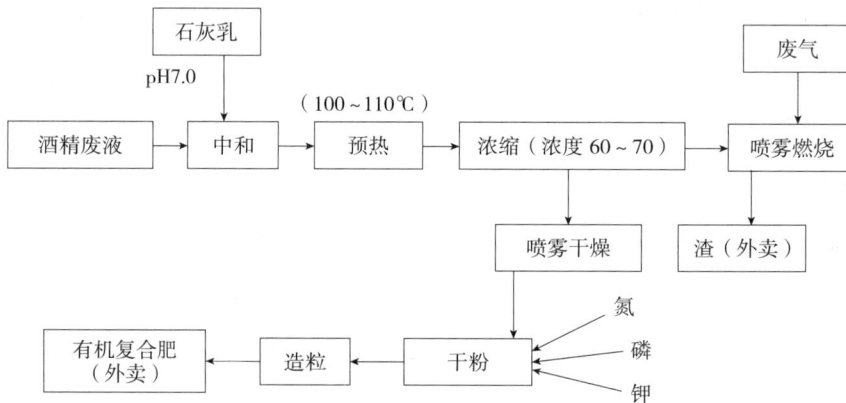

图 22-6　酒精废液处理工艺图

整个工艺过程中设备冷却水，浓缩蒸汽凝结水外排，没有对环境造成污染。

4. 2007 年金光制糖公司污水生化处理设施工艺流程图（图 22-7）

5. 2009 年 75 吨/小时锅炉除尘器改造锅炉烟气处理图（图 22-8）

6. 金光制糖公司全厂制糖生产工艺流程图总图（图 22-9）

（1）甘蔗提汁生产工艺说明。甘蔗提汁生产主要是在压榨工段进行，其工艺是以甘蔗为原料，利用吊车将原料蔗吊到喂蔗台上，再喂落入一级输蔗机内，在过一级输蔗机时经预砍机的初步破碎及理平和一号撕解机的破碎，之后经过二级输蔗机，甘蔗在经过二级输蔗机过程中受到二号撕解机的破碎作用后，形成细蔗丝；经过 6 座压榨机依序进行 6 次压榨提汁（二线，5 座榨机依序进行 5 次压榨提汁），榨机油压力为 15～22 兆帕；为提高糖

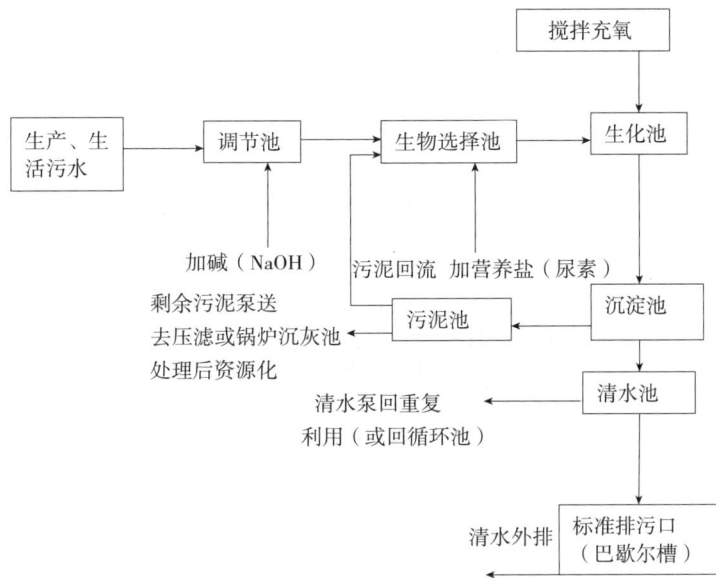

图 22-7　2007 年金光制糖公司污水生化处理设施工艺流程图

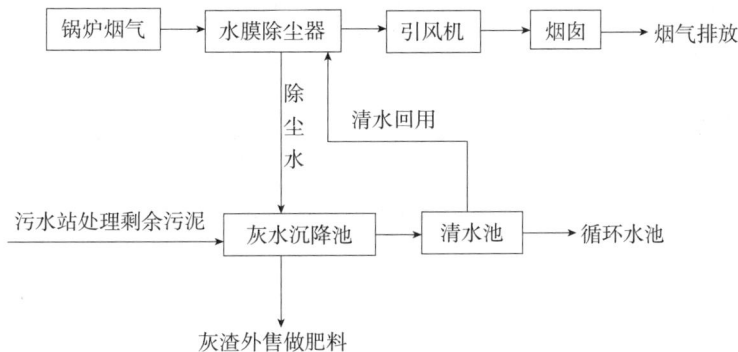

图 22-8　2009 年 75 吨/小时锅炉除尘器改造锅炉烟气处理图

分抽出，在压榨提汁的过程中同时采用五重复式渗浸法进行渗透提汁（二线，采用四重复式渗浸法进行渗透提汁），末座渗透水使用热水，水温 45～65℃，水量对蔗比为 15%～20%。在压榨和渗透的共同作用下，蔗料中的糖分和水分绝大部分被提取出来形成蔗汁，蔗汁经滚筒筛过滤出大部分蔗渣，在滤汁中添加磷酸和石灰乳，然后泵送至澄清工段进入清净工序；蔗渣输送至动力车间做锅炉燃料用，剩余部分打包出厂。

（2）蔗汁清净生产工艺说明。蔗汁清净工艺采用磷酸—亚硫酸法，其主要工艺原理是：以石灰、二氧化硫和磷酸、絮凝剂为主要清净剂，利用磷酸根离子、亚硫酸离子与钙离子反应生成磷酸钙和亚硫酸钙沉淀物，吸附蔗汁中的色素和杂质，再利用高分子絮凝剂凝聚沉淀物质并加速沉降；调节中和酸碱度而达到某些非糖物的凝聚点而生成沉淀物，通过化学和物理化学作用以达到清净的目的。主要工艺流程为：混合汁经一次加热、硫熏中和、二次加热后添加絮凝剂，然后进入沉降器进行沉淀，分离出清汁和泥汁，清汁泵送至

```
甘蔗质量检验      原辅材料采购        桔水塔                      包装材料采购
     ↓               ↓                ↑                          ↓
  蔗场贮存        检验验收          废 蜜                       检验验收
     ↓               ↓                ↑                          ↓
  甘蔗破碎        入库贮存        ★ 分蜜  ⟹  成品糖             入库贮存
     ↓                                ↑         ↓                 ↓
蔗渣  除 铁     油水分离废水       助 晶      白砂糖            消毒杀菌
去锅炉  ↓                           ↑         ↓
  压榨提汁 →                清洗废水 ★三系煮糖   震筛、干燥、输送
     ↓               ↓                ↑         ↓
  混合汁 ←                         糖浆贮箱    两道除铁 → 赤砂糖
     ↓          生化调节池            ↑         ↓
  一次加热                         糖浆硫漂 ← 称量装包 ←
     ↓                                ↑         ↓
蔗汁硫熏中和★                      蒸 发      检 验
     ↓                                ↑        ↙  ↘
  二次加热★                       三次加热  不合格  合格
     ↓                                ↑        ↓     ↓
  快速沉降 ⟹                         清汁   隔离标识 入库
     ↓                                ↑        ↓
  泥 汁                             滤清汁    回溶
     ↓                                ↑
无布真空吸滤机 → 滤汁箱 → 滤汁沉降器
     ↓                          ↑
  滤 泥                        泥汁
     ↓
  滤泥出厂
```

说明：★ 为质量关键控制点，本流程关键控制点为中和、煮糖工序。

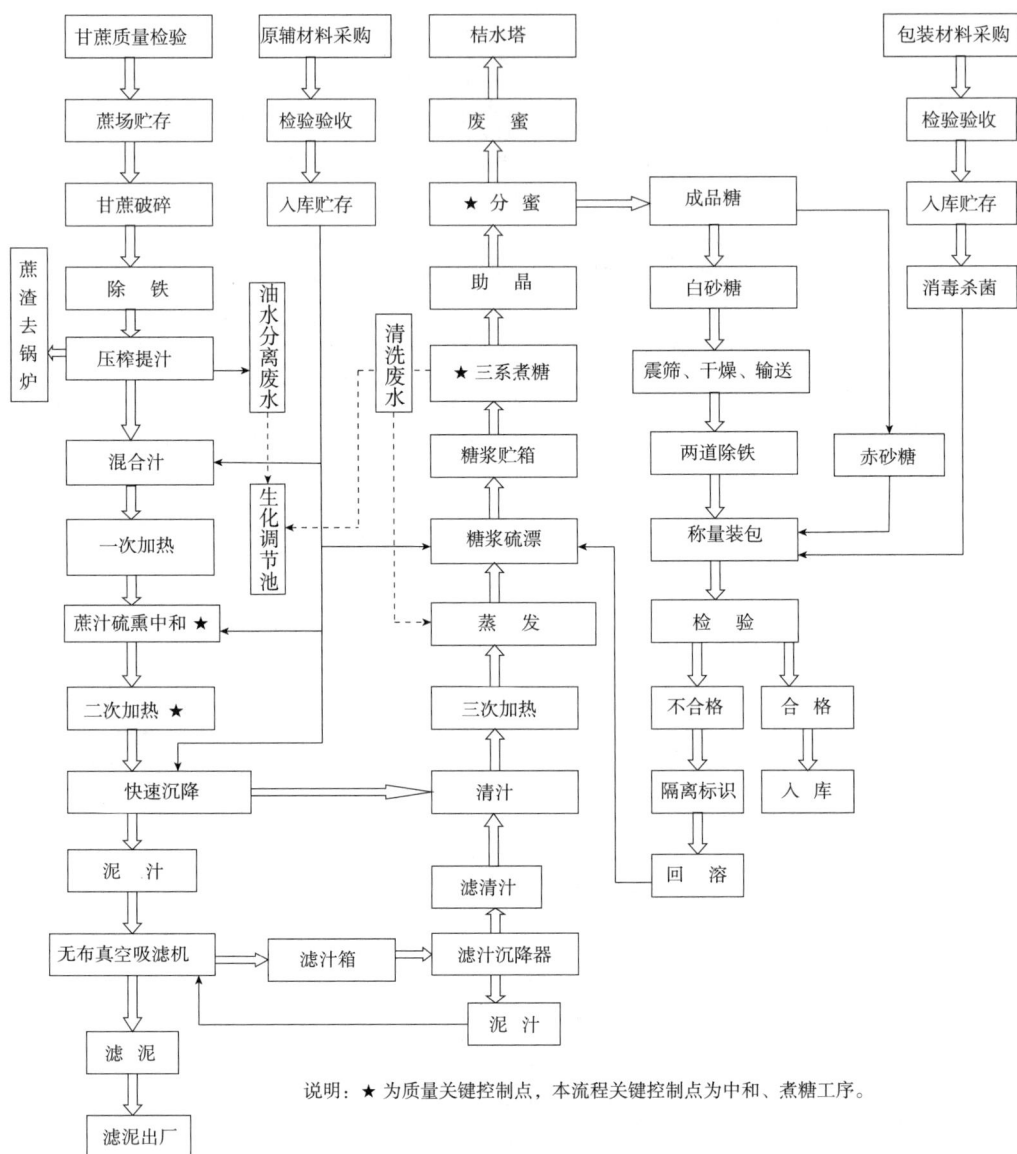

图 22-9　全厂制糖生产工艺流程图总图

蒸发工序进行浓缩。泥汁利用无滤布真空吸滤机进行过滤，分离出滤汁和滤泥，滤汁泵送滤汁沉降池进行沉淀，分离出滤清汁和泥汁，泥汁回流到混汁箱，滤清汁与清汁混合入蒸发工序。

（3）清汁蒸发生产工艺说明。清汁蒸发工艺的主要目的是将浓度比较低的清汁浓缩成浓度比较高的糖浆，其主要流程为：先将清汁进行加热至沸点，然后进入蒸发罐蒸发掉大量水分，将16～20锤度的清汁浓缩成55～70锤度的粗糖浆，粗糖浆经糖浆硫熏器硫熏成清糖浆后，泵送至煮糖工段。

蔗糖结晶与成糖生产工艺说明：蔗糖结晶与成糖是将各种含糖物料在煮糖罐中进一步煮炼浓缩，使蔗糖晶体吸收糖分而不断变大，所煮得蔗糖晶体与糖液（母液）的混合物即

为糖膏；为更大限度地提取糖分，采用投粉煮种——三系煮糖工艺，并随糖浆纯度高低进行调整；各种蔗糖物料结晶生成的糖膏有甲、乙、丙三种，煮成的糖膏自煮糖罐卸入助晶箱，经逐渐降温的过程，帮助糖晶体继续长大，使蔗糖析出更加完全。助晶后的糖膏输入离心机进行糖膏分蜜作业，使晶粒与母液充分分离，形成糖晶粒和糖蜜。

甲糖膏经过分蜜工序分离后得到白砂糖、甲原蜜和甲洗蜜，甲原蜜和甲洗蜜作为煮制乙糖膏的原料；白砂糖经震筛机及输送带输送到成品筛分、装包工序，白砂糖在筛分工序中除去糖块和糖粉并进一步进行干燥和冷却，使白砂糖颗粒均匀度、水分、温度均达到适合装包的状态，然后送入糖斗进行计量、装包，最后入库储存。筛分出来的糖块和糖粉送入甲洗箱。

乙糖膏经过分蜜后得到乙糖、乙原蜜和乙洗蜜，乙糖加糖浆搅拌后形成乙糖糊，作为煮炼甲糖膏的种子；乙原蜜和乙洗蜜则用于煮制丙糖膏。

丙糖膏经过分蜜后得到赤砂糖和橘水，赤砂糖经冷却、计量装包后作为成品送至仓库存储，橘水则泵送到橘水塔贮存。

二、饲料工业

建场初，饲料的加工主要是单纯的粉碎，如稻谷、玉米、木薯片等。1983 年在场部、青年、跃进、罗阳建立四间可日加工 95 吨的饲料厂，也是简单的粉碎与拌合供各分场猪场使用。1987 年经与泰国正大集团引进丹麦电脑控制，具有 20 世纪 80 年代先进技术水平的全自动化饲料厂一间，设计能力年产 3 万吨，可满足本场 3 万多头猪的饲料，还可以外售供应社会一部分。

饲料厂饲料的制造工艺流程是：原料进厂，经过化验室的抽样检测合格后，进厂入仓，原料再由刮板输送机送到生产车间，经锤式粉碎机粉碎，再提升到配料桶中等待配料，中控室根据各种产品配方要求，启动自动配料秤称量后进行配料，经混合机混合后，提升到制粒机进行制粒，制粒后进入颗粒冷却机降温，再经破碎机破碎后提升到分级筛筛选，粉料回流进入制粒料斗中，颗粒料进入装包料斗中进行装包，最后送到成品仓。

本公司的养猪业以饲养三元杂瘦肉型猪为主。原来在饲料营养方面比较粗放，只有大、小猪料简单之分，1996 年，饲料厂从产品结构方面开始改进，根据猪的生长阶段，选用较好厂家生产的预混料，设计开发了种猪料、中猪料。促进了猪的生长发育，到了1998 年，完善了各个阶段猪群所需的饲料品种，促进了养猪业的发展。

1998 年，生猪销售市场疲软，单位产品生产成本高，如何从各方面来降低养猪的成本，提高经济效益，是摆在发展面前的一个大问题。从农场公司养猪业的规模、饲料业的发展来分析，通过自行生产预混料，降低饲料成本，从深度来控制饲料质量。于 1998 年 7 月，农场公司与浙江大学康宁生化营养有限公司联合开发生产了猪系列预混料，并进一步根据猪的遗传基因状况，各阶段生理状况，营养状况等，1998 年至 1999 年开发了一系列猪饲料，如乳猪料、断奶乳猪料，怀母、哺母料，公猪料，在本公司大面积展开试验，试验取得了较好的结果，促进猪的生长发育。例如：乳猪料：适口性好，最明显地缓减应激，减少腹泻；母猪料：增加产仔数，提高初生重等；公猪料：增强公猪性欲，减少复发率等；料肉比：1998 年为 3.0∶1.0，比 1997 年（3.2∶1.0）下降了 6.88%，1999 年为 2.98∶1.0，较 1997 年下降了 4.06%，2000 年上半年为 2.91∶1.0，平均月增重：1997 年为 19.80 千克/头，1998 年为 20.53 千克/头，较 1997 年增长了 3.68%，1999 年为 19.12 千克/头，比 1997 年增长稍差一点，2000 年上半年为 21.53 千克/头，比 1999 年同期增长了 10.8%，因此增重基本较好，提前出栏上市，降低饲料成本，增加经济效益。

饲料厂有自己的化验室。化验室设备较齐全，不仅有饲料方面的检测设备，也有一些用于肥料及土壤分析的仪器设备。主要仪器有 721 型分光光度计、万分之一分析天平、生物显微镜、美国进口水分测定仪、马弗炉、烘干箱、培养箱、水浴锅、搅拌器等、常用玻璃仪器比较齐全。

在饲料方面，主要检测项目有水分、粗灰分、粗蛋白、粗脂肪、粗纤维、盐分、钙、磷、黄曲霉等，以及部分原料掺假识别检测。饲料方面以外的检测项目有土壤酸碱度、水果含糖量等。至 1999 年，化验室检测工作比以往更专于饲料方面的检测，检测项目也逐渐增加。比如利用电位法测定氟含量及部分有害重金属，光度法测定有害元素砷以及氨基酸总量等。

三、淀粉工业

1957 年农场在中意分场建立起第一个淀粉厂，起初生产能力为日产干粉 18 吨/日（现在为 60 吨/日）。1960 年又在青年分场建起了第二个淀粉厂，当时生产能力为日产干粉 18 吨/日，现在为 60～70 吨/日。1995 年，又将食品厂的饼干车间改建为一条淀粉生产线，当时设计生产能力为日产干粉 50 吨/日（现在为 60 吨/日）。

初期的淀粉生产工艺比较简单和落后，采用的是开放式（即放流）生产，大部分操作需要经过人工劳动。经过多次的技术改造，现已采用全封闭式的生产工艺。

中意淀粉厂的环保措施：

①修建有自然氧化塘 50 亩，总容量在 8 万～10 万米^{3}以上，确保废水不外溢，在氧化塘内进行自然氧化；

②修建三面光废渣池一个，容量 1.5 万米^3，可存放 1.5 万吨鲜薯的废渣，保证了废渣不外排；

③修建黄浆池一个（一级沉淀池），三面防渗，容量 550 米^3，黄浆废水通过沉淀后再流入二级池抽送到氧化塘；

④改进工艺，施用黄浆尾水清洗木薯，比原来节约用清水 1/3，收旧利废减少污染；

⑤对排污口进行规范化整治，设有检测沟、二级沉淀池，减少外排污染物；渣水分离机直接安装在渣池内，不用水冲洗废渣，减少废水量；

⑥锅炉排废气处安装有旋风除尘器，保证废烟不带粉尘外排，减少大气污染；

⑦利用废水养鱼，废渣卖给饲养户养鱼、养猪、养牛，每年增收近 10 万元收废利旧，一举两得。

2004 年以后，国家不断加强环境保护工作力度，属地政府环境保护部门依法定期对相关企业进行严格的环保达标排放的监督和定期检测，对不符合要求或环保排放不达标的企业实施整改或关停。淀粉公司按照环保部门的有关要求，对原有的环保设施进行了工艺

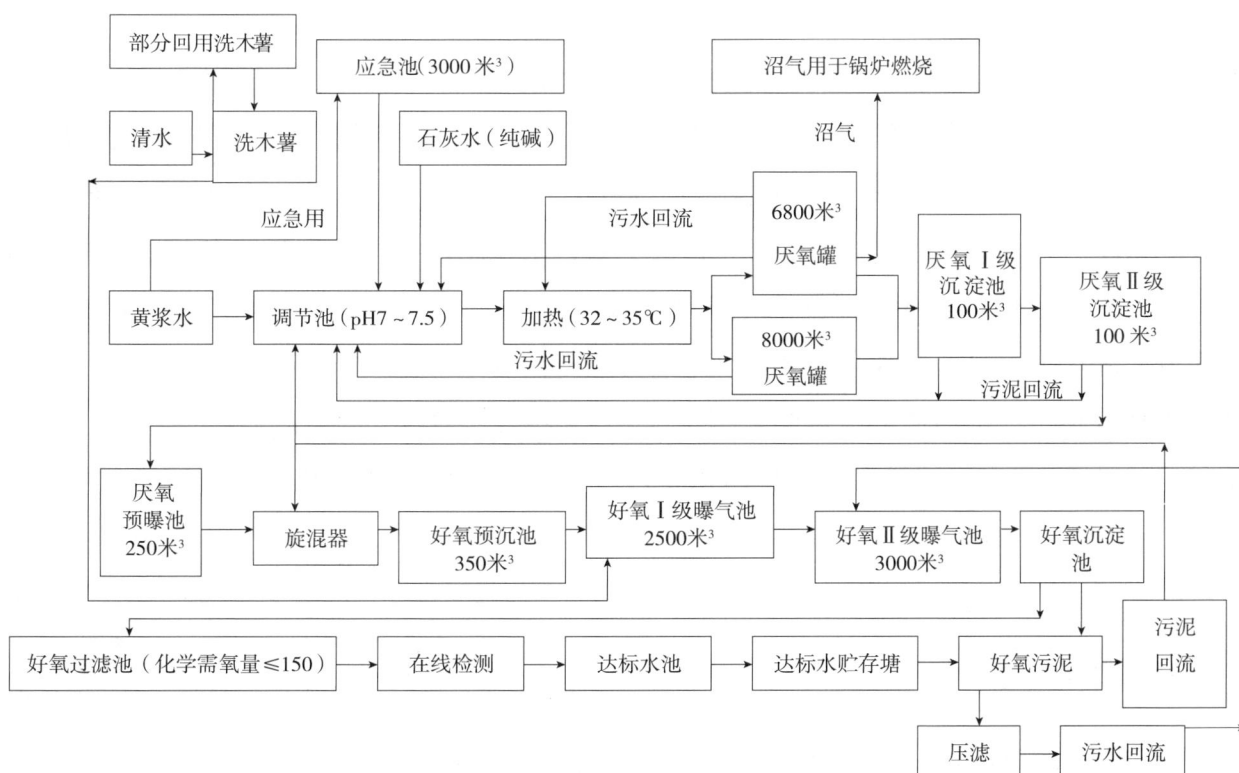

图 22-10　青年淀粉厂废水处理设施流程图

技术改造升级和更新（图 22-10），取得了良好的效果，经属地政府环境保护部门的监督和定期检测，符合环保排放达标要求。至 2014 年淀粉公司环保投入累计 3074 万元。

图意说明：

①黄浆水经酸碱度调节、加热，送至厌氧罐进行厌氧处理，当化学需氧量≤2000 时，排水到厌氧沉淀池进行Ⅰ级沉淀、Ⅱ级沉淀；沉淀后的厌氧污水经厌氧预曝池预曝气、旋混、预沉淀后送至好氧池进行Ⅰ级曝气、Ⅱ级曝气 5～8 小时，当污水的颜色由黑变土黄色（化学需氧量≤150）时经好氧沉淀池沉淀、过滤；处理过的废水经检测达到排放标准后，通过在线检测进行检测排放到达标水池。

②厌、好氧污泥的排放：厌氧处理的废水在厌氧沉淀池中沉淀，污泥回流到调节池中；好氧处理的废水在好氧沉淀池中沉淀，部分污泥经压滤作为外运肥料，部分污泥回流到调节池作菌种进入厌氧罐、部分回流到旋混器，压滤出来的污水再回流到Ⅱ级好氧池中进行处理。

③废水设计处理能力：日处理黄浆水 2000 米^3，洗木薯水 1500 米^3，合计 3500 米^3。

中意淀粉厂、食品厂和青年淀粉厂的废水处理设施流程总体相同。

四、食品工业

本场主要项目是酿酒、饮料、饼干、果脯、月饼、粮油加工等。初期酿酒是一个日产 3 吨的小作坊，用酒饼发酵，原料是大米、高粱、木薯、糖厂糖蜜。1989 年新建酒厂一间，用较先进的蒸馏塔，日产能力达 5 吨。1986 年建成饮料厂一间，开始是与广东省燕糖农场饮料厂合作，引进他们的技术，建成一条自动化生产线，日生产能力 30000 瓶（约 12 吨）。饼干厂于 1989 年建成投产，设计能力年产 2000 吨，聘请上海师傅作指导。1986 年建成果脯厂，引进区热作所技术，进行果脯生产。1988 年开始生产月饼，聘请南宁市师傅作技术指导。粮油加工厂主要是稻谷脱壳，花生、芝麻、油茶榨油及进行面条加工。稻谷可日处理 17.5 吨，基本上是自动化生产。花生可日处理 3.5 吨。油茶可日处理 1.5 吨，生产线半自动化。

五、化肥生产

主要生产钙镁磷肥，1969 年建成磷肥厂一座，后因无原料于 1978 年停产。复合肥厂 1983 年从广东肇庆引进一套小型复合肥机，曾生产一年，因不正常而停产，1988 年经与区化工研究所设计并由其提供技术建成复合肥厂一座，年产 1 万吨，一般可生产氮、磷、钾三个 10% 的复合肥。质量达当前市面上国内同类产品先进水平。2019 年至 2020 年改进生产工艺，投入两条生产线。有机无机复混肥年产量从 3 万吨扩大至 8 万吨。同时，利用生物菌、矿物质腐殖酸、糖厂加工副产品酒精废液、桔水等加工生产有机水溶生物肥。

第六节　畜牧业科技

畜牧业从建场以来，以养猪为主，也兼养过不少役用牛、奶牛、役用马、军用马、绵羊、山羊，还有饲养鸡、鸭、鹅等。

一、养猪

建场开始就发展养猪，以后逐渐扩大饲养数量。猪舍从茅草房过渡到砖木结构房。党的十一届三中全会以后，发展到比较现代化的猪场。猪多肥多，每年为农业生产提供大量的优质有机肥，促进农业生产大发展。

1955 年，开始发展养猪生产，购进陆川母猪 32 头，公猪 1 头，进行繁殖。1956 年首先在罗阳、淋油、中意分场饲养陆川猪种，母猪 160 头，公猪 2 头，当年存栏头数达 672 头。为了加快种猪繁殖，实行"逢母必留"的繁殖措施，使养猪生产获得迅速的发展。1975 年又从陆川县购回陆川种猪几十头繁殖饲养。1960 年扩大养猪生产，在同正、坛井、东风分场建立养猪场，当年存栏头数达 2064 头。

1962 年，为改良陆川猪的品种，从外地引进大约克公猪种与本地母猪杂交，平均年产仔 1.6 窝，每窝 8～10 头，杂交后代优势显著，全身白色，抗病力强，生长发育快，成年猪体重 200 千克左右，个体比本地猪大一倍，一代杂交育肥猪生长较快，抗病力较强，体型较好，瘦肉率较高，容易饲养。

1962 年由于饲料粮不足，每头猪每天只有稻谷粉 0.2 千克，木薯头粉 0.25 千克，粗糠 1 千克，其余均用青料补充。这样低的饲料水平，结果生猪出栏慢，商品率低，死亡率高，造成亏损很大。

1971 年，总结了以上养猪的经验教训，各猪场组织饲养班和饲料生产班，统一划出饲料地，专人负责搞好饲料种植，保证饲料供应，种猪繁殖能力提高，育肥猪生长也较快，年底存栏头数达 3217 头，取得较好生产成果和经济效益，养猪生产初次得到了盈利。

1976 年，为推行机械化养猪生产，在东风分场建立了一个自动化万头养猪场，猪场的设施安装从入料到打浆喂猪，都是自动化的装置线，但由于饲料成分统糠的比例较多，水喂后糠下沉管道，造成阻塞，这种机械化养猪设备不宜应用。

1972年至1978年，养猪生产饲料配合又进一步讲究科学，由单种饲料喂猪转向多种饲料配制，由单纯能量转化为多种能量饲料和包含蛋白质饲料相结合，由于营养配合适当，养猪生产又向前发展一大步。1978年存栏头数高达8114头。

1979年至1981年，为更快发展养猪生产，先后在跃进、青年、罗阳等分场筹建成较大的种猪场，每个种猪场能饲养母猪600头，年产仔猪6000～10000头。

1980年，进行混合饲料添加赖氨酸喂育肥猪对比试验取得成功。1981年4月在全场各生产队推广应用。据全场统计，用混合饲料添加赖氨酸喂育肥猪，平均每头日增重0.73千克，比不喂赖氨酸的日增重多0.17千克，每千克成本降低0.06元，增重显著。

1982年，从美国和国内浙江、湖北、河南、北京等地引进长白、大约克、汉普夏等世界名牌的瘦肉型猪种，进行纯种繁殖或杂交改良，为进一步发展瘦肉型猪生产奠定了基础。

1982年，在双甲、那浪、创业、糖厂农业队新建了肉猪场，每个肉猪场可饲养肉猪500至600头。

1983年至1988年，农场养猪生产有一个较大的发展。一是靠政策，二是靠科学。坚持养猪生产和经营管理体制改革，把养猪生产的大锅饭体制改为家庭农场的责任承包制，把一部分责、权、利由家庭农场承担和合理收益，充分调动养猪生产的积极性和创造性。坚持科学养猪，讲究选育良种，利用杂交优势遗传，注重饲料的科学配方，注意能量饲料和蛋白质饲料的相结合，还注意猪体内需要的矿物质和微量元素、维生素的补充，从而满足猪群各种营养物质的需要，从而提高生猪的日增重量，从20世纪60～70年代的日增重0.2千克提高到现在的日增重超过0.5千克，提高一倍多。饲料利用率也有很大提高，肉料比从1：5提高到1：3.6，由于猪群生长快，育肥猪出栏高，1987年出栏育肥猪达20772头，出栏率为125％，其中交外贸出口17225头，为国家创外汇120多万美元，实现了较好的经济效益，增加盈利。1988年存栏头数23582头，比上年增加4336头，出栏头数23857头，比上年增加3085头，养猪生产不断发展，生产效益逐渐增大，经济效益不断提高。1989年存栏头数26350头，比上年又增加2768头，出栏头数30145头，比上年又增加6288头，表明养猪生产稳步发展，生产水平稳中提高，不断增强经济效益。

为适应出口和国内市场供求关系，农场主要发展瘦肉型猪，是养猪生产的经营方向，以纯繁选种，还从长约杂交母猪选择良种，利用杂交优势，生产杜、长、约或汉、长、约杂交猪育肥出口和满足国内市场需要，为农场养猪生产未来的广阔前景，发展艰苦创业精神，不断创新前进。

第七节 科技成果奖项

建场60多年来，农场的科技工作取得了很好的成绩。部分科研项目经有关部门组织专家正式鉴定验收，获得了厅（局）级以上奖励，有一部分项目虽然做出了成果，但没有经正式鉴定上报评奖。

获厅（局）级以上奖励项目如下。

《应用土壤普查成果，促进甘蔗增产丰收》经自治区科委评定，1984年获广西科技进步四等奖。该项目以土壤普查的1980年为基数，1981、1982年两年共增产甘蔗30825吨，增收144.2万元。项目主持人：李荫平、张智铭、梁文昌、李寿年、骆伟彬。

《旱地甘蔗丰收综合技术》经区农垦局评定，1988年获广西农垦科技进步二等奖。该项目1987年采用旱地综合栽培技术，甘蔗13.9万吨，比1986年增产20％，增收234万元。项目主持和主要完成人：金福赞、李荫平、李荣丽、陆建积、张智铭。

国家"星火计划"《旱地甘蔗丰收栽培技术》经自治区"星火奖"评审组评审、自治区科技进步奖评委会核准，1988年获自治区"星火科技奖"三等奖。该项目计划2万亩，亩产由1985年的3.1吨提高到4.5吨，1986年至1988年完成，实际提前于1987年完成，亩产达5.03吨，1986、1987两年比1985年共增产92968吨，农业增利500多万元。项目主持和主要完成人：李荫平、李荣丽、陆建积、张智铭、欧瑞欢、黄彬隆等。

《旱地甘蔗大面积高产丰收》经国务院农牧渔业部评定，获1988年农牧渔业丰收三等奖。该项目由金光、良圻、昌墩、新兴、武宣五个农场联合完成，本场1987年产原料蔗12.2万吨，比1986年增产29％，农业增收234.28万元，利税增加70万元。主持和主要完成人：金福赞、李荫平、李荣丽、陆建积、张智铭、欧瑞欢等。

《甘蔗深耕深松试验》经农垦局评为1986年广西农垦科技进步四等奖。该项目用深松50厘米与对照相比，增产6％以上。项目主要完成人：张智铭、陆建积、骆伟彬、莫建峰、李荣丽。

《赖氨酸在大群养猪中的应用》经农垦局评定获1982年广西农垦科技进步四等奖。该项目用赖氨酸作添加剂养猪试验，增产明显，主要完成人：陈烈夫、陈钦泳等。

《金光农场土地比阻与适应条件专题研究报告》经华南热机区划评审组评定获1981年华南热机区划一等奖。该项目由农垦局、明阳大修厂、金光农场等单位组成人员对金光农场土地进行比阻测定，取得了大量数据。本场参加完成人员：莫建峰、骆伟彬。

《旱地甘蔗高效节本集成示范推广》获2016年获全国农牧渔业丰收奖二等奖，农场

2016 年产原料蔗 25.93 万吨，单产 5.62 吨/亩。

《丰产高糖宿根性强甘蔗新品种桂糖 32 号选育与应用》获 2017 年获广西科学技术进步奖三等奖。

《强宿根性丰产高糖甘蔗新品种桂糖 31 号选育与应用》获 2017 年获广西壮族自治区农业科学院科学技术进步奖一等奖。

《适合机收的"双高"甘蔗新品种高效栽培关键技术研究与示范》获 2020 年获广西壮族自治区农业科学院科学技术进步奖二等奖。

至 2020 年农场的重大科研项目：国家糖料产业技术体系、国家测土配方施肥、适合机收的"双高"甘蔗新品种高效栽培关键技术研究与示范、猪场废污无害化处理应用于甘蔗增产资源化循环体系建设与示范推广、广西农垦甘蔗品种区域示范试验、旱地甘蔗高效节本集成技术研究与示范、特色经济作物化肥农药减施技术集成研究与示范、国家甘蔗良种重大科研联合攻关新品种展示、广西甘蔗农机农艺融合规模化生产技术示范。

第二十三章 文娱事业

第一节 公司品牌

一、党建品牌

2020 年 9 月 1 日,农场公司根据(桂垦工委发〔2020〕22 号)精神,紧紧围绕农垦集团"一核三新"战略布局,"三年行动计划"和"企业混改"两项战略任务以及公司"一稳二壮三拓展"发展目标,创建了"金色阳光 红色堡垒"(图 23-1)。农场公司通过一面面鲜红党旗的正确引领和一个个"红色堡垒"的坚实支撑,着力凝人心、善服务、强产业,争当南宁区域特色果蔬龙头企业,促进第一、第二、第三产融合发展,创建党建品牌,让"金色阳光"这个企业品牌和"蔗海党旗红""金色阳光红色堡垒""党旗红、产业兴"党建品牌大放异彩。

(一)品牌理念

筑强红色堡垒,激活红色细胞,争当红色先锋,创建金色品牌。

(二)创建措施

通过打造一批红色堡垒,建设一支过硬队伍,选树一批先进典型,引领企业"金色发展",结出"金色硕果"。

1. 打造一批红色堡垒 以"出台一个实施办法、表彰一批示范点、建立一套科学考评机制"为举措,组织各基层党支部通过相互参观、相互检查、相互交流的方式,学习其他党支部推动党建工作与中心工作高度融合发展的做法、成效及经验,并从中寻找差距、发现不足、补齐短板,进而持续纵深推动本支部各项工作,打造坚实红色堡垒,为全面促进产业发展提供坚强保障。

2. 建设一支过硬队伍 一是不断加强党员教育管理,开展形式多样的教育活动,通过长期不间断的培训,使广大党员干部坚定理想信念,提升整体素质,提高解决问题能力,增强大局意识和责任意识,增强政治敏锐性和政治鉴别力。先后组织举办党务知识培训班和党建交流会;组织开展支部书记培训班;组织参加集团召开的 2020 年度宣传思想文化战线网络培训班；组织召开公司党委 2020 年管党治党工作推进会，为公司基层党务工作人员提供一个相互学习交流提供平台，进一步充实基层党建工作理论知识，做牢做实做细基层党建工作，推动基层党组织全面进步全面过硬，培训人次达到 253 人次。

二是充分利用新时代文明实践站和党员政治生活活动室的作用，组织党员开展好活动，增强党组织的凝聚力和战斗力，宣传好党的政策，传递好党的声音，引领广大党员为企业发展释放正能量。2020 年，各支部在新时代文明实践站（所）召开党员大会、支部会议 72 次；并举办了各式各样的精彩活动，如农场公司组织开展"五四"青年节"决胜小康 奋斗有我"演讲比赛。

3. 选树一批先进典型 按照实事求是的原则，把在从严治党有作为、为民服务有举措、服务中心有成效、创先争优有亮点，在公司基层党组织范围内起到示范引领作用的先进党支部、优秀党员树立起来，进一步发挥广大基层党支部的战斗堡垒作用，增强公司高质量发展的紧迫感、使命感、责任感，为上下全力推进"解放思想抓管理、敢做善成当龙头"三年行动计划和企业"混改"两项战略任务提供有力的思想保障和浓厚的舆论氛围。

先进支部示范引领作用非常明显，如农投公司党支部通过收回低效用地、零散果地、林地，通过流转、置换、整合连片，收归国有经营，打造出

图 23-1　农场公司党建品牌 logo

"猪—沼—果"生态循环农业示范区；置业公司党支部响应集团关于积极扩大营收的号召，在 2020 年疫情期间农产品滞销严重时成立金光果蔬交易中心，解决了农场公司员工家属及周边农户长期以来自产果蔬销售渠道不畅的难题，也改变公司"坐地收租"的经营模式。

二、公司商标

2020 年，农场公司分别申报注册了一系列商标。这些商标名称分别为"金光金色阳光""金农犇""金雁来""金秋里""金府相莲""金晟鑫"。

商标意义：2020 年，农场公司按照广西农垦集团"解放思想抓管理，敢做善成当龙头"三年行动计划要求，围绕"区域带动型龙头企业"和"战略协同型龙头企业"发展定

位，坚持科学发展观，不断深化企业改革，整合资源优势，调整优化产业结构，大力实施"乡村振兴"发展战略，大力建设广西农垦优质高产高糖原料蔗示范基地和"广西农垦现代农业和甘蔗生产全程机械化示范基地"。公司改变以往重生产轻经营的情况，不断开拓市场，与市场经济接轨。大力建设现代特色果蔬示范基地，打造"菜篮子""果篮子"，不断壮大国有经济，为农垦集团全面建成大型食品集团和"三大龙头企业"贡献金光力量。

第二节　文娱活动

农场地处偏僻，远离城镇，建场初期，职工的业余文化生活比较枯燥。为了活跃职工文体生活，农场规划逐步改善这方面的具体问题，在过去相当长的年代里，电影是农场职工主要的文娱生活，在比较大的节日里，如劳动节、建党节、国庆节、元旦、春节，有时举行文娱晚会或游园晚会，同时举行一些球赛。1960年农场购进一台16毫米放映机，1985年又购进一台35毫米放映机。大机一般在总场每周星期六晚上放映，小机轮流到各分场放映。

在各个时期，农场曾多次组织成立过文艺宣传队（文工团），到下面分场和附近的农村去演出。1991年6月28日，农场组成了90多人的合唱队到南宁市郊区参加"建党七十周年歌咏比赛"，荣获二等奖。1992年5月14日，农场的文工团赴龙北、北耀、先锋三农场进行联谊交流，在先锋农场举行联欢晚会。1992年9月10日，农场文工团赴崇左县广西军区左江水泥厂慰问演出。

1983年，总场新建成露天电影放映场，可容纳5000～6000人，每次放映，附近分场和农村社员前来观看，卖门票最高时达5000多张。进入20世纪80年代，电视普及以后，1982年各分场都购有黑白电视机，到了1984年至1988年大部分职工家庭购进电视机，有部分还是彩色电视机，为了增强收视效果，1990年10月在场部首先建立了广播电视地面卫星接收站，从此之后，晚上职工大多是在家看电视，看电影的人数逐渐减少了，电影不再是娱乐的热门了。

1990年10月，程控电话开通，农场结束了"摇把子"电话的历史。

2003年金光扩大原有的有线电视网络，扩充节目，能收看全国50多台节目。2009年9月有线电视网络移交农场社区管理。因有线网络线路多年设施老化陈旧，2012年10月16日，农场与广西广播电视信息网络股份有限公司南宁分公司签订移交协议，南宁分公司一次性支付农场20万元，聘用农场社区在编工作人员3名，将金光用户进行有线电视数字化整体转换，实现高清数字化收视节目。至此，农场电视数字化节目与南宁市电视接轨,可收看全国 68 个电视节目。

2003 年 10 月,农场组建金光业余文艺队,文艺队由 70 人组成,队员以农场机关、糖厂机关和车间职工为主,文艺队由工会负责,从 2004 年至 2012 年,文艺队每年在农场、糖厂举办迎国庆文艺晚会,深受广大职工群众好评,同时文艺队还应邀分别到热作所、阳圩、山圩、西江、法卡山英雄营、农垦扶贫点崇左板利乡、职业技术学院、东风、源头、红河、昌菱、红山、旺茂、东风、华山、新光等 17 个兄弟农场和外单位进行慰问演出。2009 年 6 月,农场工会组织健身秧歌队到南宁市参加第四届全区妇女运动会进行文艺表演,获第三名,并组织 3 个节目到明阳和南宁市参加农垦局送文艺下农场慰问演出。组织文艺队 70 多人到南宁区广播电视中心观看第二届全区群众性大型山歌晚会。2011 年 10 月,参加农垦建垦 60 周年庆典晚会,大合唱荣获了特别奖,舞蹈《盛世欢歌》荣获了二等奖。2012 年 9 月,承办农垦局第六届"送文艺、科技、法律下农场"活动,先后到明阳、良圻、东风、九曲湾农场进行金秋慰问演出。2012 年 10 月,农场工会组织 90 人合唱队代表广西农垦参加了由区党委宣传部等多部门联合组织的企业歌曲演唱大赛,并荣获二等奖、组织奖和优秀歌曲奖。2012 年 12 月,组织 14 人表演队代表广西农垦参加全区"社保心·民生情"诗文朗诵比赛,荣获优秀作品奖和组织奖两项荣誉。2013 年"五一"国际劳动节前,组织 18 名人员参加了由市总工会举办的庆祝"五一"国际劳动节文艺晚会的演出,获得好评。2014 年 12 月组织节目"欢乐火把节"代表农垦参加区组织部举办的基层群众文艺汇演,荣获优秀奖和组织奖。为配合文艺队活动,丰富活动内容,2007 年 3 月,农场组建腰鼓队和舞狮队,腰鼓队由退休的女职工组织,共 50 人,舞狮队由农场机关联防队组成,共 20 人,购买统一服装器械,每逢大型节日和演出都进行表演,增添节日气氛。农场多次组织开展的文娱活动,进一步丰富了职工的业余生活,增强了文娱活动的学习与交流,加强了企业文化建设。

2015 年 8 月,自治区总工会组织广西职工艺术团到金光农场开展"中国梦·劳动美"巡回慰问演出活动。2016 年 4 月,金光知青艺术团回乡开展慰问演出;6 月,农场组织 79 人,代表农垦工委参加自治区工委组织的"庆祝建党 95 周年"大合唱比赛。2017 年 7 月 26 日,自治区总工会组织的"中国梦·劳动美——喜迎党的十九大"主题慰问演出活动在金光农场举行,金光农场职工群众自编自演的两个节目也参与其中;9 月 20 日,广西第九届"我邀明月颂中华"——喜迎党的十九大诗词诵读大赛决赛在广西电视台举行,金光农场代表农垦工委参赛,荣获优秀奖。9 月 27 日,金光农场举办首届广场舞大赛。2018 年 8 月 21 日,农场举办全民 K 歌比赛;9 月 18 日,南宁蒙古包艺术团到金光演出;9 月 27 日,农场举办第二届广场舞比赛。2019 年 9 月 27 日,农场公司举办庆祝中华人民共和国成立 70 周年文艺晚会。

第三节 群众文化

2005年，金光农场职工群众自行成立舞蹈队，队长为李丽娜，成员共有12人，成员主要由农场和糖厂的职工、甘蔗承包户、畜牧养殖户组成。舞蹈队主要到南宁市社区、扶绥县以及坛洛、中东昌平等周边村镇演出。2012年，舞蹈队参加南宁市西乡塘区"暨中秋国庆 欢歌赞国策"暨庆祝自治区计划生育协会成立27周年文艺演出。2020年6月，舞蹈队在广西糖业集团诗歌朗诵歌伴舞比赛中获得第一名；代表坛洛镇人民政府参加西乡塘区农民文艺汇演"看家乡新貌，话小康生活"比赛获得金奖。舞蹈队的作品主要有《红色回忆》《绽放》《一抹红》等。截止到2020年底共演出456场。

2015年1月，金光农场职工群众自发组织成立了"金荷湾"乐队，以丰富职工群众业余文化娱乐活动。"金荷湾"乐队成员由爱好乐器演奏的农场机关、分场及金光制糖公司干部职工组成，成员共有10人，孙贵任队长。"金荷湾"乐队自筹资金4.3万元，配备有电子琴、贝斯、萨克斯、笛子、架子鼓等乐器设备。"金荷湾"乐队自编节目，利用业余时间组织排练，有时应邀参加农场和附近村镇举办的文艺演出活动，主要到附近的坛洛、中东、昌平等周边村镇演出。"金荷湾"乐队文艺演出内容形式多样，通俗易懂，贴近生活，代表作主要有《歌唱祖国》《英雄赞歌》《平安归来》等。截止到2020年底，"金荷湾"乐队共演出101场。

无孔笛发明者为原金光小学退休教师黄德宏，他于2001年1月3日申请专利，并于2001年12月5日获得专利证书（图23-2、图23-3）。该笛身有缝无孔，吹口在一端，竖吹，笛身外还可以加共鸣筒。该笛音色柔和，清晰，音量高，别具特色，演奏方法是运用西洋管乐小号的喷吐、弹吐法，用气少，变调容易、音域广，音量宏大，一般能演奏出三

图23-2 黄德宏和他的无孔笛

个八度，既可独奏，又可合奏、伴奏，且简单易学，是值得推广普及的一种民族乐器。

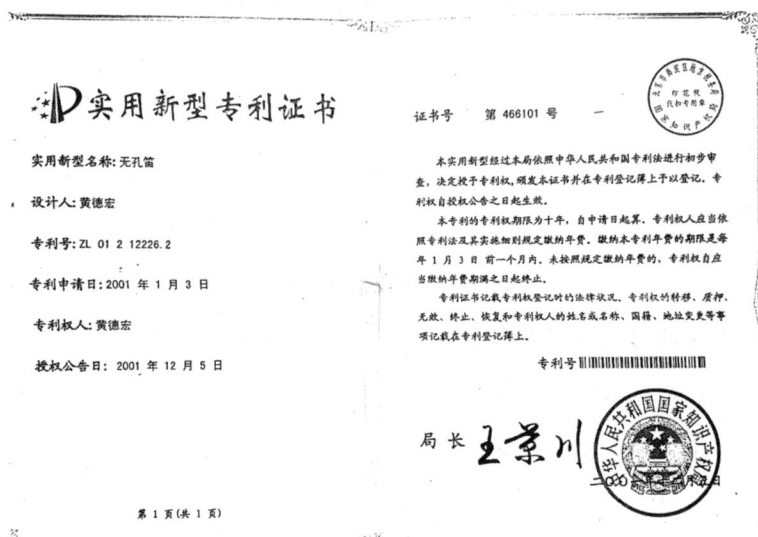

图 23-3　专利证书

1983 年，在南宁市郊区举办的山歌晚会上伴奏彩调、山歌剧，无孔笛首次登台演奏。1984 年"三月三"民歌节，无孔笛曾被改名为"合欢萧"参加民歌节活动。1985 年 2 月，在邕宁县首届文代会晚上无孔笛与其他乐器合奏表演；在蒲庙公园参加山歌大赛，登上电视荧屏；4 月 23 日《广西日报》以《神奇的无孔笛》为题材进行宣传报道；南宁市电台邀请录音，独奏广东音乐《下渔舟》于 6 月 12 日播出。

1987 年 2 月，应南宁市歌舞团采风邀请，黄德宏专程到邕宁县礼堂演奏。1988 年 8 月，在南宁市举办的五市少年儿童夏令营活动中，南宁市代表队儿童组三位女同学持无孔笛（壮语咪撞笛）参加竞赛，录上电视荧屏，被评为优秀节目。

1989 年 3 月，由自治区艺术馆转给自治区歌舞团使用，在桂林残疾 1 月舞蹈节，听众评论：沂水效果很好。1990 年 8 月，自治区老干部活动中心举办老干部演唱、演奏竞赛会，无孔笛独奏《可爱的南宁》《金光之歌》均评为优秀节目。8 月，南宁市代表队持无孔笛参加十月份区举办的文艺汇演，演奏节目评获一等奖。

1991 年春节前后，南宁市及市郊举办"家家乐"文艺竞演，黄德宏一人持二胡、无孔笛两种乐器伴奏参赛的节目《金光是个好地方》，在市郊获评三等奖，在南宁市获评优秀节目奖。

第四节　体育活动

体育活动，主要是进行篮球比赛，这是农场体育经常活动的项目。场部和各个分场都有一个篮球场，用于开展体育比赛活动。场工会每年在国庆节期间都组织开展全场性的篮球比赛或排球比赛，各部室、各分场自己组队参赛，有时是各分场自行组织交流比赛，有时农场组队参加农垦体育比赛或到其他农场和学校进行友谊赛。农场和糖厂曾成功承办广西农垦中学生篮球比赛运动会、南宁市糖业系统"甜蜜杯"排球比赛运动会开幕式和闭幕式；参加广西农垦篮球比赛，荣获男子女子第二名。

　　农场组织的全场性体育比赛一般都是利用业余时间进行，这对增强职工的体质和增进单位与职工之间的友谊起到了很大的促进作用。1994年10月11日至13日，广西农垦系统在南宁市金光实业总公司（原金光农场）举行了首届"金光杯"中学生篮球赛。垦区11个单位的20个男女篮球队的200多名运动员参加了比赛。2007年3月10日，农场分别组建篮球队、排球队，由机关联防队、社区和二层机构抽调人员组成，男队员10～12人，女队员10人。每年工会组织场内"庆国庆"职工篮球·排球体育比赛活动，时间长达半个月，共有12～21个队参加。每年组织全场妇女1500多人开展"三八"妇女比赛活动，项目有拔河、跳绳、投篮、套袋跑、踩气球等娱乐活动。从2004年9月农场篮球队、排球分别邀请南宁市机械厂、隆安糖厂、新兴、西江、星星、昌菱、黔江、中东镇女队、龙头中学男队、金光大学生男队、区少管所、扶绥县法院、南宁水电学校、东风农场篮球队、永新文体协会篮球队等到农场进行友谊比赛。同时外出到那龙镇、源头、昌菱、红山、旺茂等农场进行体育比赛交流。2006年6月，组织男女篮球队、排球男女队、羽毛球男女队参加农垦举办的首届球类运动会，羽毛球男女队获团体冠军，排球男队获亚军，篮球女队获第三名。农场男女混合排球队参加永新区排球运动会，获第一名。2009年4月，组织妇女拔河队和健身秧歌队到南宁参加第四届全区妇女运动会，拔河队获得第二名，健身秧歌队获第三名。2009年10月，农场男女篮球、排球、羽毛球、乒乓球、门球等球队，到南宁市参加"农垦杯"球类运动会，女排球队获得第一名，男女篮球队获得第三名。2010年4月，农场篮球队、排球队参加南宁市第八届运动会和农垦举办的驻邕单位排球赛，被八运会组委会评为道德风尚奖和农垦排球赛第二名。2010年9月25日，组织排球队参加南宁市西乡塘区举办"诚信计生杯排球"比赛荣获冠军。2011年6月，组织排球队到南宁市参加由市总工会举办的"浮法玻璃杯"职工排球比赛，2011年12月组织男子篮球队代表市总参加由区总工会举办的职工运动会。2012年7月，组织男女混合排球队参加由农垦举办的驻邕单位第五届排球比赛，获第二名。2013年5月，组织男女混合排球队参加由农垦举办的驻邕单位第六届排球赛，获第一名。2013年12月组织男子篮球队代表永新文体协会参加由市总工会举办的职工运动会。2014年5月，参加第六届广西农垦驻邕部分单位排球比赛（由金光农场承办），农场荣获第二名和两个单项奖。

2016 年 9 月,农场举行职工排球比赛。2017 年 4 月,金光农场和广职院举行篮球比赛友谊赛。2018 年 10 月,农场公司组织各支部举行排球比赛。2019 年 11 月,农场公司举办管理人员排球比赛。2020 年 11 月,农场公司举办管理人员排球比赛。

第五节　宣传工作

农场的宣传工作,主要是由场党委工作部门和工会负责。建场初期,总场不定期出版用蜡纸刻印的小简报,下面分场则是墙报或黑板报的形式,主要是进行宣传党的方针政策,宣传农场的生产、工作动态以及生活中的好人好事等。1982 年后改为《金光简讯》,用打字机打字油印,以 16 开本形式向全场各单位发行。1995 年农场改制为总公司后,改为出版《金光报》,用电脑打字排版,然后复印,8 开版双面,一般每个月出一期,至 2000 年底已出版至总第 51 期。2004 年 1 月改为《金色阳光》,每个月出版 1 期。截至 2014 年 10 月 30 日,出版内刊《金色阳光》总共 95 期,另外,从 2010 年 1 月到 2014 年 10 月 30 日,出版《广西农垦报》金光专版总共 50 期。2015—2020 年,共出版《广西农垦报》金光专版总共 72 期,在《广西农垦报》发表的宣传报道稿数量 824 篇。

1992 年 4 月 10 日,农场组织出版参加南宁市的"税法宣传板报比赛",获二等奖。2005—2013 年,农场每年都获得"广西农垦宣传通讯工作先进单位"光荣称号。2015—2018 年,农场每年获得"广西农垦新闻宣传与信息工作先进单位"。2019 年,农场公司获得"广西农垦新闻宣传与信息工作先进单位"。2020 年,农场公司获得"广西农垦新闻宣传与信息工作先进单位"。

通讯个人获奖情况见表 23-1、表 23-2。

表 23-1　2005—2020 年金光农场荣获"广西农垦优秀通讯员"和"农垦十佳通讯员"人员名单表

单位	性别	荣誉称号
贺雯	女	2005、2006 年度广西农垦优秀通讯员
吴声瑞	女	2005、2006、2007、2008、2009 年度广西农垦优秀通讯员
黄超忠	男	2006、2007 年度广西农垦优秀通讯员
李剑钊	男	2006、2007、2008、2009、2010 年度广西农垦优秀通讯员,2013 年广西农垦新闻宣传和信息工作"优秀通讯员"
黄晓明	女	2006、2007、2008、2009、2010、2011 年度广西农垦优秀通讯员、2012 年度广西农垦新闻宣传和信息工作优秀通讯员、2013 年度农垦十佳通讯员
劳丽娟	女	2015、2017、2018 年优秀通讯员,2016 年十佳通讯员

（续）

单位	性别	荣誉称号
黄贤凤	女	2015、2016 年优秀通讯员
黄赟	男	2017、2018 年十佳通讯员
杨建颖	男	2019、2020 年十佳通讯员
邱碧芳	女	2019、2020 年优秀通讯员
刘明杰	男	2020 年优秀通讯员

表 23-2 2005—2014 年金光制糖有限公司荣获"广西农垦优秀通讯员"人员名单表

姓名	性别	荣誉称号
宋海锋	男	2005、2006、2009、2014 年广西农垦优秀通讯员
麻华飞	男	2012、2013 年度广西农垦新闻宣传和信息工作优秀通讯员
谭长欢	男	2013 年度广西农垦新闻宣传和信息工作优秀通讯员

农场除了做好场内的宣传报道工作外，还鼓励全场的业余通讯员积极写稿，投寄给报刊、杂志社和电台。至 2004 年年底，被各家新闻媒体、文艺团社采用的稿件数量为：《广西农垦报》（新绿报）406 篇，《广西日报》13 篇，《南宁晚报》3 篇，广西人民广播电台 2 篇，《南宁晚报》13 篇，《南国早报》1 篇，《南宁日报》1 篇，《南宁市郊区报》48 篇，《南宁工人报》1 篇，《广西经济报》1 篇，《华南机械热作科技》杂志 3 篇，《广西热作科技》杂志 1 篇，《中国农垦》杂志 3 篇，《党纪》杂志 2 篇。2005—2014 年被各家新闻媒体、文艺团社采用的稿件数量为：2005 年《新绿报》57 篇；2006 年《广西日报》1 篇，《新绿报》78 篇；2007 年《广西日报》2 篇，《生活报》1 篇，《南宁晚报》1 篇，《新绿报》94 篇；2008 年《广西日报》2 篇，《南宁晚报》1 篇，《广西农垦报》99 篇；2009 年《中国农垦》1 篇，《广西农垦报》80 篇；2010 年《中国农垦》1 篇，《广西日报》2 篇，《南宁日报》1 篇，《广西农垦报》128 篇；2011 年《中国农垦》1 篇，《广西日报》1 篇，《广西农垦报》125 篇；2012 年《广西日报》1 篇，《广西农垦报》115 篇；2013 年《广西日报》3 篇，《广西农垦报》135 篇；2014 年《广西日报》1 篇，《广西农垦报》112 篇。2015 年《广西农垦报》129 篇。2016 年《广西农垦报》131 篇。2016 年《广西农垦报》128 篇。2017 年《广西农垦报》141 篇；2018 年《广西农垦报》135 篇。2019 年《广西农垦报》134 篇。2020 年《广西农垦报》126 篇。

20 世纪 80 年代前，农场在总场场部设立了广播室，除总场安装了高音喇叭可对场部地区广播外，还利用场部电话总机的线路向各个分场进行载波广播宣传，每个分场都安装有舌簧喇叭，形成了全场的有线广播网络。20 世纪 80 年代后，各分场都自己购买了集"收音、播音、扩音"于一体的三用机，安装了高音喇叭，分场自己独立广播宣传，与指挥生产兼用。现在广播多用于宣传党的路线方针政策和农场有关新政策。分场广播主要用于宣传和通知布置各时期生产工作。

第六节 特色水果采摘节

采摘节是农场公司依托"金色阳光现代特色农业（核心）示范区"示范效应，发展特色水果种植产业规模，打造"金光一号"特色农产品品牌的重要举措。采摘节每年举办一次，活动时间为期一个月。

2020年1月18日，由农场公司主办，南宁金农源农业投资有限公司承办的首届"金色阳光，源自金光"沃柑采摘节在"金色阳光现代特色农业（核心）示范区"农业公园举办，广西农业农村厅科技教育处、南宁师范大学继续教育学院、南宁市西乡塘区坛洛镇人民政府、金光制糖公司、金光畜牧公司等20家单位48名代表及农场公司1000多名职工群众参加开幕式。采摘节内容丰富多彩，有沃柑、草莓、脆蜜金橘等特色水果采摘、台湾精品水果园采摘；有"金府香莲"睡莲花茶品茶会、环公园自行车骑行、美食小吃一条街、特色土货展销（土货街）、特色农产品展销（一场一品街）、花卉白鹭摄影、房车露营活动、春节游园活动等。

第一次采摘节的成功举办，农场公司的沃柑、草莓、脆蜜金橘等水果受到南宁市周边地区人民群众的欢迎，采摘节上展销的睡莲花茶、富硒香米以及其他的特色农产品得到广泛宣传。采摘节开幕当天进园采摘及游玩的人数3000多人次，产品展销、采摘收入约11.8万元。

第二十四章　卫生事业

第一节　发展概况

建场开始，场部卫生室的设备十分简陋，只有一间 22 米^{2}的茅草房，一名卫生员，只有一些普通的药品和简单的医疗器械。

1958 年，因卫生室扩展需要，将场部养鸡场的鸡舍改作传染病房，后来规模逐渐扩大，又进一步改建为卫生所，医疗设备仍然十分匮乏，当时，曾将畜牧兽医用的 30 毫安 X 光机经过改造后用作人体透视检查使用。

为保障职工的身体健康，除在总场设立卫生所外，分场还设有卫生室，每个分场有一名卫生员。人员也逐年增加，卢瑞芝、黄金、玉廷咏、陆致福、魏焕民、郑丁辉、朱润、林雄等都是早期的卫生工作人员。

第二节　总场医院

总场医院，最初是利用 20 世纪 50 年代的养鸡场旧房改建而成，当时设备非常简陋。随着农场的发展，医院也在不断扩大。1985 年新建了四层楼的门诊部，同时在金光街也建起了一间门诊（分）部，并于 1986 年 8 月 26 日同时开张开诊。当时，医院的病床已扩展到了 30 多张，全院有医护人员 35 人。

至 2004 年，总场医院的规模有了更大的发展。医院占地面积扩大到 14000 米^2，建筑面积为 3500 米^2，业务用房为 3332 米^2。全院职工为 60 人，其中有主治医生 9 人，中西医师（士）10 人，护师 9 人，护士 10 人，检验人员 2 人，放射人员 2 人，药剂人员 4 人，其他卫技人员 4 人，行政工勤人员 10 人。医疗卫技人员占总人数的 81.3%，行政工勤人员为 16.6%。医院可开设病床 50 张。病房全部装修过，床铺更新，病房设备完善，有电风扇和公共卫生间；临床科室设置有内科、外科、妇产科、急诊室、儿科、五官科、中医科、家庭病床科；医技科室设置有药剂室、化验室、放射室、手术室、处置室、供应室、病案统计室、图书室；预防保健室有卫生防疫室、妇幼保健室、计划生育技术指导站；行政科室设置有院办公室（负责医疗、护理、人事、秘书、保卫、财务、后勤工作）。

医院的设备日臻完善。至 2004 年，已具备一级甲等医院的全部装备标准。几年来，新增添了进口 B 超机 1 台，200 毫安 X 光机 1 台，心电图机 1 台，分光光度计 2 台，4210 型火焰光度计 1 台，氯分析仪 1 台，双目显微镜 2 台，新生儿红外线抢救台 1 台，高速涡轮牙钻机 3 台，万能手术台 1 台，高频电刀 1 台，同步呼吸机 2 台，救护车 1 辆，高压灭菌器 1 台。

医疗业务不断逐年增大。仅以 1999 年统计为例，门诊量为 48000 多人次，住院为 1230 人次，急诊为 1204 人次，抢救危重病号 39 人，成功率为 92.3%。一般的常见疾病均可在场内医院就医处理。

总场医院历任院长（负责人）：黄实卿、马连贵、郑丁辉、李仍姿。现任院长莫兰，副院长吴大耀。

2010 年 6 月 1 日，金光医院 61 名医务、后勤人员移交南宁市西乡塘区人民政府，医院资产包括土地使用权、房屋产权及金光门诊部一次性整体移交。2010 年 12 月 28 日，西乡塘区副区长隋有实和场长陈强进行了金光医院正式移交签字仪式。农场将金光医院正式整体移交给南宁市西乡塘区人民政府管理。西乡塘区人民政府接收金光医院人员 61 人（接收人员以 2006 年 5 月 1 日的在职人数为依据，离退休人员不列入移交范围）。被接收人员按规定纳入差额拨款事业单位编制，由南宁市西乡塘区人民政府卫生局统一管理。未被接收人员由农场统一安置和管理。根据南宁市机构编制委员会《关于金光实业总公司医院机构编制问题的批复》（南编〔2011〕63 号）的精神，原金光实业总公司医院更名为南宁市西乡塘区坛洛镇第二卫生院，隶属西乡塘区卫生局管理的差额拨款事业单位。

2005 年至 2010 年历任正副院长名单见表 24-1。

表 24-1　2005 年至 2010 年历任正副院长人员名单

姓名	性别	民族	籍贯	职务	任职时间
莫兰	男	壮族	广西上林	医院院长、支书	2005.1—2006.03
				医院支书	2006.3—2006.12
				医院院长、支书	2007.1—2010.12
吴大耀	男	汉族	广西宾阳	医院副院长	2005.1—2010.12
莫乐辉	男	壮族	广西来宾	医院第一副院长	2006.3—2010.12

第二十五章　先进单位和个人表彰

自 1983 年起，农场根据先进评比条件和要求，每年都进行"先进单位""先进党支部""先进分会""甘蔗丰收单位""高产单位""高产家庭""优秀共产党员""优秀党务工作者"等各种先进评比工作，对思想境界高、贡献突出、成绩显著、符合先进条件的集体和个人进行大会表彰奖励和全场通报表彰。通过召开"先代会"、下发文件等形式进行先进表彰，以鼓励更多单位和个人不断勇创佳绩，争先创优，为企业物质文明和精神文明建设作出新的贡献。先进表彰工作已形成经常化和制度化。具体表彰情况见表 25-1、表 25-2、表 25-3。

表 25-1　1985—2020 年农场表彰先进集体统计表（个）

名称 年份	先进单位	甘蔗丰收单位	甘蔗产量超万吨	先进党支部	先进少先队	先进集体	五好家庭	先进分会	特别贡献奖单位	扶贫帮困先进单位	先进职工小家	先进部室	高产单位	高产大户	高产家庭
1985				8	1										
1986				8	1										
1987				8	1										
1988				8	1										
1989				8	1										
1990				8	1		623								
1991				8	1										
1992				8	1										
1993				8	1										
1994				8	1										
1995				8	1										
1996	7	2	2	8	1										
1997	14	3	3	8	1										
1998	11	2	2	8	1										
1999	12	3	3	8	1										
2000	11	3	3	8	1										
2001	10			8	1										
2002	6			9	1										
2003				9	1	3									

（续）

名称＼年份	先进单位	甘蔗丰收单位	甘蔗产量超万吨	先进党支部	先进少先队	先进集体	五好家庭	先进分会	特别贡献奖单位	扶贫帮困先进单位	先进职工小家	先进部室	高产单位	高产大户	高产家庭
2004				9		1									
2005				7				18	5	7					
2006				7						3	20				
2007				9											
2008				6				13							
2009				7				10							
2010	2			8				22							
2011	3			8				22							
2012	4			8				22				1			
2013	2			8				22				1	2	1	12
2014				7											
2015	17			8								15			
2016				8											
2017	5			8								2	5		25
2018				5											
2019				8		21									
2020				8		21									

表 25-2　1985—2020 年农场表彰先进个人统计表（人）

名称＼年份	优秀共产党员	优秀管理干部	优秀教师	优秀少先队辅导员	计划生育先进工作者	工会积极分子	先进生产（工作）者	巾帼建功能手	优秀党务工作者	生产标兵	先进职工之友	种蔗大王	种蔗能手	农机创新奖
1985			1						8					
1986		2	1						8					
1987			1						8					
1988			1						8					
1989		10	1						8					
1990			1	1					8					
1991		2	1	1					8					
1992	100		1	1					8					
1993			1	1					8					
1994			1	1					8					
1995			1	1					8					
1996		2	1	1			212	43	8	10				
1997			1	1			191		8	10				
1998			1	1			183		8	11				
1999			1	1			187	44	8	9				

（续）

年份＼名称	优秀共产党员	优秀管理干部	优秀教师	优秀少先队辅导员	计划生育先进工作者	工会积极分子	先进生产（工作）者	巾帼建功能手	优秀党务工作者	生产标兵	先进职工之友	种蔗大王	种蔗能手	农机创新奖
2000	75			1	1		161	43	8					
2001	75		2	1	1	30	130	42	8	8				
2002	75			1	1	30		43	8					
2003	68			1	1	30		44	8					
2004	71			1	1	27		44	8					
2005	68					29		43	7		4			
2006	73					43			8		4			
2007	68								11					
2008	57					59		37	10		4			
2009	65					83		39	10		3			
2010	67					55	64	39	12		3	3	2	1
2011	62					55	57	34	10		3	4	3	1
2012	58					57	46	33	10		4		7	
2013	61					42	41	32	10		4			
2014	38								8					
2015	37								10					
2016	35								9					
2017	36							46	10					
2018	22								8					
2019	19								10					
2020	19								10					

表 25-3　2004—2014 年金光制糖有限公司表彰先进单位和个人统计表（个）

年份＼名称	先进单位（个）	先进班组（个）	先进生产工作者（人）	年份＼名称	先进单位（个）	先进班组（个）	先进生产工作者（人）
2004	3	17	71	2010	2	19	63
2005	4	17	66	2011	2	19	62
2006	3	18	65	2012	2	19	55
2007	2	18	65	2013			
2008	2	17	62	2014			
2009	2	17	62				

注：2013 年和 2014 年公司没有进行表彰先进。

中国农垦农场志

第五编

社会与民生

中国农垦农场志

第二十六章 人 口

第一节 人口发展

1955年末，全场268户463人（当年接收原天西罗阳分场职工95人，南宁市调来47人，浦北场调来136人，共278个职工），其中男268人，女195人。随着农场生产的发展，不断招收工人进场，人口逐年增加。1958年开始从南宁市招收城镇社会青年和当年下放转业军官（含少数士兵）400多人。1960年政府把原属邕宁县坛洛公社的坛蓬、草塘两大队及坛洛公社定顿大队绿姆小队划归农场管理，三个队共人口1778人，劳动力989人。同年绿姆小队转为全民制职工编制，坛蓬、草塘两大队仍按原编制不变。到1962年春全场人口增至1563人（不含坛蓬、草塘两大队），其中男976人、女587人。1962年上半年，农场职工响应国家精简下放的号召，一批职工响应号召，踊跃报名，有350个职工513人获得批准离场返回原籍，全场人口减至1050人，减少32.75%。1965年至1966年2月，招收苍梧、岑溪城镇下乡知识青年78人（其中男28人，女50人）来场工作。1970年接收邕宁五塘插青38人（其中男24人，女14人）进场工作。1974年宾阳廖平农场复办劳改农场，原有部分职工315人（其中男210人，女105人）转到金光农场工作。1975年从贺县（今贺州市）铝品厂招收80人（其中男40人，女40人）来场工人。1976年为新建糖厂而扩大种植甘蔗面积，缺乏大量劳动力，当年从邕宁、武鸣、龙州、扶绥、隆安、宾阳、桂平、藤县、平南等县招收工人2200人，农场人口从3160人（职工1800人）突增至6800人（职工4000人），其中男3600人，女3200人，比1962年增长6.7倍。1981年以后，原属城镇知识青年的职工调回原籍就业和职工正常调动、职工子弟外出读书迁出等因素，农场人口发展缓慢。

2004年，全场有3673户，共10061人。其中，男5200人，女4861人，职工4500人。至2014年，全场有3943户，共9651人。其中，家庭户3911户，集体户32户，男5030人，女4621人，职工1386人。

2015年至2020年，人口有小幅下降，因职工陆续退休，职工人数不断下降，至2020年全场有3294户，共9042人，其中，男4958人，女4084人，职工916人。

1995 年至 2020 年人口变动情况见表 26-1。

表 26-1　1955—2020 年人口变动情况表

年份	总户数（个）	人口数（人）			年份	总户数（个）	人口数（人）		
		合计	男	女			合计	男	女
1955	5	324	177	147	1988	2100	6891	3470	3421
1956	33	451	246	205	1989	2128	7154	3643	3511
1957	105	624	362	262	1990	2182	7280	3652	3628
1958	113	1477	788	689	1991	2648	7219	3681	3538
1959	113	2266	1201	1065	1992	2938	7988	4153	3835
1960	522	3498	1799	1699	1993	3267	8131	4309	3822
1961	270	2596	1348	1248	1994	2697	8163	4244	3919
1962	370	2543	1321	1222	1995	2518	8616	4566	4050
1963	390	2491	1265	1226	1996	2789	8677	4598	4079
1964	823	3760	1882	1878	1997	3856	9456	5105	4351
1965	696	3948	2504	1444	1998	3106	8693	4433	4260
1966	751	4174	2117	2057	1999	2822	8746	4635	4111
1967	836	4471	2256	2215	2000	3061	8532	4352	4180
1968	963	4572	2326	2246	2001	3084	8876	4526	4350
1969	964	4802	2354	2448	2002	3556	10230	5217	5013
1970	871	4816	2453	2363	2003	3137	8721	4534	4187
1971	1013	4922	2491	2431	2004	2976	8601	4386	4215
1972	1005	5013	2515	2498	2005	3191	8295	4851	3444
1973	737	3714	1868	1846	2006	3249	8754	5118	3636
1974	779	4198	2179	2019	2007	3197	8661	5036	3625
1975	1099	4436	2258	2178	2008	2344	7498	4352	3146
1976	1197	3962	3627	335	2009	2727	8731	5060	3671
1977	1284	7234	3792	3442	2010	3029	8313	3702	4611
1978	1469	7349	3767	3582	2011	3048	8759	4382	4377
1979	1573	6779	3390	3389	2012	2862	8693	4437	4256
1980	1482	6500	3281	3219	2013	2875	8752	4467	4285
1981	1678	6435	3273	3162	2014	3943	9651	5030	4621
1982	1719	6706	3294	3412	2015	3634	10902	5732	5170
1983	1739	6634	3359	3275	2016	3440	10322	5486	4836
1984	1685	6317	3196	3121	2017	3835	11506	5979	5527
1985	1683	6501	3272	3229	2018	3386	10369	5434	4935
1986	1708	6414	3247	3167	2019	3294	9042	4958	4084
1987	1768	6600	3377	3223	2020	2539	7647	3922	3725

第二节　民族与姓氏

2000 年，全国人口第五次人口普查统计，全场总人口中，有汉族 3508 人，占总人口的 37.88％；壮族 5663 人，占总人口的 61.16％；瑶族 72 人，占总人口的 0.77％；水族 7 人，占总人口的 0.07％；侗族 2 人，占总人口的 0.02％；苗族 4 人，占总人口的 0.04％；回族 2

人，占总人口的 0.02%；白族 1 人，占总人口的 0.01%；满族 2 人，占总人口的 0.02%。

2010 年，全国人口第六次人口普查统计，全场总人口中，有汉族 3155 人，占总人口的 37.88%；壮族 5084 人，占总人口的 61.16%；瑶族 59 人，占总人口的 0.71%；水族 4 人，占总人口的 0.05%；苗族 9 人，占总人口的 0.09%；布依族 4 人，占总人口的 0.04%。

2020 年，全国人口第七次人口普查统计，全场人口中有汉族 2459 人，占总人口的 32.16%；壮族 5076 人，占总人口的 66.38%；瑶族 80 人，占总人口的 1.05%；苗族 8 人，占总人口的 0.1%；蒙古族 2 人，占总人口的 0.3%；布依族 9 人，占 0.12%；仫佬族 2 人，占总人口的 0.3%；彝族 2 人，占总人口的 0.3%；水族 1 人，占总人口的 0.01%；土家族 1 人，占总人口的 0.01%；毛南族 2 人，占总人口的 0.03%；侗族 4 人，占总人口的 0.05%；未定族称人口 1 人，占总人口的 0.01%。

2020 年，全场人口姓氏组成与 2004 年、2014 年基本没有大变化，2014 年姓氏由 172 个增加到 173 个，增加一个"零"姓氏。

第三节　文化结构

2004 年，全场在职职工受过不同程度文化教育的有 2944 人，职工人数占总人口的 34.23%，其中大学本科 49 人，大学专科 84 人，中专 136 人，高中 466 人，初中以下 2209 人。至 2014 年，全场在职职工受过不同程度文化教育的有 1560 人，职工人数占总人口的 13%，其中大学本科 180 人，大学专科 558 人，中专 226 人，高中 351 人，初中以下 245 人。

截至 2020 年，全场在职职工受过不同程度文化教育的有 1022 人，职工人数占总人口的 11.3%，其中硕士研究生学历 5 人，大学本科 58 人，大学专科 60 人，中专 34 人，高中 125 人，初中以下 634 人。

第四节　职工人数

1955 年，从浦北新田子等垦殖场调来 136 人，与原天西垦殖场罗阳分场 95 人一起创办金光垦殖场。1958 年农场到南宁、柳州、马山、都安等地招 300 多工人；1965 年又从梧州、桂平、岑溪调来一部分工人；1976 年又从宾阳、廖平、桂平、贺县等地招来大批工人。

随着农场生产建设的发展，以及产业结构的不断改变，农场的在职职工人数由初期 278 人，到 1978 年最多的 4462 人。建场初期，以农业生产为主，因此 82% 以上都是农工，到了 1989 年农工占职工比例为 33.2%。后来工副业不断扩大，已形成了农、工、商、运、建、教育、卫生等多种行业的综合性企业。而工副业的职工由建场初期的 0.6%，到 1989 年上升为 24%。2001 年后因职工陆续退休，职工人数不断下降，至 2020 年职工人数为 916 人（表 26-2）。

表 26-2　1957—2020 年职工人数表

年份	总人数（人）	男（人）	女（人）	干部（人）	工人（人）	年份	总人数（人）	男（人）	女（人）	干部（人）	工人（人）
1957	359	265	94	50	309	1989	3494	1834	1660	280	3214
1958	1035	770	265	119	916	1990	3452	1827	1625	260	3192
1959	1597	1323	274	132	1465	1991	3436	1838	1598	235	3201
1960	1972	1171	801	121	1851	1992	3538	1826	1712	235	3303
1961	1600	965	635	141	1459	1993	3634	1756	1878	251	3383
1962	1341	824	517	106	1235	1994	3505	1730	1775	213	3292
1963	1254	678	576	112	1142	1995	3468	1814	1654	240	3228
1964	1267	633	634	114	1153	1996	3408	1716	1692	223	3185
1965	1797	931	866	116	1681	1997	3289	1671	1618	220	3069
1966	1857	959	898	119	1738	1998	3226	1434	1792	219	3007
1967	1885	961	924	121	1764	1999	3663	1685	1978	212	3451
1968	1822	813	1009	125	1697	2000	3724	1910	1814	205	3519
1969	1864	816	1048	123	1741	2001	3758	1989	1769	210	3548
1970	1848	813	1035	112	1736	2002	2885	1526	1359	192	2693
1971	1841	997	844	112	1729	2003	2632	1715	917	340	2292
1972	1941	911	1030	100	1841	2004	2627	1213	1414	291	2336
1973	1396	583	813	113	1283	2005	2363	1111	1252	381	1982
1974	1749	746	1003	108	1640	2006	2268	1062	1206	365	1903
1975	1882	854	1028	189	1693	2007	2166	1267	899	366	1800
1976	4055	2207	1848	219	3828	2008	2148	1241	907	361	1787
1977	4210	2462	1748	218	3992	2009	2152	1294	858	374	1778
1978	4462	2650	1812	215	4247	2010	1975	1253	722	288	1687
1979	4025	2260	1765	244	3781	2011	1871	1180	691	247	1624
1980	3840	2070	1770	226	3614	2012	1765	1088	677	273	1492
1981	3901	2365	1536	229	3672	2013	1491	906	585	265	1226
1982	3968	2270	1698	236	3738	2014	1386	829	557	236	1150
1983	3850	2037	1813	240	3610	2015	1582	1037	545	110	1472
1984	3807	2125	1682	330	3477	2016	1452	972	480	119	1333
1985	3535	1823	1712	325	3210	2017	1318	923	395	120	1198
1986	3435	1762	1673	290	3165	2018	1182	840	342	119	1063
1987	3372	1863	1509	277	3104	2019	1029	768	261	116	913
1988	3558	1821	1737	286	3272	2020	916	708	208	119	797

第五节　计划生育

1978 年，农场成立计划生育领导小组，同年成立计划生育办公室，1980 年实行计划生育。1979 年农场人口自然增长率为 3.5％，1989 年人口自然增长率为 0.65％，人口自然增长率下降了 2.85％。

农场"两个文明"一起建，"两种生产"一起抓，始终不渝地积极宣传、坚决贯彻执行党和国家现行的计划生育方针政策和自治区计划生育工作条例。始终坚持党政一把手亲自抓，负总责不变，坚持计划生育"三个一票否决"不变，把深入开展创建计生工作"三为主"列入党委和董事会的议事日程。

仅 1995 年至 1998 年，共投入计划生育经费 387603 元，即使是在资金短缺、经济困难的 1998 年，也投入了 76171 元，达到了计生工作人均投入 3.50 元的指标。1997 年，农场根据郊区的布置，结合总公司的实际，推行"计划生育行政合同法制化、规范化"的管理，提高了广大职工群众对签订计生合同"法制化、规范化"管理工作的重要性和必要性的认识，自觉贯彻执行落实计划生育的政策法规。1998 年农场范围内应签订合同对象 1323 人，实际签订 1320 人，应签率达 99.7％，使计划生育工作纳入了经常化、法制化、规范化的管理。领导的重视，人力和物力上的大力支持，为计生工作各项任务的完成提供了可靠的保证。

1995 年至 1998 年，总公司连续评为郊区人口与计划生育工作目标管理责任状一等奖；1998 年获南宁市创建"三为主"工作达标单位；计生协会获评为南宁市先进集体；在创建"三为主"合格单位活动中，圆满完成了郊区下达创建 9 个合格单位的任务。

农场在基层建设组织网络（含坛蓬、草塘两个大队），通过在每个单位都建立计划生育工作协会和计划生育工作领导小组搭建组织网络，由党支部书记和村委会主任对计划生育工作负总责，另外还配备有一名计生工作专干，因此计生工作协会经常得以开展活动，完成各个时期的计划生育工作和任务。

计划生育宣传方面，至 1998 年，全场共有上墙固定标语 168 条，宣传牌 4 块，墙报 16 块，宣传栏 16 处。各单位利用自己的人口、学校（兼用教室）开展计划生育宣传教育，普及人口与计划生育的基础知识。计划生育宣传品入户率达 80％以上，育龄人群参学率达 85％以上，应知应会率达 75％以上。

2016 年 1 月 1 日起，全国开放二胎，农场计划生育工作中不再对二胎家庭征收社会抚养费，2016 年至 2020 年社区每年组织育龄妇女进行身体健康检查，为 537 人办理计划生育独生家庭退休人员 5％增资；2015 年至 2020 年共计发放独生子女保健费 98175 元，并在节假日时组织人员慰问计生特殊家庭。认真落实计生基层群众自治，各单位人口计生基层群众自治工作责任到人，累计为 1834 户独生子女家庭购买爱心保险，至 2020 年累计为 1578 户计划生育家庭购买暖心保险，独生子女获高考加分人数共 5 人。

2015 年至 2020 年新增人口数累计 751 人，二孩人数为 402 人，占比 53.52%，2020 年自然增长率为 0.38%。累计办理《独生子女父母光荣证》73 本，流动人口婚育证 10 本，2016 年后办理的再生育证共 30 本。

1990 年至 2015 年计划生育统计见表 26-3。

表 26-3　1990—2015 年计划生育统计表

项目 年份	当年新婚人数（女）			现有一个孩子夫妇数（对）	独生子女		超生征收情况	
	新婚人数（人）	其中晚婚（人）	晚婚率（%）		领证人数合计（人）	当年领证人数（人）	累计起生人数（人）	当年征收金额（元）
1990	77	57	74.0	699	648		4	
1991	47	28	59.5	816	724		5	
1992	72	55	76.3	936	823		7	
1993	97	74	76.3	1009	824		2	
1994	75	60	80.0	1051	882		3	
1995	70	50	77.4	1162	848		1	
1996	75	48	64.0	1240	1030	83	1	
1997	72	57	79.2	1142	1076	70		
1998	58	39	67.2	1179	1131	61		
1999	62	43	69.4	1193	812	57	1	
2000	36	27	75.0	993	883	53		
2001	51	37	72.5	957	843	40	3	9600.0
2002	37	29	78.4	1292	992	38	2	
2003	21	14	66.7	1370	1035	48	3	
2004	33	28	84.8	1262	1098	29	4	
2005	44	35	79.5	1234	1065	58	3	
2006	47	29	61.7	1332	1036	54	6	
2007	53	43	81.1	1412	963	51	5	
2008	40	24	60.0	1505	874	44	6	
2009	43	28	65.1	1610	795	40	3	
2010	51	34	66.6	1694	824	49	5	
2011	48	36	75.0	1724	880	39	5	
2012	56	41	73.2	1863	846	46	4	
2013	59	37	62.7	1954	857	43	7	
2014	66	47	71.2	2085	878	26	6	
2015	69	60	86.9	1531	1159	21	9	55632.2

注：此表 2015 年后不再收集。

第二十七章 职工住房与房建

第一节 住房与房建概况

建场初期，职工全部住茅草房，后来兴建简易结构的砖柱瓦面泥巴墙或泥砖墙的住房，每户一间房，有的三代同堂。职工小伙房则是每户搭的茅草房，到了20世纪80年代初期才逐步改为砖木瓦面结构的小伙房。

20世纪80年代初期，农场职工家属人均住宅面积达到8米²。1985年全国进行房屋普查工作，农场调查小组调查结果表明，农场职工家属人均住宅面积达到10.8米²。为了改善职工住宅条件，农场在资金周转十分困难的情况下，拨出专款，每年兴建一批职工住宅，从而逐步改善了职工住房条件。1982年首先在汽车队兴建二栋两层楼的住宅，这类楼房，后面设有天井和小伙房。随后在场部、基建队、淋油分场按照这种模式兴建五栋。1985年专为场领导及科技人员兴建了两层小楼三栋，每户70米²以上。在中学、场部兴建四层楼的职工住宅8栋，农场职工的住房条件有了更大的改善。

1955年9月3日农场建场时，原天西垦殖场罗阳分场移交时仅有几栋茅草房，建场后又盖几栋茅草房；1956年在罗阳盖起第一栋砖柱瓦面简易结构的平房172米²，供伙房使用；1957年在罗阳加工厂新盖砖柱瓦面简易结构的厂房两栋305米²，供榨蔗糖和蒸酒使用；1958年总场从罗阳搬到坛井地区，农场建设规模开始发展，当年新建各种房屋面积9881米²，其中厂房1876米²，仓库942米²，猪舍4539米²，禽舍668米²，职工宿舍1708米²，伙房60米²，其他88米²；1960年房屋累计建筑面积32424米²，其中职工宿舍2598米²，当时职工家属2598人，部分职工搬进新建宿舍，还有部分职工住在油毛毡房；1970年房屋累计建筑面积73400米²，其中职工宿舍14780米²，职工及家属3497人，全部搬进砖房，人均住宅面积只有4.2米²；1980年房屋累计建筑面积170937米²，其中职工住宅53585米²，（当时职工及家属6500人），人均住宅面积8.2米²。按人均住宅面积计算比1970年增长94.8%。从此开始，农场职工住宅条件有了明显改善。

根据1985年9月全国房屋普查的调查资料表明，全场房屋建筑总面积255507米²，按结构划分，钢筋混凝土1840米²，占0.7%，混合结构35791米²，占14%，砖木结构

217876 米²，占 85.3％。

在房屋建筑总面积中，按层数划分，平房 222173 米²，占 87％，2～3 层 24305 米²，占 9％，4～6 层 9029 米²，占 4％。

在房屋建筑总面积中，按年代建筑划分，20 世纪 50 年代 21357 米²，占 8％，20 世纪 60 年代 38510 米²，占 15％，20 世纪 70 年代 106519 米²，占 42％，20 世纪 80 年代 89121 米²，占 35％。

在房屋建筑总面积中，按用途划分，住宅 98675 米²，占 39％，工业、交通、仓库用房 141084 米²，占 55％，商业服务用房 2598 米²，占 1％，教育、医疗、科研用房 13150 米²，占 5％。按建筑面积计算，职工及家属人均住宅面积达 15.2 米²。

1989 年房屋建筑累计面积达 297135 米²，比 1980 年同期增长 73.8％。在房屋建筑总面积中，生产性用房 121035 米²，占总面积 40.7％，非生产性用房 176100 米²，占总面积 59.3％，其中住宅 113499 米²，比 1980 年同期增长 111.8％，按职工及家属以及外来承包人员计算，人均住宅面积 15.9 米²。

党的十一届三中全会以后，农场经济建设发展速度加快，房屋建设的结构和质量逐步提高，职工住宅条件大大改善，促进了工农业生产发展，农场成为具有中国特色的现代规模的农、工、商综合经营的农业企业。

建场初期，职工生活用水，包括饮食用水，都是取自山塘水，很不卫生。后来逐步建了水池，由各家各户挑水使用。从 20 世纪 80 年代开始，全场解决职工生活用水问题，抽取地下水使用，开初每栋职工宿舍安装 1～2 个水龙头，后来每户职工均接上自来水使用，从而解决了全场职工生活用水问题。

农场属国有企业，生产、生活和各类房屋的建设均由国家统一计划管理，根据需要和可能履行一定的审批程序，受计划制约。1955—1976 年，由于农场生产经营长期亏损，经济处于困难时期，各类房屋建筑大都从简单和节约方面考虑，农场的房建很多是兵营式砖墙瓦面土木结构，开始建场时有不少泥巴墙天面茅草和泥墙瓦面结构的。1977 年，糖厂建成投产，一部分职工开始住上楼房。

1985 年，农场开始兴建 7 栋砖墙瓦面和水泥钢筋天面结构的 2 层楼房，共 4144 米²，其中，科技人员和场级领导住房 1840 米²，1986 年以后场部地区逐年依次兴建了 2 排 6 栋钢筋水泥结构的楼房，每栋 4 层共 22416 米²，是场部地区所属单位职工及场部机关工作人员宿舍楼。随后是中学教学楼、场部办公楼、医院门诊楼和住院楼、中学教师宿舍楼及学生内宿楼、小学教学楼和学生内宿楼，逐步按小城镇总体规划建房。

1988 年起，农场实施职工住房改革，将原有的住房全部折价卖给职工，至 1999 年，完善了实行谁住谁买，谁买谁有，谁有谁修的房改制度，废除农场统建统配的房管办法，同时采取职工集资私建房的办法，1998 年底至 2000 年，全场共 56 户 112 名职工兴建了 4 层楼房的私人住宅共 3072 米^2。2004 年，全场职工住房面积共 230494 米^2（含私建部分），人均住房面积 21 米^2。其中楼房面积 122819 米^2，占总住房面积的 53%，平房面积 107675 米^2，占总住房面积的 47%。2014 年，随着每年职工自建楼房和农场危房改造工程的完成，职工的居住面积、环境和水电生活设施等总体水平比 2004 年发生了巨大的变化，这些变化主要集中体现在农场小城镇居民点建设和职工危房改造工程所带来的住房新面貌。至 2014 年，全场危房改造新建公寓楼 118 栋，总面积约 141600 米^2，人均住房面积达 25～30 米^2。2019—2020 年，农场在场部的南面建设 40 栋自建房，新增住房面积 3744 米^2。

第二节　职工危房改造

根据自治区人民政府《关于确保完成 2011 年保障性安居工程建设任务的通知》（桂政发〔2011〕718 号）以及《区农垦局关于印发〈广西农垦危房改造实施意见〉的通知》（垦计发〔2011〕60 号）精神要求，为改善职工居住条件，做好民生工程。2011 年 8 月，农场按方案开始实施危房改造工程，危房改造范围是农场职工现居住在危房住宅的人员（含在职及退休职工、长期土地承包户）以及坛蓬、草塘两个场管村的人员。

危房改造采取政策引导，职工自愿，资金以职工个人筹集为主，政府补助为辅，按照统一规划、统一管理、统一建设和自主建设相结合的原则，鼓励符合条件的职工积极参加。农场根据实际情况，结合小城镇和新农场建设规划总体要求，对场部地区的危房改造原则上要求拆除重建，瓦房不进行加固改造，给予拆迁户适当的经济补偿，在 1000～2000 元。鼓励分场各危住户集中到场部统一建房。危房改造以集资建设公寓楼为主，原地自建和除险加固维修（原有住房进行维修加固）为辅。公寓楼每套住房面积在 52～130 米^2，户型有 2 房 2 厅 1 厨 1 卫和 3 房 2 厅 1 厨 1 卫或 2 卫。分场职工按原居住面积自建。分区分片集中建成职工住宅小区。参加危房改造的职工每户除按国家政策得到中央和自治区补助 1.5 万元外，其余改造资金由个人自筹出资。有一定困难的危房改造户可通过联保方式向银行借款。农场对家庭生活十分困难的职工（有岗位地和不欠费的正式职工）给予 3 万～5 万元的银行小额贷款担保。

2011 年 10 月，危房改造工程分期分批在农场开工建设，全场改造总面积 20.48 万米^2，总投资 16100.7 万元。全场改造任务 2701 户，在危房改造中，全场共新建公寓楼

118 栋，总面积约 141600 米²。其中场部地区 95 栋分别为东风、坛井、旧车队、中学路、组团一（规划建设地名，范围是东风分场住宅区）、组团二（范围是场部住宅区的东面和北面）、组团四（范围是"金光旧街"），共 1048 户，同正、罗阳、中意、昌平分场 23 栋，共 184 户。全场自建房 345 户，除险加固 1400 户。青年分场自建房最多，有 63 户。同正分场新建公寓楼 13 栋，是全场新建公寓楼最多的一个分场。

全场危房改造 2011 年任务为 900 户，2012 年为 1401 户，2013 年为 400 户。改造工程历时 2 年，2013 年 12 月 31 日全部结束。危房改造工程是一项民生工程，它的实施基本改变了国有农场职工长期以来居住条件环境差，住房难、人均住房面积小的局面，极大地改善了职工的居住条件和居住环境，深受职工的欢迎。

各单位危房改造数据见表 27-1。

表 27-1　各单位危房改造数据表

单位	户数（个）	面积（米²）	单位	户数（个）	面积（米²）
糖厂	343	15308.00	创业	131	11483.72
社区、小学	163	14162.43	示范园	212	14665.05
东风、坛井	538	48218.22	前进	179	12378.37
建筑工程公司	135	11167.06	青年	257	16034.69
同正分场	144	15352.18	双甲分场	143	7235.60
罗阳分场	169	15843.72	畜牧公司	5	298.52
昌平分场	88	5925.39	坛蓬村	21	2080.00
那浪分场	39	2640.38	草塘村	6	540.00
中意分场	79	6306.20	谷龙分场	5	560.00
龙山分场	44	4600.38	合计	2701	204799.91

第三节　场部小城镇建设

1997 年农场开始筹划、规划场部地区居民点建设规划（小城镇建设规划前身），建设规划几经修改后，2000 年 1 月和 2001 年 3 月分别得到自治区农垦局、原南宁市郊区人民政府和原南宁市郊区计划与经济局的批复。场部地区小城镇建设规划分为组团 1 至组团 7，主要以金光大道为依托，向南、向北部及东部延伸发展，场部、东风分场、旧街、坛井纳入建设规划，建设用地总面积 116.33 公顷。场部金光新街规划建设职工自建楼房 551 栋，是小城镇建设规划其中的一部分。由农场统一规划，做好"三通一平"及道路硬化工程，职工自筹资金分期分批自建住宅楼。建设规划有农贸市场、超市、商铺、幼儿园、学校、医院、职工生活区、公共文体娱乐设施、居民休闲广场、景观湖、绿化园林景观、市政、亮化美化、环城路等综合配套设施。

2001年5月至2002年初，总公司（农场）投资800多万元完成金光大道（长1.9千米，宽20米混凝土结构路面）和外环道（3000米）等基础设施建设，清理、填平100亩土地，实施场部金光新街居民点第一期工程。2002年2月，农场按交集资款的先后顺序进行了两次抽签，共有171户职工参加抽签确定宅基地，并交纳了配套费（三通一平费用）和统一基础费；2003年11月进行了第三次抽签，共有150户职工参加抽签确定宅基地；2005年1月进行了第四次抽签，共有128户职工参加抽签确定宅基地。4次抽签共确定自建房户主449户，这些自建房主要规划集中在场部金光新街一带建设。金光新街职工自建楼房建设规划要求为3层半至6层，每栋楼建筑面积在360～636米²。2002年2月，第一批抽签确定的部分职工首先在场部金光大道一侧、农贸市场和加油站周边开始动工自建住宅楼，揭开了场部小城镇建设的序幕。当年自建住宅楼47栋，建筑总面积19740米²，每栋楼建设资金在15万～35万元。

2007年10月，农场委托广西城乡规划设计院编制场部建设规划及局部居住点详细规划。2008年5月21日，农场第十七届四次职工代表大会，审议通过了《广西农垦国有金光农场建设规划（2008—2025）》，这是农场第一次以职代会文件形式确定小城镇建设规划。2008年7月8日，自治区农垦局下文批复同意农场建设规划。建设规划总体布局5个居民点，场部居民点由场部、东风分场、示范园区、创业分场、前进分场组成，建设用地规模15公顷；中意居民点由中意分场、罗阳分场、龙山分场组成，建设用地规模12公顷；昌平居点由昌平分场、双甲分场、四和分场组成，建设用地规模18公顷；同正居民点由同正分场组成，建设用地规模5公顷；坛蓬、草塘居民点由坛蓬村和草塘村组成，建设用地规模10公顷；人均用地指标控制在120米²以内。以后，职工自建房按农场小城镇建设规划要求每年陆续动工建设。至2014年场部金光新街职工自建楼460栋（平均4层，每层420米²），建筑面积193200米²，完成建设规划任务指标的83%。至2019年金光新街新增35栋自建楼，新增建筑面积14700米²。自建楼总数495栋，建筑总面积207900米²。2019年至2020年农场在场部的南部又开展4个工程总计增加40栋自建房，新增住房面积3744米²，农场公司帮建设一层，剩余由职工自行建设。

场部地区小城镇常住人口约有5000人，职工居住环境优美，绿化面积60000米²，绿化率达40%以上。至2020年小城镇商铺、超市林立，有日杂、五金、百货、餐饮、机电、建材、修理、美发美容、服装、家电、通讯、饲料、银行、旅馆、医疗、物流等多种经营项目。场部小城镇建设改善了职工居住条件和居住环境，带动了商业、服务业等相关行业的快速发展，繁荣了市场和经济，方便和满足了职工的生活、生产日常需求。

2005 年至 2014 年，场部地区小城镇建设各项工程资金累计投入 5331 万元。其中金湖广场绿化、亮化、职工活动中心等工程建设总面积 33037.00 米²，投资总额 450 万元。小城镇道路建设里程累计 13.6 千米，其中外环道路 1.4 千米，再加上 2011 年开始的危房改造工程，场部小城镇建设已形成一定规模，道路硬化和亮化、环境绿化和美化、休闲娱乐设施、体育场地、人工景观湖、园林景观、排污、排水设施、外环道路等配套设施日趋完善，呈现新面貌，基本具备了小城镇功能，实现了人口聚集，商业聚集、居住聚集。

2015 年至 2018 年，农场以老口水库枢纽工程为契机，依托广西农垦金色阳光现代农业（核心）示范区，投资 2909 万元建设广西农垦金光农业公园（简称农业公园），公园建设有千亩荷花池、公园广场、园林景观、九曲桥、湖景栏杆、文化长廊、六角塔等景观设施，成为农场小城镇建设的一个新亮点和休闲娱乐场所。

2015 年至 2020 年，场部地区小城镇建设各项工程（除农业公园外）资金投入 1785 万元，累计投入 7116 万元。先后对金光旧街、场部生活区外环（中学段、外环南段）、金光医院、农业公园等多处地方的道路进行硬化，累计硬化道路 7.1 千米。修建排水沟共计 687 米，排污沟 394 米。

2017 年，农场对场部生活区进行绿化、美化和亮化升级改造，改造面积为 61710 米²。其中停车场、园路、观景平台、金光大道等区域绿化面积为 35130 米²；金光大道两侧铺透水砖，面积为 10351 米²；场部生活区外环南段、人工湖旁铺透水砖面积 9723 米²，并新安装一批太阳能路灯；对场部生活区管网进行改造，安装 PE 给水管 12942 米，安装镀锌钢管 5783 米。

2018 年至 2020 年，农场在金光大道及东风外环路（农业公园周围）修建铁艺栅栏式围墙 1500 米，对场部旧生活区进行绿化，铺设赤土红色生态砖 664.48 米²，铺设绿化透水生态砖 1282.66 米²，铺设马尼拉草皮 300.72 米²，建木凉亭 3 座。场部办公区铺设沥青地面 6700 米²，修建木连廊 230 米并亮化、建设瞭望亭 1 座并亮化。

2019 年 10 月至 2020 年 10 月，农场公司开工 4 个建设工程，同正路 20 套一层主体工程、乡村振兴战略旧房改造项目——场部南面 D 地块 4 套一层主体房屋建设工程、乡村振兴战略旧房改造项目——场部南面 D 地块 10 套一层主体房屋建设工程、金光农场场部房屋建设工程，由农场公司建设第一层，而后住户自行增建，共计投资 521 万元，总建筑面积 3744 米²，增加住户 40 户。

绿化树木方面，2015 年至 2020 年种植有黄花风铃 213 棵、樱花 171 棵、桃花 106 棵、三角梅 579 棵、水仙花 235 棵、朱蕉 75 棵、黄金榕 26 棵、吊竹梅 120 米²、太阳花 120 米²、紫锦草 960 米²。绿化面积共计 60132 米²，种植花苗和树苗共计 1405 棵，撒种花种共计1200米²。

环卫方面，农场2017年新建增添环卫电动三轮车3辆，燃油三轮车1辆；新增200个垃圾桶、扫把、环卫用具、马甲、警示锥等；在场部外环南部安装太阳能路灯；新购12台保洁车和车辆清洗机；增添环卫站监控设备和制作宣传栏。

2015年至2020年，农场陆续开展的场部小城镇建设工程进一步提高场部城镇化水平，整个场部小城镇配套设施更加完备，可持续发展水平进一步提高。

第四节　社区的成立与发展

2005年5月17日，农场成立社区管理委员会，相当于农场下属的一个部门单位，工作经费由农场负责。当时社区只是负责收缴清洁费和场部一些环境绿化工作，履行的社会职能管理工作很少。

2010年5月，自治区农垦局根据中央关于逐步分离国有农场办社会职能的要求，决定在金光、西江、黔江、红河、良圻、新兴、昌菱、北部湾、旺茂、五星等农（总）场开展内部分离社会职能试点工作。

2010年9月，农场根据上级要求制订了《广西农垦国有金光农场开展内部分离社会职能工作实施方案（试行）》，成立了"广西农垦国有金光农场社区管理委员会"新的社区管理职能机构（以下简称社区），将农场现有的非企业管理职能分离划为社会职能，并对原社区进行改组和改编。农场内部分离社企职能工作从2010年6月开始，2010年11月底前基本结束。

社区管委会设主任1名，由农场党委副书记兼任，副主任3名。下设社区办公室、社会事业管理科和武装保卫科3个科室，主要负责社会行政管理、社会事业管理、社会服务管理，以及城镇居民委员会等事务。实行农场内部分离社会职能后，农场履行企业性管理职能，社区管理机构履行社会行政事业服务性职能。与农场和社区有交叉的职能，以农场为主行使主要责任机构，社区为协助机构。其中，土地资源管理、安全生产管理、林木管理、水资源管理、开发建设等职能主要由农场负责，社区管理机构协助农场负责社区土地管理、安全管理、绿化林木管理、居民用水资源管理、小城镇建设与管理、农业试验站管理。农场内部分离社会职能后，对与社区有工作交叉的农场相关部门，实行一套人马两块牌子。将党办、纪检、群工、计生、社会保险、金光客运站、水电所等工作划入社会职能，推进社会职能管理属地化。

新的社区管理委员会成立后，实际上只是由社区办公室和社会事业管理科负责场域内部职工社会养老、离退休、医疗保险、市场、居民水电和清洁收费、场部小城镇、金光新街的市场市容、环境卫生清洁、绿化美化、公共设施维护等社会事务管理工作，由于种种原因，分离的社会职能未能真正纳入社会化管理。

2011年1月，农场制订《广西农垦国有金光农场社区物业管理暂行规定》（金场发〔2011〕8号），将属于公益性和公共服务性单位或项目组建为物业管理部，实行市场化运作，自主经营，定额上交，自负盈亏，自农场发展。物业管理部是社区管理委员会下属部门，按经营范围履行原社区社会事业管理科工作职责，物业管理部所属经营管理范围包括农贸市场、水电所、客运站、闭路电视、环卫和绿化。物业管理部设主任1名，由社区管委会副主任兼任，副主任2名，会计1人，出纳1人，其他管理人员5人。行业和项目分包人员农贸市场7人，水电所人员13人，客运站4人，环卫绿化1人，闭路电视1人（兼）。水电所、客运站实行内部承包经营，自负盈亏。2004年至2010年，金光农贸市场一直由广西南宁金光建筑有限公司管理，2011年1月，农场成立社区管理委员会后，金光新街的农贸市场、市场市容、环境卫生清洁、绿化美化、水电、市政、物业等归农场社区管理。

社区营收及利润见表27-2、表27-3。

表27-2　社区2011—2018年摊位及铺面营收和利润表

年份	收入（元）	利润（元）	年份	收入（元）	利润（元）
2011	1149761.30	196214.13	2015	1266243.00	209831.36
2012	1378030.50	127451.76	2016	1215090.94	6211.03
2013	1438402.69	181873.00	2017	1156056.33	548.92
2014	1540200.00	120200.00	2018	1445846.06	78989.65

注：2019年5月后摊位及铺面由置业公司管理。

表27-3　社区2011—2018年水电所营收和利润表

年份	收入（元）	利润（元）	年份	收入（元）	利润（元）
2011	2353512.00	258530.00	2015	2228130.82	416575.00
2012	2906830.00	419302.00	2016	2650269.48	6567790.54
2013	2559253.00	339656.76	2017	2738757.55	537011.74
2014	2589000.00	450000.00	2018	2844098.02	651614.85

注：2018年后水电所移交至政府管理。

社区从摊位及铺面获取营收，并用于金光大道、社区环境和外环道路的美化、绿化和亮化建设支出，完善金光新街农贸市场的基础设施，修缮和补充农贸市场的各类安全标识、停车位线、地面指示和街道路牌。

2018年，农场办社会职能改革，与西乡塘区人民政府分别于同年7月和10月签订两份移交协议，并开展具体的社会职能及资产的移交工作。2018 年 7 月成立金光社区，2018 年 9 月金光社区正式挂牌，按照城镇社区标准配备社区专职人员 16 人，在西乡塘区民政局以及坛洛镇人民政府的协助和指导下，社区完成"两委"选举工作，并根据实际情况将社区党支部升级为党委，至 2018 年底完成全部社会职能移交任务，至此农场分离的社会职能真正纳入社会化管理。2019 年 6 月农场将摊位和铺面划分至南宁金佳园置业有限公司管理。

第五节　生态金光

2013 年 1 月，广西壮族自治区人民政府在全区开展"美丽广西·清洁乡村"活动，根据自治区农垦工委的要求，金光农场于当年 5 月开始开展"美丽广西·清洁金光"活动。

农场成立"美丽广西·清洁乡村"活动领导小组，制定工作方案，建立考核机制，落实责任制，落实人员和经费，制定《"美丽广西·清洁金光"活动倡议书》，开展以"清洁家园、清洁水源、清洁田园、设施美化"为主要内容的活动，活动覆盖全场及驻场单位。在"美丽广西·清洁乡村"活动期间，农场大力整治场容场貌，全场 13 个分场每周至少开展一次环境卫生大清理活动，对场部、分场、街道、农贸市场、排污设施及田间地头脏乱差环境进行重点整治，美化、绿化、亮化生活区道路，改善人居环境，以实际行动惠及广大职工群众。在"美丽广西·清洁乡村"活动期间，农场利用会议、广播、报纸、墙报、横幅等形式广泛开展宣传工作，共召开专题大小会议 103 次，发放入户宣传单 2030 份，宣传广播 63 次，悬挂宣传横幅 96 条。全场共有 3100 人次参加活动，与金光街居民签订了"门前三包协议书"3000 余份。2013 年至 2014 年，全场累计投入整治资金 160 万元。

2015 年 10 月，农场投资 1089 万元建设金光污水处理厂。污水处理厂占地面积 3300 米^2，主要收集处理场部地区生活污水，每天可处理生活污水 1000 米^3；2017 年，农场建设一座日运转量 20 吨的生活垃圾转运站。转运站建筑面积 186.78 米^2，配备有水平式垃圾压缩系统、污水收集排放系统、喷雾冲洗除臭系统、电气控制和操作系统，转运车辆 1 台，垃圾压缩箱 1 个等设施，负责场部地区生活垃圾转运处理。在污水处理厂未建成前，场部生活区污水不能集中处理，大多排放至鱼塘或用于农业灌溉。污水处理厂建成后，日常生活污水的收集处理得到了解决。

打造绿色生态美丽金光，建设广西农垦金色阳光甘蔗产业（核心）示范区（以下简称

"示范区")。示范区于 2015 年规划，2016 年开始建设，2017 年 1 月被自治区人民政府授予"广西现代特色农业（核心）示范区（五星级）"称号。示范区以蔗糖产业为支撑，延伸拓展产业循环、生态休闲、高效农业功能，按照"一二三产业融合发展、产城融合发展"的建设思路，规划为"一轴两片四区五园两中心"的总体布局。

示范区的核心区位于金光农场东风分场和创业分场，面积 8650 亩，建设有赏荷休闲园、精品农业园、甘蔗品种试验示范园、甘蔗全程机械化生产示范园、现代化甘蔗种植示范园、现代化生猪规模养殖示范园。赏荷休闲园、精品农业园建设在农业公园内，赏荷休闲园占地面积 1600 亩，赏荷中心主要展示 298 株荷花和睡莲品种，种植面积 1200 亩，配套建设有赏荷亭、赏荷栈道、文化长廊等，可以供观赏荷花、开展摄影、采风等活动。精品农业园占地面积 930 亩，通过与我国台湾企业合作，种植名优特色火龙果，进行精品农业技术展示；沃柑采摘园 73 亩，可供游客采摘水果，体验农家生活。农业公园是示范区打造绿色生态美丽金光的一大亮点。

第二十八章　职工福利

第一节　工资收入

从建场到 20 世纪 70 年代这段历史时期，职工工资实行等级工资制。由于农场长期处于亏损局面，依靠国家补贴过日子，所以职工的实际收入是较低的，只能是过着温饱的生活而已。党的十一届三中全会以后，农场内部实行经营体制和经济体制的全面改革，从1980 年开始扭亏为盈，职工生活得到不断改善和提高，职工收入也逐年增长，截至 1984年农场实行责任制，全面兴办实行家庭农场，不再由农场给职工发放工资，而是由职工自主经营赚取收入，职工收入有了较大提升（表 28-1、表 28-2）。

表 28-1　1956—1983 年在岗职工年均工资表

年份	平均收入（元）	年份	平均收入（元）	年份	平均收入（元）	年份	平均收入（元）
1956	406.04	1963	417.00	1970	301.00	1977	386.00
1957	392.11	1964	397.00	1971	291.00	1978	443.00
1958	325.46	1965	301.00	1972	291.00	1979	489.00
1959	310.02	1966	317.00	1973	351.00	1980	520.00
1960	295.34	1967	277.00	1974	452.00	1981	657.00
1961	305.77	1968	421.00	1975	385.00	1982	632.00
1962	341.03	1969	321.00	1976	428.00	1983	671.00

表 28-2　1984—2020 年在岗职工年均收入表

年份	平均收入（元）	年份	平均收入（元）	年份	平均收入（元）
1984	747	1997	7167	2010	22953
1985	717	1998	7845	2011	25426
1986	978	1999	6618	2012	26426
1987	1105	2000	6788	2013	30650
1988	1177	2001	5924	2014	32261
1989	1936	2002	6928	2015	36483
1990	1793	2003	7696	2016	36821
1991	1960	2004	12152	2017	46410
1992	2032	2005	15038	2018	48889
1993	2792	2006	19640	2019	43932
1994	4944	2007	25831	2020	63489
1995	5448	2008	27356		
1996	5592	2009	20552		

第二节　职工子女就业

随着农场的发展，农场的新一代——农场的职工子女也随之逐年增加（表 28-3）。1972 年起，农场开始安排职工的成年子女在农场就业。根据农场生产发展的需要，按照国家劳动部门规定办理的审批手续，符合条件的，经上级劳动局批准为农场的固定职工。

表 28-3　1972—2004 年职工子女统计表

年份	人数（人）	累计（人）	年份	人数（人）	累计（人）	年份	人数（人）	累计（人）
1972	53	53	1983	121	1228	1994	20	1895
1973	91	144	1984	146	1374	1995	7	1902
1974	42	186	1985	25	1399	1996	16	1918
1975	14	200	1986	132	1531	1997	9	1927
1976	56	256	1987	186	1717	1998	41	1968
1977	90	346	1988	91	1808	1999	8	1976
1978	133	479	1989	15	1823	2000	3	1979
1979	149	628	1990	9	1832	2001	5	1984
1980	80	708	1991	12	1844	2002	5	1989
1981	245	953	1992	12	1856	2003	8	1997
1982	154	1107	1993	19	1825	2004	18	2015

2005 年以后，职工子女就业基本面向社会自谋职业，农场不再安排就业工作岗位。2006 年、2007 年、2008 年农场根据农业生产管理需要，拿出部分甘蔗岗位向社会公开竞标。中标者与农场签订租赁合同后开展生产经营活动。

第三节　职工养老、工伤、医保及其福利

农场职工的劳动保险，参照《中华人民共和国劳动保险条例》的有关文件规定，包括关于因公负伤、残废、死亡待遇的规定，关于疾病、非因公负伤、非因公残废待遇的规定执行，关于死亡待遇的规定，关于养老待遇的规定，关于生育待遇的规定，关于临时工、季节工及试用人员劳动保险待遇的规定，关于工龄的规定，关于供养直系亲属的规定等。

1995 年 7 月，广西农垦内部实行系统统筹，险种有养老、工伤、失业保险三种（农业单位免缴），从 1991 年 11 月起补缴费用。至 2002 年底，职工的退休，全部由社会养老保险所管理，按照有关政策规定，退休职工可逐月到银行领取养老保险金。社会

养老保险按政策规定企业交缴 20％，个人交缴 8％；医疗保险企业交缴 6％，个人交缴
2％；工伤保险企业交缴 1％。2002 年 2 月，参照南宁市城镇职工医疗保险办法，农场
参加城镇职工医疗保险。2012 年 12 月农场参加区直医疗保险，其中，2008 年至 2012
年参加新型农村合作医疗保险。2004 年至 2014 年，农场医疗保险开支约 600 万元。至
2014 年底，职工的退休，全部由社会养老保险所管理，按照有关政策规定，足额上缴
和发放退休金，退休职工可逐月到银行领取养老保险金，确保了每年离退休干部职工的
养老金按时足额发放。

2014 年，农场上缴基本养老保险费（企业部分）795.8 万元，比上年 759.4 万元增加
36.4 万元，增加 4.7％；上缴农场上缴基本养老保险费（企业部分）458.1 万元，比上年
443.8 万元增加 14.3 万元，增加 3.22％；职工内部医疗费支出 106.3 万元，比上年 165.2
万元减少 58.9 万元，减少 35.65％。2015 年至 2020 年农场上缴基本养老保险和基本医疗
保险费用较 2014 年前都有较大提升，职工内部医疗费用则不断下降，2020 年获得政策减
免，农场上缴基本养老保险费（企业部分）和农场上缴基本养老保险费（企业部分）大幅
减少（表 28-4）。

表 28-4　2013—2020 年农场社保情况统计表

年份	上缴基本养老保险费（万元）	上缴基本医疗保险费（万元）	职工内部医疗费用支出（万元）
2013	759.40	443.80	165.20
2014	785.80	458.10	106.30
2015	1234.90	777.72	73.06
2016	1272.37	758.35	49.18
2017	1096.46	772.43	29.88
2018	1264.05	682.23	34.26
2019	1130.74	587.69	17.17
2020	418.22	492.58	9.95

另外，职工在平时生活中，如果遇到特殊的困难，经农场工会批准，还给予一定困难
补助。或在逢年过节时，农场党委、工会慰问困难职工家属、低保户、困难党员、离退休
人员、五保户、住院病号、军属和受灾户，给予一定的慰问金。同时农场工会每年积极与
西乡塘区民政局沟通争取困难职工低保慰问金，基本实现应保尽保，帮助职工家属装蔗民
工积极参与购买重大疾病和伤害保险，为职工办理重大疾病保险理赔手续 30 多起。据统
计，2005 年至 2014 年职工获得重大疾病保险理赔金 272500 元；2005 年至 2014 年获得区
农林水利工会、南宁市总工会、西乡塘区民政局下拨低保金和各种慰问金共 4307505 元，
2015 年至 2020 年为 2375700 元（表 28-5）。

表 28-5　1990—2020 年农场工会发放职工困难补助情况表

年份	金额（元）	年份	金额（元）	年份	金额（元）	年份	金额（元）	年份	金额（元）
1990	15117	1997	2863	2004	4725	2011	54800	2018	40000
1991	19925	1998	29000	2005	61800	2012	53500	2019	48000
1992	10032	1999	22407	2006	8615	2013	55600	2020	52000
1993	11986	2000	17771	2007	80100	2014	53500		
1994	10895	2001	25607	2008	63500	2015	46000		
1995	14415	2002	18092	2009	110000	2016	44000		
1996	19130	2003	2351	2010	69200	2017	38000		

附 录

荣誉表彰

——获中央部委级荣誉表彰

1979 年

跃进分场饲养员、饲养母猪能手梁玉梅，饲养母猪 80 头，产猪仔 24900 多斤，居全区农垦系统饲养母猪产仔之冠，被国家农垦部评为"全国农垦系统先进生产者"。

1980 年

中华人民共和国轻工业部授予金光糖厂《高效甘蔗破碎设备（斩撕机）的研究》三等奖。

1983 年

金光糖厂一级白砂糖被农牧渔业部评为"优质产品"。

金光糖厂获全国一千吨甘蔗糖厂第一协作组"亚法白砂糖同行业质量评比优胜第三名"。

金光糖厂白砂糖获国家轻工部 1983—1984 年榨季千吨亚硫酸法甘蔗糖厂白砂糖质量评比全国优质甘蔗白砂糖第三名。

1984 年

金光糖厂获全国甘蔗糖厂第一协作组"亚硫酸法一级白砂糖质量评比第二名"。

1985 年

金光糖厂荣获"全国包装改进先进单位"称号。

1986 年

金光糖厂荣获"全国包装改进先进单位"称号。

国家计划生育委员会授予金光糖厂"全国计划生育先进单位"。

1987 年

金光农场被中国农业机械学会机械化养猪协会授予"中国工厂化养猪猪场十佳"称号。

1988 年

中央农牧渔业部授予"旱地甘蔗大面积高产丰收"三等奖。

金光糖厂被评为"全国包装改进先进单位"。

1989 年

中华人民共和国农业部授予金光农场"全国农垦系统农机管理标准化"优秀单位。

1992 年

经国务院批准，李荫平享受国务院政府特殊津贴。

2003 年

中国农林水利工会全国委员会授予吴月珍"先进女职工工作者"。

2004 年

中华人民共和国农业部授予金光农场"南亚热带作物名优基地"（澳洲坚果）。

中国农林水利工会全国委员会授予吴月珍"全国农林水利系统工会先进女职工工作者"。

中国绿色食品 2004 上海博览会组委会授予金光制糖有限公司畅销产品奖。

2005 年

中国农业机械学会机械化养猪协会授予广西农垦永新畜牧集团金光有限公司中国农业机械学会机械化养猪协会理事单位荣誉称号。

2006 年

中国热带作物学会授予农场"热区农业科技示范基地"（番木瓜、香蕉）。

中国农林水利工会全国委员会授予金光农场工会"全国农林水利系统模范职工之家"。

中国农林水利工会全国委员会授予金光制糖有限公司制炼车间"全国农林水利系统模范职工小家"。

中国绿色食品发展中心授予农场"金光牌"香蕉、网纹甜瓜、番木瓜、椪柑、红心橙绿色食品 A 级产品称号。

中国检验认证集团质量认证有限公司授予农场质量管理体系认证证书（适用于番木瓜、柑橘、香蕉、甜瓜、澳洲坚果、甘蔗的种植和服务）。

中国农林水利工会全国委员会授予吴月珍"全国农林水利系统优秀女职工工作者"。

2007 年

中华人民共和国农业部授予金光农场"全国农垦现代农业示范区"。

2008 年

中国轻工业联合会授予何维克 2008 年度全国轻工业企业信息化优秀领导奖。

2010 年

中国轻工业联合会授予罗汝超 2010 年度全国轻工业企业信息化优秀领导奖。

中国轻工业联合会授予韦泉 2010 年度全国轻工业企业信息化科技人才奖。

2011 年

中国农林水利工会授予金光工会制糖公司制炼车间分会"先进职工小家"。

中国农林水利工会授予王国佳 2011 年"全国农林水利工会优秀工会工作者"。

2013 年

中华全国总工会授予金光农场工会、制炼车间分会"全国模范职工小家"。

中华全国总工会授予王国佳"全国优秀工会工作者"。

中国糖业协会授予金光制糖有限公司全国甘蔗糖厂"甘蔗单产标杆企业"。

——获自治区、地厅（局）级荣誉表彰

1975 年

金光农场修配厂获自治区"工业学大庆先进单位"。

1981 年

华南热机区划评审组评定《金光农场土地比阻与适应条件专题研究报告》为华南热机区划一等奖。

1982 年

广西壮族自治区农垦局授予《赖氨酸在大群饲养猪中的应用》广西农垦四等奖。

1983 年

广西壮族自治区人民政府授予梁景亮"自治区先进生产工作者"。

广西壮族自治区人民政府授予金光农场"全区社会主义建设先进集体"。

1984 年

广西壮族自治区科委授予《应用土壤普查成果，促进甘蔗增产丰收》广西科技进步四等奖。

1986 年

广西壮族自治区经委、计算机推广应用领导小组授予金光糖厂"计算机推广应用成果一等奖"。

金光糖厂被评为广西壮族自治区"经济效益先进单位"。

广西壮族自治区授予金光糖厂"六五"期间"职工教育先进单位"。

广西壮族自治区授予金光糖厂"计划生育工作先进集体"。

金光糖厂和广西电子研究所共同开发的煮制甲、乙、丙糖微机控制系统被授予广西壮族自治区科技进步奖。

金光农场瘦肉型猪（广西白猪）获广西科技进步三等奖，是由广西农垦畜牧所、广西农学院、西江农场、金光农场、良丰农场等单位联合采用三个品种杂交，经13年的横交

固定和自群选育而成的新猪种。

广西壮族自治区农垦局授予《甘蔗深耕深松试验》科技进步四等奖。

1987 年

金光糖厂一级白砂糖被评为自治区"优质产品奖"。

1988 年

《旱地甘蔗丰产综合栽培技术》（广西金光农场李荫平等）经过自治区"星火奖"评审组评审、自治区科技进步奖评委会核准被评为"星火科技奖"一等奖。

广西壮族自治区农垦局授予《旱地甘蔗丰收综合技术》广西农垦科技进步二等奖。

广西壮族自治区科委授予《旱地甘蔗丰收栽培技术》广西壮族自治区"星火科技"三等奖。

1990 年

广西壮族自治区农垦局授予《南方集约化饲养外种瘦肉型猪综合高产技术研究》科技进步一等奖。

1993 年

广西壮族区农垦局授予《南方集约化饲养外种瘦肉型猪综合高产技术研究》科技进步一等奖。

广西壮族自治区人民政府科学技术进步奖评审委员会授予金光农场《广西农垦国营农场畜禽疫病普查》广西科学技术进步三等奖。

广西科技进步奖评审委员会授予金光农场和糖厂南宁市"三十万亩旱地甘蔗增产综合技术开发"广西科技进步奖三等奖。

1994 年

广西壮族自治区人民政府科学技术进步奖评审委员会授予《南方集约化饲养外种瘦肉型猪综合高产技术研究》广西科学技术进步三等奖。

广西壮族区农垦局授予《广西农垦渔业资源调查》科学技术进步三等奖。

广西壮族自治区人民政府发展水果办公室授予"椪柑"广西优质果品奖。

中共广西壮族自治区委员会、广西壮族自治区人民政府授予推广旱地甘蔗高产综合栽培技术有功人员一等奖。

广西科技进步奖评审委员会授予金光农场《高产技术研究》广西科技进步奖三等奖。

1995 年

中共广西壮族自治区委员会、广西壮族自治区人民政府授予《南方集约化饲养外种瘦肉型猪综合高产技术研究与应用》广西重奖研制、推广科技成果有功人员二等奖。

广西壮族自治区人民政府授予李富余"自治区劳动模范"。

广西金光实业总公司被评为"广西的脊梁"——优秀国有企业 50 强。

1998 年

广西养猪协会授予《集约化养猪》广西集约化养猪"十佳猪场"奖。

2003 年

广西名牌战略推进委员会评定、广西壮族自治区质量技术监督局授予"新强牌"木薯淀粉为广西名牌产品称号。

广西壮族自治区森林防火指挥部、广西壮族自治区人事厅、广西壮族自治区林业局授予黄奉范为 1998—2000 年度自治区"森林防火工作先进个人"。

广西壮族自治区授予李富余为"自治区劳动模范"。

2004 年

广西养猪分会授予广西农垦永新畜牧集团金光有限公司 2003 年度先进企业荣誉称号。

2005 年

广西壮族自治区质量技术监督局授予金光农场"金光牌"红心橙、椪柑 2005 年度广西名牌产品称号。

广西壮族自治区公安厅授予金光制糖有限公司"交通安全企业"（单位）。

2006 年

广西壮族自治区人民政府授予罗荣美 2006 年自治区"扶贫工作先进个人"称号。

广西名牌战略推进委员会、广西壮族自治区质量技术监督局授予金光农场"金光牌"番木瓜广西名牌产品称号。

广西壮族自治区农业产业化联席会议办公室授予金光农场和金光乳业公司为第五批"广西农业产业化重点龙头企业"。

2007 年

广西名牌战略推进委员会、广西壮族自治区质量技术监督局授予金光农场"金光牌"网纹甜瓜广西名牌产品称号。

广西壮族自治区农林水利系统工会授予金光农场"全区农林水利系统劳动关系和谐企业"称号。

广西壮族自治区农林水利系统工会授予黄党源"创建劳动关系和谐企业活动优秀领导者"。

中共广西农垦工作委员会授予李世龙 2006 年度"广西农垦优秀共产党员"。

广西壮族自治区农林水利系统工会授予王国佳"创建劳动关系和谐企业活动优秀领导者"。

广西壮族自治区农林水利系统工会授予罗荣美"创建劳动关系和谐企业活动优秀职工称号"。

广西水产畜牧业龙头企业促进会授予广西农垦永新畜牧集团金光有限公司广西水产畜牧业龙头企业促进会单位会员荣誉称号。

广西水产畜牧局授予广西农垦永新畜牧集团金光有限公司广西水产畜牧行业重点龙头企业荣誉称号。

2008 年

中共广西壮族自治区农垦工作委员会授予金光农场党委"落实党风廉政建设责任制先进单位"。

广西壮族自治区总工会授予金光制糖有限公司财务部"广西五一巾帼标兵岗"。

广西名牌战略推进委员会、广西壮族自治区质量技术监督局授予金光农场"金光牌"红心橙广西名牌产品称号。

广西壮族自治区残疾人联合会授予金光农场 2007 年度"残疾人安置就业工作先进单位"。

广西壮族自治区农垦局、广西农垦集团有限责任公司授予陈枫 2007 年"广西农垦招商引资先进个人"。

中共广西农垦工作委员会授予黄小来"广西农垦新时期党建工作研讨论文比赛三等奖"。

中共广西农垦工作委员会授予潘翠玲"广西农垦新时期党建工作研讨论文比赛三等奖"。

广西壮族自治区总工会授予王国佳"全区帮扶工作先进个人"。

广西畜牧兽医学会养猪分会授予广西农垦永新畜牧集团金光有限公司2007年度企业发展成就奖。

广西水产畜牧业协会、广西水产畜牧业龙头企业促进会、广西养猪协会授予广西农垦永新畜牧集团金光有限公司全区生猪行业2007—2008年度优秀企业荣誉称号。

广西壮族自治区人民政府授予广西农垦永新畜牧集团金光有限公司科学技术进步奖《瘦肉型猪无公害标准化生产技术研究与示范》二等奖。

2009 年

广西壮族自治区总工会授予金光农场工会2008年度"重点工作目标考核特等奖"。

广西壮族自治区农垦局授予金光农场"先进基层工会组织"。

中共广西农垦工作委员会授予罗华新广西农垦第二届"弘扬农垦精神争当发展先锋"演讲比赛一等奖。

中共广西农垦工委授予金光制糖有限公司罗汝超2008年度"优秀共产党员"称号。

2010 年

广西壮族自治区人民政府授予金光制糖有限公司罗汝超"科学技术进步奖"三等奖。

中共广西壮族自治区农垦工作委员会授予金光农场党委广西农垦2009年度"先进基层党组织"。

中共广西壮族自治区委员会党的建设工作领导小组授予王国佳2009年度"全区社会主义新农村建设优秀指导员"。

广西壮族自治区农业厅授予韦金凡2005—2009年"全区测土配方施肥先进个人"。

广西壮族自治区农业厅授予韦艳芳2005—2009年"全区测土配方施肥先进个人"。

金光农场被广西壮族自治区人口与计划生育领导小组办公室列入2010年全区计划生育"两无一提高"先进行列。

韦文成被广西壮族自治区依法治桂领导小组办公室评为"2006—2010年全区法制宣传教育"先进个人。

2011 年

广西农垦集团有限责任公司授予金光农场广西农垦2010年度"经营效益贡献奖"。

全区企业文化建设工作协调小组办公室、广西职工思想政治工作研究会、广西企业文化建设协会授予金光农场 2007—2010 年度"广西企业文化建设先进单位"。

广西壮族自治区总工会授予金光农场广西五一劳动奖状。

金光农场、金光制糖有限公司大合唱《农垦之歌》《大地最亲的人》被广西壮族自治区农垦局授予广西农垦建垦 60 周年文艺汇演特别奖。

金光农场歌舞《盛世欢歌》被广西壮族自治区农垦局授予广西农垦建垦 60 周年文艺汇演二等奖。

金光农场李富余获得"广西农垦建垦 60 周年功勋奖"。

广西壮族自治区农垦局授予金光农场广西农垦 2010 年度"宣传通讯工作先进单位"。

全区企业文化建设工作协调小组办公室、广西职工思想政治工作研究会、广西企业文化建设协会授予黄呈宏 2007—2010 年度"广西职工思想政治工作先进工作者"。

全区企业文化建设工作协调小组办公室、广西职工思想政治工作研究会、广西企业文化建设协会授予黄小来 2007—2010 年度"广西企业文化建设先进工作者"。

中共广西农垦工委授予金光制糖有限公司刘锦捷 2010 年度"广西农垦先进工作者"。

广西壮族自治区经委、自治区环保局授予金光制糖有限公司"清洁生产企业"称号。

广西壮族自治区食品公司授予广西农垦永新畜牧集团金光有限公司 2010 年度自治区本级生猪活体储备基地二等奖。

2012 年

广西壮族自治区农垦精神文明建设委员会授予金光农场首批"自治区农垦文明单位"。

广西壮族自治区精神文明建设委员会授予金光农场"自治区文明单位"。

广西壮族自治区精神文明建设委员会授予金光农场"自治区和谐企业"。

广西壮族自治区精神文明建设委员会授予金光农场场部生活区第 9 栋居民楼"自治区和谐邻里"。

广西壮族自治区精神文明建设委员会授予彭旭东家庭"自治区和谐家庭"。

广西壮族自治区总工会授予金光农场农业试验站"广西五一巾帼标兵岗"。

金光农场被广西壮族自治区农业产业化联席会议办公室认定为"自治区农业产业化（广西蔗糖产业化）示范区"。

广西农垦工委、自治区农垦局授予金光制糖有限公司广西农垦 2011 年度新闻宣传与信息工作先进单位。

2013 年

广西壮族自治区残疾人联合会授予金光农场 2012 年度"按比例安排残疾人就业工作先进单位"。

广西壮族自治区农林水利工会工作委员会授予王国佳论文《浅谈农场承包工养老和医疗保险问题》2013 年全区农林水利系统开展"学习十八大、贯彻十六大、情系农林水"调研论文评选三等奖。

广西农垦工委、自治区农垦局授予金光制糖有限公司广西农垦 2012 年度新闻宣传与信息工作先进单位。

广西水产畜牧业协会授予广西农垦永新畜牧集团金光有限公司广西养猪行业十强企业荣誉称号。

广西壮族自治区农垦局授予蒋振南广西农垦科学技术奖《瘦肉型猪健康养殖标准化生产技术研发与应用》科学技术重大贡献奖。

2014 年

中共广西壮族自治区农垦工作委员会授予陈强 2012—2013 年度"优秀共产党员"。

中共广西壮族自治区农垦工作委员会授予谭建能 2012—2013 年度"优秀党务工作者"。

广西农垦工委、自治区农垦局授予金光制糖有限公司广西农垦 2013 年度新闻宣传与信息工作先进单位。

广西壮族自治区残疾人联合会授予广西农垦永新畜牧集团金光有限公司 2013 年度按比例安排残疾人就业工作先进单位荣誉称号。

2015 年

广西壮族自治区人民政府残疾人工作委员会授予金光农场 2014 年度按比例安排残疾人就业工作先进单位。

广西壮族自治区总工会授予金光农场全区模范职工之家。

广西壮族自治区农垦局授予金光农场 2014 年度固定资产投资和招商引资推进工作三等奖。

广西壮族自治区农垦局授予 2014 年度土地资源管理工作先进单位。

广西壮族自治区农垦局 2014 年度新闻宣传与信息工作先进单位。

广西职业技术学院授予金光农场广西职业技术学院校企合作突出贡献奖。

2016 年

广西壮族自治区农垦局授予刘勇 2015 年度广西农垦规划建设法规宣传工作"先进个人"。

广西壮族自治区农垦局授予黄贤凤 2015 年度广西农垦新闻宣传和信息工作"优秀通讯员"。

广西壮族自治区农垦局授予劳丽娟 2015 年度广西农垦新闻宣传和信息工作"优秀通讯员"。

广西壮族自治区农垦局授予金光农场广西农垦 2015 年度土地资源管理工作贡献奖。

广西壮族自治区农垦局授予金光农场广西农垦 2015 年度新闻宣传与信息工作先进单位。

广西壮族自治区农垦局认定广西农垦国有金光农场现代农业综合示范区为广西农垦现代特色农业（核心）示范区。

广西壮族自治区农垦工委授予金光农场党委广西农垦 2014—2015 年度先进基层党组织。

广西壮族自治区农垦工委授予林以宋广西农垦 2014—2015 年度优秀共产党员称号。

广西壮族自治区农垦工委授予江翠平广西农垦 2014—2015 年度优秀共产党员称号。

广西壮族自治区农垦工委授予吕英和广西农垦 2014—2015 年度优秀共产党员称号。

广西壮族自治区农垦局授予黄小来广西农垦 2014—2015 年度优秀党务工作者称号。

广西壮族自治区农垦局授予罗荣美广西农垦 2014—2015 年度纪检监察工作先进个人称号。

在广西农垦系统"腾飞农垦"书画摄影作品展中，吉镇平摄影作品《青山碧洁浮天外》被区农垦局社会事业处、机关工会评为一等奖。

在广西农垦系统"腾飞农垦"书画摄影作品展中，林京斌摄影作品《鸟趣》被区农垦局社会事业处、机关工会评为优秀奖。

在广西农垦系统"腾飞农垦"书画摄影作品展中，凌立平摄影作品《红土地》被区农垦局社会事业处、机关工会评为优秀奖。

金光农场继续保留第一至第十五批自治区文明村镇、文明单位荣誉称号（被广西壮族自治区精神文明建设委员会办公室评为 2011—2013 年度全区未成年人思想道德建设工作先进单位）。

2017 年

广西壮族自治区人民政府授予金光农场广西现代特色农业（核心）示范区（五星级）。

广西壮族自治区农垦局授予金光农场广西农垦 2016 年度土地资源管理工作贡献奖。

广西壮族自治区农垦局授予金光农场广西农垦 2016 年度新闻宣传和信息工作先进单位。

广西壮族自治区农垦局授予黄贤凤 2016 年度广西农垦新闻宣传和信息工作"优秀通讯员"称号。

广西壮族自治区农垦局授予劳丽娟 2016 年度广西农垦新闻宣传和信息工作"十佳通讯员"称号。

广西壮族自治区农垦局授予梁琼鹤广西农垦 2016 年度土地资源管理工作先进个人称号。

广西壮族自治区科学技术厅授予金光农业科技园区第四批建设广西农业科技园区称号。

2018 年

在 2018 年全区党员教育电视片优秀作品评比中，中共广西壮族自治区组织部授予金光农场摄制的电视片《蔗海党旗红》优秀奖。

广西壮族自治区农垦工委授予卢日潘荣获"党建引领 聚力改革"先进个人称号。

广西壮族自治区农垦工委授予金光农场党委"垦区第一批党建工作示范点"称号。

2019 年

卢日潘荣获自治区农垦工委农垦集团党委 2019 年支部书记微党课南宁片区二等奖。

金光农场公司荣获广西农垦改革"两个三年"重点工作特别贡献奖一等奖。

广西壮族自治区总工会授予金光农场公司工会全区模范之家。

黄永华、陆建光、宁理顶、苏在信荣获广西农垦改革"两个三年"重点工作先进个人。

广西农垦报社授予杨建颖 2019 年度新闻宣传工作"十佳通讯员"称号。

广西农垦报社授予邱碧芳 2019 年度新闻宣传工作"优秀通讯员"称号。

2020 年

广西壮族自治区农垦工委授予兰荣辉垦区 2019—2020 年度优秀共产党员称号。

广西壮族自治区农垦工委授予卢日潘垦区 2019—2020 年度优秀共产党员称号。

广西壮族自治区农垦工委授予李添文垦区 2019—2020 年度优秀党务工作者称号。

广西壮族自治区农垦工委授予金光农场公司党委 2019—2020 年度先进基层党组织称号。

广西休闲农业协会授予金光农场公司抗击新冠肺炎疫情先进集体称号。

广西农垦报社授予金光农场公司新闻宣传先进单位称号。

广西农垦报社授予杨建颖 2020 年度新闻宣传工作"十佳通讯员"称号。

广西农垦报社授予邱碧芳 2020 年度新闻宣传工作"优秀通讯员"称号。

广西农垦报社授予刘明杰 2020 年度新闻宣传工作"优秀通讯员"称号。

——获南宁市级荣誉表彰

1996 年

中共南宁市委员会、南宁市人民政府授予金光农场"二五"法制宣传教育工作先进单位和社会治安综合治理模范单位。

1999 年

中共南宁市委员会、南宁市人民政府授予"三五"法制宣传教育工作先进单位和社会治安综合治理模范单位。

2005 年

南宁市总工会授予金光农场王国佳"南宁市优秀工会工作者"。

中共南宁市委、南宁市人民政府授予金光制糖有限公司 2004 年度振兴南宁市"创新经济效益杯"劳动竞赛金杯奖。

中共南宁市委、南宁市人民政府授予金光制糖有限公司 2004 年度"先进单位"。

南宁市人民政府重大动物疫病防治指挥部授予广西农垦永新畜牧集团金光有限公司 2002—2004 年全市动物防疫工作先进单位荣誉称号。

2006 年

中共南宁市委、南宁市人民政府授予金光制糖有限公司 2005 年度振兴南宁"创新经济效益杯"劳动竞赛金杯奖。

中共南宁市委、南宁市人民政府授予金光制糖有限公司 2005 年度先进单位。

2007 年

中共南宁市委、南宁市人民政府授予黄党源、黄燕珍 2007 年度"南宁市先进（生产）工作者"。

中共南宁市委、南宁市人民政府授予金光制糖有限公司 2006 年度"先进单位"。

中共南宁市委、南宁市人民政府授予金光制糖有限公司 2006 年度"南宁市明星企业"。

南宁市工商局授予金光制糖有限公司 2006 年度"守合同重信用企业"。

2008 年

中共南宁市委、南宁市人民政府授予金光制糖有限公司 2007 年度先进单位。

南宁市国税局、地税局授予金光制糖有限公司纳税信用等级 A 级企业。

2009 年

中共南宁市委员会、南宁市人民政府授予金光农场"南宁市 2008 年度先进集体"。

中共南宁市委、南宁市人民政府授予黄党源 2008 年度"南宁市先进（生产）工作者"。

中共南宁市委、南宁市人民政府授予黄飞玲 2008 年度"南宁市先进（生产）工作者"。

中共南宁市委员会授予黄小来 2006—2008 年度"南宁市优秀党务工作者"。

中共南宁市委、南宁市人民政府授予黄奕勇 2008 年度"南宁市先进（生产）工作者"。

南宁市企业联合会授予宋海锋 2009 年度南宁市企协先进通讯员。

南宁市企业联合会授予刘锦捷、张志伟 2009 年度南宁市企业优秀中层管理者。

2010 年

南宁市总工会授予金光农场农业试验站"南宁市五一巾帼标兵岗"。

2011 年

南宁市总工会授予金光农场工会 2010 年度"市属基层工会重点工作考核特等奖"。

南宁市企业联合会授予宋海锋 2010 年度南宁市企协先进通讯员。

南宁市企业联合会授予何维克 2010 年度南宁市企协工作积极分子。

南宁市企业联合会授予陈流坚、黄程 2010 年度南宁市企业优秀中层管理者。

2012 年

南宁市总工会授予贺雯 2011 年度"南宁市职工医疗互助保障工作先进个人"。

南宁市企业联合会授予宋海锋 2011 年度南宁市企协先进通讯员。

2013 年

南宁市总工会授予金光农场女工委南宁市工会"四好"女职工组织标准化建设达标先进单位。

南宁市总工会授予金光农场工会 2012 年度"市属基层工会重点工作目标考核特等奖"。

南宁市总工会授予贺雯 2012 年度"南宁市职工医疗互助保障和帮扶救助工作先进个人"。

南宁市企业联合会授予刘锦捷、韦泉 2012 年度南宁市企业优秀中层管理者。

南宁市企业联合会授予麻华飞 2012 年度南宁市企协先进联络员。

——获南宁市城区级荣誉表彰

1996 年

中共南宁市郊区委员会、南宁市郊区人民政府授予金光实业总公司 1996 年度"社会治安综合治理先进单位"。

中共南宁市郊区委员会、南宁市郊区人民政府、中国人民解放军南宁市郊区人民武装部授予中共金光实业总公司委员会 1996 年度"党管武装先进单位"和"冬季征兵工作先进单位"。

1997 年

中共南宁市郊区委员会、南宁市郊区人民政府授予金光实业总公司 1997 年度"社会治安综合治理先进单位"。

中共南宁市郊区委员会、南宁市郊区人民政府、中国人民解放军南宁市郊区人民武装部授予中共金光实业总公司委员会 1997 年度"党管武装先进单位"和"冬季征兵工作先进单位"。

1998 年

中共南宁市郊区委员会、南宁市郊区人民政府授予金光实业总公司 1998 年度"社会治安综合治理先进单位"。

中共南宁市郊区委员会、南宁市郊区人民政府、中国人民解放军南宁市郊区人民武装部授予中共金光实业总公司委员会 1998 年度"党管武装先进单位"和"冬季征兵工作先进单位"。

1999 年

中共南宁市郊区委员会、南宁市郊区人民政府授予金光实业总公司 1999 年度"社会治安综合治理先进单位"。

2000 年

中共南宁市郊区委员会、南宁市郊区人民政府、中国人民解放军南宁市郊区人民武装部授予中共金光实业总公司委员会 2000 年度"党管武装先进单位"和"冬季征兵工作先进单位"。

中共南宁市郊区委员会、南宁市郊区人民政府授予金光农场 2000 年度"社会治安综合治理先进单位"。

中共南宁市永新区委员会、南宁市永新区人民政府、中国人民解放军南宁市永新区武装部授予中共金光业总公司委员会"党管武装先进单位"和"冬季征兵工作先进单位"。

中共南宁市永新区委员会、南宁市永新区人民政府、中国人民解放军南宁市永新区武装部授予"双拥工作先进单位"。

2003 年

中共南宁市永新区委员会、南宁市永新区人民政府授予"社会治安综合治理先进单位"。

中共南宁市永新区委员会、南宁市永新区人民政府、中国人民解放军南宁市永新区武装部授予"双拥工作先进单位"。

中共南宁市永新区委员会、南宁市永新区人民政府、中国人民解放军南宁市永新区武装部授予"党管武装先进单位"和"冬季征兵工作先进单位"。

2004 年

中共南宁市西乡塘区委员会、南宁市西乡塘区人民政府授予金光制糖西乡塘区 2004 年度经济工作"明星企业"称号。

2006 年

中共南宁市西乡塘区委、南宁市西乡塘区人民政府授予金光制糖有限公司 2005 年度纳税突出贡献企业。

中共南宁市西乡塘区委、南宁市西乡塘区人民政府授予何维克经济工作先进个人。

2007 年

中共南宁市西乡塘区委员会授予金光农场党委西乡塘区"爱心小分队"队歌应征作品演唱公众评选会优秀奖。

2009 年

南宁市西乡塘区深入学习实践科学发展观活动领导小组办公室授予金光农场党委调研论文《倾力打造全国农垦现代农业示范基地——金光农场甘蔗生产全程机械化调研报告》西乡塘区深入学习实践科学发展观活动调研文章评比鼓励奖。

中共南宁市西乡塘区委员会授予黄小来 2006—2008 年度西乡塘区"优秀党务工作者"。

中共南宁市西乡塘区委员会授予黄燕珍 2006—2008 年度西乡塘区"优秀共产党员"。

中共南宁市西乡塘区委员会授予黄奕勇 2006—2008 年度西乡塘区"优秀共产党员"。

中共南宁市西乡塘区委员会授予林历英 2006—2008 年度西乡塘区"优秀共产党员"。

西乡塘区深入学习实践科学发展观活动领导小组办公室授予罗华新 2009 年度西乡塘区"解放思想农场先行，科学发展在身边"主题演讲比赛三等奖。

中共南宁市西乡塘区委员会授予覃秀华 2006—2008 年度西乡塘区"优秀共产党员"。

中共南宁市西乡塘区委员会授予唐奕坚 2006—2008 年度西乡塘区"优秀共产党员"。

中共南宁市西乡塘区委员会授予吴道新 2006—2008 年度西乡塘区"优秀党务工作者"。

南宁市西乡塘区人大常委会授予何维克 2007—2008 年度代表履职积极分子。

中共南宁市西乡塘区委、南宁市西乡塘区人民政府授予金光制糖有限公司 2010 年度纳税明星企业。

2011 年

中共南宁市西乡塘区委员会授予友谊分场党支部 2010—2011 年度西乡塘区"先进基层党组织"。

中共南宁市西乡塘区委员会授予金光农场党委 2010 年度西乡塘区"党风廉政建设先进单位"。

中共南宁市西乡塘区委员会授予金光农场党委西乡塘区 2010 年思想政治工作"十佳"先进单位。

中共南宁市西乡塘区纪律检查委员会授予金光农场纪委 2011 年度西乡塘区纪检监察"一报三刊"组织征订发行工作三等奖。

中共南宁市西乡塘区委员会授予陈逢添 2010 年度西乡塘区创先争优"百家标兵"。

中共南宁市西乡塘区委员会、南宁市西乡塘区人民政府授予广西农垦永新畜牧集团金光有限公司南宁市西乡塘区 2010 年度工业生产竞赛优胜单位荣誉称号。

2012 年

中共南宁市西乡塘区委员会、南宁市西乡塘区人民政府授予广西南宁金光淀粉有限公司西乡塘区 2011 年度"十佳工业企业"、西乡塘区 2011 年度"环境保护工作先进单位"。

中共南宁市西乡塘区委员会、南宁市西乡塘区人民政府授予金光农场西乡塘区 2011 年度"统计工作先进单位"。

中共南宁市西乡塘区纪律检查委员会授予金光农场纪委 2012 年度西乡塘区纪检监察"一报三刊"组织征订发行工作三等奖。

中共南宁市西乡塘区委员会、南宁市西乡塘区人民政府授予李海流西乡塘区 2011 年度"经济工作先进生产（工作）者"。

中共南宁市西乡塘区委员会、南宁市西乡塘区人民政府授予梁德林西乡塘区 2011 年度"统计工作先进个人"。

中共南宁市西乡塘区委员会、南宁市西乡塘区人民政府授予林飞西乡塘区 2011 年度"经济工作先进生产（工作）者"。

中共南宁市西乡塘区委员会、南宁市西乡塘区人民政府授予刘冬梅西乡塘区 2011 年度"统计工作先进个人"。

中共南宁市西乡塘区委员会、南宁市西乡塘区人民政府授予徐杰荣西乡塘区 2011 年度"经济工作先进生产（工作）者"。

中共南宁市西乡塘区委、南宁市西乡塘区人民政府授予金光制糖有限公司 2011 年度纳税明星企业。

中共南宁市西乡塘区委员会、南宁市西乡塘区人民政府授予广西农垦永新畜牧集团金光有限公司南宁市西乡塘区 2011 年度工业生产竞赛优胜单位荣誉称号。

南宁市西乡塘区委员会、南宁市西乡塘区人民政府授予广西农垦永新畜牧集团金光有限公司南宁市西乡塘区 2011 年度十佳工业企业荣誉称号。

中共南宁市西乡塘区委员会、南宁市西乡塘区人民政府授予蒋振南 2012 年度经济工作先进生产者奖。

2014 年

中共南宁市西乡塘区委、南宁市西乡塘区人民政府授予金光制糖有限公司 2013 年度科技工作先进单位。

2015 年

南宁市总工会授予贺雯 2014 年度南宁市职工医疗互助保障和帮扶救助工作先进个人。

中共南宁市西乡塘区委员会、南宁市西乡塘区人民政府授予金光农场 2014 年度西乡塘区人口和计划生育目标管理责任制（党政线）二等奖。

中共南宁市西乡塘区委员会、南宁市西乡塘区人民政府授予金光农场 2014 年度西乡塘区人口和计划生育目标管理责任制（计生线）一等奖。

2016 年

南宁市总工会授予贺雯 2015 年度南宁市职工医疗互助保障和帮扶救助工作先进个人。

2020 年

南宁市税务局授予金光农场公司 2016—2018 纳税信用"3 连 A"企业称号。

建场人员名单（28人）

张承滨　　王有堂　　孙永禄　　聂世端　　温　振　　党应君（女）　　蒙焕英（女）　　劳清禄
韦广源　　赖善教　　黄耀权　　黄兴鉴　　劳士良　　覃雁辉　　雷超源　　何瑞炯　　刘　馥
玉廷咏　　钟瑞芳（女）　　卢瑞芝　　覃德修　　陈烈夫　　林文珍（女）　　张日钦　　钟　瑜
欧毓珍　　林大昭　　黄孝荣

在金光农场离休的老干部名单（11人）

魏焕民　　郑丁辉　　张耀廷　　李全喜　　张东生　　赵绍新　　金福赞　　郑久发　　傅长庆
郭清牛　　胡成荣

金光道上道"金光"
——记广西金光农场创业40年

　　盛夏，记者驱车来到坐落在广西南宁西郊左江河畔的广西金光实业总公司（广西金光农场）采访。这里，呈现在人们眼前的是一派生机勃勃的景象：葱郁的蔗海泛起阵阵绿浪，一串串岭南佳果挂满枝头，一个个菠萝点缀着山坡，隆隆的机声从远处传来，装载出栏生猪的汽车穿梭而过，还有那小伙的歌声、姑娘的笑语和林间的鸟鸣……

　　金光人说，他们在这块土地上生活了40个春秋。

　　1955年秋，新中国第一代农垦人肩负着祖国屯垦戍边的重任，带着对新生活的美好憧憬，来到这片荒原安营扎寨创办农垦事业。

　　40年过去了，金光人用勤劳的双手和辛勤的汗水，在金光这块土地上创造了金光灿烂的业绩。到1994年，已被开垦利用的土地8万多亩，职工队伍由原来的314人扩大到4500人，拥有固定资产1.1亿多元，累计为国家创造工农业产值12.4亿元，上缴税金

1.08 亿多元，创纯利润 5675 万元。共产原料蔗 146 万吨、机制糖 33 万吨、全价饲料 15.6 万吨、水果 2.2 万吨。出栏生猪 37.5 万头，其中出口 8.97 万头。用国家投资的 5169 万元，创造出税利高达 16.48 亿元，投资回收率为 230.23%。

金光人在这片热土生活了 40 年，就创业了 40 年，奋斗了 40 年，奉献了 40 年。如今的金光已经发展成为一个以生产蔗、糖为主，农林牧副渔五业并举，工、农、商、运、建综合经营的大型（二类）国有企业，成为农垦镶嵌在祖国南疆的一颗明珠。

金光人说，改革，引他们走上金光道。

"金光"这个充满着农垦人希望的名字，并不是一开始就耀眼夺目的。她曾走过了一段曲折坎坷的发展道路，直到党的十一届三中全会，改革开放的春风才唤醒了金光人，才吹绿了金光大地。

1980 年春，金光当时的决策者们开始意识到，农场要发展，职工要致富，必须走改革之路。于是，在全场范围内全面推行定人员、定岗位、定产量、定质量、奖励完成任务好的岗位的"四定一奖"生产责任制。这在一定程度上调动了职工的积极性，促进了企业生产的发展。当年农场就盈利 125 万元。生产责任制的实行使长期亏损的企业向盈利迈出了关键的一步。

然而，"四定一奖"毕竟在一定程度上还束缚着劳动者的积极性。1984 年春，金光农场的双层格局，大、小农场的责、权、利更为明确。由于职工个人收入与承包岗位的效益直接挂钩，职工的积极性不断提高，企业的产值、利税和职工的收入都明显增加。以 1990 年为例，企业共创产值 1.42 亿元，利税 1800 万元，职工人均收入达 1837 元，分别是 1980 年的 10 倍、4.3 倍和 3.56 倍。

改革搞活了企业。同时也给职工带来了实惠。然而，改革是无止境的，职工的物质文化需求也是在日益增长的，只有不断深化改革，企业才能稳步发展，企业职工才能富裕起来。基于这一共识，金光人又开始了新的一轮改革。1990 年，在兴办家庭农场的基础上，农场逐步推行家庭农场生产费和生活费自理的改革，做到土地承包到户，核算到户，盈亏到户，风险到户；对于场办的其他企业，赋予充分的经营自主权，实行单独核算，自负盈亏；实行承包制的部门推行全员风险抵押。1994 年 4 月，对柑橙这一长期经济作物推行经营权作价转让的承包经营方式。同年 5 月，为转换国有企业经营机制，建立现代企业制度，适应发展社会化大生产和市场经济的必然要求，农场转轨建立公司制。一系列的改革，增强了企业的活力、竞争力和凝聚力，增强了广大职工的主人翁责任感和自豪感，使职工的积极性、主动性和创造性得到了充分发挥。

1994 年，是金光人创造辉煌的一年。在这一年里，创下了金光有史以来的三个最高纪录：实现利润 1393.8 万元，创总产值 2.54 亿元，职均收入达 5248 元。与 1993 年相比，分别增长 72%，12.9% 和 91.8%。另外，购买果树经营权的职工和实行全员风险抵押承包的饲养员更是尝到了改革的甜头，年职均收入分别高达 12264 元和 10680 元。

金光人说，上档次、上规模才有好效益。

金光原是一个以种植水稻为主的农场。由于经营项目单一和市场诸因素的制约，金光人种了多少年水稻，就亏了多少年，穷了多少年。

当历史进入到 20 世纪 80 年代，金光人开始寻找新的发展路子。根据国内和国际市场的变化和需求，积极稳妥地调整、优化产业产品结构，大力发展"三高"农业。提出农业生产以甘蔗为主，积极发展名、特、优、珍、稀、新水果的发展规划。经过多年的调整和优化，形成了良好的农业经济作物的产业布局。现种植有旱地高产甘蔗 3.36 万亩，优质柑橙 3053 亩，无刺卡因良种菠萝 6500 亩，龙眼佳果 1000 亩，干果皇后——澳洲坚果 1645 亩，香蕉、芒果等杂果 1480 亩，经济林 3 万亩。这里值得一提的是金光的柑橙生产认真执行一整套无病管理高产新技术，在桂南柑橘"黄龙病""四面楚歌"的情况下，连年获得优质高产。1994 年，金光椪柑荣获省优产品。金光的菠萝场是引进国外优良品种和全套耕作设备进行机械化管理的全国最大的菠萝生产基地。被称之为干果皇后的澳洲坚果，以优质成为国内外抢手的高消费干果，它在金光已形成规模生产，金光的这些产业已经或正在为金光的发展发挥出规模效益。

金光人把畜牧水产业的发展与城市菜篮子工程和港澳人对肉食的需求结合起来，以高质优价参与市场竞争，以上档次、上规模来求得良好的效益。1981 年以来，先后从美国、英国、法国、丹麦等国家引进良种瘦肉型种猪进行繁殖，全面推行分阶段新工艺流程养猪，采用电脑配方饲料精心喂养，加强对基层猪场的技术指导和预防疾病管理，抓好仔猪繁殖和成品猪的销售，产前、产中、产后一条龙的科学管理，促进了生猪饲养量的迅速提高和效益的明显增长。1994 年，全年出栏生猪 4.42 万头，人均饲养量由 1993 年的 500 头提高到 700 多头，人均创产值 70 多万元，实现纯利润 438.93 万元。比 1993 年增长 194.6%。成为广西主要的瘦肉型猪出口基地之一，先后荣获"南方集约化饲养外种瘦肉型猪综合技术研究"二等奖，全国十佳工厂化养猪单位等殊荣。金光的水产养殖业虽然起步较晚，但已形成 400 亩标准化养殖规模，年初投放的罗氏沼虾和单性罗非鱼等一批水产品已源源进入市场，取得了良好的发展势头，为今后的进一步发展打下了基础。

制糖工业是金光经济的支柱产业。金光人始终紧紧抓住这个龙头，不失时机，千方百计地筹集资金进行技改扩建，使糖厂的日榨量由原来的 1000 吨，逐步提高到 2800 吨。在生产过程中，积极抓好企业内涵扩大再生产，广泛开展高回收、高质量、高效益、低消耗为内容的"三高一低"竞赛活动，采用微电脑控制煮糖，引进高新技术处理废水废物，提高糖厂的综合效益。1994 年，尽管由于受水灾影响，进厂原料蔗比上榨季减少 25％，但"金糖人"抓管理、靠技术、用科学，在大灾之年仍然取得了完成机制糖 4.3 万吨、酒精 3284 吨、实现利润 1126 万元的好成绩。

金光的其他工业是在支柱产业的带领下发展起来的。现建有年产 3 万吨全价饲料厂，年产 400 万条编织袋厂，年产 5000 吨冰醋酸厂和年产 5000 吨的两个木薯淀粉厂等。这些产业的形成与发展，对促进金光整个经济的协调发展，增强企业在市场的竞争力，提高企业的综合经济效益起到了积极作用。

据统计，金光的工业与农业的比重在逐年增大，1994 年提高到 75％∶25％，工农业生产已经步入充满生机和活力的良好发展时期。

面对走过的 40 年，面对用双手创出的成绩，金光人可以自豪地说，他们没有负于祖国改革开放这个发展时期。然而，金光人并没有因此而满足，在市场竞争十分激烈的情况下，一种危机感、紧迫感、主人翁责任感在激励金光人扬鞭催马。

金光人说，他们的企业有着美好的未来和前途。

采访快要结束了，金光的韦永上和吉禹平带领农场们到金光发展规划图前，娓娓道出金光的发展宏图：

——加快金光小城镇的综合发展步伐，新建一批职工商品房，开设一条新的商业街，增设旅游景点和文化娱乐设施，使之尽快成为南宁近郊的集商贸开发、旅游度假等为一体的现代化小城镇。

——依靠科技，改造甘蔗中低产田，力争在一两年内把甘蔗总产提高到 20 万吨以上。同时利用亚行贷款，把糖厂日榨能力提高到 3000 吨，并改用碳酸法生产工艺生产优质白砂糖。

——对糖厂酒精废液及滤泥进行综合开发利用，以蔗渣副产品为主要原料，分别兴建一座年产 5 万吨有机复合肥厂和一座年产 1 万吨书写纸厂。另外，把木薯淀粉的生产能力扩大到 1 万吨，同时利用木薯渣为原料生产酒精。

——加快畜牧水产发展，以每年增加 1 万头猪的速度，力争到 2000 年达到年出栏 10 万头水平。水产养殖要在近年内达到 1000 亩标准化饲养规模。与此相配套的饲料厂要增加一条生产线，年产量提高到 9 万吨生产水平。

——加快澳洲坚果种植速度，要在 4 年内形成 5000 亩生产规模，建成亚洲最大的坚果生产基地。

——努力形成产业立体发展新格局，根据市场需要，集中发展单位产品价值高、技术含量高、上规模、上档次、高效益的产品和深加工产业。

金光的昨天是一步一个脚印走过来的，她的今天已令人深感自豪，她的明天，将成为一颗更加灿烂，更加耀眼夺目的农垦希望之星。

（原载于《中国农垦》1995 年第 10 期，作者：黄延忠　王国佳）

绿姆山上党旗红

青年分场坐落于绿姆山脚下，是金光农场最大的分场。该分场全体职工和党员在支部一班人的团结和带领下，发扬"艰苦创业，团结协作，顾全大局，勇于拓荒，锐意进取"的农垦精神，为深化企业改革，促进企业发展，提高企业经济效益和社会效益做出了突出贡献。

青年有 410 名职工和 30 名共产党员，长期以来，该支部牢固树立了"围绕生产抓党建，抓好党建促生产"的指导思想，充分发挥党支部的政治核心作用和基层党支部的战斗堡垒作用，为企业深化改革和促进企业经济快速健康协调发展做出了突出贡献。去年 6 月，南宁金光淀粉有限公司下属的青年淀粉厂因企业体制改革的需要，从企业内部分流出 23 名职工，这 23 名分流职工的去向和就业无疑成为企业不大不小的问题，为减轻企业负担，让企业在市场竞争中轻装上阵，青年党支部班子获悉情况后，主动找到该厂领导表示：分场不仅愿意吸收这 23 名分流职工，还可为他们安排农业岗位，解决他们的就业问题。

分流职工得到了妥善安排，可农业对这些从工人岗位上分流出来的职工来说毕竟是陌生的，经验与技术成了他们面临的最大困难。为了解决这些职工的后顾之忧，该支部班子始终把稳定这些职工的思想作为重点来抓。同时，该支部班子还根据自己在农业方面丰富的经验，积极引导这些职工种植花生、西瓜等短期作物，让职工渡过暂时的困难；发动这些职工种植了 250 多亩香蕉，而且还经常深入到这些职工家中或田间，把香蕉栽培技术和管理措施送到职工手里，竭尽全力为职工克服生产难题。

今年 7 月以来，广西遇到罕见持续高温天气，雨水极缺，供电紧张，旱情异常严峻。而且，这 23 名分流职工种植的香蕉大多地处山坡，加上水源不足，输水管道太小，要让这些香蕉地轮流浇上一次水，起码得轮上个把星期。旱情不饶人，毒辣的太阳一天天煎熬着地里的香蕉，也一天天煎熬着职工的心。看着因高温和缺水而慢慢死去香蕉，职工们的心甭提有多着急。在严酷环境的考验面前，7 月 20 日，该支部班子连夜召开分场管理人员会议研究对策，并于第二天早上召开香蕉岗位职工会议，会议紧急研究制定了抗旱措施：一是要求现有水井在有水可抽的情况下，必须 24 小时全负荷工作，尽最大努力解决这 23 位职工的生产灌溉用水；二是由党支部班子紧急与青年淀粉厂协调，力争从淀粉厂现有的水井里抽水抗旱，以解决水源问题；三是在取得这 23 位职工同意的前提下，组织职工集资安装喷灌设施。

就业解决了，香蕉得救了，这些职工的生活也有盼头了……青年分场支部班子诚心诚意为职工办实事，尽心竭力为职工服务的工作作风深得职工好评。

（作者：金光农场李剑钊。本文发表于 2005 年 8 月 9 日《新绿报》第三版，获该报与金光农场合办金光农场建场 50 周年"金光杯"征文比赛二等奖）

《金光志》道金光

2005 年，我来到了金光农场。自踏上洒满金色阳光的这块土地的那一时刻起，我感受到了她那勃勃生机和青春的活力。不久，我参加了《广西金光农场志》的编纂工作。在编纂志书的过程中，我不仅懂得了金光的过去和现在，也憧憬她美好的未来。

金光农场建于 1955 年 9 月 3 日。建场时，呈现在创业者们面前的是一片荒无人烟、杂草丛生的荒山野岭，自然条件十分恶劣……老一辈金光人不畏艰苦，以"天当房"、以"地当床"，安营扎寨，披荆斩棘，开始了艰苦创业，用他们勤劳的双手和辛勤的汗水创建了"国营金光垦殖场"（1957 年 6 月 16 日改名为"国营金光农场"）。在创业中，前辈们铸造了一代农垦人"艰苦奋斗，顽强拼搏，勇于开拓"的农垦精神。在这种精神的激励下，几代金光人前赴后继，开拓进取，不断谱写了金光发展的历史新篇章，涌现出许多可歌可泣的动人事迹。

经过 50 年风风雨雨的发展历程，农场从无到有，从小到大，从弱到强，发展至 2004 年成为一个以蔗糖为主，农林牧副渔五业并举，工农商运建综合经营的国家大型（二类）国有企业。工农业总产值从建场初期的 42 万元提升到 2004 年的 1.509 亿元，固定资产达到 11.7 亿元，农场累计盈利总额 9605.27 万元，盈亏相抵尚盈利 2708 万元。职工平均收入 12152 元……农场各方面都发生了翻天覆地的变化。

在 50 年漫长曲折的发展历程中，由于历史的原因，金光和其他兄弟农场一样，她走过不少弯路，经历了不少曲折，也饱含了沧桑。她曾犹豫过，她曾迷茫过，她曾痛苦过……她经历了多次运动，经历了自然灾害的无情打击，经历了改革的洗礼……终于，她走出了迷茫，走出了曲折，走出了痛苦，走上了改革，走上了强大发展之路。

如今的金光，资源丰富，开发潜力巨大。她拥有土地面积 15.9 万亩，拥有广西最大的荷斯坦奶牛生产基地，拥有先进的外国产现代化大马力机车队，拥有年出栏 6 万头无公害生猪养殖基地，拥有 4 多万亩甘蔗生产基地，拥有日榨量 4500 吨的制糖化工厂，拥有年产万吨变性淀粉生产线，拥有科技示范园、千亩水产养殖示范区，拥有千亩香蕉、千亩坚果、千亩番木瓜、千亩红江橙生产基地。现代农业和农业现代化地位日趋凸现。农场的现代化、规模化经营、城镇化建设步伐突飞猛进……这一切吸引了众多投资商的关注。我国改革开放伟大的推行者邓小平先生曾说过："发展才是硬道理"。今后，农场将全面实施"2155"工程，抓项目，促发展，落实科学发展观，致力打造旗舰企业，把企业推向一个新的发展时期。

掩卷而思，金光 50 年来的创业发展史令农场人激情澎湃，思绪万千；金光今后的发展规划令农场人热血沸腾，信心百倍！"以史为镜，镜可正衣"，记得有一位先人说过："创业不易，守业更难。"作为金光的后人，我们时刻要铭记这句哲理。企业要生存，就要发展，在发展中不断壮大自己，实现新的跨越。

（作者：金光农场黄超忠。本文发表于 2005 年 7 月 12 日《新绿报》第三版，获该报与金光农场合办金光农场建场 50 周年"金光杯"征文比赛三等奖）

金 光 忆 事

时光荏苒，一晃眼我在金光已 11 年了，这 11 年间，许多同学们在大城市里发展着自己的事业，而只有我原地不动，在金光一住就是 11 年。

这 11 年间，其实我也曾徘徊过、忧虑过，也曾想过是否离开金光。但最终我还是选择留下来，因为我发觉自己已深深地爱上这片热土，爱上了金光的翠绿新鲜。

初来乍到，人地陌生。金光人以其热情宽厚的个性接纳我、关心我。曾记得，逢年过节，总有农场的叔伯、阿姨热情邀请我到家里做客；曾记得，工作之余，我和比我早一年来农场工作的一群青春洋溢的大学生一起唱歌、聊天、散步，快乐地生活很快消除了我在异乡的孤独感；曾记得，单位领导经常安排我去做较为重要的工作，领导的信任、支持和同事的帮助，使我从一个毫无社会经验的学生逐步成长为一个社会人。

来农场工作的这些年，我走遍了每一个分场，这里没有大城市的喧嚣与浮躁，也没有城市空气的污浊，有的只是满眼的纯朴与自然、翠绿与新鲜。站在农场的每一块绿地上，都会感觉空气是那样新鲜，胸襟是那样开阔。

这些年，我还目睹了农场各方面的发展变化：

道路在变——刚来时那条连接糖厂与农场的窄小的金光"小道"变成了宽敞平坦的金光"大道"；

市场在变——原来的"菜"市场杂乱肮脏，每到"街日"泥水横流、尘土飞扬、人挤车乱，搬迁到崭新整洁的金光农贸市场后，一改往日的脏乱，贸易额随之大增；

街景在变——金光小城镇从规划到建设，几年的工夫就已具一定规模，栋栋别致的小楼房拔地而起，两条新颖的路灯带辉映着金光大道。夜幕降临，休闲纳凉散步的职工们，三三两两走在金光大道上，呼吸着从广阔蔗海中传来的新鲜空气，谈论着农场新变化，呈现出一幅世外桃源般的美图。

通讯在变——刚来金光时，最时髦的通信工具是 BP 机，与分场联系还使用手摇式电话。弹指一挥间，从 BP 机到大哥大、从程控电话的普及到手机的频繁换代、从电视的普及到买电脑已不算新鲜事、从电话拨号上网到宽带任你游、从电话手机聊天到 QQ 视频对话，现在在农场里你已经可以随意使用最现代的通信手段了解最新、最时尚的各类信息。

观念在变——过去，农场的主要产业是甘蔗生产，职工们收入单一。从"1335"工程到"2155"工程的实施，职工们观念发生了转变，他们有了更多的选择，工作干劲也更加高涨。农场的经济效益一年上一个新台阶，又成了农垦瞩目的焦点，广西农垦的"华西村"正在崛起。

回首我在农场的这 11 年，有忧有喜，有苦有乐，人生百味，我都经历过。但我从不后悔自己当初的选择，因为，我看到了农场的希望和美好的明天。

（作者：金光农场贺雯。本文发表于 2005 年 5 月 8 日《新绿报》第三版，获该报与金光农场合办金光农场建场 50 周年"金光杯"征文比赛三等奖）

肥沃蔗海　璀璨金光

——广西农垦国有金光农场建场 60 周年纪略

陈　强

地处绿城南宁西郊，毗邻左右江交汇处，镶嵌着农垦战线上的一颗璀璨之星——广西农垦国有金光农场。建于 1955 年的金光农场，历经六十年的艰苦奋斗与改革发展，昔日荆棘丛生的荒岭早已华丽变身为安居乐业的幸福家园，昔日贫瘠瘦弱的土地早已开拓为连绵广袤的肥沃蔗海。几代金光人用汗水和激情，谱写了一部追逐"农垦梦"的奋斗史，走出了一条颇具农垦特色的企强民富发展之路。

搏风击雨，艰苦创业奠根基

1955年9月3日，27名农垦干部在首任党委书记、场长张承滨带领下，接管原广西天西垦殖场罗阳分场，正式建立"国营金光垦殖场"，这就是金光农场的前身。建场初期，农场土地面积为17.4万亩，共设4个生产队。农场初创时经济基础薄弱，固定资产原值仅为3万元，干部职工409人。

建场后，农场实行"吃饭农业"经营思路，采取"以粮为纲，粮牧并举，粮经并重"的生产模式，以种植水稻为主，在自给有余的基础上发展畜牧业、加工业。1975年，随着金光糖厂建成投产，农场经营方针调整，形成以种蔗为主、多种经营相配套的格局。至1979年，工农业生产总值达到1189.7万元，实现了第一个跨越。

党的十一届三中全会后，农场开始实行一系列改革，财务大包干，完善经营承包责任制，兴办职工家庭农场，建立大农场套小农场的双层管理体制。为适应市场经济的发展，农场供销、商业、建筑、劳服、运输等经济实体相应挂牌营运。农场逐步实现从计划经济向社会主义市场经济的转型，经营管理体制从根本上进行了变革。1988年，建立场长负责制和场长任期目标责任制，农场的生产经营面貌发生了巨变，当年盈利669.89万元，实现了第二个跨越。

1994年，为进一步适应市场经济的要求，农场转轨建立公司制，更名为"广西金光实业总公司"，形成农工商运建综合经营一体化的经营机制。一系列的改革，增强了企业的活力、竞争力和凝聚力，充分发挥了职工的积极性、主动性和创造性，创下建场近40年来的三个最高纪录：实现利润1394万元，创工农业总产值2.7亿元，职均收入达4944元，实现了第三个跨越。

1996年，金光总公司荣获农业部、财政部颁发的"八五"期间全国农垦扭亏增盈先进企业称号。1997年，在党的十五大"抓大放小"的精神指导下，农场五小工业完成经营转制。

进入新世纪，随着糖厂从金光总公司剥离出去，农场失去了强大的经济支撑，困难重重。2003年，"广西金光实业总公司"更名"广西农垦国有金光农场"。就在这一年，农场被确定为"广西垦区现代农业和农业现代化示范基地"。农场紧紧抓住这一机遇，进一步深化改革，转换机制，大力调整产业结构，充分利用丰富的土地资源和区位优势，实行重点建设精准信息农业、设施农业、生态农业、产业化农业、高效特色农业和加快发展小城镇建设的发展战略，实施"存栏奶牛 1 万头，年产 1 万吨变性淀粉，发展 5000 亩坚果、5000 亩红江橙、5000 亩番木瓜、5000 亩香蕉和 5000 头种猪"的"2155"工程，优势产业成为农场新的经济增长点，取得了良好的经济效益，工农业总产值 2003 年的 9951 万元增加至 2009 年的 4.14 亿元，品牌特优水果被农业部认定为"国家南亚热带作物名优基地""中国热带农业科技示范基地"，实现了第四个跨越。

到 2010 年，随着养老保险、医疗保险的社会化，学校、医院等社会职能的剥离，减轻了农场的社会负担，农场走上了持续健康快速发展的轨道。

奋蹄扬鞭，继往开来谱新曲

"十二五"以来，金光农场在自治区农垦工委、农垦局、集团公司领导下，农场现任领导班子带领全场干部职工真抓实干、抢抓机遇、发挥优势、创新发展，在体制改革、产业结构调整、项目合作发展、企业办社会剥离、构建和谐社会等方面取得了显著成绩，开创了农场经济社会发展工作的新局面。2014 年，实现经营总收入 27.82 亿元，国民生产总值 11.35 亿元，工农业总产值 7.48 亿元，利润 423 万元，固定资产投资 3.87 亿元，招商引资 7970 万元，从业人员人均收入每年增长 10% 以上，年产糖料蔗 32 万吨，实现了第五个大跨越。

农场坚持以提升甘蔗主产业建设为重点，坚持"种好一条蔗，搞活金光经济一盘棋"的发展思路，全面推进甘蔗生产管理环节细化管理工作，对每个生产环节进行细化评估，定向施策，逐步实现规范化、精细化管理。在生产上推行"三早四大"栽培技术、深耕深松、地膜覆盖、碎叶还田、双沟行种植，运用螟虫预报预测，螟虫生物防治与化学防治相结合统防统治等各项先进术，全面推广高产高糖甘蔗新品种，蔗区良种覆盖率达 100%。在管理上实行奖罚激励机制，强化任务目标管理责任制、岗位职责体系，以科学的激励机制推动甘蔗生产管理。设立"千亩万吨"高产示范田，推广规模化种植，树立典型，辐射带动，大面积推广高产示范田产量。在蔗区基础设施上，全面推进水利现代化建设，喷淋灌溉等现代化水利设施覆盖率已达 50%，生产条件极大改善，抗旱排涝能力大为加强。随着田间管理全面加强，科学种植技术进一步提高，基础设施持续改善，蔗区产能不断提高，在甘蔗面积不变的情况下，产量实现了 3 年连续增产 6 万多吨，产量连创新高，主产业建设得到了质的飞跃。

农场以甘蔗生产全程机械化为发展现代农业的切入点，不断增加机械一体化、中耕培土、收获、装载等技术在甘蔗生产管理中的比重，为全面实现农业现代化加油助跑。农场已拥有大中型农用拖拉机 65 台共 6300 马力，配套大中型机引农具和装蔗机，联合收割机

5 台共 1050 马力。甘蔗生产全程机械化作用基本覆盖整个蔗区。农场在发展国有机械化的同时，按照国家、企业、个人三点配合一线对接的办法，对职工发展甘蔗生产机械化进行扶持，组织、引导职工带车加入农机专业服务组织，建立机构、完善制度，制定标准，以市场化运作方式向职工提供机械作业服务。2013 年，农场创建"首批 50 个全国农垦农机标准化示范农场"通过农业部验收。

农场狠抓 4.5 万亩优质高产高糖糖料基地项目建设，以节水灌溉、道路建设、良种良法推广、生产机械化为重点，共投资 1.6 亿元，全面推进蔗区转型升级，并以此为着力点，全力攻克新常态下甘蔗产业发展面临的困难。项目建成后，项目区内将基本实现标准田间道路、节水灌溉以及排水设施的全覆盖，届时蔗区将呈现"路成网、地成方、旱能灌、涝能排"的全新局面，农业基础进一步夯实。配套实施深耕深松、早种早管、双沟行种植、碎叶还田、螟虫预报预测与统防统治等种管良法，采取以点带面示范带动推广的方式，逐步淘汰传统粗放型种植模式，促进农业种植结构的优化和土地资源的高效利用。

调整产业结构，发展第三产业。以广西郁江老口航运枢纽工程金光库区移民安置为契机，利用库区浸没区域，建设 3400 亩的"金光农业公园"，打造以千亩荷花、芦苇为主题的"荷海莲香""芦海飘雪"等农业观光产品。结合广西现代特色农业（核心）示范区"千亩连片特色种植""千栋连片建设施栽培""万头以上生猪养殖等特色种养"项目，充分发挥本地种植业和养殖业发达的优势，发展休闲生态旅游业。配套建设商贸购物城，把场部地区建设成集休闲农业观光、旅游玩乐于一体，具有民族风情的特色小城镇，使第三产业成为农场经济发展的又一驱动力。

进一步深化农场经营体制改革。实行甘蔗模拟股份制改革试点工作取得成效，为积极探索农业经营新模式，走规模化生产、产业化布局、集约化经营发展趟出新路子。在大农场套家庭小农场基础上，实行"两田制"管理，推进农业经营制度改革，改革完善家庭农场承包经营制度。以农场经营为主体，建立现代农业公司、股份制合作制、种植大户并存的新型农业经营体系，加快资源整合，促进土地、技术、资金、人力等资源集中优化整合。

进一步探索企业社会职能分离试点工作。2009 年成立"社区管理委员会"，将农场现有的非企业管理职能划为社会职能，主要负责社会行政管理、社会事业管理、社会服务管理，以及城镇居民委员会等事务。实行社企分离，明确农场的企业职能定位，集中精力抓好生产经营。为进一步深化农场管理体制改革、促进农场经济和社会事业全面发展以及减轻农场社会负担等奠定了基础。

薪火相传，众志成城建家园

在先辈创家立业的基础上，承前启后的金光人致力于建设更加美好的家园。

农场作为广西农垦小城镇建设示范基地，场部地区小城镇常住人口约有 5000 多人，累计投入 5300 多万元用于道路硬化和亮化，环境绿化和美化，完善民生配套设施，绿化率达 40％以上。经过多年的发展，场部小城镇建设已形成规模，实现了人口聚集，商业聚集、居住聚集。结合小城镇建设，农场全面完成危旧房改造以及配套设施工程项目，总户数 2701 户，总面积 20.48 万米^2，总投资 1.6 亿元，职工群众住房环境得到极大改善，金光人住楼房、住好房的安居梦想得到实现。不断加大道路建设力度，场部至各分场道路、场部地区外环道路已基本实现水泥硬化。进一步完善民生基础设施，投资 500 万元进行农电网改造，投资 1000 万元建设饮水及管网，投资 1450 万元建设污水处理厂、垃圾填埋场、生活垃圾转运站。全面优化场容场貌。以"美丽金光·生态农场"活动为重要抓手，累计投入 200 多万元大力开展清洁家园、清洁水源、清洁田园活动，建设环境卫生及设施。不断织牢民生保障，职工全部参加社会养老保险，并投入 635 万元为在职和离退休职工加入自治区医保，为职工家属及代管的坛蓬、草塘两个行政村参加新农合。

现在的金光，生活生产条件更加完善，人居环境更加舒适，生活水平和幸福指数不断提升。"老有所乐、小有所依、职工安居乐业、文化素质不断提升，耕作在广袤的田野上，居住在现代化城镇里"的梦想正在成为现实。

六十载拼搏写春秋，六十载奋斗铸辉煌

经过 60 年建设，在历届农场党政班子的带领下，金光人发扬"艰苦奋斗、勇于开拓"的农垦精神，持续推进经济社会全面发展。农场先后获得各级荣誉累计 123 次，被农业部授予全国农垦现代农业示范区；被自治区授予第五批自治区农业产业化重点龙头企业，自治区农业产业化（广西蔗糖产业化）示范区，自治区和谐企业，自治区文明单位；广西农垦现代农业和甘蔗生产全程机械化试点单位，首批自治区农垦文明单位，广西农垦建设社会主义新农场示范单位等。同时，涌现出许多先进人物，获得各级先进个人累计 156 人次。李荫平等获得星火科技奖一等奖；王国佳被授予"全国优秀工会工作者"；李富余被授予"自治区劳动模范"等。

金光农场所走的是一条迎难而上、不断改革、不断创新、不断发展的道路。厚积薄发，历经几代人艰苦卓绝的奋斗，现在已经发展成为一个以蔗糖为主，农林牧副渔五业并举，工农商运建综合经营的国家大型（二类）企业，土地总面积 15.9 万亩，辖区人口 1.2 万余人。现有甘蔗种植面积 4.7 万亩，年产原料蔗 32 万吨；香蕉 1.7 万亩，产量 43854 吨；澳洲坚果园 5000 亩；年产复合肥 8400 吨；年产水泥砖 150 万块以上；年出栏生猪 9 万头以上。60 年来，累计工农业生产总值 90 亿元，累计上缴税金总额 4 亿元，累

计生产进厂原料蔗 624 万吨。经济、文化、社会发展等各项事业取得累累硕果，是几代人的艰苦创业，才铸就了今日的辉煌！

创业不易，守业更难。在建设社会主义新农场的历史进程中，农场将以现代化、产业化、规模化、效益化为目标，进一步深化企业改革，整合资源优势，调整优化产业结构，加快二、三产业发展，加强企业经营管理，加快企业转型升级，不断壮大农场经济社会发展，实现"两个率先"的农垦梦。

（本文发表于 2015 年《中国农垦》第 08 期，作者系广西农垦国有金光农场党委副书记、场长）

金光闪烁的六十年
——金光农场建场 60 周年感怀

六十年春去秋至，六十载寒来暑往，六十年弹指一挥间，忆往昔峥嵘岁月稠。

在六十载的艰苦奋斗中，记载了金光几代的发展史：

20 世纪 50 年代中期一批热血青年响应国家召唤，满怀理想从四面八方进驻人烟稀少的荒山野岭，他们身居茅屋、顶着烈日、冒着严寒、脚穿草鞋、手持镰刀锄头，起五更睡半夜，战天斗地，开垦出良田万亩。

20 世纪 60 年代，一批知识青年的到来，充实了屯垦戍边的队伍，部队的建制，军事化的管理造就了这代农垦人吃苦耐劳、无私奉献的优良作风，正是有了这支素质过硬的垦荒队伍，顶住了三年自然灾害给国家带来的困难，使农场土地的耕种面积逐年增加，自给能力得到增强。随着种养、农副产品加工、学校、医院等行业的完善，农场也在不断地发展壮大。

20 世纪 70 年代，由于国家经济发展的需要，金光糖厂的落成，确立了农场的经营方针，大面积种植甘蔗成为农场的主业。为发展甘蔗种植及提高甘蔗产量，国家拨给农场一大批各种类型的拖拉机、农机具、运输车等机械设备，瞬间农场农业机械化水平得到提升，劳动生产率大幅度提高。在国家的扶植下农场形成了以蔗为主、多种经营的经营格局，农场的稳定发展，成为外人向往职工自豪的机械化水平较高的农业企业。

20 世纪 80 年代，在农业企业管理体制改革浪潮的推动下，农场在农业方面首先实行"联产计酬"责任制，从而调动了广大农工的劳动积极性。随着体制改革的深入，兴办职工家庭农场，建立大农场套小农场统分结合的双层经营体制赢得广大农工的称赞，为使职工家庭农场能发展成为适应市场经济要求的生产经营主体，农场对职工家庭农场推进"四到户""两自理"的经营方式，彻底打破了传统的办场模式，从而大幅度提高了农业生产率、土地利用率、投入产出率和职工的收入水平，实现了农业生产力的大发展。由于国家经济政策的调整，社会主义市场经济的建立，国营农场的经济来源由"统购、统销、统拨"转为"财务包干"。为适应市场经济的发展，农场内的各类经济实体：供销、商业、建筑、劳服、运输等公司相应挂牌营运，农、工、商、建、交一应俱全的经营格局形成了。至此，农场完成了从计划经济向社会主义市场经济的转型过程。改革使农场得到了发展，改革使农场得到了壮大，改革给职工带来了实惠。

20世纪90年代，在"无农不稳、无工不富、无商不活"的经营理念指导下，农场在农、工、商、建、交全面发展的基础上，为理顺整个产业链的经济利益，提高企业的经济效益，成立了广西金光实业总公司。公司把农业（甘蔗）、工业（糖厂）融为统一的利益整体，产业链的理顺，促进了农场甘蔗种植的发展和产量的提高，稳住了原料蔗进厂下滑的局面，确保了公司效益的最大化。同时，为了公司的经济健康发展和更具活力，农场将所属的各类经济实体（公司）进行公司制改制（股份合作制、有限责任公司），优良资产得到充分利用，不良资产得到盘活，职工参与公司经营的能动性得到空前的体现，在农场内形成了国有独资公司与股份制公司并存的局面。

跨入21世纪，随着产业化经营的推广，广西农垦集团有限责任公司相继组建了糖业、畜牧、剑麻、茶业等专业集团公司，原农场的糖厂、畜牧公司对号入座划归各专业公司管理。农场作为生产原料蔗基地，积极引导职工家庭农场以高新科技为依托，深耕细作，引种高糖品种，提高单产，增加收入。由于养老保险、医疗保险的社会化，职工老有所养、病有所医；学校、医院等社会职能的剥离，减轻了农场的社会负担；住房制度的改革，使职工拥有私有住宅。深化改革使农场更富活力，也使金光农场成为广西农垦的样板企业。

数十载几代金光人的拼搏，数十年金光人的梦想，随着改革的不断深入，职工的"小康"生活指日可待。

重新踏入昔日的农场，看着那熟悉而又陌生的"故乡"，看！那日榨蔗8000吨的糖厂依然屹立在坡顶；新建四十米宽的金光大道喜迎四方宾客；万亩甘蔗长势喜人；1.2千米²的场部已现城镇区域的雏形；昔日矮小、阴暗、潮湿的棚户区，现已成为楼房林立的住宅区；宽阔幽雅的"金湖"休闲广场，高大明亮的职工文化娱乐中心，使金光人的生活丰富多彩。

走进宽畅的职工住宅，昔日的奢侈品：手表、缝纫机、收音机、自行车，已被电视机、电脑、小轿车所替代；昔日昏暗的煤油灯，已被明亮的节能灯所淘汰；固定电话已成为摆设，随之而来的是随身携带的智能手机；昔日的建场功臣虽已是满头白发，硬朗的身躯还隐现出当年的英姿，舒适稳定的生活环境使他们露出幸福的笑容，子孙满堂使他们享尽天伦之乐；许多人为农场的建设与发展已长眠在这片土地里，但他们的子孙正在农场为创建更美好的家园努力工作。献了青春献终身，献了终身献子孙的奉献精神还在延续。

欲穷千里目，更上一层楼。社会在进步，生产在发展，面貌在改变，生活在提高，改革还在不断地深入。相信在世代农垦人的无私奉献及不懈努力下，金光农场的未来一定会像一颗明亮的恒星，永远闪烁，生活更加美好。

（作者：梁庆章，曾任金光农场财务部副部长、副场长，广西农垦财务处副处长等职）

金光印象
——金光农场建场 60 周年征文

老早就许下一个心愿，要把广西农垦每个单位走遍。一直到退休后来农垦局"帮工"，才有机会圆了这个梦。但回想起来，去得最多的当数金光农场。这固然有距离上的因素，近邻就容易来往。可似乎又不尽然，更像是有一种情结，一种向往，一种眷恋，一种心灵上的渴望或慰藉。

记得第一次去金光是 1983 年的 5 月份，那时我还在珠光农场工作。当时受农垦局委派，带一个工作小组到金光农场对以工代干情况开展专题调研。金光给我的第一印象就是农场真大，地跨三个县区。但使我铭刻在心的还是他们领导者的水平和胆识。当我第一次近距离接触到金福赞书记时，就为他军人出身的那种坦诚、豪爽、热情和快言快语所感染。在几次交谈中，除了这次调研任务的话题外，更多的还是落在如何乘党的十一届三中全会东风，改变农场"一死二穷"的面貌上。他说：历史的经验告诉我们，农场再不能在一棵树上吊死，必须由单一的农业逐步向农工商综合经营转变；所以，金光这几年不再是以水稻为主，还种上了甘蔗、水果，新建了食品加工厂、饲料加工厂、淀粉加工厂，成立了汽车运输队、劳动服务公司、商贸公司。而其中最关键的是把人的积极性调动起来了，砸掉多年的"大锅饭、铁饭碗"，使职工能像种自己的自留地、养自家的猪一样去干公家的活，就有使不完的劲，迸发出无限的创造力。在改革开放初期，对农垦的改革发展能有这样精辟的认识和见解，不能不令人折服。我想，有这样有真知灼见、深思熟虑，既富有开拓精神又充满睿智的当家人，农场必然会在金光道上扬帆启航，继往开来。

1990 年我到学校工作后，去金光的次数就更多了。记得最多的就是为他们的函授班和干部培训班授课。话说在当时物欲横流、金钱至上的社会变革期，能组织近百人参加的业余大专函授班学习，确属不易和罕见。最难能可贵的是，金光每年还结合农场实际举办各种类型的学习班、培训班和报告会，这已成了金光农场雷打不动的习惯和常态。我曾问过农场一位领导，金光的干部职工为什么这么爱学习？他的回答是："现在的形势逼着你非学不可，因为按老皇历办事不灵了，靠吃老本行不通了。"努力把企业打造成学习型组织，既体现了农场领导者高瞻远瞩的眼光和预见，也反映了金光人对提高自我的追求和信念。与此相呼应的，金光的业余篮球队、舞狮队、文艺演出队和各种形式的宣传广播，更是常年不断地活跃在农垦这块热土上。我所在的广职院几乎每年都要和农场开展这方面的交流、比赛和互访。这也使我由衷地感到，一个自觉学习、不断用新知识提升自我的企业，一个深深植根于文化沃土、有灵魂有理想有追求的企业，就一定能在金光道上昂首阔步，勇往直前。

黄党源到金光兼任场长这几年，走动得就更勤了。每次去都会给我们带来不少"惊喜"，感受到农场发生的巨大变化。党源场长像如数家珍地告诉我们，回良玉副总理亲自到金光乳业视察了，金光大道又拓宽了，金湖活动中心广场建起来了，小城镇建设越来越成气候了，场地两用的客车站剪彩了，贸易大市场更红火了……当然，更多的还是谈如何把农场打造成为农业现代化示范基地。每当谈及这些，党源场长总是底气十足，声音洪亮激昂，伴随着丰富的脸部表情和有力的手势挥舞，豪气和自信溢于言表，在场的人无不为之动容和鼓舞。记得有一次我曾悄悄地问他，外界对香蕉种植颇有微词，你有何想法？他说：我们看问题、办事情不能脱离场情民意。如果把土地全部种上甘蔗，且不说难以规避市场和自然所带来的双重风险，每年租金抵缴社保养老金都吃紧，更不用谈农场发展、职工增收了。"作为一场之长，不管旁人怎么说，我只能从企业实际和职工的根本利益出发，不能唯上也不能唯书，只能唯实，我别无选择！"这掷地有声的话句，震撼之余更令人肃然起敬。我不由想到，为什么金光每年都有新发展、新创举，许多工作走在垦区的前列，就是因为这个班子不仅敢为人先、勇于开拓创新，更有科学的态度和务实的作风，企业从而能在金光道上克难攻坚，熠熠发光。

2011年年底的一天，我们农垦志的几位老同志到金光参观，正碰上该场引进的澳大利亚凯斯7000切断式甘蔗联合收割机在现场作业，这个庞然大物可以一次性完成甘蔗的砍收、剥叶、切段、装载，每小时可收割15亩，放眼望去质量也不错。陈强场长告诉我们，甘蔗收割机不仅解决了"请工难"的问题，而且比人工砍装每亩可节约成本近200元。借着这个话题，我们又聊起了农场甘蔗生产全程机械化推进情况，陈场长满脸兴奋和自豪地说道，甘蔗生产有它的特殊性，而市场上可选择的机械既少且技术又不十分成熟，还是我们金光人富有创造性，结合甘蔗生产实际组织职工自主研发相关机械。2009年研制成功了适用的小型甘蔗种植机，一次性可完成切种、下种、摆种、消毒、施肥、淋水、覆土、盖膜等工序；2011年又研发成功了甘蔗破垄施肥覆膜蔗叶还田一体机，可一次性完成宿根蔗破垄、施肥、覆膜、蔗叶还田等工序。今天，金光农场的甘蔗生产，从种植开行、深耕深松、破垄培土、施肥覆盖、碎叶还田、收获装车等，在友谊分场的示范基地已基本实现全程机械化，全场大田甘蔗生产综合农机化水平也达到70%以上。我们不由感叹道，难怪自治区领导多次在这里召开现场会，它不仅展示了甘蔗生产机械化发展的水平和功能，更是体现了农业现代化朝着金光大道奔跑的方向和发展前景。

最近一次去金光是2015年的1月30日，我们同陈场长和其他几位场领导来到正在规划设计的"金光农业公园"现场。他指着紧靠金光大道两旁的几片土地告诉我们，随着西江老口航运大坝枢纽工程的建成，这里将变成一片水淹湿地。农场既要考虑如何安排失地职工的就业和生活，更要借着这个契机谋划农场未来的产业布局和发展空间。经过多方考察，利用湿地建设一个集聚人气、财气，具有休闲观光旅游功能和农业文化特色的金光公园，不仅有利于农业的转型升级，拉动农场和当地经济快速发展，还会给老百姓生活增添一个新的去处。陈场长满怀信心地说道："不出三年，一个兼容壮乡风光、江南景观、农垦特色为一体的休闲乐园就会展现在你面前！"对此，我们坚信不疑，脑子里浮现的是一幅幅蓝图变现实、金光大道越走越宽广的美好画面……

年年岁岁花相似，岁岁年年各不同。这就是金光农场，每次都给我留下难以释怀的深刻印象：一个不断开拓创新、锐意改革、敢为人先的金光，一个善于学习、以人为本、文化制胜的金光，一个脚踏实地、求真务实、团结奋进的金光，一个生气勃勃、充满希望、明天更绚丽灿烂的金光！

（作者：胡光明，广西职业技术学院原党委书记、农垦局垦志办负责人）

金 光 之 歌

（金光农场场歌）

1=F　4/4

古笛 词
晓影 曲

♩=120　进行速度，有朝气

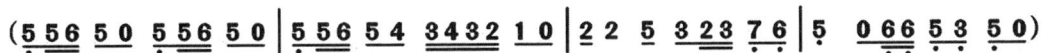

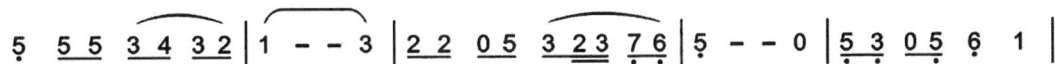

金光呵金　光　　美丽的农　　场　你　是壮锦
金光呵金　光　　可爱的农　　场　你　是翡翠

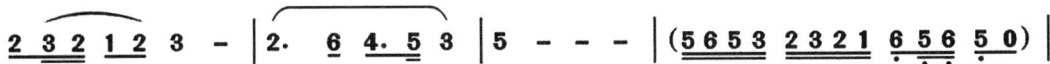

展现　　在　左　　江！
闪耀　　在　左　　江！

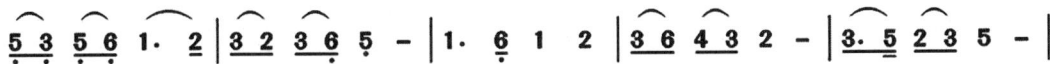

甘蔗绿稻谷黄瓜果甜蜜豆油香。鸡鸭肥
有农田有工厂汽笛欢歌马达唱。进城市

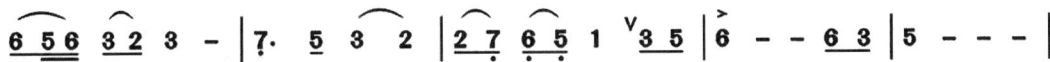

猪　牛　壮，荒山变成鱼米乡。(哎嘿呦　哎嘿呦)
出　海　港，飞车奔驰快船忙。

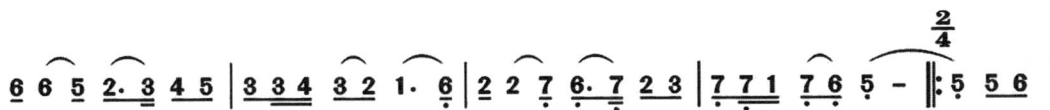

热血　浇　灌出肥沃的土　地，汗水　闪　射出灿烂的金　光
雄心　凝　聚着无穷的活　力，壮志　迸　发出无限的金　光　　　呵

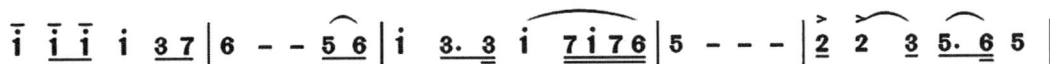

金色的农　场　呵光辉的理　想　我们　为　你

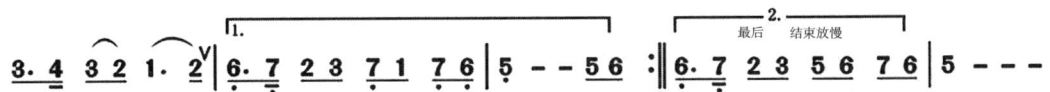

艰苦创　业　我们让你永放金　光！　　我们让你永放金　光！

中国农垦农场志

广西金光农场志
GUANGXI JINGUANG NONGCHANGZHI

后记

《广西金光农场志》在自治区农垦局和地方政府有关部门支持指导下，在农场党、政、工领导高度重视和大力支持下，分别于2005年第一次完成编纂，2015年第二次完成编纂。2020年12月，根据中国农垦农场志编纂出版工作要求，农场公司对《广西金光农场志》进行第三次编纂。

2004年《广西金光农场志》第一次编纂。为了编写好农场志，2000年6月，农场开始启动场志编纂工作。2004年7月，农场成立广西金光农场志编纂委员会，场长黄党源、党委书记何维克任编委会主任，工会主席王国佳任编委会副主任。场志编委会抽调专职人员林山美、兼职人员王国佳、韦良才、刘康评、黄超忠等开展志书编写工作。编写人员经多次走访开场元老、历任农场领导和"老金光人"收集、核对订正材料，多次召开场内有关人员座谈会，听取各方面的修改意见后，对志书进行了反复修订、补充、校对、润色，全书四易其稿，历时几年不断完善才编纂成书。《广西金光农场志》内容丰富、材料翔实，它既是历代金光人的艰苦创业史和发展史，又是金光人文地理资源的知识宝库。

为庆祝建场60周年，2014年8月4日，农场第二次成立广西金光农场志编纂委员会，场长陈强任编委会主任，党委副书记黄小来任编委会副主任。场志编委会抽调黄超忠、罗荣美两同志兼任农场志主编，兼职负责农场志2005年至2014年的续编工作。农场志续编于2014年9月正式编写，12月下旬完成初稿。2015年7月完成编纂，印刷成书。

2020年8月，农场公司成立广西金光农场志编纂委员会，党委书记、董事长李添文任编委会主任，党委副书记、总经理陈志成，党委副书记、工会主席黄小来任编委会副主任，抽调公司相关部门的林宏自、黄超忠、杨建颖、陆恬、吴宇顺、卢书径等5人组成编纂小组，负责2015年至2020年志书续编工作。2020年9月组织志书相关材料收集，2020年12月正式开始第三次编纂。2021年3月初完成志书初稿，2021年3月底完成志书定稿，并交中国农垦农场志丛编纂委员会审核，由中国农业出版社出版发行。

本志书在三次编写过程中，得到了各方面的大力帮助和支持。中国农垦农场志丛编纂委员会和中国农业出版社对编纂工作给予了指导。广西壮族自治区农垦局档案室、扶绥县档案馆（局）、邕宁区档案馆（局）、南宁地区档案馆（局）、广西壮族自治区档案馆（局）、广西日报社、坛洛镇社会劳动保障服务中心提供了珍贵的历史资料，良圻农场传送了宝贵经验；原场领导、开场元老张承滨、冯绍华、宋维沈、劳士良、金福赞、张耀廷、张冬生、傅长庆、李全喜、郑久发、欧瑞欢、梁克志、余世荣等多位老同志提供了大量的第一手资料；扶绥县原县长邓汉理和扶绥县中东镇罗阳三哨村委主任黄金表，也提供了很重要的资料；农场公司各部室、分场及子公司、广西农垦糖业集团金光制糖有限公司、广西永新畜牧集团金光有限公司、广西南宁金光淀粉有限公司、广西南宁金光建筑工程有限公司、广西南宁金光劳动服务有限公司、广西农垦金光乳业有限公司、南宁市西乡塘区坛洛镇金光社区等有关单位的积极配合和大力支持，及时提供了较为翔实的材料和图片。谨此，场志编委会向以上单位和同志表示衷心的感谢！

由于我们缺乏写志经验，水平有限，加上时间仓促，编写本志书过程中难免有错漏或不妥之处，敬请各界人士见谅和指正，以便续修时纠谬补遗。

广西金光农场志编纂委员会副主任

陈志成　黄小来

2020年12月